Marketing Research Principles and Application

마케팅조사

원리와 적용

유 동 근
이 필 수

法 文 社

머리말

개인이 자신의 욕구를 충족시키면서 행복하고 안락한 생활을 영위하거나 마케팅 조직이 목표를 효과적으로 달성하면서 시장에서 살아남아 번창하기 위해서는 다양한 자원을 지속적으로 조달할 수 있어야 한다.

오늘날 산업사회에서는 그러한 자원들을 자급자족하는 일이 매우 비효율적이거나 거의 불가능하기 때문에 '거래(교환)'라는 방법을 통해 조달하는 수 밖에 없으며, 그러한 '거래'를 바람직한 방향으로 야기하기 위해서 필요한 의사결정은 첫째, 자원을 누구로부터 조달할 것인가? 둘째, 그러한 자원을 얻어내기 위해 상대방을 어떻게 다룰 것인가?의 문제로 대별된다.

마케팅 전략의 구성요소중 전자를 표적시장의 선정이라고 하는데 반해 후자는 마케팅 믹스의 개발이라고 하며, 표적시장을 선정하기에 앞서서 시장세분화가 필요한 것처럼 마케팅 믹스를 개별하기 위해서는 포지셔닝이 전제되어야 한다. 따라서 개인이든 마케팅 조직이든 '거래'에 성공하여 필요한 자원들을 지속적으로 조달할 수 있는 능력은 시장세분화(S), 표적시장의 선정(T), 포지셔닝(P), 마케팅 믹스 개발(MX)에 관련된 의사결정들에 전적으로 의존하며, 그러한 의사결정의 불확실성을 극소화하고 올바른 의사결정의 방향을 제시해 주는 근거가 바로 '정보'임은 분명하다.

더욱이 개인이든 마케팅 조직이든 독특한 환경적 여건 하에서 자신의 욕구나 목표를 달성해야 하므로 효과적인 마케팅 전략을 수립하기 위한 의사결정들은 환경요인들에 대한 정보도 필요로 한다. 또한 마케팅 전략을 수행하고 그 성과를 평가한 정보는 다음 번의 '거래'를 계획하는 의사결정에 피드백되어 개인과 조직이 순순환적 사이클을 통해 욕구와 목표를 더욱 효과적으로 달성하도록 도와준다.

이와 같이 모든 의사결정에는 정보가 필요하며, 그러한 정보를 생산해내는 활동을 조사라고 한다. 물론 학계에서는 새로운 마케팅 이론과 기법을 개발하고 지식을 축적하기 위해서 많은 조사가 수행되기도 한다.

조사의 이러한 필수불가결성은 대체로 시장의 특성이 판매자 시장에서 구매자 시장으로 변하면서 마케팅 조직들이 마케팅 콘셉트를 경영철학으로 채택함에 따라 부각되기 시작하였지만 최근 들어 고객만족 및 고객감동, 고객충성의 개발, 고객유지, 1:1마케팅(관계 마케팅) 등 경쟁력 있는 새로운 마케팅의 접근방법들이 제안되면서 더욱 강조되고 있다.

그러나 마케팅은 기업만의 일이 아니라 개인은 물론이고 비영리조직이 잠재고객들의 지지와 후원을 얻어내기 위해서, 사회문제를 해결하려는 체계적인 접근을 위해서 필수적인 사고와 행동의 원리이므로(Marketing is everybody's business! Marketing is everyday's business!), 결국 마케팅 의사결정들에 필요한 '정보'를 생산하는 조사실무에 관한 지식과 기술도 모든 개인과 마케팅 조직이 최우선적으로 고려해야 하는 학습목표이다.

마케팅 조사를 계획하고 수행하기 위한 실무능력을 개발해주는 교재들은 이미 여러 가지가 학습자들로부터 호평을 받고 있다. 따라서 본서는 이전에 출간하였던 '마케팅 조사방법', '마케팅 조사론:SPSS 해설부', '마케팅 계량분석', '마케팅 조사실무', '수요예측:원리와 적용' 등의 내용을 통합하고 보완하여 유일하게 한 권만으로 조사자의 관심을 폭넓게 해결할 수 있도록 하였다.

특히 의사결정자의 정보욕구로부터 출발하여 조사를 수행하면서 조사자가 유념해야 할 측정의 타당성과 신뢰성, 자료수집방법 및 효과적인 설문지의 개발, 표본조사와 표본설계, 통계적 가설검증, 마케팅 실험자료의 취급, 다변량분석을 포함한 계량적 자료의 분석기법(SPSS 해설부), 비계량적 자료의 차이 및 연관성의 분석기법(SPSS 해설부)을 다루었다. 또한 수시로 보완해야 할 사항은 마케팅스쿨 홈페이지(www.marketingschool.com)를 통해 제공하고, 질의 & 응답 게시판을 통해서 실무에서 당면하는 질문에도 즉시 답신을 올리고자 한다.

가급적 많은 분들이 이러한 노력의 혜택을 나눌 수 있기를 바라며 내용에 대한 의견이나 오류지적을 환영한다.

지은이 씀

차 례

제1장 마케팅 조사의 개관

|제1절| 마케팅 조사의 의의 ······ 3

1. 마케팅 조사의 정의 3
2. 마케팅 조사의 중요성 4
3. 마케팅 조사의 목적 6
4. 마케팅 조사의 현실적 문제 7

|제2절| 마케팅 조사의 적용범위 ······ 10

1. 마케팅 시스템과 의사결정 변수들 10
2. 환경탐사의 필요성과 원리 14

|제3절| 마케팅 조사의 과정 ······ 15

1. 조사목적의 정의 16
2. 조사설계 20
3. 자료원천의 확인과 자료수집 24
4. 표본설계 및 표본조사 25
5. 자료의 처리(분석 및 해석) 25
6. 보고서의 작성 26

제2장 마케팅 현상의 측정

|제1절| 측정의 본질 ······ 31

1. 측정의 개념과 수체계 31
2. 측정의 수준 32

| 제2절 | 효과적인 측정의 요건 38

1. 측징오차의 개념과 원천 38
2. 측정의 타당성과 신뢰성 39

| 제3절 | 행동과학과 태도 측정 46

1. 마케팅 조사와 행동과학 46
2. 태도측정의 일반적인 척도 46

제3장 조사자료의 수집

| 제1절 | 조사자료의 원천 59

1. 2차 자료 59
2. 1차 자료 63

| 제2절 | 실사의 방법 65

1. 문의법의 의의와 실시 65
2. 관찰법의 의의와 실시 70

| 제3절 | 설문지의 작성요령 71

1. 설문지 작성의 기본 지침 72
2. 설문지의 설계과정 73

제4장 표본조사와 표본설계

| 제1절 | 표본조사의 개념 85

1. 모집단과 구성원 85
2. 전수조사와 표본조사 87
3. 표본설계의 과정 89

| 제2절 | 표본추출의 방법 91

1. 비확률 표본추출의 방법 91
2. 확률 표본추출의 방법 93

| 제3절 | 표본자료의 오차 100

1. 표본 오차 100
2. 비표본 오차 100

제5장 통계분석의 준비와 방법

| 제1절 | 통계분석의 예비작업 107

1. 원자료의 사전처리 107
2. 자료의 요약 112

| 제2절 | 단순 상관분석과 단순 회귀분석 119

1. 단순 상관분석 119
2. 단순 회귀분석 122

| 제3절 | 분석방법의 선정과 고려사항 128

1. 조사목적(조사과제) 128
2. 변수들의 측정척도 128
3. 조사설계 129
4. 분포특성에 관한 가정 133

제6장 표본이론

| 제1절 | 통계적 추론의 개념과 표본오차 137

1. 통계적 추론의 개념 137
2. 표본분포 138
3. 표본자료에 내재된 오차 140

| 제2절 | 표본오차의 평가와 표본의 크기 결정 142

1. 평균값에 있어서 표본오차의 평가와 신뢰구간 143
2. 비율값에 있어서 표본오차의 평가와 신뢰구간 147
3. 표본의 크기 결정 148

제7장 통계적 가설의 검증

|제1절| 가설검증의 개념과 절차 ········· 155

1. 통계적 가설 155
2. 제1종 과오와 제2종 과오 158
3. p-값 159
4. 양측검증과 단측검증 163
5. 통계적 가설검증의 절차 164

|제2절| 표본분포를 이용한 가설검증 ········· 167

1. 평균에 관한 가설검증 167
2. 비율에 관한 가설검증 177

제8장 마케팅 실험의 개념과 타당성

|제1절| 마케팅 실험의 기본 개념 ········· 183

1. 용어들의 정의 183
2. 마케팅 실험의 목적 184
3. 마케팅 실험의 장점과 한계점 186
4. 인과관계의 개념 188

|제2절| 마케팅 실험의 타당성과 외생요인 ········· 190

1. 마케팅 실험의 타당성 190
2. 외생요인 192
3. 마케팅 실험실시의 방법 197

|제3절| 통계적 실험설계의 의의와 유형 ········· 198

1. 통계적 실험설계의 의의 199
2. 통계적 실험설계의 유형 202

제 9 장 분산분석의 원리와 실험결과의 분석

| 제1절 | 분산분석의 원리와 적용 …… 213

1. 분산분석의 개요 213
2. 분산분석의 주요 가정 214
3. 분산분석의 적용 절차 215

| 제2절 | 마케팅 실험결과의 분석 …… 218

1. 완전무작위 설계 218
2. 무작위층화 설계 222
3. 라틴방격 설계 225
4. 요인배치 설계 231

제 10 장 다중 회귀분석

| 제1절 | 다중 회귀분석의 개요 …… 239

1. 다중 회귀분석의 특성 239
2. 다중 회귀분석의 수행 목적 241
3. 다중 회귀분석의 주요 가정과 제한점 241
4. 다중 회귀분석의 접근방법 242
5. 다중 회귀분석의 준비 243

| 제2절 | 다중 회귀분석의 적용 …… 245

1. 회귀모델의 도출과 모델을 이용한 예측 245
2. 모델의 통계적 유의성 검토 248
3. 독립변수들의 상대적 연관성 검토 252

| 제3절 | 범주변수를 포함하는 회귀분석 …… 254

제11장 판별분석

| 제1절 | 판별분석의 개요 ······ 261

1. 판별분석의 특성 261
2. 판별분석의 수행 목적 263
3. 판별분석의 주요 가정과 제한점 263
4. 판별분석의 접근방법 264
5. 판별분석의 준비 265

| 제2절 | 판별분석의 적용 ······ 268

1. 표본의 기술통계량과 상관계수 행렬의 도출 268
2. 집단간의 단변량 차이분석 269
3. 공분산 동질성에 대한 검증 269
4. 판별함수의 고유값과 유의성 평가 270
5. 판별함수를 이용한 판별점수의 계산 271
6. 최적 경계점수와 소속집단의 예측 272
7. 분류행렬의 작성 274
8. 판별함수의 해석 277

제12장 다변량 분산분석

| 제1절 | 다변량 분산분석의 개요 ······ 285

1. 다변량 분산분석의 특성 285
2. 다변량 분산분석의 수행 목적 287
3. 다변량 분산분석의 주요 가정 287
4. 다변량 분산분석의 준비 288

| 제2절 | 다변량 분산분석의 적용 ······ 290

1. 종속변수에 대한 기술통계량 290
2. 종속변수간의 상관계수 290
3. 분산 동질성에 대한 검증 291
4. 다변량 유의성 검증 292
5. 단변량 유의성 검증 292
6. 종합결론 293

제 13 장 요인분석

| 제1절 | 요인분석의 개요 ······ 299

1. 요인분석의 특성 299
2. 요인분석의 수행 목적 300
3. 요인분석의 주요 가정과 제한점 301
4. 요인분석의 준비 302

| 제2절 | 요인분석의 적용 ······ 304

1. 기술통계량 및 상관계수 행렬의 도출 304
2. 요인추출 방법의 선택 305
3. 추출될 요인 수에 관한 기준 305
4. 요인들의 추출 308
5. 요인들의 회전 310
6. 요인 적재량들의 유의성에 관한 기준 313
7. 성분행렬의 해석 314
8. 성분점수의 계산 315

제 14 장 군집분석

| 제1절 | 군집분석의 개요 ······ 323

1. 군집분석의 특성 323
2. 군집분석의 수행 목적 324
3. 군집분석의 주요 가정 324
4. 군집분석의 준비 325

| 제2절 | 군집분석의 적용 ······ 327

1. 대상들의 도식적 표현 327
2. 대상간의 유사성 측정 328
3. 군집화 방법과 통합기준 329

제15장 다차원 척도화

| 제1절 | 다차원 척도화의 개요 ········ 341

1. 다차원 척도화의 특성 341
2. 다차원 척도화의 수행 목적 342
3. 다차원 척도화의 주요 가정과 제한점 342
4. 다차원 척도화의 접근방법 344
5. 다차원 척도화의 준비 346

| 제2절 | 다차원 척도화의 적용 ········ 352

1. 유사성 자료를 근거로 한 지각지도의 작성 352
2. 선호자료만을 근거로 한 지각지도의 작성 356
3. 유사성과 선호자료를 이용한 지각지도의 작성 357
4. 차원들의 명칭부여 (의미결정) 359

제16장 비계량 자료의 차이 분석

| 제1절 | 명목자료의 분석 ········ 367

1. χ^2 Goodness-of-Fit Test 367
2. Contingency Table χ^2 Test 369
3. McNemar Test 375
4. Cochran Q Test 377

| 제2절 | 서열자료의 분석 ········ 379

1. Kolmogorov-Smirnov one-sample Test 379
2. Kolmogorov-Smirnov two-sample Test 381
3. Median Test 383
4. Mann-Whitney *U* Test 385
5. Kruskal-Wallis *H* Test 387
6. Wilcoxon *T* Test (Signed Rank Test) 389
7. Friedman Analysis-of-Variance by Ranks Test 391

제 17 장 비계량 자료의 연관성 분석

| 제1절 | 명목자료의 분석 ………… 397

1. Contingency Coefficient (분할계수, 유관계수) 397
2. phi 와 Cramer's V 398
3. Lambda (Index of Predictive Association) 398

| 제2절 | 서열자료의 분석 ………… 402

1. Spearman's Rank Correlation Coefficient (ρ_S) 402
2. Kendall's Rank Correlation Coefficient (Tau) 404
3. Kendall's Coefficient of Concordance W 406

부록 1 SPSS 데이터 및 결과물 다루기 ………… 411

부록 2 난수표와 통계표 ………… 431

국문색인 ………… 441

영문색인 ………… 447

제 1 장

마케팅 조사의 개관

제 1 절 | 마케팅 조사의 의의
제 2 절 | 마케팅 조사의 적용범위
제 3 절 | 마케팅 조사의 과정

인간은 태어나면서 죽을 때까지(from birth to death) 수없이 많은 선택(choices)을 하기 때문에 우리의 일상생활은 의사결정의 연속이며, 모든 의사결정은 어떤 형태로든 일종의 정보를 필요로 한다. 예를 들어, 소비자가 어떤 상품을 구매할 때에는 당연히 여러 상표들 사이에서 품질과 가격을 비교할 것이며 더욱이 어느 점포에서 구매할 것인지 결정하기 위해 여기 저기 돌아다니기도 하는데, 이러한 행동들은 모두 최선의 상표나 최선의 점포를 선택하는 데 이용할 정보를 획득하기 위한 조사활동이라고 할 수 있다.

또한 어느 회사에 입사원서를 제출할지 결정하기 위해 회사들을 직접 방문하거나 선배나 친지에게 묻는 일도 역시 의사결정에 필요한 정보를 얻기 위한 조사활동이다. 물론 포커게임을 할 때나 배우자를 선택할 때에도 바람직한 결과를 얻기 위해서는 의사결정을 위한 어떤 정보가 필요하며 그러한 정보를 얻기 위한 조사활동이 소홀히 할 수 없다.

더욱이 친지 댁을 방문할 때 귤이나 포도를 사기 전에 하나를 먹어보기도 하는데, 이것도 구매여부를 결정하는 데 필요한 정보를 얻기 위한 조사, 특히 표본조사라고 할 수 있다. 그러나 이와 같이 일상생활 속에서 관찰되는 조사는 '직관적 조사'로서 대체로 개인의 판단성향에 의존하며 조사자의 일시적인 심리상태(흥분, 초조감 등)나 퍼스낼리티 및 환경으로부터 많은 영향을 받기 때문에 조사 자체에 객관성이 결여되기 쉽다.

만일 과일 맛을 판정하기 위해 자신의 입맛이 아니라 당도측정이라는 객관적 절차에 의존한다면 조사에 있어서 주관적 요소들을 배제한 '과학적 조사'라고 할 수 있다. 이러한 과학적 조사야말로 '정보의 객관성을 확립하고 의사결정의 불확실성을 극소화' 하는 가장 효과적인 방법이다.

따라서 본장에서는 마케팅 조사의 정의와 목적, 기능 등을 중심으로 마케팅 조사의 의의를 개관하고, 또한 마케팅 의사결정 분야에 관련하여 마케팅 조사의 적용범위와 적용상 유의점, 마케팅 조사를 실시하기 위한 일반적인 과정을 살펴본다.

제1절 마케팅 조사의 의의

1 마케팅 조사의 정의

학자들에 따라서 마케팅을 다양하게 정의할 수 있듯이, 마케팅 조사가 무엇인지에 관한 학자들의 정의는 매우 다양하지만 모두 설명하거나 기억할 필요는 없다. 단지 여기서는 마케팅 조사를 **상품과 서비스를 마케팅하는 데 관련된 문제에 대하여 객관적이고 정확한 체계적인 방법으로 자료를 수집·기록·분석하는 일**이라고 정의한 미국 마케팅 학회(AMA, American Marketing Association)의 견해를 살펴본다.

마케팅 조사에 관한 많은 정의와 더불어 이러한 정의는 어떠한 정보를 수집·기록·분석할 것인지를 결정하기 위한 조사 전 활동(pre-research activities)을 포함하고 있지 않으므로 충분하지 못하다. "마케팅 조직 자체가 환경과 상호작용을 하고 있으며, 의사결정을 위해 유용한 정보가 구체적인 의사결정 문제에 따라 다르게 규정되어야 한다"는 일반적인 전제 하에서는 조사 전 활동을 포함해야 하므로 본서에서는 다음과 같은 세 가지 요소를 포함하여 새롭게 정의하고자 한다.

즉 마케팅 조사란 "① 우선 의사결정자(정보이용자)의 정보욕구를 진단하고(diagnosis of information needs), ② 그러한 정보에 관련되는 변수들을 선정(selection of relevant interrelated variables)한 후, ③ 타당하고 신뢰가능한 자료를 수집·기록·분석하여(gathering/recording/analysing valid and reliable data) 유용한 정보를 산출하는 일"이라고 정의하는 편이 바람직하다.

조사자(정보제공자)들이 간과하기 쉽지만, 마케팅 조사를 시작하기에 앞서 의사결정자의 정보욕구를 확인해 내는 일은 전체 조사과정의 나머지 모든 단계와 최종 결과에 영향을 미치는 첫 단추의 역할을 하므로 매우 중요하다.

그럼에도 불구하고 조사자들은 이러한 중요성을 간과하여 비용과 시간만 낭비하고 조사 자체를 망치는 경우가 허다한데 예를 들어, '국세청'에 볼 일이 있다는 사람에게 정보제공자에 따라서는 '국세청'의 전화번호를 알려주거나, 인터넷 사이트를 알려주거나, 주소나 약도를 알려주거나, '국세청'을 지나가는 시내버스 노선을 알려줄 수 있을 것이다. 그러나 각 정보가 얼마나 유용한지는 결국 정보이용자의 정보욕구에 따라 결정되므로 정보제공자는 제일 먼저 정보이용자가 어떠한 정보를 필요로 하는지 판단해야 하는 것이다.

조사 실무자들이 소홀하게 다루는 또 다른 중요한 문제는 조사할 항목에 관련된다. 이는 결국 정보욕구에 관련된 변수들을 선정하는 일인데 마케팅 지식의 부족이나 게으름 때문에 다른 조사에서 사용된 변수들(설문지)을 그대로 모방하거나 직관적으로 선정하는 오류를 범하기 쉽다.

예를 들어, 의사결정자가 화장품을 많이 구매하는 소비자 집단(heavy users)의 특성에 관해 정보욕구를 보인다면 그러한 정보욕구에 관련된 변수는 연령, 성별, 소득, 교육수준, 취업여부, 라이프 스타일 등 화장품 소비량에 영향을 미칠 것으로 가정되는 변수들이 될 것이며, 마케팅 조사는 당연히 이러한 변수들에 관한 자료를 수집해야 할 것이다.

즉 조사 자료나 분석결과를 다른 연구들과 비교하기 위한 경우가 아니라면 다른 조사에서 사용된 설문지를 그대로 사용해서는 곤란하며 안일하게 직관에만 의존해서도 안 된다. 따라서 조사자는 우선 정보욕구를 명확하게 파악한 후 ① 마케팅 이론, ② 유사한 분야의 선행연구, ③ 탐색적 조사, 그리고 최종적으로 어쩔 수 없이 ④ 직관에 의존하는 순서로 정보욕구를 충족시키기에 적합한 변수들을 선정해야 한다.

그러나 이러한 두 가지 조사 전 활동을 신중하게 다루지 않고 단순히 설문지를 만들어 자료를 수집·기록·분석하는 일이 마치 마케팅 조사의 전체라고 여기는 일은 매우 어리석고 위험한 생각이다.

> ▸ marketingschool.com
> 관련된 변수들을 선정하기 위해 마케팅 이론을 살펴보려면 마케팅스쿨 홈페이지를 참고하기 바랍니다.

2 마케팅 조사의 중요성

시장여건에 따라 가장 효과적인 마케팅 오리엔테이션(마케팅 철학, 마케팅 관리이념, 경영철학)은 생산 콘셉트, 상품 콘셉트, 판매 콘셉트, 마케팅 콘셉트, 사회적 마케팅 콘셉트로 구분될 수 있지만, 시장여건 자체는 대체로 판매자 시장(seller's market)과 구매자 시장(buyer's market)으로 대별된다.

판매자 시장의 여건에서는 수요수준에 비해 공급이 절대적으로 부족하기 때문에 대량으로 생산하고 유통의 효율성을 개선하거나 상품 자체의 품질을 조금 개선하는 일만으로도 생산된 상품을 얼마든지 판매할 수 있으며, 소비자의 욕구에 특별한 관심을 보이거나 만족여부에 아랑곳하지 않고도 자신의 사업을 영위할 수 있다.

따라서 판매자는 어떠한 특성의 상품을 얼마나 어디에서 어떤 가격으로 제공할 것인지를 대체로 임의로 결정할 수 있으며 소비자에 대한 정보제공과 설득활동은 별로 없다.

그러나 오늘날 대부분 상품분야에서는 시장에 대한 상품공급이 현저히 증가하여 수요수준을 넘어섬에 따라 다수의 공급자가 판매를 위해 치열하게 경쟁하게 되었다. 이에 따라 마케팅 문제는 '충분한 양의 상품생산'으로부터 '고객만족을 보증하는 충분한 품질의 상품생산'으로 바뀌었고, 마케터는 자신이 보다 많은 소비자들로부터 선택을 받음으로써만 번창할 수 있다는 사실을 깨닫게 되었다.

이제는 어떠한 상품도 시장에 공급되는 대로 거의 자동적으로 판매될 수가 없으며, 우선 소비자가 원하는 특성을 갖추고 소비자가 원하는 장소에서 그들이 기꺼이 지불하려는 가격에서만 판매될 수 있을 뿐이다(구매자 시장).

또한 마케터는 자사 상품에 대한 수요를 자극하기 위해서 적절한 매체를 통해 잠재고객에게 유용한 정보를 제공하고 설득해야 한다. 이러한 모든 과업을 효과적으로 수행하고 의사결정의 불확실성을 축소하기 위해서 마케터는 소비자와 환경요인들에 대한 정보를 필요로 할 것이므로 오늘날 마케팅에서는 '의사결정에 유용한 정보를 산출하는 일'인 조사를 조직의 필수적인 활동으로 받아들이게 되었다.

이와 같이 소비자가 '원하는 바'와 그들의 특성이 기업활동의 초점으로 부각된 것은 마케팅 콘셉트가 새로운 마케팅 오리엔테이션으로 등장한 것과 같은 맥락이며, 마케팅이란 결국 마케팅 의사결정들의 올바른 조합(마케팅 믹스)을 통해 시징에서 고객과의 교환이 바람직하게 일어나도록 하는 일임을 암시한다.

여기서 마케팅 의사결정들의 중요성은 마케팅 콘셉트로부터 짐작될 수 있는데, 마케팅 콘셉트란 우선 ① 충족되지 않은 잠재고객의 욕구를 발견하고, ② 그것을 효과적·효율적으로 충족시켜 줄 수단(마케팅 믹스)을 개발하여 제공함으로써, ③ 고객의 문제를 충분히, 그리고 경쟁자보다 잘 해결하여 고객만족을 창출하고 그 대가로 장기적인 이윤을 획득하려는 마케팅 오리엔테이션이다.

즉 오늘날 경쟁에서의 승리는 자신이 경쟁자보다 소비자가 '원하는 바'를 얼마나 잘 충족시키느냐 하는 문제에 달려 있고, 이를 위해 마케터는 소비자를 포함하여 여러 가지 환경요인에 대한 이해와 정보를 필요로 하게 되었으며 마케팅 조사의 중요성도 부각되었다.

3 마케팅 조사의 목적

일반적인 수준에서 마케팅 조사는 크게 세 가지 목적을 위해 실시된다. 첫째, **개별 소비자**는 구매와 소비에 관련된 의사결정을 현명하게 내리기 위해 다양한 정보를 필요로 한다. 소비자는 자신이 '원하는 바'와 개인특성에 맞는 상품을 구매하기 위해서 또는 저렴한 가격을 찾기 위해서 정보를 탐색하는 조사활동에 참여하며, 또한 구매 후에도 인지적 디서넌스를 감소시켜 심리적 안정을 취하고 단순히 구매의 지혜를 쌓기 위해 조사활동을 벌이기도 한다.

둘째, **학계**에서 실시하는 마케팅 조사의 목적은 시장현상을 연구함으로써 새로운 마케팅 이론과 기법을 개발하려는 것이다. 예를 들어, 신상품에 대해 소비자들이 보여주는 계층적 반응의 한 가지 유형은 혁신수용 모델로 요약될 수 있는데 그러한 모델이 신상품에 관한 인지, 관심, 대안평가, 시용, 수용이라는 단계를 순차적으로 포함한다는 사실은 결국 시장현상에 대한 조사를 근거로 개발된 것이며, 새로운 마케팅 이론과 기법의 한 부분을 구성하게 되었다.

또한 구전 커뮤니케이션에서 정보가 정보원천으로부터 직접 수신자에게 전달될 뿐 아니라 의견 선도자가 개재하여 중개역할을 할 수 있다는 2단계 정보흐름 모델도 역시 시장현상에 대한 마케팅 조사를 근거로 제안된 것임을 알 수 있다.

셋째, **실무계**에서 실시하는 마케팅 조사의 목적은 주로 마케터가 최소한의 불확실성만으로 보다 합리적인 의사결정을 내릴 수 있도록 관련 자료를 수집하고 분석함으로써 유용한 정보를 제공하려는 것이다.

이때 정보란 첩보에 대해 객관적 확인과 주관적 해석을 가한 것으로, 여기서 객관적 확인이란 자료(raw data)의 수집과 분석을 의미한다. 이러한 정보들은 대체로 ① 객관적 사실, ② 변수 또는 현상간의 관계, ③ 현재의 특정한 값의 추정, ④ 미래의 관계나 추정치에 대한 예측 등의 형태로 구성되며, 그들이 체계적으로 축적될 때 비로소 지식이라고 할 수 있다.

따라서 최근 들어 마케팅 조사는 대부분 조직의 마케팅 활동에서 대단히 중요한 필수적 스탭기능으로 부각되었으며, 정부기관이나 공공단체 등 비영리 조직에서도 경영관리의 필수적인 지원도구로서 지위를 굳혀가고 있다.

이러한 현상은 무엇보다도 기업이든 비영리 조직이든 조직 자체가 경쟁 속에서 생존하고 효과적으로 목표를 달성하기 위해서는 고객지향적(customer-oriented)으로 전환하지 않을 수 없다는 인식에 따른 것이며, 중요한 마케팅 의사결정의 빈도와 복잡성, 그에 따른 의사결정의 불확실성이 증대됨에 따라 더욱 두드러질 것으로 예상된다.

4 마케팅 조사의 현실적 문제

4-1 마케팅 조사에 대한 그릇된 인식

마케팅 조사는 그 중요성에도 불구하고 단지 의사결정에 수반되는 불확실성을 합리적인 수준으로 감소시켜 줄 뿐이며 완전한 의사결정을 보장해 주거나 의사결정자의 역할을 대체하지는 않는다. 따라서 마케팅 조사는 의사결정을 위한 투입요소 정도로 고려되어야 하며, 조사결과에 전적으로 의존하는 일은 오히려 그릇된 의사결정을 야기하거나 마케팅 조사의 남용 또는 오용의 문제를 일으키기도 한다.

또한 마케팅 조사는 정확한 판단력과 다양한 통계기법을 필요로 할 뿐 아니라 풍부한 마케팅 지식과 실무적 경험을 활용해야 하는 매우 복잡한 과업이다. 따라서 마케팅 조사가 현실적으로 안고 있는 다음과 같은 몇 가지 문제점들을 검토하는 일은 그러한 문제점들을 완전히 해결할 수는 없을지라도 적어도 피하는 데에는 도움이 될 것이다.

① 마케팅 조사를 담당하고 있는 많은 실무자들이 조사활동에 관한 공식적인 교육이나 훈련을 받은 경험이 적다. 심지어 일부 기업에 있어서 마케팅 조사팀은 영업이나 유통, 자금 등의 다른 관리부문에서 차출되어 마케팅 이론을 물론이고 널리 이용되는 마케팅 조사의 기법과 도구조차 이해하지 못하는 경우가 있다.

② 능력을 갖춘 조사자일지라도 기업이 당면한 마케팅 문제의 본질을 정확하게 파악하지 못하거나 단순히 자신의 조사능력을 과시하기 위해 쓸데없는 문제를 발굴하고 해결하는 데에 시간과 자원을 낭비하는 경우가 있다. 조사자가 기업이 당면한 진정한 마케팅 문제를 발굴하거나 이해

하기 위해서는 항상 라인 관리자인 마케터와 항상 대화채널을 유지하고 협력해야 하며, 독선적인 조사를 지양해야 한다.

③ 마케팅 조사와 관련하여 현실적으로 가장 심각한 문제점은 중요한 마케팅 문제에 대한 해결방안을 찾았음에도 불구하고 라인 관리자인 마케터의 관심을 끌지 못할 때 발생한다. 이러한 일은 조사자가 너무 난해한 기법이나 복잡한 내용으로 그들을 혼동시킬 때 흔히 일어나므로 조사자는 의사결정자의 관점에서 그들의 정보욕구에 맞추어 정보를 효율적으로 제공하되 특별한 요구가 있을 때에만 상세한 내용이나 기법에 관한 설명을 제공해야 한다.

④ 마지막 문제점으로는 아직도 마케팅 조사에서 활용할 수 있는 기법들이 충분히 개발되어 있지 못하다는 점이다. 경제현상이나 인간의 행동은 대단히 가변적이며 수많은 변수들이 상호작용을 통해 영향을 미치기 때문에 변수간의 관계, 특히 인과관계를 파악해 내기는 더욱 어렵다. 또한 측정방법이나 척도에 관한 논란이 여전히 지속되고 있으며, 분석도구 역시 개선될 여지가 많다.

4-2 마케팅 조사의 오·남용

실무계에서 마케팅 조사의 목적은 불확실성을 축소하여 마케터가 보다 나은 의사결정을 내릴 수 있도록 적절한 정보로써 지원하는 것이지만, 현실적으로는 다른 의도에서 마케팅 조사를 실시함으로써 여러 가지 오·남용이 발생한다.

첫째, 가장 보편적인 오류는 조사자가 특정한 입장을 지지하기 위해 자료를 선택적으로 수집하여 분석하는 일이다. 이때 조사자는 조사를 통해 얻어내려고 의도하는 바에 따라 유리한 자료만을 수집하거나 더욱이 그러한 자료를 조작하기도 하는데, 그러한 일은 마케팅 조사에 심각한 오·남용을 야기한다. 예를 들어, '통일은 대박'이라는 입장을 지지하기 위해 통일의 부정적인 측면은 축소하거나 간과하고 긍정적인 측면만 강조한 정보를 유포하여 여론을 호도하기도 한다.

둘째, 그릇된 의사결정의 속죄양으로 이용하기 위해 사후적으로 마케팅 조사가 조작되기도 하는데 이것도 역시 마케팅 조사가 오·남용되는 예가 된다. 예를 들어, 대선에 참패한 정당은 그 원인을 정확하게 분석하여 문제점을 수정하기보다는 외부와 남의 탓으로 돌리기 위해 의도적으로 조사를 실시하고 정보를 제공함으로써 스스로 책임을 회피하고자 한다.

셋째, 일부 광고대행사나 매체기업들은 고객들에게 자신이 과학적이고 현대적인 기법을 사용한다는 인상을 풍기기 위해 적절하지는 않지만 다소 복잡한 접근방법을 채택하고 보고서에서도 마케팅 전문용어와 난해한 통계용어를 지나치게 구사하여 오히려 혼동을 가중시킨다.

이밖에도 많은 조사들이 조사문제의 본질을 잘못 파악하거나 관련된 변수를 잘못 선정함으로써 조사결과에 의구심을 야기하는 오류를 범하고 있다. 예를 들어, 60세 이상 노인들에게 가장 위험한 장소를 알아내기 위해 조사자가 노인들이 사망한 장소의 빈도를 조사하였다면 그 결과는 당연히 병원이 노인에게 가장 위험한 곳이라고 나타날 것이다.

또한 어린이 교통사고들의 발생장소를 조사하여 스쿨존이 가장 위험하다는 결론을 내린다면 어린이 교통사고가 전혀 없는 아프카니스탄 전쟁터가 가장 안전한 곳인지 의심하게 만들 것이다. 또한 자동차 1만 대당 사고율도 실제로는 주행거리나 도로여건들이 유사한 조사대상국들 사이에서나 비교될 수 있을 뿐이다. 또 G20 정상회담의 경제적 효과가 21조원이고 평창동계올림픽의 경제적 효과가 64조원에 이른다는 보도에 접한 국민들은 그러한 수치를 제시하는 근거와 정보의 가치에 큰 의문을 가질 것이다.

▸ marketingschool.com

마케팅 조사의 오남용 사례 모음은 마케팅 스쿨 홈페이지를 참고하기 바랍니다.

제2절 마케팅 조사의 적용범위

1 마케팅 시스템과 의사결정 변수들

마케팅 조사가 학계에서는 새로운 마케팅 이론과 기법을 개발하기 위해 널리 실시되지만, 실무계에서는 주로 마케팅 의사결정 변수에 관한 조사와 그러한 의사결정에 영향을 미치는 소비자 및 환경요인에 관해 실시된다.

따라서 마케팅 조직이 실시하는 마케팅 조사는 **라인 관리자(마케터, 의사결정자)에게 필요한 정보를 제공함으로써 그들의 의사결정을 지원하는 스탭기능**이다. 즉 마케팅 정보, 의사결정 및 시장반응의 순환과정은 〈도표 1-1〉과 같은데, 마케팅 조사자는 자료를 수집하고 분석하여 라인 관리자에게 정보와 추천을 제공한다.

도표 1-1 마케팅 정보-의사결정-시장반응의 순환관계

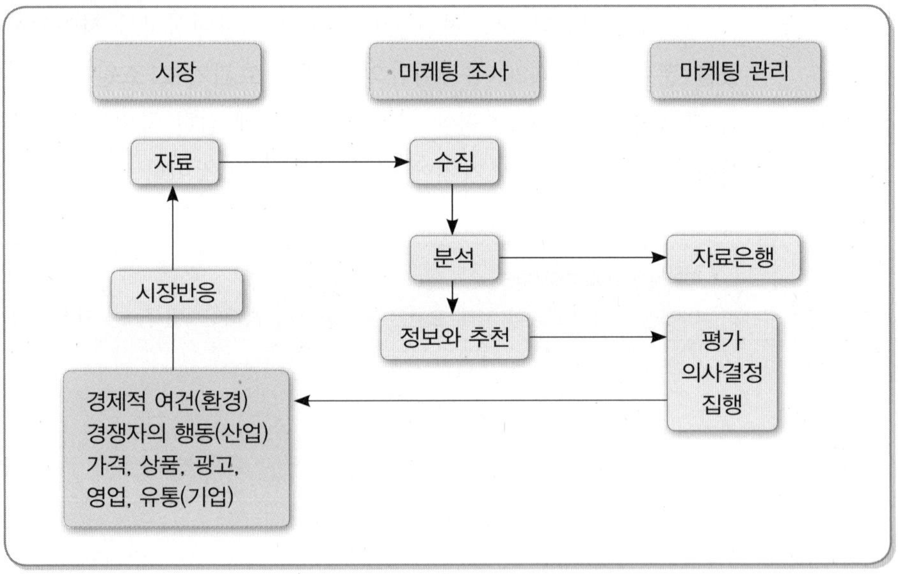

한편 마케팅을 "시장에서 고객과의 바람직한 교환관계를 개발하고 유지하기 위한 활동"으로 정의할 때, 마케터가 당면하는 의사결정 변수별로 조사가 어떻게 관련되는지는 대체로 다음과 같다.

1-1 어떠한 특성들을 조합하여 상품을 만들 것인가?

이러한 의사결정 변수는 상품의 기능, 성능, 규격, 디자인, 색상, 상표, 포장 등에 관련된 것으로서 효과적인 의사결정을 위해서는 소비자가 원하는 상품 특성은 물론이고 자연적 환경요인이나 사회적·문화적 환경요인 등 환경요인들에 관한 조사를 필요로 한다.

1-2 상품을 소비자에서 언제, 어떻게 제공할 것인가?

이러한 의사결정 변수는 상품을 유통시킬 점포들의 입지, 배달방법, 출하시기 등에 관련된 것으로서 효과적인 의사결정을 위해서는 소비자가 구매하기를 원하는 시기와 장소 및 방법은 물론이고 다양한 환경요인들에 관한 조사를 필요로 한다.

1-3 어떠한 지불조건을 고객에게 제시할 것인가?

이러한 의사결정 변수는 상품의 가격, 할인정책, 대금결제방법 등에 관련된 것으로서 효과적인 의사결정을 위해서는 소비자가 기꺼이 수용하려는 지불조건은 물론이고 특히 경제적 환경요인이나 경쟁적 환경요인 등에 관한 조사를 필요로 한다.

1-4 어떻게 상품정보를 제공하고 고객을 설득할 것인가?

이러한 의사결정 변수는 광고물의 소구점, 매체, 판매촉진 방법 등에 관련된 것으로서 효과적인 의사결정을 위해서는 소비자의 라이프 스타일이나 자아 이미지, 매체이용 패턴 등에 관한 조사를 필요로 한다.

이상과 같은 네 가지 분야에 관한 의사결정들의 독특하고 올바른 조합을 '마케팅 믹스'(marketing mix)라고 하는데, 기업이 경쟁력을 갖기 위해서는 자신의 마케팅 믹스가 고객들이 '원하는 바'를 효과적으로 충족시킬 뿐 아니라, 그들의 특성과 환경적 여건에도 효과적으로 적응해야 한다. 따라서 마케터가 올바른 의사결정을 내리기 위해 조사가 필요한 분야는 마케팅 시스템을 참조함으로써 개괄적으로 살펴볼 수 있다.

즉 기업의 마케팅 시스템은 〈도표 1-2〉에서와 같이 상품, 경로, 가격, 촉진 등 네 분야에 관련된 의사결정 변수들을 자신이 통제할 수 있는 요인

(controllable factors)으로 갖고 있다. 그러나 모든 마케팅 활동의 중심이 고객인 것처럼 마케팅 의사결정들은 어디까지나 고객이 '원하는 바'와 그들의 특성을 충분히 반영함으로써 고객문제를 효과적으로 해결해야 한다. 물론 고객이 '원하는 바'와 특성을 충분히 고려하는 의사결정일지라도 외부적 환경여건들에 적절하게 적응한 것이 아니라면 성공을 거둘 수가 없을 것이다.

도표 1-2 마케팅 시스템과 구성요인

결국 올바른 마케팅 의사결정이란 마케팅 시스템의 모든 구성요소에 대한 조사를 필요로 하며, 마케팅 조사의 적용범위는 〈도표 1-3〉과 같이 환경요인 분야, 시장분야, 마케팅 믹스의 분야, 성과평가와 통제 분야로 요약된다.

▌도표 1-3▐ 마케팅 조사의 적용범위(예시)

의사결정의 유형	조사문제의 내용
환경요인 분야	
환경적 기회와 위협을 확인해 낸다.	환경적 요인들의 현황과 변화추세를 예측한다.
기업의 기회를 규정한다.	기업의 강점과 약점을 평가한다.
마케팅 활동의 방향과 규모를 결정한다.	세분시장별 및 상품별 시장수요를 예측한다.
마케팅 노력을 기간별로 할당한다.	수요의 계절지수를 구한다.
시장분야	
시장을 세분한다.	소비자들의 특성을 근거로 유사한 집단들을 분리해 낸다.
표적시장을 선정한다.	각 세분시장의 규모, 성장전망, 경쟁강도를 평가한다.
목표 포지션을 선정한다.	마케팅 목표를 달성하기에 가장 적합한 이미지를 설정한다.
상품분야	
상품속성의 결합을 결정한다.	상품개념들을 창출하고 가치를 분석한다.
상표명을 결정한다.	상표명의 대안들을 창출하고 이미지를 평가한다.
포장의 특성을 결정한다.	포장의 디자인이나 색상에 대한 소비자의 반응을 평가한다.
유통경로분야	
유통방식을 결정한다.	유통방식의 대안들을 창출하고 접근가능성과 유통효율을 평가한다.
점포(또는 창고)의 위치를 결정한다.	소비자들의 구매행동특성과 지리적 분포를 평가한다.
적정한 재고수준을 결정한다.	재고회전율과 그에 대한 영향요인을 평가한다.
유통경로를 변경한다.	기존유통경로의 실적을 평가하고 새로운 유통경로를 탐색한다.
가격분야	
가격수준을 결정한다.	수요특성과 가격탄력성을 평가한다.
적절한 할인과 공제정책을 결정한다.	할인과 공제 유형별 반응도를 평가한다.
지역적 · 심리적 가격정책을 결정한다.	가격정책에 대한 세분시장별 반응도를 평가한다.
가격 이외의 거래조건을 결정한다.	거래조건 유형에 대한 소비자의 선호특성을 평가한다.
촉진분야	
광고주제, 매체, 문안을 결정한다.	각 대안에 대한 수신자들의 반응도를 평가한다.
최적의 광고물을 결정한다.	세분시장별 광고물에 대한 반응을 실험한다.
촉진진략을 평가한다.	수신자의 태도나 구매량을 평가한다.
예산을 할당한다.	지역시장별 및 상품별 이익기여도나 시장성장 전망을 평가한다.
성과평가와 통제분야	
성과를 다음 계획에 피드백한다.	마케팅 성과를 평가한다.

2 환경탐사의 필요성과 원리

〈도표 1-2〉에서 예시된 환경요인들은 ① 끊임없이 변화하면서, ② 새로운 마케팅 기회를 제공하거나 위협으로 작용한다. 예를 들어, 저출산과 인구고령화의 환경 변화는 산부인과와 소아과 병원이나 초등교육과 관련된 상품의 마케터에게는 위협으로 작용하지만 건강식품과 노인의료, 노인 의식주에 관한 사업의 마케터는 오히려 새로운 마케팅 기회를 제공할 것이다.

따라서 마케팅 조직은 환경요인들이 제공하는 새로운 마케팅 기회를 신속하게 포착하고 위협에 적절히 대응하기 위해 소비자 및 환경요인들의 현황과 변화추세를 끊임없이 추적해야 하는데, 이러한 활동을 '환경탐사'(environmental scanning)라고 한다.

물론 이러한 환경탐사의 유일하고도 중요한 목적은 그러한 환경(또는 환경변화)에 효과적으로 적응하면서 고객문제를 해결하기 위해 올바른 마케팅 믹스를 구성하는 데에 있으며, 그러한 일을 '창조적 적응'(creative adaptation)이라고 한다.

이와 같이 마케팅 조직의 생존과 번영을 위해 필수불가결한 '환경탐사'로부터 '창조적 적응'에 이르는 과정에서도 마케팅 조사는 모든 의사결정의 근거가 되는 정보를 제공해 준다.

2-1 환경탐사

환경탐사란 끊임없이 변화하는 환경요인들이 야기하는 새로운 마케팅 기회와 위협을 신속하게 포착하고 적절히 대응하기 위해 소비자는 물론 정치·법적 환경, 경제적 환경, 사회·문화적 환경, 경쟁 환경, 기업의 목표와 자원 등의 현황과 변화추세를 지속적으로 검토하는 일이다.

예를 들어, 독신의 증가와 출산율의 저하, 소득의 증대, 맞벌이 부부의 증가, 조기교육에 대한 관심고조, 인터넷의 보급, TV의 독서대체 현상, 유복한 노년층의 증가, 다양한 교육매체의 등장 등은 많은 기업의 마케팅 활동에 매우 중요한 영향을 미치는 환경요인들의 변화라고 할 수 있다.

2-2 마케팅 시사점의 도출

특정한 시점에서 포착된 환경요인들의 현황이나 변화추세는 마케팅 조직의 활동에 대해 직·간접적으로 많은 영향을 미칠 것인데, 그러한 영향의 내용을 평가하고 자신의 관점에서 해석해 내는 일을 마케팅 시사점(marketing implications)의 도출이라고 한다.

예를 들어, 환경탐사에서 언급한 환경요인들의 변화추세는 가사대행 서비스, 노년층을 표적으로 하는 마케팅 활동, 고급화된 교육상품에 있어서 새로운 기회(positive effects)를 암시하지만 일부 기업과 산업을 위협(negative effects)하기도 한다.

2-3 창조적 적응

환경요인들의 현황과 변화추세를 포착하고 그들이 기업에 미치는 영향을 평가한 마케터는 그에 대응하기 위해 기존의 마케팅 목표나 전략을 변경하거나 실행계획 등을 새롭게 준비해야 한다.

따라서 창조적 적응이란 새로운 환경여건에 부응하기 위한 올바른 목표, 올바른 표적시장, 올바른 상품결정, 올바른 경로결정, 올바른 가격결정, 올바른 촉진결정 등을 지칭한다.

제3절 마케팅 조사의 과정

마케팅 조사가 어떠한 결과를 산출할 것인지는 통계학과 수학, 경제원리나 행동과학의 이론, 컴퓨터를 활용하는 조사자의 능력, 수고, 재수와 상식 등으로부터 영향을 받는데 특정한 조사문제를 다루기 위해 이러한 요소들을 어떻게 결합할 것인지는 조사문제의 성격과 조사자의 개인적 특성에 따라 달라진다.

즉 조사문제의 독특한 성격에 따라 조사활동의 내용도 달라질 수 있음은 말할 것도 없고, 동일한 조사문제라 할지라도 조사자마다 자신의 경험과 능력을 충분히 활용하기 위해 가장 친숙한 방법으로 다룰 것이므로 구체적인 조사활동의 내용은 많은 차이를 보이기 마련이다.

그러나 조사문제의 성격이나 조사자의 개인적 특성에 따른 차이에도 불구하고 모든 마케팅 조사에서 공통적으로 발견되는 일반적인 조사과정은 〈도표 1-4〉와 같이 요약될 수 있다.

| 도표 1-4 | 마케팅 조사의 과정

조사의 계획	1. 조사목적의 정의 2. 조사설계
조사의 실시	3. 자료원천의 확인과 자료수집 4. 표본설계 및 표본조사 5. 자료의 처리(분석 및 해석)
조사결과의 보고	6. 보고서의 작성

1 조사목적의 정의

마케팅 조사를 시작하기 위해서는 우선 마케팅 조직이 당면한 마케팅 문제를 명확하게 정의함으로써 의사결정을 위한 정보욕구를 판단해야 하는데, 이러한 과정에서 **조사자(스탭기능)는 라인관리자와 긴밀하게 협력해서 마케팅 문제를 정확하게 찾아냄으로써 정보욕구에 대한 착오를 없애야 한다.**

일단 정보욕구를 제대로 밝혀내면 이러한 정보욕구를 충족시키기 위한 일을 수행하는데, 바로 정보욕구를 충족시키는 일이 마케팅 조사의 목적이 된다.

따라서 조사의 목적이 무엇인지 정의한다는 것은 **예외적인 상황적 징후**

도표 1-5 **조사목적을 정의하기 위한 절차**

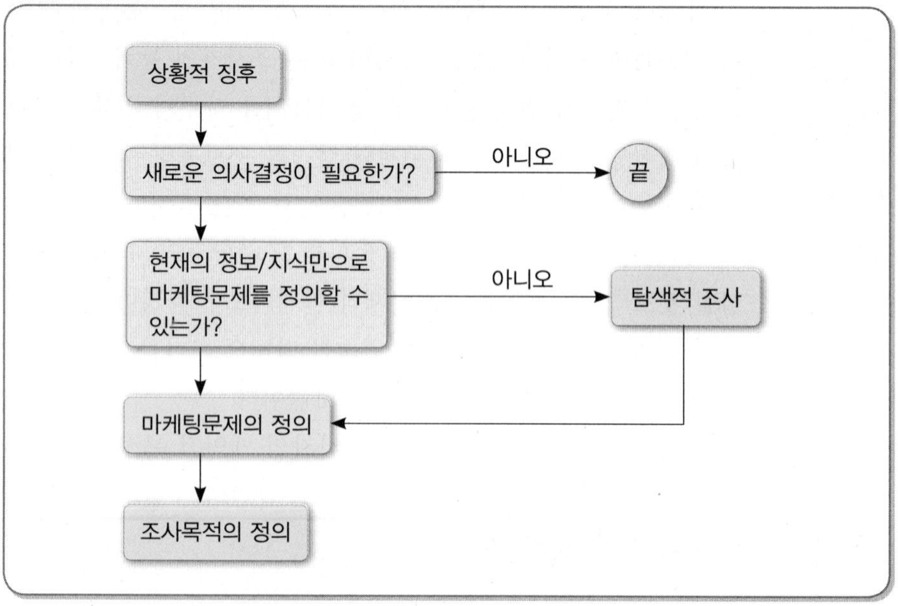

에 당면한 의사결정자의 정보욕구를 판단하여 마케팅 조사가 다루어야 할 조사과제들을 상술하는 일을 의미하며, 대체로 〈도표 1-5〉와 같은 절차를 따른다.

조사과정에서 조사목적을 정의하는 일은 그것이 이어지는 조사활동의 방향을 결정짓고 조사결과의 유용성에 막대한 영향을 미친다는 점에서 대단히 중요하다. 그러나 일부 조사자들은 이 단계를 간과하고 오히려 자료수집이나 통계분석에 시간과 노력을 집중함으로써 전체 조사활동을 무의미하게 만들기도 한다.

1-1 상황적 징후

상황적 징후(situational symptoms)란 대체로 기업이 마케팅 활동을 통해 성취하고 있는 결과나 환경요인들의 변화에 관련된 것으로서 마케터가 당면한 문제를 밖으로 표면화시켜 보여주는 모습이다.

마케팅 문제가 발생했음을 알게 해주는 가장 대표적인 상황적 징후는 **사전에 계획된 목표와 실제 성과 사이의 차이**인데, 그러한 차이가 심각하다면 이에 대응하기 위한 새로운 의사결정이 필요해 진다. 예를 들어, 현재의 매출액이나 시장점유율이 목표보다 현저하게 낮은 수준에 머물거나 마케팅 비용이 계획보다 지나치게 많이 발생한 경우라면 적절한 조치에 관한 의사결정이 필요할 것이다.

그 다음 두 번째로 보편적인 상황적 징후는 **마케팅 성과에 영향을 미칠 수 있는 환경요인들의 변화**인데, 환경요인들이 끊임없이 변화하면서 새로운 기회와 위협을 제공한다는 측면에서 환경변화는 그에 대응하기 위한 의사결정의 필요성을 야기한다. 이러한 경우에는 마케팅 조사가 환경탐사의 성격을 갖는다.

이러한 상황적 징후는 〈도표 1-6〉에서처럼 어떤 사람이 아침 기상하면서 두통과 오한을 느끼거나 정년퇴임을 맞아 건강증진 방안을 모색하는 상황과 유사하다. 물론 그러한 증세가 심하지 않거나 건강문제가 심각하지 않다면 그대로 참고 지낼 수 있고, 심각하다면 필요한 조치에 관한 의사결정을 내려야 한다.

이와 같이 마케팅 조직이 새로운 의사결정의 필요성을 인식하게 되면 조사자는 **성과차이의 원인을 밝히거나 환경변화의 시사점을 도출**함으로써 마케팅 의사결정 문제를 구체적으로 정의해야 한다.

도표 1-6 내과의사의 조사문제 정의

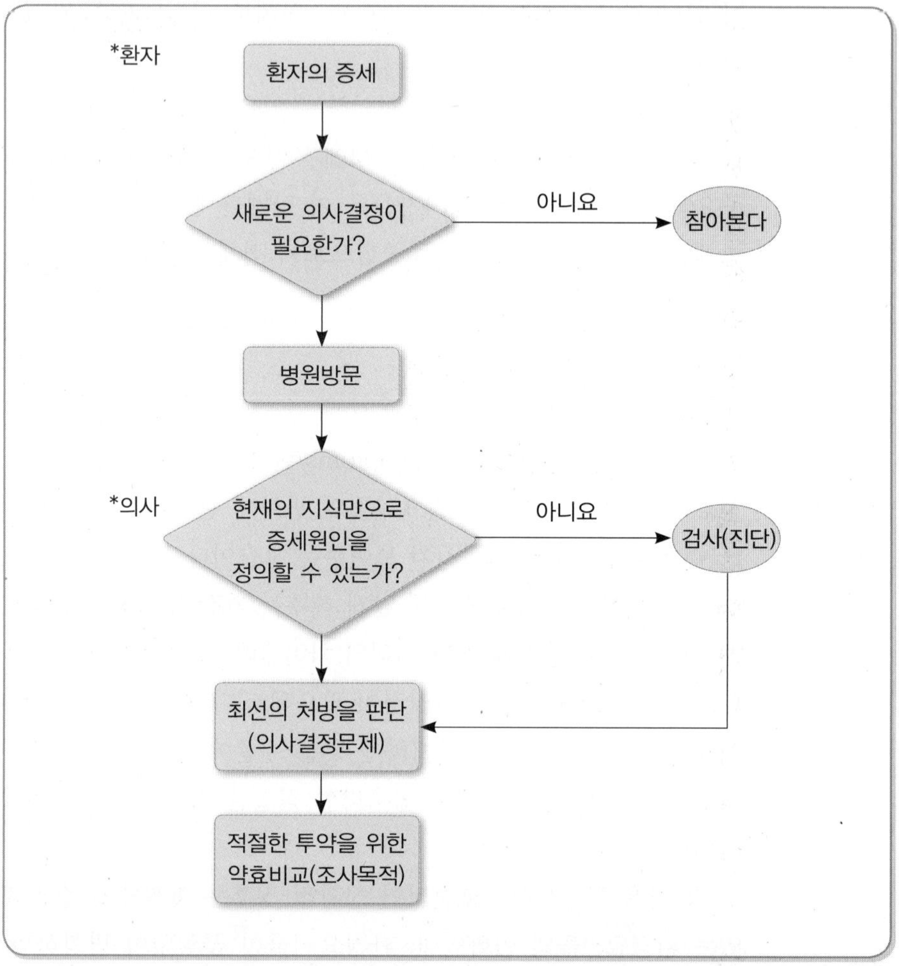

이때 조사자는 그러한 원인이나 시사점을 찾아내는 일을 자신이 현재 갖고 있는 정보와 지식만으로 용이하게 수행할 수도 있으나 그러한 정보와 지식이 충분하지 않다면 탐색적 조사를 실시해야 한다.

1-2 탐색적 조사

조사자는 상황적 징후(들)로부터 마케팅 의사결정 문제를 구체적으로 정의하기 위해 성과차이의 원인이나 환경변화의 시사점을 제대로 파악할 수 없을 때 탐색적 조사(exploratory research)를 실시해야 한다.

탐색적 조사는 통계적으로 완전히 신뢰할 수 있는 결과보다는 정보와 지식이 부족한 여건에서 의견이나 아이디어, 통찰을 얻기 위해 실시되는 것이므로 대체로 10명 내외의 소표본을 대상으로 개방형 질문(open-ended questions)을 적용한다.

이는 〈도표 1-6〉에서와 같이 내과의사가 환자의 외견상의 증세를 관찰하여 병세의 원인을 확진할 수 없기 때문에 여러 가지 검사(진단)를 실시하는 일에 비유될 수 있다.

1-3 마케팅 의사결정 문제의 정의

목표에 대한 성과차이의 원인이나 환경변화의 시사점을 알게 되면 조사자는 거의 자동적으로 마케터가 당면한 마케팅 의사결정 문제를 구체적으로 정의할 수 있다. 결국 마케팅 의사결정 문제란 일반적으로 **상황적 징후에 대응하기 위한 '최선의 대응조치를 선택'하는 일**이다.

예를 들어, 점포의 내방객이 계속 감소하고 있다는 상황적 징후의 원인이 경쟁점포의 출현에 있다면 점포충성을 강화하기 위한 최선의 방안을 선택하는 일이 바로 마케터의 마케팅 의사결정 문제가 되는 것이다.

〈도표 1-6〉에서와 같이 불길한 징후로 병원에 온 환자를 문진하고 필요한 검사를 거쳐(탐색적 조사) 두통과 오한의 원인이 유행성 독감으로 판단한 내과의사는 이제 유행성 독감에 대해 최선의 처방을 내려야 하는 의사결정 문제에 당면하는 것이다.

1-4 조사목적의 정의

의사결정 문제 자체는 바로 그러한 의사결정을 수행하는 데 필요한 정보가 무엇인지 알려주는데, 그러한 '정보욕구를 충족시키는 일', 즉 앞에서 언급한 바와 같이 **의사결정자의 정보욕구를 판단하여 마케팅 조사가 다루어야 할 조사과제들을 상술하는 일**이 바로 조사목적이 된다.

조사목적은 간혹 조사과제와 혼동되기도 하지만, 조사과제(research tasks)란 '조사목적을 달성하기 위해 마케팅 조사가 포괄해야 하는 조사영역'들을 규정한 것이며 통계적으로 검증되기 위한 조사가설(research hypothesis, 연구가설 study hypothesis, 대립가설 alternative hyposthesis)의 형태로 진술되기도 한다.

여기서 조사가설이란 **조사를 통해 논의되거나 검증되기 위해 모집단내 변수들의 분포특성이나 변수간 관계에 관해 사전에 만들어진 임시적 가정**(tentative

| 도표 1-7 | 탐색적 조사 결과 - 의사결정 문제 - 조사목적(조사과제)

탐색적 조사 결과	의사결정 문제	조사목적(조사과제)
경쟁자의 가격인하	대응적 가격인하 폭을 결정하고, 표적시장을 변경	가격인하의 영향을 평가하고, 가격에 둔감한 세분시장 확인
내점객의 감소	내점객을 증대시키기 위한 방안을 선택	점포접근에 대한 장애요인과 경쟁점포의 고객유인력을 재평가
고객들의 지역이동	점포망 확장을 위한 입지를 선정	점포입지 후보지 상권을 분석
고객들의 기호변화	마케팅 믹스의 변경	새로운 마케팅 믹스 대안을 평가하거나 새로운 고객집단을 발견

assumption)으로서 예를 들면 다음과 같다.

- 학력수준이 높을수록 환경친화상품을 선호한다.
- 무상수리 보증기간에 따라 승용차 구매고객의 만족도가 달라진다.
- 취업주부와 전업주부 사이에는 화장품 구매량의 차이가 없다.
- 특정 상품의 구매자와 비구매자 사이에는 소득차이가 없다.

이러한 가설 중 특히 마지막 두 개는 귀무가설(null hypothesis)이라고 부르는데, 귀무가설은 **비교대상 사이에서 '차이가 없다'(또는 관계가 없다, 독립적이다)고 가정하는 가설**이다.

한편 '매출액의 지속적인 감소'라는 상황적 징후에 대해 실시한 탐색적 조사의 결과(원인규명이나 시사점 도출)와 그에 따른 의사결정 문제, 조사목적(조사과제)을 예시하면 〈도표 1-7〉과 같다.

2 조사설계

조사설계(research design)란 **조사목적을 달성하기 위한 자료의 수집과 분석을 지침하는 계획**으로서 ① 조사형태의 선택, ② 자료수집의 방법 및 표본설계, ③ 자료처리 방법의 예비적 선택(분석설계 analysis design)을 포함하기 때문에 마케팅 조사의 결과와 효율성에 직접적인 영향을 미친다. 따라서 조사설계는 조사목적에 부합되는 정보를 산출하면서 정확하고 경제적인 절차를 지향해야 한다.

그러나 여러 가지 조사에 걸쳐 표준적이고 이상적인 조사설계는 존재하지 않으며, 단지 조사설계의 유형은 조사에 이용될 조사형태를 기준으로 다음과 같이 탐색적 조사설계, 기술적 조사설계, 인과적 조사설계로 구분된다. 물론 조사가 진행되면서 단계에 따라서 세 유형이 모두 이용될 수 있는데 초기 단계에서는 탐색적 조사가 널리 이용되는 경향이 있다.

또한 조사자는 ① 조사목적과 자료의 가용성, ② 조사자 자신의 경험과 친숙도, ③ 시간 및 자원의 가용성을 근거로 하여 구체적인 조사형태를 선택해야 하므로 조사목적이 동일할 경우라도 상이한 조사형태를 취할 수 있다.

2-1 탐색적 조사(설계)

탐색적 조사란 상황적 징후의 원인을 명백하게 규명할 수 없거나 마케팅 환경요인들의 시사점을 평가하기 어려울 때 융통성이 중요하고 질적 자료를 산출하기 위해서 자주 채택된다. 그 목적은 대체로 통계적으로 의미 있는 값을 구하는 데 있지 않고 마케팅 문제나 분석결과의 해석에 관련된 의견이나 아이디어, 통찰을 얻기 위해 대체로 10명 내외의 소표본을 대상으로 개방형 질문을 적용하는 조사형태이다.

물론 탐색적 조사는 ① 문헌연구를 포함하여 2차 자료를 검토하거나, ② 소규모 집단(전문가이든 전형적인 일반인이든)에 대해 의견조사를 실시하는 형태, ③ 탐사방식에 의한 1:1 심층면접(in-depth interview), ④ 구성원간 자유토론을 유도하는 초점집단 면접(FGI, focus group interview 또는 FGD, focus group discussion)의 형태를 취할 수 있다.

마케팅 조사에서 **탐색적 조사가 적용되는 대표적인 상황**은 다음과 같다.

① 탐색적 조사는 기업이 당면한 의사결정 문제를 구체적으로 정의하기 위해 상황적 징후의 원인을 규명하거나 새로운 마케팅 기회를 발굴(또는 위협을 회피)하기 위해 환경요인들의 변화가 함축하는 시사점들을 평가하기 위해 실시된다. 즉 현재의 정보와 지식만으로는 도저히 밝힐 수 없는 여러 가지 마케팅 문제에 대한 원인을 규명하거나 소비자와 환경요인들의 변화가 야기할 영향을 검토한다.
이와 유사한 맥락에서 탐색적 조사는 자료분석이 끝난 후, 그 결과를 논의하고 해석하기 위한 의견과 아이디어를 제공해 주기도 한다.

② 탐색적 조사는 의사결정 문제에 관련된 변수들을 선정하기 위해 실시된다. 예를 들어, 조사자는 인스턴트 식품의 소비량이 어떠한 변수들과 관련되는지를 탐색적으로 조사함으로써 가계소득, 주부의 취업여부, 가장

의 직업, 교육수준 등의 유용한 변수들을 찾을 수 있다.

③ 탐색적 조사는 상황적 징후의 원인이나 환경변화에 대응하기 위한 진략 대안들을 찾아내기 위해 실시된다. 탐색적 조사는 대체로 개방형의 질문을 사용하기 때문에 응답자들로부터 예기치 못했던 의견과 아이디어, 통찰을 여과없이 수집해 준다. 예를 들어, 이웃점포와의 경쟁으로 매출액이 감소하고 있다면 조사자는 전략대안으로서 가격인하, 품질의 고급화, 판매촉진 방법의 변경 등 다양한 아이디어와 통찰을 얻을 수 있다.

④ 탐색적 조사는 본 조사를 설계하기 위한 기초자료를 신속하고 저렴하게 수집하기 위해 실시된다. 예를 들어, 탐색적 조사는 본 조사에서 사용할 설문지를 사전시험(pretest)하거나 할당방식에 따른 여러 가지 표본추출을 설계하기 위한 기초자료를 손쉽게 구해 준다.

2-2 기술적 조사(설계)

기술적 조사(descriptive research)는 마케팅 현상을 묘사하고 요약하는 조사형태로서 조사의 목적이 다음과 같을 때 적합하다.

① 어떤 사상의 빈도(frequency)를 결정한다(도수분포표나 교차요약표).

② 마케팅 현상의 특성을 중심경향치와 산포도로 요약한다.

③ 두 개 이상 변수 사이의 연관성의 정도(degree of association)를 결정한다.

④ 미래의 마케팅 현상을 예측한다.

예를 들어, 기술적 조사는 특정한 상품의 소비자들을 소득, 성별, 교육수준, 연령 등의 측면에서 묘사하거나 구매량과 소비자 연령 사이의 상관계수를 구하고, 나아가서 향후 10년간의 매출액을 예측할 수 있다.

그러나 기술적 조사가 마케팅 현상을 묘사해 주고, 변수들 사이의 연관성의 정도를 밝혀주지만, 그 자체로서는 변수간의 인과적 관계(cause-and-effect relationship)를 보여주는 것이 아님에 유의해야 한다.

예를 들어, (매출액)=3,000+.2×(광고비)라는 관계식이 제공해 주는 정보는 단지 관찰된 자료 내에 존재하는 수학적 관계에 불과하며 광고비를 많이 지출할 때 그 결과로서 매출액이 증가한다는 인과적 관계는 보장하지 않는다. 또 (체중)=(키−100)×.9라는 함수는 결국 (키)=(체중)/.9+100이라는 함수와 같은 표현이기 때문에 = 표시의 왼편인 종속변수가 결과이고 오른편인 독립변수가 원인이라는 생각은 옳지 않다.

결국 독립변수와 종속변수라는 용어도 원인이나 결과의 의미를 갖지 않고, 전자는 다른 변수의 값을 예측 · 추정하기 위해 근거로 사용되는 변수(예측변수, predictor)이며 후자는 다른 변수로부터 예측·추정되는 변수(기준변수, criterion)일 뿐이다.

즉 인과적 조사에 의하지 않은 모든 관계는 단순히 수학적 관계일 뿐 인과적 의미를 갖지 않는다. 또 다른 예로서 여성의 스커트 길이가 경제상황과 관계가 있다는 점도 단순히 동시에 관찰된 현상일 뿐이고 그 자체로서 인과적 의미를 갖는 것은 아니며, 전혀 다른 영향요인이 작용할 수 있다.

한편 기술적 조사는 다시 횡단적 조사와 종단적 조사(시계열 조사)로 나눌 수 있는데, 횡단적 조사(cross-sectional research)는 조사대상들을 여러 변수에 대해 단 한 시점에 측정하는 경우이며, 종단적 조사(logitudinal research)는 조사대상들을 같은 변수에 대해 여러 시점에 걸쳐 반복적으로 측정하는 경우를 말한다.

따라서 종단적 조사는 통상 패널을 포함하는데, 패널(panel)이란 **공급자, 거래점, 소비자 등의 구성요소를 포함하는 고정된 표본**(fixed sample)이며, 시간 경과에 따라 여러 차례 반복적으로 측정되어 수집된 자료를 시계열 자료(time series data)라고 한다.

2-3 인과적 조사(설계)

일부 의사결정 문제는 마케팅 현상 내에 존재하는 인과적 관계를 전제로 해결되는 것이 바람직하므로 조사자는 간혹 ① 예측하고자 하는 효과의 원인이 되는 변수를 확인하거나, ② 두 개 이상 변수간의 인과적 관계를 결정하기 위해서 인과적 조사(causal research)를 실시해야 한다.

물론 기술적 조사에서도 변수들 사이의 연관성의 정도를 결정하고 가설을 검증할 수 있지만 인과적 관계를 명백히 파악하기 위해서는 반드시 인과적 조사를 수행해야 한다. 인과적 조사에 필요한 자료는 마케팅 실험을 통해 수집되며 분산분석이나 구조방정식 모델을 이용하여 분석된다.

여기서 마케팅 실험(marketing experiment)이란 **외생변수들의 영향을 통제한 채, 독립변수들을 조작하면서 그것이 매출액 등 종속변수에 미치는 효과를 검토하는 일**인데, 그러한 효과를 원인별로 평가하도록 허용해 준다(마케팅 실험과 인과적 관계에 대해서는 제8장과 제9장을 참조).

3 자료원천의 확인과 자료수집

모든 조사결과의 품질은 조사과정에서 수집된 자료에 달려있다. "쓰레기가 들어가면 쓰레기가 나온다"(Garbage in, garbage out)는 말처럼 일단 품질이 좋지 않은 자료를 이용한다면 어떠한 재치, 지혜, 노력도 그르친 일을 바로 잡기가 어렵다.

따라서 조사자는 자료의 원천과 그 품질에 대해 항상 주의해야 하는데, 자료는 조사목적에 따라 두 가지 유형으로 구분된다. 즉 2차 자료(secondary data)란 현재의 조사목적이 아니라 다른 조사목적을 위해 이미 수집되어 있는 자료이며, 1차 자료(primary data)란 현재의 조사목적을 위해 조사자가 직접 수집하는 자료이다.

2차 자료는 시간과 비용 면에서 경제성을 가질 뿐 아니라, 비록 완벽한 도움이 되지 않을 경우라도 탐색적 조사의 성격으로 활용될 수 있으므로 조사자는 자료수집에 있어서 우선 2차 자료의 가용성을 면밀히 검토한 후, 조사목적에 대한 유용성을 평가해야 한다. 따라서 조사자는 다양한 2차 자료의 원천(sources)에 익숙해야 하며 또한 2차 자료의 유용성을 평가하는 데에도 능숙해야 한다.

물론 2차 자료의 가용성과 유용성을 평가한 결과, 현재의 조사목적을 위해 활용할 수 있는 2차 자료가 없거나 있을지라도 조사목적에 유용하지 않다면 조사자는 어쩔 수 없이 시장에 뛰어들어 1차 자료를 직접 수집하기 위한 현장실사(field survey)를 수행해야 한다.

1차 자료의 원천으로는 응답자, 마케팅 실험, 사례연구, 시뮬레이션 등이 있으며 자료수집 방법은 설문지를 이용하여 말이나 글로 자료를 수집하는 문의법(inquiry method)과 응답자나 대상물 또는 사상의 행태를 인식하여 관찰기록지에 기록하는 관찰법(observation method)으로 구분된다.

또한 문의법을 구체적으로 실시하는 방법에는 직접면접법, 전화면접법, 우편설문법, 인터넷 등이 있으나 각각은 장점과 한계점을 모두 갖고 있으므로 조사여건에 따라 적합한 방법을 선택할 수 있다.

▸ marketingschool.com

2차 자료의 다양한 원천에 관해서는 마케팅스쿨 홈페이지를 참고하기 바랍니다.

4 표본설계 및 표본조사

조사자는 표본설계에 있어서 우선 ① 모집단을 조사목적에 맞도록 정의하여 ② 표본추출 목록을 작성한 다음, ③ 표본의 크기와 ④ 표본추출 방법을 결정해야 하는데 이러한 네 가지 절차는 표본설계의 주요 내용이다.

마케팅 조사를 통해 모집단의 특성을 알기 위해서는 관심의 대상이 되는 모집단의 구성원 전체에 대해 측정을 실시하거나(전수조사), 모집단을 대표할 수 있는 일부 대상에게만 측정을 실시하여(표본조사) 그 결과를 근거로 전체 모집단의 특성을 추정할 수 있다.

즉 조사자는 자료를 수집하기 위해 전수조사를 실시할 수 있지만, 전수조사는 많은 비용과 시간을 소요하며 아예 실시가 불가능한 경우가 있고, 표본조사보다 오히려 부정확한 결과를 산출한 가능성이 있는 등 여러 가지 이유 때문에 마케팅 조사에서는 표본조사가 보편적이다.

이때 모집단의 여러 가지 특성치(모수, parameters)들은 그에 대응하는 표본의 특성치(통계량, statistics)들로부터 추정된다. 즉 표본이 어떠한 특성에 관해 모집단을 진정으로 대표한다면 표본은 그러한 특성에서 모집단과 동일한 분포를 가질 것이므로 대표성을 갖는 표본은 통계적 추론을 통해 모집단에게 일반화될 수 있는 발견점들을 제공해 준다.

5 자료의 처리(분석 및 해석)

일단 조사목적에 부합되는 자료를 수집하고 나면, 조사자는 우선 그러한 자료를 편집하고 코딩해야 한다. 편집(editing)이란 판독가능성, 일관성, 완전성 등의 기준에 따라 수집된 자료를 검토하는 일이며, 코딩(coding)이란 조사 대상자의 응답들을 숫자로 전환하여 나타내는 일인데, 코딩이 완료되면 비로소 설문지를 정리한 자료파일이 만들어지는 것이다.

그 다음 조사자는 조사자료에 대한 요약표를 작성하여 개략적으로 검토함으로써 부적절한 자료를 찾아내고 구체적인 분석방법을 결정할 수 있게 되는데, 자료의 분석은 정보욕구에 부합하는 정보를 산출할 수 있어야 한다.

물론 조사자가 분석방법을 선택하는 데 있어서는 자료의 척도, 표본의 수와 독립성 여부, 변수의 수, 외생적 요인의 통제가능성, 적용할 검증방법의 가정 등을 고려해야 한다.

마지막으로 조사자는 적절한 통계적 방법으로 조사자료를 분석하고 분석결과를 해석하여 마케팅 의사결정에 활용할 수 있는 시사점들을 도출해내야 한다.

조사자가 분석결과로부터 적절한 시사점들을 포착하여 전략적인 방안으로 통합하기 위해서는 통계적 분석방법에 대한 충분한 이해뿐 아니라 마케팅에 관한 이론적 배경, 실무적 경험과 감각이 모두 필요하다.

6 보고서의 작성

조사과정은 조사보고서를 작성함으로써 끝나는데 조사자는 보고서에서 의사결정자(정보이용자)에게 조사의 발견점을 제시하고 그에 따른 최선의 대응방안을 추천한다. 보고의 형태는 전화로부터 챠트, 슬라이드, 강연 등에 이르기까지 다양하며 강연은 특히 '경영자 브리핑'이라고 하는데, 마케팅 조사가 외부기관에 의해 수행되었을 경우에 보편적으로 채택된다.

그러나 어떠한 형태로 보고가 실시되든지 관계없이 보고서에 포함되어야 하는 주요 항목들은 〈도표 1-8〉과 같다.

| 도표 1-8 | 조사보고서의 주요 내용

Ⅰ. 일반적 상황의 개관

의사결정자가 당면한 마케팅 문제와 조사목적을 정의하기 위해 조사의 초기단계에서 상황적 징후로 인식되었던 현상들을 묘사한다. 상황적 징후란 마케팅 목표로부터 상당히 벗어나고 있는 실제의 마케팅 성과나 환경요인들의 중요한 변화를 포함한다.

Ⅱ. 조사목적

Ⅲ. 조사설계

(1) 조사형태

조사목적을 달성하기 위해 채택한 조사형태를 설명하고 조사의 범위 및 기간을 언급한다.

(2) 자료수집의 방법

전수조사의 방법과 범위 또는 표본조사의 타당성 등에 대해 자료의 수집방법을 명확하게 언급해야 한다.

(3) 표본설계 – 표본조사에서만 필요

(가) 모집단의 정의

(나) 표본추출목록의 작성

(다) 표본의 크기

(라) 표본추출방법

(4) 자료분석의 방법

자료분석을 위해 채택한 방법을 설명하는데, 대체적인 자료처리 방법들의 장점과 문제점도 함께 언급한다.

Ⅳ. 자료의 분석

실제의 자료분석 결과를 제시하는데, 조사목적에 직접적으로 관련되지 않거나 유용한 정보를 제공하지 못하는 분석결과는 편의상 부록으로 처리한다. 분석자료의 제시도 컴퓨터에서 나온 결과를 기계적으로 나열하기 보다는 정보이용자가 쉽게 이해할 수 있도록 중요도에 따라 재정리해야 한다.

Ⅴ. 마케팅 시사점

자료분석의 결과를 타당하게 해석함으로써 마케팅 전략 상의 시사점을 제시해야 하는데, 이러한 시사점들을 전략부문별로 다시 정리할 뿐 아니라 시사점들이 결합되어 가질 수 있는 총체적 시사점도 함께 검토해야 한다.

Ⅵ. 결론

분석결과가 마케팅 전략 상에 갖는 시사점들을 종합함으로써 상황적 징후에 효과적으로 대응하기 위한 마케팅 조치를 제안한다.

이러한 제안도 시사점과 마찬가지로 전략부문별 또는 상황적 징후의 범주별로 제시하는 편이 이해하기에 용이하다.

제 2 장

마케팅 현상의 측정

제 1 절 | 측정의 본질

제 2 절 | 효과적인 측정의 요건

제 3 절 | 행동과학과 태도측정

측정(measurement)이란 '대상을 일정한 속성 상에서 평가하는 과정'을 말하는데 예를 들어, 음식의 맛을 본다든가 어떤 세분시장에 속하는 소비자들의 수를 세거나 성별을 확인하는 일 등이 모두 측정이다. 이와 같이 측정은 우리의 일상 생활은 물론이고 마케팅 조사에서 흔히 일어나기 때문에 오히려 무의식적으로 실시되고 있다.

그러나 측정결과를 분석하여 도출한 결론이 타당한지의 여부를 판단하기 위해서는 측정의 본질을 충분히 이해하고 속성을 평가하는 데에 어떠한 척도를 사용했는지 검토해야 하며, 측정에 내재된 오차도 평가해야 한다.

물론 마케팅 조사에서는 마케팅 현상을 측정하는 일이 가장 기본적인 활동인데, 그것은 사물을 이해하기 위한 첫 번째 과업이 측정이기 때문이다. 즉 마케팅 조사는 시장에서 일어나고 있는 현상을 묘사하거나 그러한 현상 속에서 작용하는 변수간의 관계를 밝힘으로써 의사결정에 유용한 정보를 산출하는데, 측정은 원자료(raw data)를 수집하는 모든 활동에 포함되어 있다.

예를 들어, 신상품에 대한 시장잠재력을 평가하거나, 인구통계적 특성·심리묘사적 특성에 따라 세분시장을 확인해 내든가, 신상품에 대한 잠재고객의 태도 및 선호도를 평가하거나, 새로운 광고 캠페인의 효과를 결정하는 등 여러 가지 마케팅 현상을 파악하는 일은 필연적으로 측정을 포함하며, 이러한 측정결과를 분석함으로써 조사자는 의사결정자에게 유용한 정보를 제공할 수 있다.

따라서 본장에서는 측정의 본질로서 측정의 개념과 수체계, 측정에 사용할 수 있는 척도의 유형을 검토한 후, 효과적인 측정의 요건으로서 타당성과 신뢰성을 설명한다. 그리고 소비자 행동과 밀접하게 관련된 마케팅 현상들은 흔히 행동과학 분야의 이론을 원용하여 설명되므로 행동과학과 측정의 문제를 간략하게 검토하고 태도를 측정하기 위한 척도들을 살펴본다.

제 1 절 측정의 본질

1 측정의 개념과 수체계

마케팅 조사에서 조사자는 마케팅 현상을 묘사하거나 통계적 가설을 검증하기 위해 측정을 실시한다. 즉 조사자는 모집단 내에 어떠한 특성이나 변수 간 관계가 존재할 것이라는 가설을 설정한 다음, 그러한 가설에 관련되는 현상들을 측정하는데, 마케팅 조사에서 측정은 그러한 현상을 표시하기 위해 일반적으로 숫자(numbers)를 사용한다.

예를 들어, 신상품의 구매자중 남성은 '1'로 나타내고 여성을 '2'로 표시할 수 있는데, 여기서 측정되는 대상(objects)은 구매자들이지만 실제로 측정되고 있는 현상은 그러한 구매자가 갖고 있는 어떤 속성(attributes; 여기서는 성별)의 내용(indicants; 여기서는 남성 또는 여성)임에 유의해야 한다.

따라서 조사자는 대상 자체가 아니라 그것이 갖고 있는 속성의 내용을 측정(measure the indicants of the attributes of objects)하는 것이다.

이때 '구매자의 성별이라는 속성'의 내용이 남성이라면 '1', 여성이라면 '2'라는 숫자로 표시하는 일을 측정이라고 한다. 즉 측정이란 〈도표 2-1〉에서와 같이 실제의 현상에서 관찰되는 속성의 내용(경험적 체계, empirical system)과 추상적인 수체계(number system) 사이에 1:1 대응관계를 형성하는 과정으로, 결국 **'일정한 대응규칙'(rule of correspondence)에 따라 대상이 갖고 있는 속성의 내용을 숫자로 표시**하는 일이다.

다른 예로서 초등학생의 우유 소비량(속성)을 측정한다는 것은 각 학생이 마시는 우유량(속성의 내용)을 '일정한 대응규칙'에 따라 숫자로 표시하는 일

도표 2-1 **'일정한 대응의 규칙'과 측정**

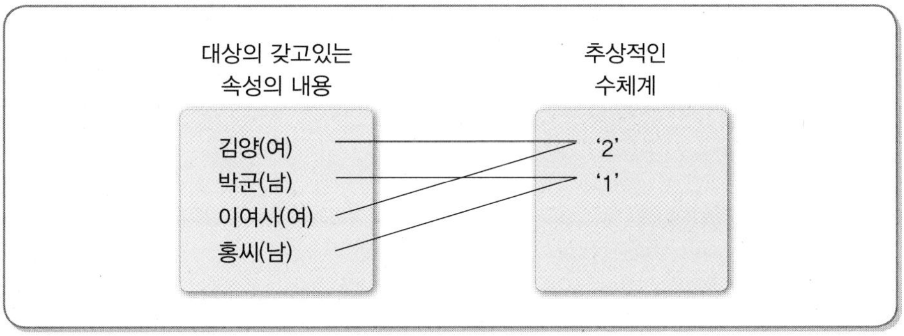

을 의미하므로 200cc잔으로 두 잔을 마시면 400cc, 세 잔 반을 마시면 700cc라는 숫자를 부여하게 된다.

한편 수체계(number system)는 0과, 1부터 9까지의 열 가지 숫자로 구성되는데 다음과 같은 네 가지의 특성을 갖고 있다.

① 상이한 숫자들이 무한하게 존재한다.
② 사전의 약속에 따라 숫자들의 크기순서를 규정할 수 있다. 예를 들어, $0<1<2<3<4<5<6<7<8<9$ 등으로 규정하거나 사전의 약속에 따라 $9<8<7<6<5<4<3<2<1<0$ 등으로 규정할 수 있다.
③ $4-3=3-2$과 같이 숫자 간의 동등한 차이를 정의할 수 있다.
④ $8\div4=6\div3$과 같이 숫자 간의 동등한 비율을 정의할 수 있다.

그러나 측정의 정의에서 언급한 **'숫자'는 실제의 대상이 갖고 있는 속성의 내용을 표시하기 위해 사용한 상징(symbol)에 불과하므로 그것이 나타내고 있는 본래 속성의 성격에 따라 허용되는 연산조작의 유형(가감승제)이 제한** 된다.

예를 들어, 본래 성별은 가감승제를 할 수 없으므로 성별을 표시하기 위해 사용한 숫자(예시에서는 1과 2)는 당연히 그러한 연산조작인 가감승제가 불가능하다는 점에 유의해야 한다. 만일 허용되지 않는 연산조작을 적용해서 통계적 분석을 적용한다면 그 결과는 정확하게 해석될 수 없고 또한 마케팅 의사결정에 활용될 수도 없게 된다.

2 측정의 수준

측정과정에서 조사자가 **대상이 갖고 있는 속성의 내용을 표시하기 위해 사용하는 숫자들** 또는 **숫자들을 사용하여 대상이 갖고 있는 속성의 내용을 표시하는 방법**을 척도(scale)라고 하는데, 그러한 숫자들이 수체계의 어떠한 특성을 갖고 있는지에 따라서 척도는 〈도표 2-2〉와 같이 네 가지 유형으로 구분된다.

▎도표 2-2 ▎ 측정수준에 따른 척도의 유형

척 도	기본적 기능	예 시	대표적인 통계량	
			중심경향치	유의성 검증
명목척도	대상이나 범주의 확인	성별, 직업, 주거형태	최빈수	Chi-square test McNemar test Cochran *Q* test
서열척도 (순서척도)	속성내용의 크기 순서	석차, 선호순위, 사회계층, 등급	중위수	Mann-Whitney *U* test Kruskal-Wallis *H* test Rank order correlation
간격척도 (등간척도)	속성내용의 크기 차이를 비교	온도, 시험성적	평균 표준편차	*Z*-test, *t*-test ANOVA Pearson's correlation
비율척도	속성내용의 크기 비율을 비교	매출액, 무게, 구매확률	평균 표준편차	*Z*-test, *t*-test ANOVA Pearson's correlation

2-1 명목척도

명목척도(nominal scale)란 단순히 특정한 대상을 확인해 주거나 그의 소속범주를 표시하기 위해 사용하는 숫자들, 또는 숫자들은 사용하여 그러한 기능을 수행하는 방법이다. 예를 들어, 프로야구팀 선수의 등번호는 그가 누구인지를 확인해 주는 숫자이므로 명목척도이며 주민등록번호의 뒷자리 첫 숫자에서 '1'과 '2'는 남성이나 여성이라는 소속범주를 표시하므로 명목척도이다.

대상이 속하는 범주를 숫자로 표시(측정)하려는 조사자는 반드시 전체 대상을 상호배타적이면서 전체를 포괄하는 범주(mutually exclusive & collectively exhaustive categories)로 나타내야 한다. 예를 들어, 남성은 '1', 여성은 '2'로 나타내는 명목척도는 모든 사람이 남성이 아니면 여성이므로 전체를 포괄하는 것이며, 한 사람이 남성이면서 여성일 수 없기 때문에 상호배타적인 것이다.

그러나 하나의 범주를 추가하여 학생을 '3'이라고 한다면 이러한 세 범주는 모든 사람을 포괄할 수는 있지만, 남학생과 여학생이 상호배타적인 범주로 다루어지지 않기 때문에 적절한 측정이라고 할 수 없다. 따라서 이러한 경우에는 남학생, 여학생, 학생이외의 남성, 학생이외의 여성 등의 네 범주로 구분해야 한다.

이러한 명목척도는 수체계의 네 가지 특성 중에서 첫 번째 특성만을 갖고 있으며, 따라서 어떠한 연산조작도 허용되지 않는다. 예를 들어, 여성과 남성에게 부여된 숫자를 가감하는 일은 전혀 의미를 갖지 않으며, 프로야구 선수들의 등번호도 특정한 선수를 나타내는 상징일 뿐이고 그것들을 평균하여 얻은 숫자는 어떠한 의미를 갖지 않는다.

그러나 명목척도가 나타내는 각 범주에 속하는 대상의 빈도는 명목척도가 아니라 가감승제가 가능한 비율척도임에 유의해야 한다. 예를 들어, 여성 30명, 구매자 15명 등의 표현에서 사용된 30, 15라는 숫자는 인원의 수를 나타내며 비율척도이다.

또한 명목척도에 의해 각 대상에 부여된 숫자는 대상들을 상호배타적이며 포괄적인 범주로 구분해 주는 것 이외에 어떠한 의미도 갖지 않기 때문에 동일하지 않은 어떠한 서로 다른 숫자로도 변환될 수 있다. 즉 예시에서 남성을 '111', 여성을 '121'로 변환해도 어떠한 의미 차이도 야기하지 않는다.

한편 명목척도로 측정된 자료를 명목자료(nominal data)라고 하는데, 이러한 자료에 있어서는 단지 도수(빈도)만을 셀 수 있을 뿐이므로 중심경향치로서 최빈수를 구할 수 있고 비율(상대빈도)분석, 이항 분포 검증, χ^2-검증 등을 적용할 수 있다.

2-2 서열척도

서열척도(ordinal scale)란 측정대상들이 어떤 속성의 내용을 상대적으로 많이 또는 적게 갖고 있는 순서를 표시하기 위해 사용되는 숫자들, 또는 숫자들을 사용하여 그러한 순서를 표시하는 방법이다.

이와 같은 서열척도에서 사용되는 숫자들은 수체계의 특성 중에서 첫 번째와 두 번째의 특성을 갖고 있다. 따라서 시험을 잘 치른 순서에 따라 학생들에게 부여한 숫자(1등, 2등, ..)들은 1등과 2등의 실력은 서로 다르며(수체계의 첫 번째 특성), 각 숫자를 부여받은 학생의 실력이 상대적으로 많고 적음을 나타내주지만(수체계의 두 번째 특성), 그러한 숫자간의 동등한 차이(실력 차이)는 규정할 수 없다.

예를 들어, 3등보다 2등이, 4등보다 3등이 상대적으로 실력이 많다는 사실은 알 수 있지만 3등과 2등 사이의 속성내용(실력)의 차이가 4등과 3등 사이의 속성내용(실력)의 차이와 같다고는 말할 수 없다. 따라서 탁구 복식시합을 하는 친구들은 대체로 네 명중 제일 잘 하는 사람과 제일 못하는 사람을 한 편으로 만들어 공정하다고 생각하지만, 꼭 그렇지는 않다.

이와 같이 서열척도에 의해 각 대상에 부여된 숫자는 서열만을 나타낼 뿐이며 숫자간의 동등한 차이를 규정할 수 없기 때문에, (4-3)과 (3-2)가 같다고 말할 수 없다. 또한 이러한 숫자들은 〈도표 2-3〉의 (a)에서와 같이 크기의 순서를 유지하는 한 어떠한 다른 숫자로 변환시켜도 문제가 되지 않는다. 예를 들어, 1(등)을 17(등)로, 2(등)를 37(등)로, 3(등)을 38(등)로, 4(등)를 98(등)로 변환해도 어떠한 의미 차이도 야기하지 않는다.

한편 서열척도로 측정된 자료를 서열자료(ordinal data)라고 하는데, 서열자료에 대해서는 숫자간의 차이를 비교할 수 없으므로 역시 어떠한 연산조작이 불가능하며, 중심경향치로서 최빈수와 중위수를 구할 수 있다.

예를 들어, K사 상품이 가장 좋다고 응답한 사람이 15명, 두 번째로 좋다고 응답한 사람이 10명, 세 번째로 좋다고 응답한 사람이 20명이었다면, 가장 좋다고 하는 사람부터 세 번째로 좋다고 하는 사람을 순서대로 배열한 후 23번째(중위수)사람이 속하는 '두 번째로 좋다'는 범주를 중위수로 택할 수 있으며, 최빈수는 물론 '세 번째로 좋다'는 범주가 된다.

또한 서열자료에 적합한 통계분석은 Mann-Whitney U test, Kruskal-Wallis H test, 스피어만의 서열상관계수 등이 있다.

2-3 간격척도

간격척도(interval scale)란 대상들이 갖고 있는 속성내용의 차이를 표시하기 위해 사용되는 숫자들, 또는 숫자들을 사용하는 그러한 차이를 표시하는 방법인데, 간격척도에서 사용되는 숫자들은 수체계의 특성 중에서 첫 번째, 두 번째, 세 번째의 특성을 갖고 있다.

따라서 간격척도에서 사용된 숫자는 속성내용의 상대적 크기(순서)를 표시할 뿐 아니라, 숫자 간 차이는 곧 속성내용의 차이를 표시하므로 가감산이 가능하다. 즉 20℃와 10℃는 서로 다르며(수체계의 첫 번째 특성), 20℃는 10℃보다 따뜻하며(수체계의 두 번째 특성), 15℃와 20℃ 사이의 기온차이는 10℃와 15℃ 사이의 기온차이와 같다(수체계의 세 번째 특성).

이와 같이 간격척도에 의해 각 대상에 부여된 숫자는 속성내용의 상대적 크기(순서)는 물론 동등한 차이를 표시하므로 〈도표 2-3〉의 (b)에서와 같이 식 $y=a+bx$(여기서 $b>0$, x는 본래의 숫자, y=변환된 숫자)에 의해 선형변환만이 가능하며 이러한 과정은 어떠한 의미 차이도 야기하지 않는다.

도표 2-3 측정수준별 허용되는 자료변환

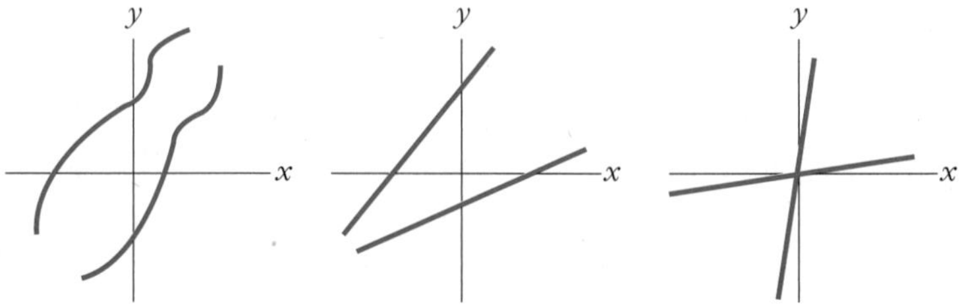

단순증가변환	선형변환	비율변환
$x_2 > x_1 = y_2 > y_1$	$y = a + bx, b > 0$	$y = bx, b > 0$
(a) 서열척도	(b) 간격척도	(c) 비율척도

따라서 조사자는 1, 2, 5, 6의 숫자를 3, 5, 11, 13으로 변환시킬 수 있는 것(a=1, b=2)처럼 원점과 측정의 단위(간격)를 임의로 규정할 수 있다. 그러나 명목척도에서 사용한 숫자처럼 임의로 서로 다른 숫자인 7, 5, 19, 13으로 변환시킬 수 없으며, 서열척도에서 사용한 숫자처럼 서열만을 유지하여 17, 25, 26, 46으로 변환시킬 수 없음에 유의해야 한다.

한편 간격척도의 변환식에서 알 수 있듯이 **0은 인위적인 것(arbitrary zero)으로서 어떠한 숫자(a)로도 변환될 수 있으므로 동등한 비율을 규정할 수 없다.** 예를 들어, 섭씨와 화씨는 인위적인 0을 갖는 간격척도이므로, 100℃가 50℃보다 두 배의 온도를 나타낸다고 말할 수 없는데, 그것은 화씨에서 212℉(100℃)가 122℉(50℃)의 두 배가 아니라는 사실로부터도 알 수 있다.

또한 상표 선호도 조사에서 상표 A에 대해 6, 상표 B에 대해 3, 상표 C에 대해 2라는 숫자로 각 상표에 대한 선호도를 표시했을 경우라도 A가 B보다 2배나 선호된다고 말할 수 없다. 왜냐하면 그러한 비율은 선호하는 마음이 전혀 없는 상태가 확인되어 간격척도 상에 0으로 규정되었음을 가정하는 것이기 때문이며, 이때 조사자는 단지 A가 B보다 더 선호된다거나(숫자의 순서에 의해) 기껏해야 A와 B사이의 선호도 차이는 B와 C사이의 선호도 차이의 세배(차이의 동등성)라고 할 수 있을 뿐이다.

이러한 간격척도로 측정된 자료를 간격자료(interval data)라고 하는데, 간격척도에 대해서는 숫자들 사이의 차이를 비교할 수 있으므로 중심경향치로서 중위수, 최빈수, 평균을 사용할 수 있으며, Z-검증, t-검증, 분산분석, 피어슨의 상관계수 등의 통계적 분석을 적용할 수 있다.

2-4 비율척도

비율척도(ratio scale)에 사용된 숫자들은 수체계의 모든 특성을 갖고 있다. 즉 **원점(0)이 '속성의 내용이 전혀 없음'을 나타냄으로써 누구나가 동의하는 절대적인 성격(absolute zero)을 갖고 있으므로 숫자 간 동등한 차이는 물론이며 동등한 비율을 규정할 수 있다**. 예를 들어, 2kg은 1kg보다 2배 무거우며 6kg보다는 3배 가볍다고 말할 수 있다.

이와 같이 비율척도에 의해 각 대상에 부여된 숫자는 속성내용의 차이를 표시할 뿐 아니라 동등한 비율을 규정할 수 있기 때문에 〈도표 2-3〉의 (c)에서와 같이 식 $y=bx$(여기서 $b>0$, x는 본래의 숫자, y=변환된 숫자)에 의해 비율변환만이 가능하며 이러한 과정은 어떠한 의미 차이도 야기하지 않는다. 예를 들어, kg을 g으로 측정의 단위를 바꾼다면 $b=1,000$이 될 것이다.

따라서 조사자는 1, 2, 5, 6의 숫자를 2, 4, 10, 12로 변환시킬 수 있는 것($b=2$)처럼 측정의 단위(간격)만을 임의로 변경할 수 있지만, 원점은 변경시킬 수 없다. 즉 비율척도에서 사용한 숫자 1, 2, 5, 6은 명목척도에서 사용한 숫자처럼 임의로 서로 다른 숫자인 7, 5, 19, 13으로 변환시킬 수 없으며, 서열척도에서 사용한 숫자처럼 서열만을 유지하여 17, 25, 26, 46으로 변환시킬 수도 없고 간격척도에서 사용한 숫자처럼 동등한 차이만을 유지하여 3, 5, 11, 13으로 변환시킬 수 없음에 유의해야 한다.

한편 비율척도로 측정된 자료를 비율자료(ratio data)라고 하는데, 비율자료에 대해서는 다른 척도로 측정된 자료에 허용되는 모든 연산조작이 가능하므로 조사자는 비율자료를 근거로 하여 대상 사이의 차이를 비교할 수 있으며 대상의 서열을 부여하고 대상물을 확인할 수도 있다. 즉 비율자료에 대해서는 여타의 척도로 측정된 자료에 대해 허용되는 모든 통계분석이 허용된다.

이상의 네 가지 척도중 명목척도와 서열척도는 비계량척도(nonmetric scale)라고 하며 그러한 척도로 측정된 자료인 명복자료와 서열자료를 비계량자료(nonmetric data)라고 한다. 이에 비해 간격척도와 비율척도를 계량척도(metric scale)라고 하며 그러한 척도로 측정된 자료인 간격자료와 비율자료를 계량자료(metric data)라고 한다.

한편 측정에 사용된 숫자가 갖는 수체계의 특성이 많을수록 측정(측정에 사용된 척도)의 수준이 높다고 하는데, 측정수준이 높을수록 자료에 다양한 분석방법을 적용할 수 있으며 풍부한 정보를 제공하는 대신에 설문조사에서 응답자를 난처하게 하거나 무응답이 야기될 가능성이 크다. 그리고 측정의 수준이 높은 자료는 항상 낮은 자료로 변환이 가능한데(recode), 그러한 변환은 자료의 관리와 처리를 간편하게 만들지만 정보의 상실을 야기한다. 물론 측정의 수준이 낮은 자료를 높은 자료로 변환시키는 일은 불가능하다.

▸ marketingschool.com
측정척도들의 변환가능성과 그 영향에 관해서는 마케팅스쿨 홈페이지를 참고하기 바랍니다.

제2절 효과적인 측정의 요건

1 측정오차의 개념과 원천

이미 설명한 바와 같이 측정이란 대상이 갖고 있는 속성의 내용을 숫자로 표시하는 일인데, 만일 조사자가 속성의 내용을 정확하게 숫자로 표시하지 못한다면 측정오차(measurement error)가 발생한다.

측정오차는 크게 체계적 오차와 무작위 오차로 구분되며 조사자가 측정결과로 사용한 숫자 속에는 대체로 진정한 속성의 내용과 이러한 측정오차들이 섞여있는 것이다. 예를 들어, 우리가 알고 있는 자신의 키 183cm라는 측정결과는 사실 하나님만이 정확하게 알고 있는 진정한 내 키에 두 가지 오차가 섞여 있는 값이다.

두 가지 측정오차 중에서 체계적 오차(systematic error, X_S : 아래첨자는 systematic임을 표시)란 측정에서 나타나는 상항적 편의(常項的 偏倚, constant bias)로서 모든 대상의 측정에서 또는 한 대상에 대한 반복측정에서 일정하게 개재되는 오차를 말한다. 예를 들면, 정상보다 많이 달리는 체중계는 모든 측정대상을 무겁게 측정해 주는 체계적 오차를 야기할 것이다.

이에 반해 무작위 오차(random error, X_R : 아래첨자는 random임을 표시)란 변항적 편의(變項的 偏倚, nonconstant bias)로서 측정대상을 바꿀 때 또는 동일한 대상이 갖고 있는 속성의 내용을 반복하여 측정할 때 측정치(X_O : 아래첨자는 observed임을 표시)가 들쭉날쭉한 원인이다. 예를 들어, 한 사람의 체중을 반복하여 잴 때 체중치들은 그 사람의 진정한 체중치(X_T : 아래첨자는 true임을 표시) 주변에 상이한 값들로 나타날 수 있다. 이러한 무작위 오차는 표본조사에서도 나타나며 상세한 내용은 제6장에서 다룬다.

즉 측정되는 마케팅 현상을 정확한 숫자로 표시함으로써 조사자는 측정오차를 제거할 수 있지만, 그러한 일은 현실적으로 – 특히 태도나 상표충성 등과 같은 심리적인 속성의 내용을 측정할 때 – 거의 불가능하다. 따라서 모든 측정은 어느 정도의 오차를 포함하기 마련이며, 조사자는 단지 측정오차의 다음과 같은 잠재적 원천을 인식함으로써 그것을 적절히 다루기 위해 노력할 뿐이다.

1-1 응답자

응답자는 간혹 지식이 부족하여 응답할 능력이 없거나 단순히 추측을 근거로 응답하며, 극단적인 감정표시를 회피하기도 한다. 또한 측정받기를 귀찮아하거나 측정에 무관심함으로써 측정오차를 야기할 수 있다.

1-2 자료수집방법

질문의 성격이 민감한 내용을 다루고 있거나, 익명이 보장되지 않는 자료수집 방법도 측정에 오차를 야기할 수 있다.

1-3 상황적 요인

면접 도중 다른 사람의 배석(陪席)이나 주의집중을 방해하는 요인 등의 주위환경은 측정에 오차를 야기할 수 있다.

1-4 측정도구

면접자의 행위나 용모, 몸짓 등은 측정상 오차를 야기할 수 있으며, 옮겨적기의 오류, 반응의 그릇된 해석, 설문지의 복잡성, 어려운 어휘, 선택대안의 누락, 그릇된 표본 등도 측정오차를 야기할 수 있다.

2 측정의 타당성과 신뢰성

자료수집(측정)이 완료되면 조사자는 본격적인 통계분석에 앞서서 측정의 타당성과 신뢰성을 평가해야 한다.

2-1 측정의 타당성

측정의 타당성(validity)이란 **측정(치)이 체계적 오차나 무작위오차 모두로부터 영향을 받지 않고 진정한 값을 반영해 주는 정도**를 말하며, '측정치(X_O)=진정한 값(X_T)+체계적 오차(X_S)+무작위 오차(X_R)'에서 $X_O=X_T$일 때 측정은 타당하다. 따라서 타당성이란 '측정하려는 것을 제대로 측정했는지'라는 정확성(accuracy 또는 correctness)과 비슷한 개념이며, 측정이 타당하기 위해서는 측정된 값이 체계적 오차와 무작위 오차를 모두 포함하고 있지 않고, 진정한 값을 나타내야 한다.

측정의 타당성을 검토하기 위한 가장 좋은 방법은 측정치와 진정한 값을 비교해 보는 것인데, 유감스럽게도 조사자는 진정한 값을 알 수 없으며 만일 진정한 값을 안다면 새삼스럽게 측정할 필요도 없을 것이다.

따라서 조사자는 차선책으로 다음과 같은 몇 가지 기준을 이용하여 측정의 타당성에 관해 판단한다.

① 기준관련 타당성(criterion-related validity, 실용 타당성)

조사자는 측정치가 '측정 이외의 다른 외부적 평가 기준'(criterion)에 관련되는지 아닌지에 관심을 가질 수 있는데, 여기서 외부적 평가 기준이란 측정치를 사용하여 추정하려는 현상이나 행동이다.

즉 기준관련 타당성을 평가하기 위한 실제적인 접근법은 한 속성에 대한 측정이 여타의 다른 속성이나 행동을 잘 예측해 주거나 잘 대변해 주는 정도를 검토하는 일이다.

예를 들어, 대학의 입시관리자는 지원자의 수학능력에 관심을 가질 것인데, 내신성적(X_O)이 지원자가 대학과정에서 보여줄 수학능력(X_T)을 잘 예측해 주는지 아닌지는 바로 내신성적의 기준관련 타당성을 결정한다. 만일 내신성적이 좋을수록 대학과정에서 수학능력도 우수하다면 내신성적이라는 측정치는 기준관련 타당성을 갖는 것이며, 그렇지 않다면 내신성적이라는 측정치의 기준관련 타당성을 의심하고 사용하지 않아야 한다.

또 종업원들의 직무 만족도를 평가하는 측정이 그 사람이 앞으로 이직할 것인지 아닌지를 잘 예측해 줄 수 있다면 역시 기준관련 타당성을 갖는 것이다. 그런데 이러한 경우에 있어서 내신성적이나 직무만족도에 대한 측정은 미래의 현상인 수학능력이나 이직여부를 예측해 주는 것이므로 특별히 예측 타당성(predictive validity)이라고 한다.

기준관련 타당성의 다른 형태는 동시 타당성(concurrent validity)인데, 그것은 두 가지 현상을 동시에 측정할 때 한 현상에 대한 측정과 다른 현상에 대한 측정이 동시에 나타나는지의 여부로 평가될 수 있다.

예를 들어, 여성에 대한 어떤 검사(X_O)는 그녀가 임신을 했는지의 여부(X_T)를 판단하기 위해 실시되는 측정인데, 여기서는 그 여성이 앞으로 임신할 것인지를 예측하는 것이 아니라 현재 임신 중인지 아닌지를 얼마나 정확하게 판단해 주는가의 문제이므로 그러한 검사는 동시 타당성의 측면에서 평가된다.

이러한 기준관련 타당성은 두 가지 측정 사이의 상관관계를 분석함으로써 평가될 수 있으며, 상관관계가 높을 때 측정은 기준관련 타당성을 갖는다고 말한다.

▸ marketingschool.com
기준관련 타당성의 다른 형태인 사후 타당성(postdictive validity)에 관해서는 마케팅스쿨 홈페이지를 참고하기 바랍니다.

② 내용 타당성(content validity, 범위 타당성)

내용 타당성이란 측정이 조사자가 측정하려는 속성의 영역(범위)을 충분히 포괄하고 있는지 아닌지에 관련된 문제이다.

예를 들어, 야채요리의 종목만으로 개인의 요리솜씨를 평가한다면 그러한 측정은 요리솜씨라는 속성의 모든 영역을 포함하지 않기 때문에, 전반적인 요리솜씨(X_T)가 없더라도 야채요리에만 자신이 있는 사람에게 높은 점수(X_O)를 부여할 것이므로 그러한 측정은 내용 타당성이 낮다. 마찬가지로 영어실력을 평가하기 위해서는 듣기뿐 아니고 쓰기, 독해, 어휘 등을 포괄해야 내용 타당성이 있게 된다.

따라서 진정으로 요리솜씨를 타당성 있게 측정하기 위해서는 모든 종류의 요리종목(육류요리, 생선요리, 야채요리 등)을 측정에 포함한 후, 각각에 대한 솜씨를 종합적으로 평가해야 할 것이다. 그러나 측정에 모든 영역(범위)을 포함시키는 일은 현실적으로 대단히 곤란하므로 통상 많은 속성의 영역(요리의 종류)을 무작위로 표본추출한 후, 이들에 대한 솜씨를 종합적으로 평가할 수 있다.

내용 타당성을 평가하기 위해서 우리가 진정한 속성들을 포괄적으로 평가했는지의 여부는 속성의 전체 영역으로부터 측정항목들을 얼마나 잘 표본추출했는지에 달려 있으며, 전문가들의 주관적인 견해를 참조하여 평가될 수 있다.

③ 구성개념 타당성(construct validy)

행동과학과 관련되는 마케팅 이론들은 마케팅 현상을 설명하기 위해 소비자의 인지도, 신념, 태도, 품질지각 등 많은 이론적 구성개념(construct, 또는 가설적 구성개념)을 개발하고, 이들 사이에 이론적인 인과관계를 포함하고 있다.

그러나 이러한 이론적·심리적·추상적 개념들은 – 신장이나 체중 등이 직접 관찰하여 객관적으로 공인된 척도로 측정할 수 있는 속성(구체적 변수)임에 반해 – 직접 관찰하기 어렵고 공인된 측정척도가 없기 때문에 조사자가 주관적으로 척도를 개발해서 측정해야 한다. 특히 이러한 개념들은 신뢰성을 높이기 위해 단일항목보다는 다항목 척도로 측정되는 편이 바람직하므로 '구성'(composite)개념이라는 용어가 적절하다.

이때 구성개념 타당성이란 조사자가 다항목 척도를 통해 측정하려고 의도하는 구성개념을 제대로 측정하고 있는지 아닌지에 관련되는 문제이다. 즉 측정이 이러한 구성개념의 내용을 제대로 반영하는지 아닌지는 세 가지 상호관련된 타당성으로 평가될 수 있다.

구성개념 타당성을 평가하기 위해서 조사자는 우선 구성개념의 영역을 상술하고 이에 관련된 항목들을 창출한 후, 이러한 항목들이 내부적으로 일관성을 갖도록 정리해야 하며, 그 다음 이에 대한 측정과 다른 현상에 대한 측정 사이의 관계가 이론적으로 가정된 관계와 얼마나 잘 일치하는지를 평가한다.

예를 들어, 조사자가 관심을 갖고 있는 구성개념(상표충성도)에 대한 측정이 이론적으로 관련될 것으로 가정되는 다른 현상(상표선택)에 대한 측정과 유의적인 관계를 보일 때, 상표충성도에 대한 측정은 법칙 타당성(nomological validity, law-like validity)이 있다고 말한다. 여기서 상표선택에 대한 측정은 이미 사회적으로 수용되는 공인된 객관적 측정도구가 있기 때문에 그 결과가, 조사자가 주관적으로 개발한 척도로 측정한 상표충성도와 이론적인 관계를 보인다면 조사자가 개발한 상표충성도에 대한 척도(또는 측정)가 타당함을 간접적으로 보여주는 것이다.

한편 동일하거나 유사한 구성개념을 측정하는 항목들의 값 사이에는 상관관계가 높아야 하는데, 이를 집중 타당성(convergent validity)이라고 한다.

예를 들어, 건강 나이를 측정하기 위한 운동횟수, 근력, 비만도, 음주나 흡연습관, 취침시간, 식품섭취량, 스트레스 등과 같은 항목들의 값 사이에는 상관계수의 절대값이 커야(내적 일관성이 커야) 건강 나이에 대한 측정에 집중 타당성이 있는 것이다.

또 상이한 구성개념을 측정하는 항목들의 값 사이에는 상관계수의 절대값이 1보다 유의적으로 작아야 하는데, 이를 판별 타당성(discriminant validity)이라고 한다. 즉 조사자가 관심을 갖고 있는 한 구성개념에 대한 측정과 다른 구성개념에 대한 측정 사이의 상관관계가 지나치게 높다면 두 개의 구성개념은 별개의 것이 아니라 동일한 것으로 간주되므로 조사자는 두 개의 개념 사이에 어떠한 관계나 차이를 언급할 수 없게 된다.

예를 들어, 한 구성개념을 측정한 항목들과 다른 구성개념을 측정한 항목들의 값이 완전한 상관관계를 보인다면 그들은 별도의 다른 구성개념이라고 인정하기가 곤란할 것이다.

▸ marketingschool.com
구성개념의 의미, 집중 타당성과 판별 타당성에 관하여 다른 관점의 설명들은 마케팅스쿨 홈페이지를 참고하기 바랍니다.

2-2 신뢰성

측정의 신뢰성(reliability)이란 **측정이 무작위 오차로부터 영향을 받지 않는 정도**를 말하며, 비교가능한 대상이나 현상에 대해 독립적으로 실시한 측정결과들의 일치성에 의해 평가된다.

다시 말해 측정에서 X_R이 적을수록 신뢰성이 높은데, 물론 $X_R=0$이 될지라도 측정치 $X_O=X_T+X_S$이므로 측정이 신뢰성을 가지면서도 타당하지는 않을 수도 있다. 그러나 〈도표 2-4〉에서와 같이 측정이 타당하려면($X_O=X_T$), 측정이 신뢰가능하고($X_R=0$), X_S도 0이 되어야 하므로 신뢰성은 타당성을 위해 필요조건이지 충분조건은 아니다.

따라서 신뢰성 있는 측정이란 여러 가지 상황적 요인이나 일시적인 요인에 관계없이 일관성 있는 결과를 산출하며, 다음과 같은 측면에서 검토될 수 있다.

| 도표 2-4 | 타당성과 신뢰성

무작위 오차(X_R)	체계적 오차(X_S)	
	적 다	많 다
적 다	타당하고 신뢰가능 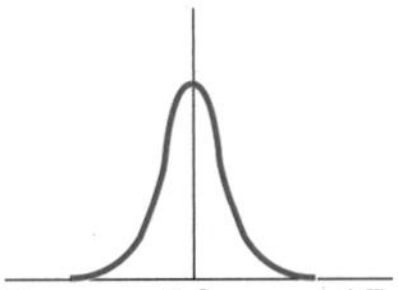 5 10 15 진정한 값=10 측정기대값=10 (a)	타당하지 않으나 신뢰가능 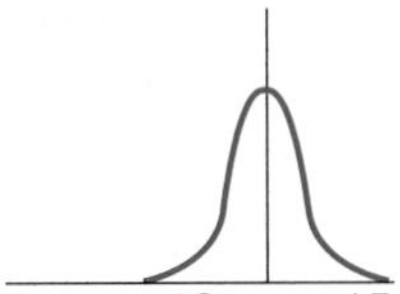 5 10 15 진정한 값=10 측정기대값=12 (b)
많 다	타당치도 신뢰가능치도 않음 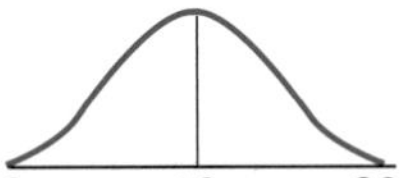 0 10 20 진정한 값=10 측정기대값=10 (c)	타당치도 신뢰가능치도 않음 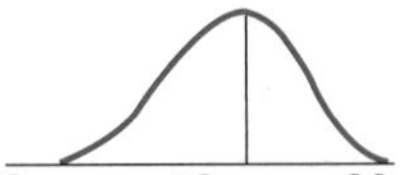 0 10 20 진정한 값=10 측정기대값=12 (d)

① 내적 일관성(internal consistency)

가설적 구성개념에는 대체로 여러 측정항목들이 그러한 구성개념의 상이한 측면들에 관련되므로 각 측정항목들은 그들이 측정하고자 하는 구성개념과 관련하여 내적 일관성을 가져야 한다.

예를 들어, '어학실력'이라는 구성개념을 측정하기 위해서는 듣기능력, 독해능력, 발표능력, 어휘력 등을 포함하는 다항목 척도가 바람직하지만 만일 신장과 체중이 더 추가된다면 이러한 6개 항목은 내적 일관성이 낮을 것이며, 결국 신장과 체중이라는 항목은 어학실력을 측정하는 데 있어서 신뢰성을 저하시킨다.

이러한 내적 일관성을 나타내는 지표는 크론바크 알파 계수(Cronbach's coefficient alpha)인데, 내적 일관성을 나타내는 신뢰성은 크론바크 알파 계수가 .8 이상일 때 충분한 수준이며, .6 미만이면 미흡하다고 판단한다.

예를 들어, 〈도표 2-5〉는 '고객에 대한 배려심'이라는 구성개념을 측정하기 위해 6개 항목으로 구성된 질문을 10명의 응답자들에게 제시하여 얻은 결과인데, 이러한 항목들간의 내적 일관성은 처음 .7152로부터 q3을 제거할

도표 2-5 질문항목들에 대한 응답자료

q1	q2	q3	q4	q5	q6
3	3	3	2	3	3
3	4	4	4	4	3
3	4	3	4	4	4
3	4	4	4	3	3
4	4	3	4	3	4
4	4	4	4	4	4
3	4	3	4	4	4
3	3	4	3	4	3
3	3	3	3	3	3
4	4	3	3	3	3

때 .7558로 개선되고 다시 q1을 제거할 때 .8028로 개선되고 q5를 제거할 때 .8382까지 개선된다.

② 반복측정 신뢰성(test-retest reliability)

동일한 대상을 반복하여 측정할 때 일관성 있는 결과를 얻을 수 있다면, 그러한 측정은 반복측정 신뢰성을 갖는다고 말한다. 예를 들어, 무게가 변치 않는 한 물건을 상이한 시점에서 잴 때마다 동일한 무게로 측정된다면 그러한 측정은 반복측정 신뢰성이 있는 것이며, 상이한 무게로 측정된다면 측정에 무작위 오차가 개재되어 신뢰성이 적은 것이다.

③ 대안항목 신뢰성(alternative form reliability)

반복측정은 '시험실시'라는 외생적 요인에 취약하므로 두 번째 측정에서는 첫 번째 측정과 유사하지만 별개의 척도를 사용해서 측정하는 것이 바람직한데, 이를 대안항목 신뢰성이라고 한다.

반복측정 신뢰성과 대안항목 신뢰성은 측정결과들의 범위나 표준편차와 같은 산포도로 평가될 수 있으며, 물론 여러 대상에 대한 측정이 있는 경우 처음 측정과 반복측정 사이에서 서열상관계수를 구해 평가할 수도 있다.

제3절 행동과학과 태도 측정

1 마케팅 조사와 행동과학

시장에서 일어나고 있는 현상(what)을 이해하는 일은 마케팅에 대단히 유용하다. 예를 들어, 광고비(x)와 매출액(y) 사이에서 $y=10{,}500+.2x$라는 관계가 밝혀졌다면 광고비의 변화와 매출액의 변화가 어떻게 관련되는지 알 수 있으므로 마케팅 관리자는 광고예산에 관한 의사결정에서 도움을 받을 수 있다.

그러나 이러한 정보는 광고예산을 결정하는 데에는 유용하지만, 광고비와 매출액 사이의 관계를 어떻게 변화시킬 수 있는지에 관해서는 어떠한 통찰도 제공하지 못한다. 만일 마케터가 $y=10{,}500\ +.2x$라는 관계 속에 숨겨져 있는 이유(why)를 안다면 .2라는 계수를 .3으로 변화시켜 광고의 효과를 더욱 증대시킬 수 있을 것이다.

즉 마케팅 현상에 대한 단순한 묘사가 마케팅 현상 속에서 발견되는 관계를 상술하는 데 그치지만, 행동과학을 근거로 한 마케팅 조사는 구매결정의 저변에 있는 이성적 또는 감성적 과정(수요의 방향과 크기에 영향을 미치는 욕구, 지각, 신념, 태도 등의 결정요소 등)을 밝힘으로써 이러한 관계를 바람직하게 변화시키기 위한 통찰을 제공해 준다.

그러나 마케팅 조사에서 행동과학의 이론을 원용하는 데에는 몇 가지 문제점이 있다. 즉 행동과학자들은 아직도 인간행동을 완전히 이해하지 못하고 있기 때문에 상당한 논란과 설명되지 않은 부분이 남아있다. 또한 행동자료(behavioral data)를 분석하기 위해 적용할 수 있는 통계분석 기법들이 충분히 개발되어 있지도 않다.

그럼에도 불구하고 행동과학은 미흡하나마 수요의 심리적 및 사회적 결정요소들을 밝혀내기 위한 조사에 이론적 근거를 제공하고 마케팅 현상을 효과적으로 파악할 수 있도록 도와줄 수 있다.

2 태도측정의 일반적인 척도

태도 척도화(attitude scaling)란 **태도를 측정하기 위한 척도를 개발하는 일**을 말하는데 마케팅에서 태도측정은 주로 마케팅 대상의 속성들에 대한 응답자의 신념(인지적 구성요소), 이러한 속성들의 가치에 관한 응답자의 느낌(감정적 구성요소), 반응하려는 의도(행동적 구성요소)를 중심으로 실시된다.

조사자는 태도를 측정하기 위해 사용할 척도를 개발하는 데 있어서 다음과 같은 사항들을 고려해야 한다.

① 척도점의 수

척도에서 응답자가 선택할 수 있는 위치(척도점)의 수가 많을수록 응답의 변이를 크게 하여 응답자간의 차이를 명백하게 보여줄 수 있는 대신에 응답자로서는 적절한 응답을 선택하기가 어려워진다.

예를 들어, 상관계수는 변수들의 '변이의 폭'과 관련되는데, 만일 모든 응답자의 소득은 상이하지만 나이가 25세 또는 26세뿐이라면 상관계수는 0에 가까워 나이와 소득 사이의 일반적인 상관관계의 크기를 보여주기 어려울 것이다. 따라서 소득과 나이 사이의 유용한 상관계수를 구하려면 응답자들의 나이가 더욱 다양해야 한다.

일반적으로 5점 척도(five-point scale)가 가장 널리 사용되지만 7점 척도(seven-point scale)도 자주 사용된다.

② 응답의 강제선택 여부

척도점을 3, 5, 7 등의 홀수로 하면 응답자의 판단이 비교적 용이하며 응답결과를 수작업으로 처리하는 경우에 편리하지만 응답들이 척도의 중앙점에 몰리는 경향이 있으므로 측정결과를 신뢰할 수 없는 경우가 발생한다.

이에 비해 척도점을 2, 4, 6 등의 짝수로 하면 어느 편이든 강제선택을 요구하게 되어 응답자들의 애매한 선택을 배제하는 장점이 있다. 그러나 중앙점의 선택이 응답자의 무성의나 게으름 때문에 아니라 실제로 중립적인 선택이 있을 수 있음에 유의해야 한다.

③ 단일차원 척도와 다차원 척도

단일차원 척도(unidimensional scale)란 측정하려는 속성의 내용을 하나의 항목으로 측정하는 것으로 단일항목 척도(single item scale)라고도 하며, 여러 항목으로 구성하여 측정하려는 것을 다차원 척도(multidimensional scale) 또는 다항목 척도(multi-item scale)라고 한다.

일반적으로 구성개념에 대해서 단일차원 척도를 적용하는 일은 속성의 내용을 충분히 포괄하지 못할 가능성이 있기 때문에 다차원 척도를 사용하는 편이 바람직하다. 예를 들어, “얼마나 선호하는가?”의 단일항목으로 측정하기보다는 ‘선호’와 관련된 다양한 측면에서 측정하여 종합하는 다항목 측정이 바람직하다.

다음은 태도를 측정하기 위해 조사자가 보편적으로 사용할 수 있는 척도들의 전형적인 예시인데, 실제 조사에 있어서는 조사의 목적, 필요한 측정의 수준, 응답자의 특성 등을 고려하여 조사자가 직접 적절한 척도를 개발해서 사용해야 한다.

2-1 명목척도

태도를 측정하기 위해 사용할 수 있는 가장 단순한 척도는 명목척도인데, 명목척도 상에서 응답자들은 두 개 이상의 범주(categories)로 분류된다. 예를 들어, 〈도표 2-6〉에서와 같이 “xx시계가 가격에 비해 품질이 우수하다고 생각하는가?”라는 질문에 대한 응답(예, 아니오)은 명목척도로 측정될 수 있으며, 이러한 척도화의 결과는 응답자들을 두 개의 범주로 분류해 준다.

즉 조사자는 단순히 자료의 요약과 분석 상의 편의를 위해 이러한 명목척도의 각 범주를 숫자로 표시할 수 있는데, 이러한 숫자들은 명목척도이기 때문에 범주를 확인해 줄 뿐이며 어떠한 연산조작도 불가능하다는 점을 명심해야 한다.

| 도표 2-6 | 명목척도의 예시

- ×××시계는 가격에 비해 가치가 있습니까? ① 예 ② 아니오
- 현재 살고 있는 주거의 형태를 말하여주십시오. ① 아파트 ② 주택
- 직업은 무엇입니까? ① 자영사업 ② 회사원 ③ 공무원 ④ 기타

2-2 등급척도

등급척도(rating scales)란 어떠한 대상을 평가하여 그 결과를 숫자로 표시하는 방법인데, 태도측정에 있어서는 대체로 감정적 구성요소에 대해 서열자료나 간격자료를 산출해 준다. 이러한 등급척도의 전형적인 예는 응답자로 하여금 자신의 응답을 서열화된 범주(ordered categories)에서 선택하도록 하는 것이며, 이러한 범주의 수에 따라 5점 척도, 7점 척도 등으로 지칭된다.

예를 들어, 〈도표 2-7〉에서와 같이 해초류 가공식품을 좋아하는지, 무관한

❙ 도표 2-7 ❙ 등급척도의 예시

• 해초류 가공식품들 얼마나 좋아하십니까?
① 매우 좋다 ② 좋다 ③ 그저 그렇다 ④ 싫다 ⑤ 매우 싫다
매우 좋다 |———|———|———|———|———| 매우 싫다

지, 싫어하는지와 같은 질문에 응답하도록 요구하는 일은 응답자들을 그들의 느낌에 따라 서열화된 세 범주로 구분해준다. 물론 이때에도 자료분석을 위해 각 서열화된 범주를 숫자로 표시한다면 서열자료를 산출할 것인데, 만일 서열화된 범주들 사이가 등간격이라고 가정한다면 이러한 서열자료는 간격자료로도 간주될 수 있으나 엄격한 관점에서는 서열척도이므로 주의해야 하며, 이러한 서열자료들을 응답자들 사이에서 비교하는 일에도 주의해야 한다.

2-3 리커트 척도

리커트 척도(Likert scale)란 〈도표 2-8〉에서와 같이 속성의 내용에 관한 진술을 제시하고 그러한 진술에 동의하는 정도를 표시하도록 요구하는 척도로서, 대체로 5점 척도가 널리 사용된다.

태도를 측정하는 대부분의 행동자료들은 비계량적 성격을 갖기 때문에 이러한 자료에 대해서는 분포특성에 관한 통계적 분석이 제한된다. 즉 중심경향치(평균, 중위수, 최빈수 등)나 산포도 측정치, 표본오차의 크기, 신뢰수준과 같은 통계적 상술가능성이 제한되기 때문에 간혹 서열자료를 간격자료로 간주하여 분석하는 경우가 많다. 이러한 경우라면 측정척도에 따라 엄격하게 제한된 연산조작을 위반하는 것이므로 반드시 분석결과를 해석하고 활용하는 데 있어서 유의해야 한다.

리커트 척도의 경우에도 간격척도로 간주되었음을 강조하기 위해 간혹 리커트 등간 척도(Likert interval scale)라고도 부른다.

❙ 도표 2-8 ❙ 리커트 척도의 예시

	전혀 동의하지 않는다 전적으로 동의한다
S백화점의 직원들은 친절하다	|———|———|———|———|———|
S백화점의 상품은 품질이 좋다	|———|———|———|———|———|
S백화점의 주차설비는 편리하다	|———|———|———|———|———|
·	
·	
·	

2-4 상수합계 척도

상수합계 척도(constant-sum scale)란 〈도표 2-9〉에서와 같이 응답자로 하여금 자신의 태도에 따라 수 개의 대상들 사이에 고정된 총점(예컨대, 100)을 할당하도록 요구하는 척도이다. 이러한 상수합계 척도는 속성들의 '상대적' 중요도를 측정하기 위해 널리 이용되고 있는데, 비율자료를 산출한다는 장점을 갖고 있다.

상수합계 척도의 고정된 총점도 척도점의 수를 몇 개로 할 것인지와 유사한 문제점을 내포하는데, 총점을 10정도로 작게 하면 응답자가 판단하기가 편리하지만 응답들 사이에 변이가 작아 측정치들로부터 상관계수를 구하거나 회귀분석을 적용하는 데 부적합할 수도 있다.

▌도표 2-9▌ 상수합계 척도의 예시

- 퍼스널 컴퓨터를 구매할 때 다음의 속성을 중시여기는 정도에 따라 합계가 100이 되도록 점수를 할당해 주시기 바랍니다.
  ( )조작이 용이함 ( )S/W가 풍부함 ( )비용이 저렴함 ( )A/S가 용이함

2-5 서열순위 척도

서열순위 척도(rank-order scale)란 응답자로 하여금 특정한 태도 측면에 관해 여러 가지 대상들을 서열짓도록 요구하는 것으로서 예를 들어, 상품에 대한 인지도, 애호성, 선호도, 구매의도에 관해 7가지의 광고물을 서열짓도록 할 수 있다. 이러한 척도는 마케팅 조사에서 널리 사용되는데, 성격상 비교척도이며 평가되는 대상물들의 서열순위를 형성한다.

이러한 서열순위 척도는 개념상 단순하고 실시하기 용이하며, 응답자의 입장에서는 실제의 구매결정 상황과 유사하며(상표간 비교) 상품들을 현실적인 방법으로 구별하도록 요구하므로 측정오차를 줄일 수 있다.

그러나 서열순위 척도는 대상의 상대적인 특성 차이를 나타낼 뿐이며, 서열부여에 있어서 대상들에 대한 응답자의 전반적인 태도를 고려하지 않는다. 즉 응답자가 전체 대상을 모두 싫어한다면 1등을 차지한 대상이 단지 가장 덜 싫어하는 것임을 나타낼 수 있기 때문에 이러한 자료로부터 구매의도를 해석할 때 유의해야 한다.

또한 이러한 척도는 서열자료를 산출하기 때문에 자료분석에 적용할 수 있는 통계기법이 제한되며, 1순위 빈도만 의미가 있고 2순위 이하의 빈도는 의

미가 별로 없다.

| 도표 2-10 | 서열순위 척도의 예시

- 다음 5개의 음료를 선호하는 순서에 따라 서열을 부여하시기 바랍니다.
  코카콜라( ) 펩시콜라( ) 천연사이다( ) 파워에이드( ) 포카리스웨트( )

> ▸ marketingschool.com
> 비교척도(comparative scales)에는 서열순위 척도와 쌍대비교 척도(paired-comparison scale)가 대표적인데, 후자에 관련된 설명은 마케팅스쿨 홈페이지를 참고하기 바랍니다.

2-6 의미차별화 척도

의미차별화 척도(semantic differential scale)는 마케팅 조사에서 매우 널리 이용되는 척도로서 주로 기업과 상표의 이미지 연구에서 보편적이다. 의미차별화는 마케팅 현상에 있어서 속성의 내용을 묘사하는 양극적 형용어구(bipolar adjectives)를 극값으로 한다.

예를 들어, 〈도표 2-11〉은 5개의 양극적 형용어구를 극값으로 하는 7점 척도(seven-point scale)를 응답자들에게 제시하는 의미차별화 척도이다. 응답자에게는 양극적 형용어구 각각과 관련하여 대상에 대한 자신의 태도를 가장 정확히 나타내는 위치를 표시하도록 요구한다.

| 도표 2-11 | 백화점의 이미지 평가

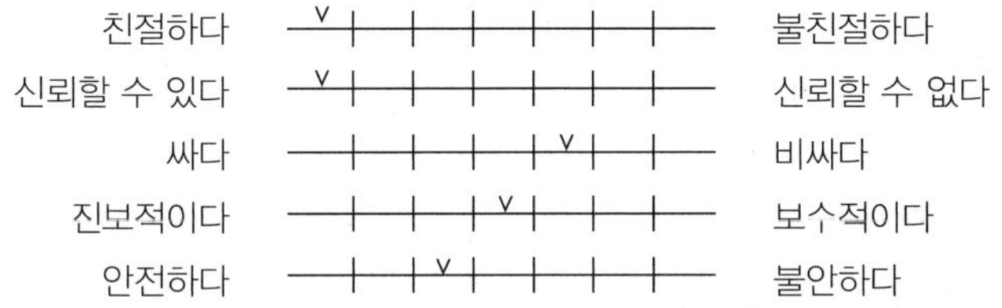

의미차별화 척도를 사용하여 수집된 자료는 대체로 응답자들이 각 양극적 형용어구에 부여한 값들의 산술평균(또는 중위수)을 계산하여 분석되는데, 이러한 요약측정치(summary measure)를 〈도표 2-12〉와 같이 정리한다면 각 대상의 이미지 프로파일을 비교할 수 있게 된다(프로파일 분석).

그러나 이러한 프로파일 분석의 결과를 나타낼 때에는 항목마다 유의성 검중의 결과를 표시하거나 유의적인 항목만 표시하는 것이 바람직하며 항목들도 정보욕구에 맞도록 재정렬해야 한다.

간혹 항목별 응답을 점수로 환산하여 수학적으로 처리하는 데 있어서는 – (멍청하다–현명하다)와 같이 – 다른 항목들과 반대방향으로 묘사된 항목(reverse scale)에 유의해야 한다.

이러한 의미차별화 척도는 개발하고 실시하기가 용이하며, 결과도 쉽게 커뮤니케이션할 수 있다는 장점을 갖지만, 적절한 양극적 형용어구로 척도를 구성해야 한다는 제한점을 갖는다.

▌도표 2–12▐ A, B, C 세 상표의 이미지에 대한 프로파일 분석

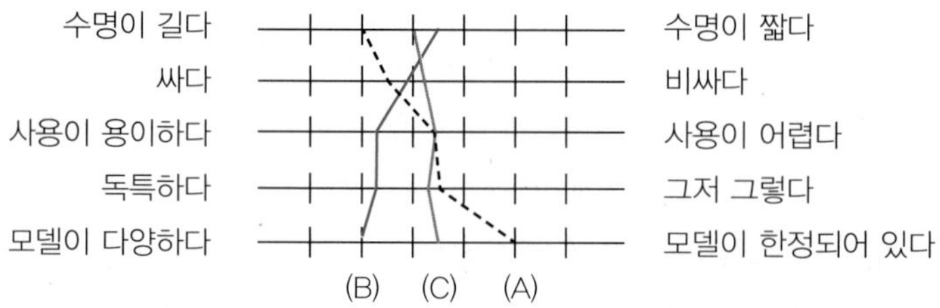

2–7 스테이펠 척도

스테이펠 척도(stapel scale)는 의미차별화 척도를 수정한 것인데, 대체로 단극적 형용어구에 대해 +5로부터 –5에 이르는 10점 척도로 구성된다. 이러한 스테이펠 척도는 태도의 방향과 강도를 측정하기 위해 설계되며, 척도의 값들은 해당하는 형용어구와 대상이 얼마나 밀접하게 연관되는가를 보여 준다는 점에서 의미차별화와 다르다.

〈도표 2–13〉은 응답자에게 대상이 각 형용어구와 얼마나 밀접하게 연관되는지를 나타내도록 요구하는 스테이펠 척도를 보여준다. 즉 응답자는 형용어구가 대상을 정확히 나타낸다고 생각하면 (+)를 선택하되 정확할수록 큰 수치를 선택하며, 형용어귀가 대상물을 정확히 묘사하지 못한다고 생각하면 (–)를 선택하되 덜 정확할수록 큰 수치를 선택한다.

따라서 +5는 대단히 정확한 묘사를 나타내고 –5는 대단히 부정확한 묘사를 나타낸다. 또한 단극적 형용어구 상에 표시된 응답들은 의미차별화 자료와 마찬가지로 〈도표 2–12〉와 같은 프로파일 분석에 활용될 수 있다.

스테이펠 척도는 실시하기가 용이하고, 척도가 진정으로 양극적인 형용어

| 도표 2-13 | 스테이펠 척도의 예시

K 백화점			
신뢰가능하다	+5 +4 +3 +2 +1 −1 −2 −3 −4 −5	친절하다	+5 +4 +3 +2 +1 −1 −2 −3 −4 −5

구로 구성될 필요가 없다는 장점을 갖고 있다. 예를 들어, 달다(sweet)의 반대말이 있는가? 그것은 '털 달다'일 것이므로 의미차별화 척도에 비해 스테이펠 척도가 유리하다.

SPSS : 신뢰도 분석(reliability.sav) – 마케팅스쿨 홈페이지 참고

분석 / 신뢰도 분석
문항(q1-q6) 모형(알파)
통계량 : 다음에 대한 기술 통계량(문항제거시 척도)

SPSS : 신뢰도 분석 – 분석결과 요약

RELIABILTY ANALYSIS – SCALE(ALPHA)

Item–total Statistics

	Scale Mean if Item Deleted	Scale Variance if Item Deleted	Corrected Item–Total Correlation	Alpha if Item Deleted
Q1	17.5000	3.8333	.1762	.7464
Q2	17.1000	2.9889	.7052	.6041
Q3	17.4000	3.8222	(小) .1541	(大) .7558
Q4	17.3000	2.2333	.7886	.5348
Q5	17.3000	3.3444	.4035	.6894
Q6	17.4000	3.1556	.5330	.6514

Reliability Coefficients

N of Cases = 10.0 N of Items = 6 Alpha =.7152

이러한 결과로부터 한 항목을 제거했을 때 Alpha를 최대한으로 개선해 줄 항목(q3)을 제거하여 다시 신뢰도 분석을 실시한 결과는 다음과 같다.

RELIABILTY ANALYSIS - SCALE(ALPHA)

Item-total Statistics

	Scale Mean if Item Deleted	Scale Variance if Item Deleted	Corrected Item-Total Correlation	Alpha if Item Deleted
Q1	14.1000	3.2111	.2182	.8028
Q2	13.7000	2.4556	.7486	.6395
Q4	13.9000	1.8778	.7454	.6154
Q5	13.9000	2.9889	.3049	.7831
Q6	14.0000	2.4444	.6881	.6545

Reliability Coefficients

N of Cases = 10.0　N of Items = 5　Alpha =.7558

이러한 결과로부터 한 항목을 제거했을 때 Alpha를 최대한으로 개선해 줄 항목(q1)을 제거하여 다시 신뢰도 분석을 실시한 결과는 다음과 같다.

RELIABILTY ANALYSIS - SCALE(ALPHA)

Item-total Statistics

	Scale Mean if Item Deleted	Scale Variance if Item Deleted	Corrected Item-Total Correlation	Alpha if Item Deleted
Q2	10.4000	2.0444	.6757	.7337
Q4	10.6000	1.3778	.8032	.6532
Q5	10.6000	2.2667	.4201	.8382
Q6	10.7000	2.0111	.6372	.7459

Reliability Coefficients

N of Cases = 10.0　N of Items = 4　Alpha =.8028

이러한 결과로부터 한 항목을 제거했을 때 Alpha를 최대한으로 개선해 줄 항목(q5)을 제거하여 다시 신뢰도 분석을 실시한 결과는 다음과 같다.

RELIABILTY ANALYSIS – SCALE(ALPHA)

Item–total Statistics

	Scale Mean if Item Deleted	Scale Variance if Item Deleted	Corrected Item–Total Correlation	Alpha if Item Deleted
Q2	6.9000	1.2111	.7734	.7339
Q4	7.1000	.7667	.8076	.6957
Q6	7.2000	1.2889	.6065	.8621

Reliability Coefficients

N of Cases = 10.0 N of Items = 3 Alpha =.8382

*구한 Alpha가 수용할 수 있는 수준이라는 어느 단계에서든 중단할 수 있으며, 다른 한 항목이 제거되어도 Alpha값을 개선할 수 없거나 남은 항목이 세 개일 때는 중단해야 한다.

제 3 장

조사자료의 수집

제 1 절 | 조사자료의 원천
제 2 절 | 실사의 방법
제 3 절 | 설문지의 작성요령

조사자가 일단 조사목적을 상술하고 정보욕구에 관련된 변수들을 선정하고 나면 그러한 변수들에 관한 자료들을 수집해야 하는데, 모든 조사결과의 유용성은 분석에 투입된 자료의 품질로부터 많은 영향을 받는다. “쓰레기가 들어가면, 쓰레기가 나온다.”(Garbage in, garbage out)는 말처럼 부적절하거나 부정확한 자료가 수집된다면 어떠한 재치나 지혜, 노력도 조사결과의 유용성을 개선할 수 없다.

따라서 조사자는 항상 자료의 원천과 그 품질에 대해 유의해야 하는데, 자료는 조사목적에 따라 두 가지 유형으로 구분된다. 즉 2차 자료란 현재의 조사목적이 아니라 다른 목적을 위해 이미 수집된 자료를 말하며, 1차 자료는 현재의 조사목적을 위해 조사자가 직접 창출하는 자료로서 대체로 응답자 조사나 마케팅 실험을 통해 수집된다.

2차 자료는 시간과 비용 면에서 대단히 경제적이므로 조사자는 자료수집을 시작할 때 우선 2차 자료의 원천들을 면밀히 검토한 후, 조사목적에 대한 2차 자료의 유용성을 평가해야 한다. 이때 2차 자료가 가용치 않거나 부적절한 경우라면 어쩔 수 없이 시장에 뛰어들어 직접 자료를 수집하기 위해 실사(field survey, 1차 자료의 수집)를 실시한다.

실사는 마케팅에서 시장현상을 묘사하거나, 태도 · 선호 · 의견을 측정하고, 소비자의 행동을 추적하기 위해 대단히 보편적으로 실시된다. 물론 신문이나 방송도 최근에 실시한 실사의 결과를 보고하거나 법원에서 어떤 범행에 대한 공중의 표준(community standards)을 알아보기 위해 시민들의 태도나 의견을 실사하기도 한다.

이와 같이 1차 자료를 수집해야 하는 경우라면 적절한 자료수집 방법의 선택과 자료수집에 따른 오차의 발생이 문제점으로 대두된다. 따라서 본장에서는 우선 자료의 원천을 살펴본 후, 1차 자료의 수집방법과 실사자료에 내재되어 있는 오차의 가능성을 검토한다. 그리고 1차 자료를 수집하기 위한 설문지를 작성하는 데 있어서 유의할 점과 몇 가지 지침을 제시한다.

제 1 절 조사자료의 원천

마케팅 조사의 과정에서 수집되는 자료는 크게 2차 자료와 1차 자료로 구분되며 조사자는 각 자료의 원천에 대해 충분히 이해하고 검토해야 한다.

1 2차 자료

2차 자료(secondary data)란 현재의 조사 이외의 다른 목적을 위해 이미 수집된 자료를 말하며, 시간과 비용을 적게 들여 이용할 수 있기 때문에 조사자는 자료수집의 첫 단계로서 2차 자료의 가용성과 유용성을 평가해야 한다. 즉 조사자는 ① 2차 자료의 다양한 원천에 익숙해야 하고, ② 이용할 수 있는 2차 자료의 유용성 평가하는 데 능숙해야 한다.

1-1 2차 자료의 특성

2차 자료의 가장 큰 장점은 조사자가 누릴 수 있는 시간 및 비용의 경제성이다. 즉 2차 자료는 이미 다른 조사의 목적을 위해 시간과 비용이 지불되어 있는 상태이기 때문에 조사자가 직접 실사를 통해 수집해야 하는 1차 자료에 비해 매우 경제적이다.

설사 상업적인 2차 자료의 원천(조사 서비스 기업)을 참조할 경우라도 정보의 비용이 이용자들 사이에 분담되므로 역시 1차 자료의 수집에 비해 시간과 비용을 크게 절약할 수 있다.

그러나 2차 자료를 그대로 사용할 수 있는 경우는 많지 않기 때문에 조사자는 다음과 같은 측면에서 2차 자료의 유용성을 평가해야 한다.

① 조사목적과 모집단 정의

2차 자료의 유용성을 평가하기 위한 첫 번째 가장 기본적인 관점은 그러한 2차 자료가 현재 조사자가 안고 있는 조사목적을 제대로 충족시킬 수 있는지의 여부와 2차 자료가 포괄하고 있는 모집단이 정보욕구에 부합되는지를 검토하는 것이다.

② 조사시점(publication currency)

2차 자료는 다른 목적을 위해 이미 수집된 것이기 때문에 현재의 상태를 나타내지 않는다. 마케팅 조사의 목적은 대체로 역사적인 정보가 아니라 현재의 정보를 얻어 의사결정을 지원하기 위한 것이므로 2차 자료의 가치는 시간이 경과함에 따라 급속히 감소할 것이며 조사자는 항상 2차 자료의 조사시점에 관심을 가져야 한다.

예를 들어, 국적별 관광객의 구성비는 세월에 따라 크게 달라질 것이므로 오래 된 자료는 유용하지 않다. 그러나 서울과 부산 사이의 대중교통 소요시간은 변하지만 거리 자체는 조사시점이 먼 과거일지라도 변하지 않을 것이므로 2차 자료의 유용성 판단은 조사자의 몫이다.

③ 측정의 단위(unit of measurement)

소비자에 대한 소득자료는 본봉 또는 수당 포함, 보너스 포함을 기준으로 나타낼 수 있으며, 기업의 규모도 종업원의 수 또는 외형 매출액, 연간 순이익, 수출규모 등으로 나타낼 수 있다. 이와 같이 개인소득이나 기업의 규모를 포함하여 마케팅 조사에 관련된 많은 변수들은 여러 가지의 측면에서 측정될 수 있으므로 2차 자료에서 사용된 측정의 단위가 현재의 조사목적에 적합하지 않은 경우가 흔히 나타난다.

예를 들어, 조사목적에 필요한 자료가 종업원의 수를 기준으로 한 업종별 중소기업의 분류일 때(상시근로자 300명 이상=대기업, 300명 미만=중소기업) 2차 자료가 자본금을 기준으로 작성되어 있다면 유용하지 않은 것이다.

④ 구간정의(class definition)

설사 측정단위가 일치한다 하더라도 2차 자료의 구간정의가 현재의 조사목적에 적합하지 못한 경우가 있다. 예를 들어, 정보욕구에 따르면 소비자의 소득을 만원 단위로 구분할 필요가 있으나 2차 자료가 10만원 단위로 구분되어 있는 경우가 있으며, 조사목적을 위해 연령별 이혼율에 관한 자료가 필요한데, 2차 자료가 연령대별 이혼율(20대, 30대, 40대 등)을 제공한다면 유용하지 않은 것이다.

⑤ 정확성에 관한 지표

2차 자료의 정확성은 대체로 원천의 신뢰성, 그것을 조사한 목적, 통계적

도표 3-1 **2차 자료의 유용성 평가절차**

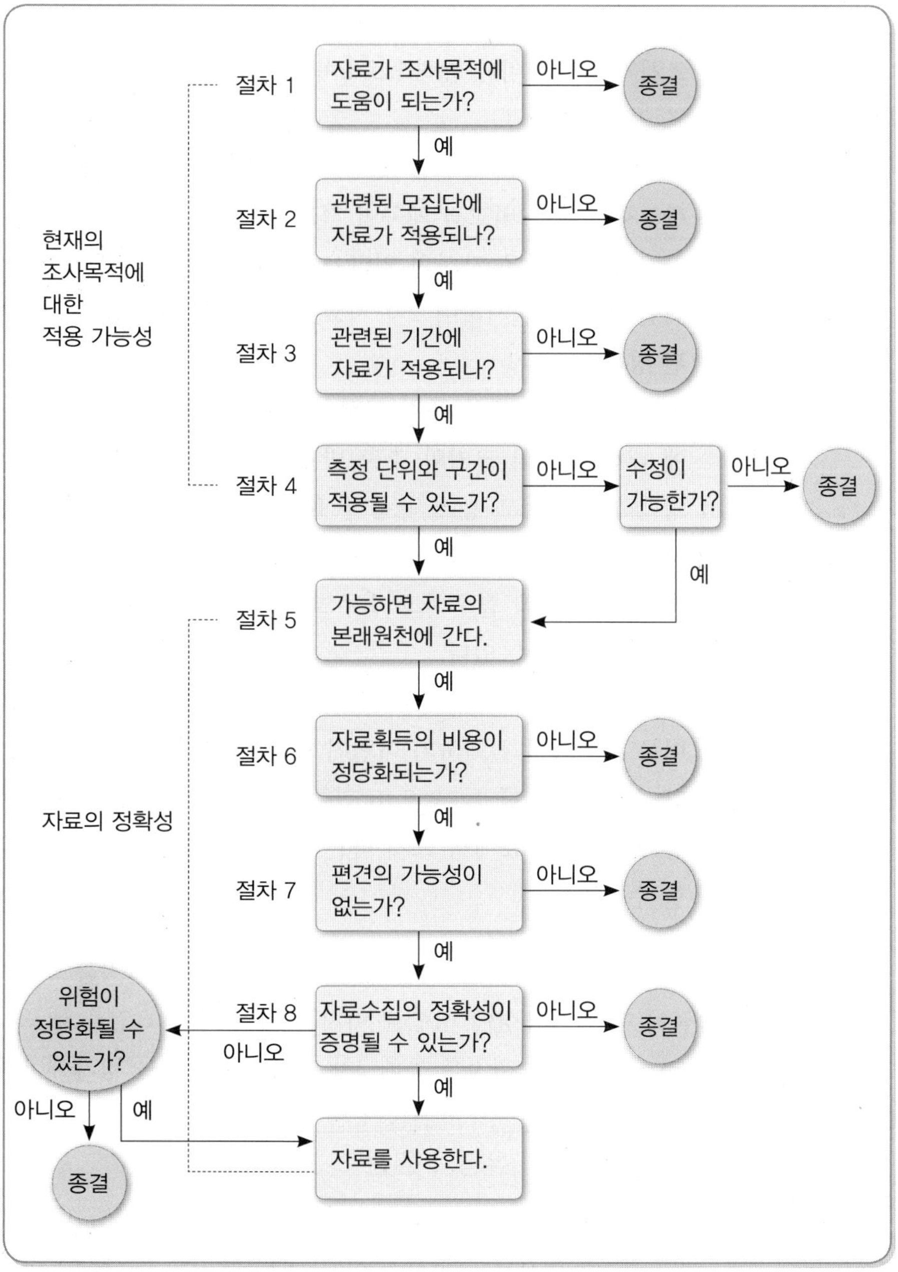

결과에 대한 품질표시, 2차 자료 간 일관성 등 네 가지 측면에서 간접적으로 평가될 수 있다.

▸ 원천의 신뢰성 – 2차 자료는 그것의 제공자가 다른 곳으로부터 인용해

오거나(secondary source) 직접 수집한 경우(primary source)로 나눌 수 있는데, 일반적으로 후자의 자료가 정확하다. 또한 그러한 자료를 수집한 조사자의 명성이나 능력으로 2차 자료의 정확성을 간접적으로 평가할 수도 있다.

- 조사목적 – 자료의 수집 및 분석을 주업으로 하는 전문 조사기관이 발표한 2차 자료가 비교적 왜곡이 적고 정확할 것이다. 간혹 일부 정부기관이나 사회단체들은 자신의 입장을 옹호하거나 이익을 대변하기 위해 의도적인 조사를 실시하여 2차 자료로 제공하는데, 그러한 2차 자료는 왜곡된 경우가 많다.
- 통계적 결과에 대한 품질 표시 – 2차 자료의 제공자가 자신의 조사결과에 대해 표본의 크기와 추출 방법, 설문지, 분석방법, 오차의 범위 등을 명백하게 밝히고 통계적 품질 표시를 공표하였을 경우에는 그러한 2차 자료가 비교적 정확할 것이라고 추정할 수 있다. 예를 들어, 표본의 크기가 아주 작은데 불구하고 범주별 구성비율만 제시하여 오도하는 2차 자료를 흔히 볼 수 있다.
- 2차 자료 간 일치성 – 두 가지 이상의 2차 자료가 일치하지 않고 큰 차이를 보인다면 신뢰하기 어렵기 때문에 별도의 검증을 거친 후에나 활용할 수 있다. 예를 들어, 5.18 민주항쟁의 사망자는 정부와 시민단체가 제공하는 2차 자료에서 크게 다른데, 현재로서는 각 자료의 유용성을 확신할 수 없다.

이와 같이 2차 자료는 시간과 비용의 경제성을 가지는 반면에 현재의 조사목적에 대한 유용성에 영향을 미치는 여러 가지 요인을 내포하고 있으므로 〈도표 3–1〉과 같은 절차를 통해 2차 자료의 유용성을 평가해야 한다.

1–2 2차 자료의 유형과 원천

2차 자료의 형태는 두 가지가 있는데, 내부적 2차 자료(internal secondary data)는 마케팅 조사를 실시하고 있는 조직 내부(internal sources)에서 가용한 자료로서 판매자료, 원가자료, 광고자료, 회계자료, 고객자료 등이 있다.

이에 비해 외부적 2차 자료(external secondary data)는 마케팅 조사를 실시하고 있는 조직 외부(external sources)에서 획득될 수 있는 자료로서 조사기관의 발표 자료, 정부 간행물, 업종별 간행물, 도서, 회보, 조사 보고서, 정기간행물 등이 있다.

> ▸ marketingschool.com
> 다양한 2차 자료의 원천에 관해서는 마케팅스쿨 홈페이지를 참고하기 바랍니다.

2 1차 자료

만일 2차 자료만으로 조사를 충분하게 수행할 수 없는 경우라면 조사자는 시장에 뛰어들어 직접 자료를 수집해야 하는데, 1차 자료의 원천은 크게 응답자, 마케팅 실험, 사례연구, 시뮬레이션으로 구분된다.

2-1 응답자

응답자는 개별 소비자나 경영인 등 사람이거나 점포나 기관과 같은 조직이 될 수도 있는데, 개별 소비자인 응답자로부터 조사자가 직접 수집할 수 있는 자료의 형태는 크게 세 가지로 구분할 수 있다.

① 응답자의 인구통계적 · 지리적 특성에 관한 자료

많은 경우에 있어서 연령, 교육수준, 직업, 결혼여부, 성별, 소득, 사회계층, 거주지 등 응답자의 인구통계적 · 지리적 특성에 관한 자료는 시장을 세분하거나 그들의 구매행동을 설명하기 위해 훌륭한 변수가 되므로 조사자는 응답자의 일반적 특성에 관한 자료를 다른 자료와 함께 수집한다.

② 응답자의 심리적 특성에 관한 자료

응답자의 심리적 특성은 그의 행동을 결정짓는 중요한 요인으로 작용하므로 태도, 인지도, 구매의도, 구매동기, 자아 이미지, 라이프 스타일 등에 관한 자료는 마케팅 조사에 있어서 흔히 수집되는 자료의 형태이다.

③ 응답자의 행동적 특성에 관한 자료

상품 또는 상표의 구매와 소비에 있어서 응답자의 행동은 현재의 시장현상을 설명하고 미래행동을 예측하기 위해 유용한 근거가 되므로 조사자가 응답자로부터 수집하는 자료는 그들의 행동이나 행동의도를 포함한다. 예를 들어, 조사자는 누가, 무엇을, 언제, 어디서, 어떻게, 얼마나 구매했는지 등의 질문을 통해 응답자의 행동을 측정하고 예측할 수 있다.

2-2 마케팅 실험

마케팅 실험이 조사자료를 수집하기 위해 이용되기 시작한 것은 비교적 최근의 일인데, 실험의 목적은 외생변수의 영향을 통제한 채, 특정한 독립변수를 조작하면서 종속변수에 대한 영향을 측정하여 마케팅 전략과 그에 대한 반응 사이의 인과적 관계를 추론하기 위한 것이다.

따라서 조사자는 개별 소비자나 점포 등 응답자들로 구성된 표본에 대해 특정한 마케팅 전략을 적용하고 그 효과를 측정함으로써 1차 자료를 수집하게 된다(마케팅 실험에 관한 구체적인 내용은 제8장, 제9장, 제12장을 참조).

2-3 사례연구

사례연구(case studies)는 이미 오래 전부터 사용되어 온 마케팅 자료의 수집방법으로서 특정한 문제의 배경과 상황들을 집중적으로 검토하는 일을 포함한다. 즉 조사자는 수 개의 지역시장이나 수 명의 소비자를 집중적으로 연구하여, 그러한 상황에서 작용하는 변수들을 묘사하고 이해할 수 있다.

예를 들어, 1인당 국민소득이 3만 달러, 5만 달러가 되었을 때 선진국 소비자가 보여줬던 구매나 소비 패턴을 검토하거나 과거 오일쇼크 당시에 어떠한 마케팅 현상들이 나타났는지 검토해 볼 수 있다.

이러한 사례연구는 의사결정 상황에 대한 통찰을 얻기 위해 의사결정 과정의 초기에 실시되며, 주로 탐색적 조사목적으로 사용된다.

2-4 시뮬레이션

마케팅 시뮬레이션(marketing simulations)이란 대체로 컴퓨터를 이용하여 마케팅 현상의 본질을 복제하기 위해 '마케팅 시스템의 전체 또는 일부를 모의하는 것'인데, 독립변수들(마케팅 믹스와 상황적 요인들)을 조작하고 종속변수들에 대한 영향을 관찰함으로써 마케팅 시스템 내에 존재하는 동적인 관계(dynamics)를 밝혀주는 자료를 산출한다.

제2절 실사의 방법

실사(survey)란 조사자가 시장에 직접 뛰어들어 조사목적에 적합한 1차 자료를 수집하는 일을 말하는데, 1차 자료의 수집방법은 크게 문의법과 관찰법으로 나눌 수 있다.

1 문의법의 의의와 실시

1-1 문의법의 의의

문의법(inquiry method)이란 조사목적에 필요한 자료를 수집하기 위해 설문지(questionnaire)라는 자료수집 도구를 사용하여 언어나 문자로 질문하는 방법으로서 커뮤니케이션 방법(communication method)이라고도 한다.

이러한 문의법의 첫 번째 장점은 다목적성(versatility)이다. 다목적성이란 의사결정자의 정보욕구에 맞는 여러 가지 형태의 1차 자료를 수집할 수 있는 능력으로, 문의법은 응답자 자료의 세 가지 형태중 어느 것을 얻기 위해서도 사용될 수 있다.

두 번째 장점은 신속성과 저렴성(speed & cost)인데, 관찰법에 비해 문의법은 시간과 비용을 절약해 준다. 즉 자료 수집을 위해 조사자는 응답자의 특정한 행동을 굳이 기다릴 필요가 없으며, 장기간에 걸쳐 응답자의 행동을 직접 관찰할 필요도 없다.

그러나 문의법에서는 조사자가 원하는 자료를 응답자가 기꺼이 제공하려 들지 않거나 제공할 수 없는 경우가 있는데 예를 들어, 응답자가 특정한 질문에 응답하지 않거나 면접에 응하지 않을 경우도 있고, 응답할 질문사항의 내용을 전혀 이해하지 못하는 경우도 있다.

또한 응답자는 면접자를 즐겁게 만들기 위해 바람직하다고 생각하는 응답을 제공할 수 있으므로 질문과정 자체가 응답을 왜곡시킬 수도 있다.

1-2 문의법의 질문기법

1차 자료를 수집하기 위해 문의법을 선택한 조사자가 실제로 활용할 수 있는 질문기법은 〈도표 3-2〉와 같이 분류된다. 여기서 구성도(structuredness)란 '질문(자료수집 도구)의 표준화 정도'를 말하는 것으로 고도로 구성적인 질문기법에 있어서는 설문지의 각 문항이 응답자가 선택할 수 있는 '보기'를 사전에 제시하는 폐쇄형 질문으로 제시된다.

한편 조사의 목적이 질문의 성격을 통해 응답자에게 명시되는지 또는 감추어지는지에 따라 질문기법은 직접적 또는 간접적(투사적)인 것으로 구별되는데, 후자의 질문을 통해 수집된 자료를 해석하기 위해서는 전문적인 추론이 필요하다.

| 도표 3-2 | 문의법의 질문기법

	구성적	비구성적
직접적	설문지	초점집단 면접 심층면접
간접적(투사적)	목표과업의 수행(재인이나 상기시험): 영향력이나 인지력을 평가하기 위해 간접적으로 기억을 측정	단어연상시험 문장완결시험 이야기완결시험 회화욕구불만시험 회화해석시험 역할수행과 심리극

▸ marketingschool.com
문의법의 구체적인 질문기법에 관한 설명과 예시는 마케팅스쿨 홈페이지를 참고하기 바랍니다.

1-3 문의법의 실시방법

1차 자료를 수집하는 조사자가 문의법을 실시하는 방법(contact methods), 즉 **설문조사를 실시하는 방법**(methods of administration of questionnaires)은 전형적으로 세 가지가 있는데 이들은 표본추출에 대한 통제(sampling control), 정보 통제(information control), 설문실시 과정의 통제(administrative control)의 측면에서 비교할 수 있다.

① 직접면접(personal interviews)

직접면접이란 〈도표 3-3〉과 같이 조사자가 현장에 나가 소비자나 중간상인을 대면으로 직접 접촉하여 질문함으로써 1차 자료를 수집하는 방법이다. 이와 같은 직접면접은 가장 융통성이 큰 실사방법이지만, 비용과 시간이 많이 소요되며 실사오차에 취약하다는 단점을 갖고 있다.

즉 직접면접은 비구성적 질문(unstructured questions)을 허용한다는 점에서 융통성이 많기 때문에 조사문제를 보다 명확히 정의하려는 탐색적 조사에서도 널리 이용될 수 있다. 물론 구성적 질문(structured questions)의 경우에도 - 전화면접이나 우편설문에 비해 - 복잡하고 길게 작성될 수 있다는 장점을 갖는다.

대체로 응답자가 전화를 끊어 버리거나 우편설문지 자체를 무시하는 일은 직접 만나는 면접자를 외면하기보다 쉬운 일이므로 조사에서 능숙한 면접원

| 도표 3-3 | 개인면접을 이용한 도매상 조사

면접자에 대한 지시문

1. 각 면접을 시작하기 전에 녹음기를 작동시켜라.
2. 각 도매상은 익명이 보장되며, 다른 도매상이나 기업의 인사들과 실사자료에 관해 토의하지 않을 것임을 주지시켜라.
3. 조사의 모든 분야에서 객관적인 보고서를 얻는 점이 중요함을 밝혀라.

▸ 다음은 지역담당자 이상의 기업관리자들에 대한 부분이다. 우선 지역담당자를 포함하여 마케팅그룹을 고려하자.

1) 당신은 평균 몇 번이나 지역담당자를 만나게 됩니까?
   ① 일주일에 한 번 이상
   ② 한 달에 2~3번
   ③ 한 달에 1번
   ④ 두세 달에 한 번
   ⑤ 세 달에 한 번 미만

2) 지역담당자를 방문하게 되면 그는 대체로 어떠한 일을 합니까?

▸ 이제 당신과 지역담당자 사이의 일반적인 관계에 관해 생각해 봅시다.

3) 지역담당자와의 개인적 관계는 어떻습니까?
   ① 매우 좋다
   ② 좋다
   ③ 괜찮은 정도이다
   ④ 나쁘다

4) 지역담당자와의 커뮤니케이션 관계는 어떻습니까?
   ① 매우 좋다
   ② 좋다
   ③ 괜찮은 정도이다
   ④ 나쁘다

을 사용한다면 무응답에 기인하는 오차를 상당히 감소시킬 수 있다. 또한 직접면접은 설문지를 준비하는 과정에서 미쳐 생각해 내지 못했던 조사항목들에 관한 보충적 자료를 수집할 수도 있다.

다른 실사의 방법과 마찬가지로 직접면접도 단점을 갖고 있다. 한 가지 문제점은 면접원과 응답자간의 상호작용에 의해 응답이 왜곡될 수 있다는 점이며, 다른 문제점은 면접원들을 모집하고 훈련하는 데 소요되는 시간과 면접원들의 유지·감독에 관련된 관리 상의 문제이다. 물론 후자는 직접면접을 전문적으로 대행하는 조사기관을 이용함으로써 해결될 수 있다.

또 다른 문제점은 실사자료를 수집하기 위해 비용이 많이 든다는 것인데, 이러한 문제점에 대해서는 집단면접(group interviews)으로 대체할 수 있다.

집단면접에서는 6명 내지 12명의 응답자를 한 장소에 모아 집단토의에 참여시키는데, 면접원은 토의를 유도하면서 비구성적 질문을 제시한다. 그러나 불행하게도 집단구성원이 모집단을 진정으로 대표하지 못하거나, 응답자간 상호작용이 있다면 신상품을 시험하거나 촉진 아이디어를 창출하기 위한 탐색적 조사에나 이용될 수 있다.

② 전화면접(telephone interviews)

전화면접은 개인면접과 유사하지만 〈도표 3-4〉와 같이 개별 응답자로부터 얻어낼 수 있는 자료의 양이 대단히 제한된다. 그러나 전화면접은 직접면접에 비해 비용과 시간의 경제성을 가질 뿐 아니라, 넓은 지역에 산재되어 있는 응답자들로부터 용이하게 자료를 수집할 수 있다는 장점을 가진다.

또한 전화면접은 우편설문에 비해 자료를 신속하게 획득할 수 있는 방법이며, 반복전화(callbacks)를 통해 무응답에 기인하는 오차를 감소시킬 수 있다.

그러나 불행하게도 전화면접을 통해 얻은 자료는 자신의 전화번호를 전화번호부에 등재한 응답자들에게 유리하게 왜곡될 수 있음에 유의해야 한다. 즉 전화가 없다든가 전화를 등재하지 않는 일은 독특한 사회적 특성 또는 인구통계적 특성과 연관되므로, 이러한 현상은 전화면접을 통한 실사가 시장 모집단을 충분히 대표할 수 없음을 보여준다.

예를 들어, 저명인사나 부유층은 판매원이나 원치 않는 방문자를 피하기 위해 전화를 등재하지 않으며, 매우 가난한 사람은 전화가 없거나 빚장이를 피하기 위해 전화를 등재하지 않을 것이므로 전화면접에 의한 실사는 이러한 사람들을 조사에서 배제하게 된다.

❙ 도표 3-4 ❙ 전화면접을 이용한 소비자 조사

안녕하세요? 주부님과 말씀을 좀 나눌 수 있을까요? 저는 김미정이라고 하는데, 제일 소비자 문제 연구소에 근무하고 있습니다. 우리는 지금 식단계획에 관한 조사를 하고 있으며 몇 가지 질문을 할까하여 전화를 드렸습니다.

1. 식사대용으로 마실 것을 생각한다면 무엇을 선택하시겠습니까?
2. 체중조절을 하고자 하는 사람에게는 어떠한 음료가 좋을 것으로 생각하십니까?
3. 최근에 오렌지 쥬스에 관한 광고를 보시거나 들으신 적이 있으십니까?
   예_____ 아니오_____(질문 5로 간다)

3-1. 그 광고를 한번 묘사해 주시겠습니까?
3-2. 그 광고는 오렌지 쥬스에 대해 무엇을 말하고 있었습니까? 그 밖에는?
3-3. 어느 기업의 오렌지 쥬스가 광고되고 있었습니까?

전화면접은 필연적으로 구두질문(verbal questions)에 한정되며, 회화해석시험(TAT, thematic-apperception test)과 같은 그림들을 사용할 수 없다. 또 면접시간은 통상 10분 이내로 한정되며, 비구성적인 질문은 실시하기가 곤란하다.

③ 우편설문(mail questionnaires)

우편설문은 대체로 조사의 배경에 관한 설명과 반환용 우편봉투와 함께 설문지를 응답자들에게 우송하는 일을 포함하는데, 널리 산재해 있는 많은 응답자들에게 도달하기 위해 유용한 문의법이다.

우편설문은 넓은 지역을 포괄하기에 가장 저렴하고 용이한 실사방법으로서 면접원도 필요없다. 또한 면접원과 응답자 사이의 상호작용이 야기하는 오차도 피할 수 있으며, 응답자를 익명으로 한다면 개인의 나이와 소득과 같이 민감한 정보도 쉽게 획득할 수 있다.

그러나 우편설문은 응답자로부터 회신을 기다리는 데 많은 시간(통상 1주일 이상)이 소요되며, 회수율도 낮고 회수된 설문지에서도 착오 및 누락의 가능성이 높다는 단점이 있다. 또한 조사 주제에 흥미가 없는 응답자나 문맹자 또는 설문의 내용을 충분히 이해하지 못한 응답자는 응답할 가능성이 적으므로 시장 모집단을 충분히 대표하기 어렵다.

④ 온라인 설문(인터넷과 이메일)

이전에는 팩스가 우편설문을 대신하여 활용되기도 했지만 유사한 문제점으로 인해 거의 사라지고, 요즘에는 온라인 설문이 확산되고 있다. 즉 우리 나라는 인터넷 세계 최강의 국가답게 전통적인 문의법의 실시 상의 문제점들을 보완하고 개선하여 최근에는 인터넷 사이트에서 직접 설문지를 실시간으로 수집하여 분석하기도 하며 이메일을 이용하여 특정한 대상들만을 상대로 설문지를 배포하고 회수하기도 한다.

2 관찰법의 의의와 실시

2-1 관찰법의 의의

관찰법(observation method)이란 질문을 사용하는 것이 아니라 응답자의 행태나 마케팅 현상을 인식하여 관찰기록지에 기록함으로써 1차 자료를 수집하는 방법이다.

이러한 관찰법의 장점은 첫째, 응답을 자발적으로 제공하지 않으려는 응답자들로부터도 자료를 수집할 수 있으며 둘째, 응답자의 의도적 기만이나 면접과정에서 면접원과 응답자 사이의 상호작용에 기인하는 왜곡가능성도 적기 때문에 문의법보다 비교적 정확하고 객관적인 자료를 얻을 수 있다. 셋째, 더욱이 소비자 자신도 인식하지 못한 행동이나 반응 등과 같이 관찰에 의해서만 수집될 수 있는 자료가 있다.

그러나 인지, 신념, 선호도와 같은 심리적 특성은 관찰할 수 없을 뿐 아니라, 대단히 개인적인 활동(예컨대, 화장, 식사, 가족활동 등)은 사생활 침해의 법적 문제로 관찰하기가 곤란하다.

또한 관찰되는 행동패턴이 장기간 지속되며 자주 일어나지 않는 경우라면 많은 비용과 시간이 소요될 것이기 때문에 순전히 관찰법에만 의존하여 1차 자료를 수집하는 조사는 아주 드물다.

2-2 관찰법의 실시

조사자는 관찰법을 통해 1차 자료를 수집하기 위해서 관찰자나 특수한 기계장치를 활용할 수 있는데, 후자는 대체로 다음과 같은 도구를 포함한다.

① Galvanic skin response(GSR)

이는 피부전도성(skin conductivity)과 동공크기(pupilary dilation)를 측정하여 그 값을 흥미, 즐거움, 자극흡수의 크기로 추론하는 방법이다. 예를 들어,

여러 광고물에 대한 반응에서 피부전도성이 증대하거나 동공이 많이 확대되면 보다 많은 관심을 끈 것으로 인정하여 우수한 광고물로 판단한다.

② Tachtistoscope

이는 단어나 상징의 상대적인 영향력을 실험하기 위해 아주 짧은 시간(몇 분의 1초)동안 스크린에 사진을 비춰주는 환등기인데, 응답자들은 여러 단어, 어구, 상징, 일련의 사진을 본 다음 가장 기억에 남는 것을 선택한다. 이때 많이, 생생히 기억될수록 영향력을 큰 것으로 판단한다.

③ Eye movement recorder

눈동자의 움직임은 선반 위치의 중요성, 구매자의 탐색패턴, 상표선호와 시각적 효과의 관련성, 여러 가지 포장 대안이 끄는 관심도를 밝혀줄 수 있다. 이는 대체로 동공측정기와 함께 사용되어 시각적 효과, 관람자의 관여도, 미적 소구력을 측정해 준다.

④ Voice pitch analysis(VOPAN)

일단 응답자에게 광고나 신상품을 노출한 후, 여러 가지 질문들에 응답하도록 요구한다. 그 다음 응답을 녹음한 테이프로부터 음성의 고저를 분석하여 대답의 진실성과 관심의 강도를 측정한다.

⑤ Brain-wave analysis

좌우편 뇌의 활동 수준을 비교하여 자극에 대해 호의적인지의 여부를 판단한다.

제 3 절 설문지의 작성요령

1차 자료를 수집하기 위해 사용할 설문지를 적절하게 작성하는 일은 마케팅 조사결과의 유용성에 결정적인 영향을 미칠 뿐 아니라, 수집된 자료에 적용할 수 있는 통계적 분석기법도 제한한다. 따라서 조사자는 정보욕구를 근거로 하여 마케팅 조사로부터 얻어내고자 하는 정보의 내용과 자료분석을 위해 적용하려는 통계분석 기법을 사전에 고려하면서(분석설계, analysis design) 설문지를 작성해야 한다.

즉 모든 조사문제에 적용할 수 있는 표준적인 설문지 작성법은 없으며, 마케팅 조사에서 발견되는 상당한 오류가 그릇된 설문지에 기인한다는 사실을 생각할 때 올바른 설문지의 작성은 마케팅 조사에서 중요한 일임이 분명하다.

그럼에도 불구하고 대부분의 마케팅 조사실무에서 설문지를 작성하는 일은 단순하거나 하찮은 일로 간주되고 있으며, 그러한 의식 속에서 만들어진 설문지는 형태는 갖추었지만 전혀 조사목적에 부합되지 않거나 많은 비용과 시간을 들어 조사한 후에도 의사결정에 전혀 유용하지 않은 결과만을 산출할 뿐이다. 더욱이 그릇된 설문지의 작성은 통계분석에서 예기치 않았던 제약에 당면하여 어쩔 수 없이 쓰레기 더미만을 만들어 내는 경우도 흔하다.

1 설문지 작성의 기본 지침

설문지를 제대로 작성하기 위해서는 조사자와 응답자간 명료한 커뮤니케이션만이 중요한 것은 아니다. 비록 명료한 커뮤니케이션이 매우 중요하지만, 훌륭한 설문지는 그 이상의 것을 필요로 한다.

첫째, 설문지가 포괄하는 내용의 범위는 – 진부한 이야기 같지만 – 조사목적을 충족시키기에 필요한 것 이상도 이하도 아니어야 한다. 즉 조사자는 간혹 꼭 필요한 질문이 누락되었다는 사실을 사후에 발견하기도 하는데, 이때 조사자가 할 수 있는 일은 고작해야 어쩔 수 없이 본래 충족시키려던 정보욕구를 변경시키는 어처구니없는 일뿐이다.

이에 반해 일부 설문지는 조사목적과 관련없는 수많은 질문들을 포괄하는데, 기왕에 비용이 드는 조사니까 가급적이면 많은 자료를 수집하자는 의도에 기인하는 현상이다.

그러나 불필요한 질문들로 응답자를 피곤하게 만드는 일은 그들의 심기를 불편하게 할 뿐 아니라 피곤하게 만들어 무성의한 응답을 받아내고 그 결과 꼭 필요한 질문에 대한 응답의 진실성도 손상받는다.

따라서 설문지를 작성하는 데 있어서 조사자는 항상 **(조사목적에) 충분하면서도 최소한의 질문을 하겠다**는 마음의 자세를 가져야 한다.

둘째, 질문의 방법은 결국 수집된 자료에 적용될 수 있는 통계분석 기법과 분석결과로부터 도출될 결론에 영향을 미친다는 사실을 명심해야 한다. 예를 들어, 소득수준과 화장품 구매량 사이의 관계를 분석하려는 조사자는 소득수준에 관한 질문을 〈도표 3-5〉와 같이 세 가지로 고려할 수 있다.

똑같이 소득에 관한 자료를 수집하기 위한 질문이지만 첫 번째 질문은 명목자료를 산출하기 때문에 제2장에서 설명한 바와 같이 각 범주에 속하는 응답자의 빈도만을 계산할 수 있을 뿐이다. 이에 비하여 두 번째 질문은 서열자료를 산출하기 때문에 회귀분석이나 상관분석 등을 적용할 수 없고, 세 번째 질문은 비로소 비율자료를 산출하기 때문에 모든 통계분석 기법을 적용할 수 있다.

| 도표 3-5 | 소득자료를 수집하기 위한 질문 예시

▸ 소득의 크기에 대해 응답하여 주시기 바랍니다.
① 만족스럽다 ② 불만족스럽다

▸ 소득에 해당하는 난에 표시하여 주시기 바랍니다.
① 100만원 미만 ② 100~200만원 미만 ③ 200~300만원 미만 ④ 300만원 이상

▸ 소득의 금액은 얼마입니까?______________원

즉 조사자는 ① 어떠한 변수에 관한 질문을 설문지에 포함시킬 것인가(what, 설문항목)에 덧붙여 ② 그것을 어떻게 묻고 어떠한 수준에서 측정할 것인지(how, 측정척도)를 정보욕구에 근거하여 신중하게 판단해야 한다.

셋째, 질문의 수와 질문형식, 질문순서 등은 실제의 자료수집 결과에 많은 영향을 미칠 수 있기 때문에 이들도 역시 신중하게 고려해야 한다. 특히 적절한 어휘의 구사와 질문의 순서는 응답자들의 회상을 촉진하고 보다 정확한 응답을 유도할 수 있다.

2 설문지의 설계과정

이상과 같은 조건들을 충족시키기 위해 설문지를 설계하는 과정은 〈도표 3-6〉과 같은 단계들을 필요로 한다.

| 도표 3-6 | 설문지의 설계과정

#1	무엇을 어떻게 측정할지를 계획한다
#2	필요한 정보를 얻기 위한 질문을 구성한다
#3	질문의 순서와 설문지의 레이아웃을 결정한다
#4	소표본을 이용하여 설문지를 사전시험한다
#5	문제점을 개선하고 다시 사전시험한다

2-1 무엇을 어떻게 측정할 것인지를 계획한다.

설문지의 설계과정에서 가장 중요한 단계는 조사목적을 달성하기 위해 어떠한 정보(what)를 수집할 것인지를 정확하게 규정하는 일인데, 이 단계에서의 그릇된 판단은 조사목적에 관련되지 않거나 불완전한 조사결과를 의미한다.

수집된 자료와 조사목적 사이의 관련성의 결여는 조사자가 구체적인 조사목적을 참조하지 않고 어떠한 정보가 수집하기에 '재미있을 것'이라는 생각을 가질 때 발생한다. 이러한 일은 설문지의 양을 불필요하게 늘리고 자료분석의 비용을 증대시키며 불성실한 응답을 야기할 수 있다.

마케팅 조사에서는 조사목적으로부터 도출된 조사과제들이 대체로 가설로 표현되는데, 가설들은 결국 조사목적이 암시하는 질문들에 대한 있을 법한 대답이므로 그러한 대답들을 끌어낼 수 있는 질문(설문항목)들이 설문지에 포함되어야 한다. 따라서 **의사결정자의 정보욕구로부터 조사목적이 규정되며, 조사목적은 다시 조사과제(가설)를 통해 수집되어야 할 정보항목을 규정함으로써 질문(설문항목)을 결정한다**.

한편 조사자는 설문지를 작성하는 동안 끊임없이 "이러한 질문이 어떠한 자료를 산출할 것이며, 그 자료가 어떻게 이용될 것인가?"라고 자문하면서 결국 그 자료에 적용할 구체적인 분석도 예상해야 한다.

즉 조사자는 무엇을 물을 것인지에 덧붙여 나중에 적용할 분석기법을 예상하여(분석설계, analysis design) 어떠한 척도로 물을 것인지(how)도 함께 고려해야 하는데 예를 들어, 나이와 소득 사이의 상관관계를 분석할 것이라면 비율척도로 측정해야 피어슨 상관계수를 구할 수 있으며 서열척도로 묻는다면 서열상관계수, 명목척도로 묻는다면 x^2-검증의 연관성 지수를 구하는 데

만족해야 한다. 그러나 이들 중 피어슨 상관계수가 가장 정확한 상관관계 지표이다.

2-2 필요한 정보를 얻기 위한 질문을 구성한다.

구체적인 질문들을 구성하는 데 있어서 조사자는 응답자에게 응답범주를 사전에 지정해 줄 것인지 또는 자유롭게 자신의 응답을 작성하도록 할 것인지를 결정해야 하며, 또한 응답범주를 제시해 줄 때 몇 개의 범주로 구성할 것이며 범주를 어떤 순서로 제시할 것인지 등을 결정해야 한다.

① 개방형 질문/폐쇄형 질문

사전에 응답범주를 지정하지 않고 응답자로 하여금 자신의 의견을 자유롭게 밝히도록 허용하는 질문을 개방형 질문(open-ended question)이라고 한다. 개방형 질문은 응답에 있어서 다양성을 허용하며, 응답들이 사전에 제시된 범주들로부터 영향을 받지 않는 장점이 있기 때문에 특히 다음과 같은 경우에 적합하다.

- 어떤 실사나 주제를 시작하기 위한 도입부분으로서 – "일반적인 관점에서 인터넷/특정한 부류의 이웃/어느 지역의 대중교통수단에 대해 어떻게 생각하십니까?"와 같은 질문은 응답자로 하여금 조사주제에 친숙하게 만들고, 보다 구체적인 질문의 길을 트고, 응답자가 설문과정에 대해 편안함을 느끼게 할 수 있다.
- 응답자의 주관적인 의견이나 아이디어를 수집할 때 – "학원폭력에 대한 효과적인 해결책이 무엇이라고 생각하십니까?"를 묻는다.
- 선택지로서 제공해야 할 가능한 응답들이 지나치게 많거나 예상할 수 없을 때 – "냉장고 구매에서 현금으로 지불하는 이유는 무엇입니까?", "주상복합건물에 거주하기를 특별히 좋아하는 이유는 무엇입니까?"
- 응답자의 응답성향을 밝히거나 보고서에 응답예시로 인용하기 위해 구체적인 응답예시를 수집할 때

그러나 개방형 질문은 응답자의 적극적인 협조를 필요로 하며, 응답들을 요약하기 위해 분류기준을 결정하고 각 응답을 해당하는 범주에 할당해야 하므로 면접과 요약에서 시간이 많이 소요될 뿐 아니라 이 과정에서 주관적인 판

단이 개재할 가능성이 크다.

따라서 개방형 질문들은 특별히 유용한 경우를 제외하고 대규모 실사에서 사용하지 않는 편이 바람직하다.

한편 폐쇄형 질문(closed-ended question)은 응답의 보기를 제시하여 응답자로 하여금 선택하도록 하는 질문인데 응답하기가 용이하며, 면접원의 수고를 덜 수 있고, 요약과 분석도 용이하다. 또한 질문이 실시되는 방법과 응답이 기록되는 방식 차이에 기인하는 오차도 적고 시간도 적게 소요된다.

특히 대규모 실사에서 폐쇄형 질문의 가장 큰 이점은 응답자들에 걸쳐 응답들이 직접적으로 비교될 수 있다는 점인데, 응답들의 비교가능성은 모든 통계분석에서 매우 중요하다.

폐쇄형 질문의 기본적인 형태는 〈도표 3-7〉과 같이 세 가지 유형이 있다.

| 도표 3-7 | 폐쇄형 질문의 예시

1. 당신은 ××× 전자레인지를 사용해 보신 경험이 있습니까?

———————— single choice

( ) 예 ( ) 아니오 ( ) 기억이 나지 않습니다

2. 이 상품을 다음중 어떤 용도에 사용하고 있습니까(있는대로 답해 주시오)?

———— mutiple choice

( ) 찌개 끓이기 ( ) 밥 짓기 ( ) 인스턴트 식품 조리
( ) 냉동식품 해동 ( ) 찬음식 데우기

3. 기존의 상품에 비해 얼마나 편리하다고 생각하십니까?

———————————— rating

( ) 대단히 편리 ( ) 약간 편리 ( ) 비슷한 정도 ( ) 불편

그러나 폐쇄형 질문은 응답자가 자신의 독특한 의견표현을 제한하며, 탐색적 조사를 통해 가능한 응답범주들을 모두 발굴했을 경우조차 질문과 적절한 범주를 충분하게 개발하기 어렵다는 단점을 갖고 있다.

더욱이 응답자들이 자신의 무지를 감추기 위해 또는 사회적으로 바람직하다고 여겨지는 범주를 선택할 수 있으며, 어려운 선택이나 판단을 피하기 위해 가장 응답하기 쉬운 '모르겠다'를 선택할 수도 있다.

이러한 문제에 대응하기 위해서는 먼저 개방형 질문을 앞에 두어 다음 질문에 대한 응답자격을 여과하는 편이 바람직하다. 예를 들어, 상표의 인지도

조사에서는 우선 회상되는 상표명들을 밝히도록 한 후, 특정한 상표에 대한 의견을 질문하는 방법을 사용할 수 있다.

② 응답범주의 수

폐쇄형 질문에 대한 응답범주는 상호배타적이면서 포괄적이어야 하지만, 일반적으로 5개가 적당하다. 즉 5개의 범주는 응답자들을 효과적으로 차별화하기 적절한 수이며 7개 이상의 범주는 비록 정밀할지 모르겠으나 응답자에게 혼돈을 줄 수 있다.

한편 가능한 모든 응답범주를 제시하는 것이 불가능하거나 바람직하지 않을 수도 있는데, 수 십 개의 응답범주를 나열하기보다는 가장 보편적인 응답으로 예상되는 5개의 응답범주를 제시하고 나머지는 기타의 범주로 묶고 구체적인 응답을 기재하도록 하는 편이 오히려 바람직하다.

또한 면접원관리식 설문조사인 경우에는 반복적인 응답범주를 별도로 인쇄해 보여주고(show card) 선택하도록 요구하면 편리하다.

③ 응답범주의 제시순서

응답범주를 선택하는 데 있어서 응답자가 질문에 대한 관여도가 낮고 강력한 선택의지를 갖지 않는다면 대체로 먼저 나오는 범주를 선택하거나 중간범주를 선택하는 경향을 보인다.

예를 들어, 대통령이나 국회의원 후보의 기호도 1번이 가장 유리하다고 하며, 이러한 효과 때문에 법률에 따라 기호를 배정한다.

이러한 문제에 대해서는 범주들의 제시순서를 다양하게 변경함으로써 응답범주들의 순서효과(order effect)를 상쇄시킬 수 있는데, 여러 종류의 설문지를 제작해야 하므로 단지 분석결과를 해석하는 과정에서 그러한 효과를 감안하는 것만으로 순서효과를 고려할 수 있다. 그러나 양자택일의 질문에서는 순서효과가 심각하므로 응답범주의 순서를 바꾸어 응답자에게 제시하는 것이 안전하다.

④ 응답자의 불확실성과 무지

대부분의 폐쇄형 질문은 '잘 모르겠다', '응답하기 싫다(무응답)', '그저그렇다' 등의 응답범주를 하나만 포함하고 있는데, 이러한 각 응답범주의 실제 내용은 분명히 다르기 때문에 신중하게 선택하여 제시해야 한다.

예를 들어, 응답자가 실제로 판단할 수 없는 질문에 대해 '잘 모르겠다'는 응답범주가 제시되지 않는다면 제시된 적당한 범주 중에서 아무 것이나 선택할 것이며, 특히 개인적인 질문에 대해 '응답하기 싫다'는 응답범주가 제시되지 않는다면 '잘 모르겠다' 또는 '그저그렇다'의 범주를 선택할 것인데, 이러한 문제는 해석과정에서 오류를 야기한다.

⑤ 질문표현 상의 단어선택(question wording)

명료하고 왜곡되지 않은 질문을 제시하기 위해서 조사자는 다음과 같은 문제를 고려해야 한다.

▸ 단어가 모든 응답자들에게 단순하고, 직접적이며, 친숙한가? - 많은 응답자들은 자신이 기혼자인지, 미혼자인지, 이혼자인지를 잘 알고 있지만, '결혼상태'를 묻는 질문에는 선뜻 응답하지 못한다. 또한 응답자에 따라서는 동일한 단어를 다른 뜻으로 이해할 수 있으므로 응답자의 입장에서 단어선택에 유의해야 한다.
▸ 단어의 의미가 애매하지 않는가? – 많은 질문들은 응답자에게 그것을 해석하기 위해 필요한 시간적 및 공간적 준거체계를 충분히 제공하지 못한다. 예를 들어, '가끔', '때때로', '자주' 등의 단어는 적절한 시간적 준거체계를 갖지 않기 때문에 응답자들이 제멋대로 해석하여 응답할 것이므로 응답들을 비교할 수 없게 만든다. 마찬가지로 "여기서 사신 지 몇 년이 되었습니까?"라는 질문에서 여기가 이 집인지, 이 동네인지, 이 도시인지, 이 나라인지와 같은 공간적 준거체계가 애매하다. 또한 소득에 있어서도 본봉만인지, 수당포함인지, 보너스 포함인지가 애매하고, 구매의 이유도 희구하는 효익인지, 구매계기인지 애매할 경우가 있다.
▸ 질문이 양면성을 갖지는 않는가? – 간혹 응답자가 부분적으로만 동의하는 질문이 있는가하면 일정한 가정을 전제로 응답할 수 있는 질문도 있다. 예를 들어, "당신은 독신생활 때문에 인스턴트 식품을 많이 소비합니까?"라는 질문은 부분적으로만 동의할 수도 있는 질문이며, "품질과 가격에 만족합니까?"라는 질문도 응답하기 애매한 경우가 있다. 또한 "신제품을 구매할 계획입니까?"라는 질문은 가격이나 유통형태 등의 조건들이 함께 제시될 때에나 제대로 응답할 수 있는 것이다.
▸ 질문이 유도성을 갖지 않는가? – 유도성 질문이란 어떤 응답을 암시하거

나 조사자의 의견을 제시하는 질문을 의미하는데, "에버랜드에 놀러가는 일이 즐겁다고 생각하지 않습니까?"와 같은 부정의 질문이나 대체로 "바람직한 내용의 진술+그렇지 않습니까?"의 부가의문문으로 이루어진다. 또한 "여가시간에 TV시청 등을 하십니까?"라는 질문과 같이 응답범주를 충분히 제시하지 않거나 특정한 기관이나 기업의 입장을 제시하고 동의/비동의를 묻는 일도 모두 유도성 질문이다. 또한 자존심에 소구하거나 자존심을 위협하는 질문도 응답을 오도할 수 있는데 예를 들어, 구멍가게 주인도 경우에 따라서는 자신을 벤처사업 경영자로 응답하거나 PC방 주인도 자신이 IT사업가라고 응답할 수 있는 것이다.

- 응답지시문이 혼돈을 주지 않는가? – 질문의 본질을 벗어나 복잡하고 주변적인 상황을 응답자에게 제시하고 그들의 의견을 묻는 긴 질문은 혼돈을 야기할 수 있다.
- 질문이 모든 응답자에게 적용될 수 있는가? – 응답자들은 자격이나 의견이 없으면서도 (취업을 가정하여) "당신의 직업은 무엇입니까?" 또는 (투표를 했다고 가정하여) "지난번 선거에서 어느 후보에게 투표하셨습니까?" 등의 질문에 응답할 수 있는데, 조사자는 그러한 질문에 앞서서 – 취업여부나 투표여부를 물어서 – 응답자격을 여과하는 질문(SQ, screening question)을 삽입하여 자격이 있는 응답자만 해당질문에 응답하도록 하고, 무자격자는 해당 질문을 건너뛰도록 유도해야 한다.
- 질문이 개인화되는 정도에 따라 응답이 달라질 수 있다. 예를 들어, "당신에게 어떤 배우자가 이상적입니까?"와 "요즘 20대가 생각하는 이상적인 배우자는 어떻습니까?"의 질문은 상이한 응답을 야기할 수 있으며, 조사자는 질문표현이 갖는 효과 차이를 분석하기 위해 사전조사를 실시하고 조사목적에 따라 신중하게 대처해야 한다.

2-3 질문의 순서와 설문지의 레이아웃을 결정한다.

질문의 순서는 우선 응답자의 협동을 얻고 유지하기 위한 필요와 면접원의 실행편의를 고려하여 결정해야 하는데, 응답자와 면접원의 입장에서 바람직한 설문지의 질문순서는 다음과 같다.

① 응답하기에 용이하고 흥미로운 질문으로 시작한다. – 이는 응답자로 하여금 응답할 능력에 대한 확신을 갖게 하고 면접원과의 신뢰를 구축하

는 데 중요하다. 간혹 이러한 목적을 위해 불필요한 질문을 넣을 수도 있는데, "우리는 건강문제에 대해 조사하고 있습니다. 당신은 감기에 걸렸을 때 보통 어떻게 하십니까?"와 같은 질문으로 면접을 시작하는 편이 바람직하다.

② 질문들은 하나의 주제로부터 다른 주제로 유연하게 흘러가야 한다. – 갑작스러운 주제변경은 응답자에게 혼돈을 야기하므로 피해야 하며, 새로운 주제가 도입될 때에는 그것이 방금 논의한 주제와, 또는 조사목적과 어떻게 연관되는지를 설명해 주는 전환용 진술이나 질문이 필요하다.

③ 각 주제에 대해서도 광범위하고 일반적인 질문들로부터 보다 구체적인 것으로 진행하는 편이 바람직하다. – 이러한 접근방법은 응답자로 하여금 구체적인 질문을 보다 넓은 맥락에서 생각하도록 만들며, 보다 신중하게 응답하도록 도와준다.

④ 소득이나 능력을 다루는 민감하거나 사적인 질문들은 설문지의 앞부분보다는 응답자가 면접원과 상당한 신뢰를 형성한 시점에서 제공되어야 한다. 따라서 이러한 항목들은 설문지의 끝부분에 – 또는 별지(face sheet)로 – 두는 것이 바람직하다.

이밖에 설문지의 물리적 특성도 설문지가 재미있거나 수행하기 용이한지의 지각에 영향을 미친다. 예를 들어, 자기보고식 실사의 경우 설문지의 지질이나 인쇄품질, 글자의 조밀성은 응답자의 자발적 협력을 얻어내는 데 중요한 영향을 미친다.

2-4 설문지의 사전시험과 수정

설문지의 초안은 지나치게 길면서도, 중요한 변수들을 누락시켰거나 애매하고 오도성의 질문을 포함할 가능성이 있는데 설문지에 대한 사전시험은 이러한 문제점을 발견하고 수정하는 것을 목적으로 한다. 효과적인 사전시험을 위해서는 조사자가 비판에 수용적이며 문제점을 바로 잡겠다는 의지를 가져야 하는데, 조사자는 가장 손쉬운 사전시험의 방법으로서 스스로 응답자의 관점에서 각 질문에 응답해 볼 수 있다.

설문지를 공식적으로 사전시험하기 위해서는 모집단을 대표하는 15명 내지 25명 정도의 소표본만으로 충분하며, 실사가 어떠한 방법으로 실시될 것이든 사전시험은 반드시 직접면접을 통해 수행되어야 한다.

사전시험을 위한 직접면접에서 면접원은 응답자의 혼동, 저항, 불편함 등을 관찰하고 응답이 완료된 후에 각 질문에 응답하면서 어떤 생각이 떠올랐는지, 이해하는 데 문제가 없었는지, 질문이 포괄하지 않은 주제가 있는지 등을 확인해야 한다.

일단 면접원이 그들의 사전시험 결과와 자신의 의견을 보고하면, 조사자는 그러한 내용을 참고하여 설문지를 수정하고 필요하다면 다시 사전시험을 실시한다.

제 4 장

표본조사와 표본설계

제 1 절 | 표본조사의 개념
제 2 절 | 표본추출의 방법
제 3 절 | 표본자료의 오차

일단 조사자가 조사목적을 정의하여 적당한 조사설계를 선택하고 자료수집 도구를 개발하고 나면, 다음 단계는 자료를 수집할 대상들을 선정하는 일이다. 모집단의 특성이나 모집단 내 변수들 사이의 관계를 알아내기 위해서 조사자는 원칙적으로 관심을 갖고 있는 모집단에 속한 전체 구성원에 대해 측정을 실시해야 하는데 이를 전수조사(census,complete enumeration)라고 한다.

그러나 전수조사와 관련된 몇 가지 문제점으로 인하여 조사자가 전수조사를 실시하는 경우는 흔치 않으며 오히려 모집단에 속한 구성원 중의 일부만을 대상으로 실시하는 표본조사(sampling survey)가 보편적이다.

따라서 본장에서는 우선 전수조사와 표본조사를 비교한 후, 표본설계 과정에 포함되는 활동들을 개괄적으로 살펴보고 모집단으로부터 표본의 구성원을 실제로 선정하기 위한 여러 가지 표본추출 방법을 검토한다(표본설계 과정 중 표본의 크기를 결정하는 일은 제6장을 참조). 그리고 표본조사를 통해 수집된 자료 속에 내재되어 있는 실사자료의 오차를 살펴본다.

제 1 절 표본조사의 개념

1 모집단과 구성원

일정한 특성(들)을 공통으로 갖고 있는 개체들의 완전한 집합을 모집단(population 또는 universe)이라고 한다. 예를 들어, 지난 1년 우리 점포에서 상품을 구매한 고객이라는 모집단은 우리 점포에서 상품을 구매한 고객 중에서 지난 1년 구매실적이 있는 모든 사람을 집합적으로 지칭하는 말이다.

이때 우리 점포에서 구매했다는 조건과 지난 1년 동안이라는 조건을 모두 충족시키는 개체(개인이나 점포 등)들을 그러한 모집단의 구성원(element 또는 member)이라고 한다.

따라서 모집단은 상술된 특성(들)을 갖는 모든 구성원들을 포괄하는데, 마케팅 조사에서 전형적인 모집단은 어느 시장에 속하는 소비자나 잠재고객, 일정한 지역 내에서 영업하는 판매점, 일정한 범주에 속하는 상품이나 상표들이며 모집단의 크기(population size)는 단 하나로부터 수백만에 이를 수도 있다.

모집단의 크기와 구성의 이모저모를 정확히 파악하는 일은 전수조사를 실시하기 앞서 전수조자를 위한 지침을 제공해 주며 일부 표본추출 방법(층화 표본추출과 집락 표본추출 등)을 적용하기 위한 근거를 제공해 주기도 한다. 또한 표본조사를 위해 추출한 표본이 어느 정도의 대표성을 갖는지 평가하기 위한 근거가 된다.

즉 표본조사의 타당성이란 **'표본이 모집단을 대표한다'(표본의 대표성)는 확신**을 필요로 하는데, 그러한 확신은 표본이 추출되는 모집단을 명확하게 이해한 표본설계에서 나오는 것이다.

마케팅 조사를 위한 모집단은 최소한 구성원, 표본추출 단위, 지역적 범위, 시간적 범위의 측면에서 정의되어야 하는데 예를 들어, 취급 판매점들을 대상으로 신상품의 매출액을 조사할 때 모집단은 다음과 같은 측면에서 상술될 수 있다.

① 구성원: 본사의 신상품을 취급하는 판매점(이론적 모집단)

② 표본추출 단위: 백화점이나 대형마트 중에서 본사의 상품 취급점(조사 모집단) – 어차피 표본조사에서 모든 상품 판매점들에게 표본으로 추출

될 기회를 동일하게 부여하는 일이 현실적으로 불가능하기 때문에 일부 판매점들을 제외할 수밖에 없다.

③ 지역적 범위: 서울

④ 시간적 범위: OO년 O월 O일 – OO년 O월 O일

여기서 표본추출 단위(sampling units)란 **표본추출 과정의 특정한 단계에서 실제로 표본으로 선정될 수 있는 구성원(들)**을 말하는데, 통상 단일단계 표본추출(one-stage sampling)에서는 표본추출 단위와 모집단의 구성원(들)이 동일하지만 다단계 표본추출(mutli-stage sampling)에서는 각 단계별로 표본추출 단위가 달라질 수 있다.

예를 들어, 전국의 판매점들로부터 단순 무작위 표본을 추출한다면 전국의 모든 판매점들이 표본추출 단위가 되지만, 지역표본 추출에 의해 우선 시(市) 단위들을 추출하고 다시 그러한 각 시에서 판매점 표본을 추출한다면 1단계 표본추출에서는 전국의 시(市)가 표본추출 단위가 되며, 2단계 표본추출에서는 각 시에 속해 있는 판매점들이 표본추출 단위가 된다.

한편 조사자가 조사목적에 맞도록 모집단을 정의한 다음에는 표본추출 목록을 작성해야 하는데, 표본추출 목록(sampling frame)이란 **표본으로 추출될 표본추출 단위들의 목록**이며, 표본조사를 위한 실제의 표본은 이것으로부터 추출된다. 여기서 목록이라는 것은 '한 곳'에 모았다는 점을 의미하기 때문에 엑셀 상에 기록을 하든 운동장에 실제로 집합을 하든 상관이 없다.

표본추출 목록의 표본추출 단위는 조사자가 사전에 규정한 모집단(이론적 모집단)을 완전히 포괄해야 이상적이지만, 간혹 모집단의 일부를 누락시키거나 모집단에 속하지 않는 다른 구성원을 포함하는 경우도 있다.

따라서 조사자는 표본추출 목록이 안고 있는 이러한 잠재적 문제점에 유의해야 하며, 항상 표본이 모집단을 대표해야 하듯이 표본추출 목록도 모집단을 대표할 수 있도록 노력해야 한다.

조사자가 조사목적에 따라 정의한 이론적 모집단에 대비하여 표본추출 목록이 포괄하고 있는 모집단을 조사 모집단(study population)이라고 하는데, 조사 모집단은 대체로 이론적 모집단보다 크기가 작다. 그리고 표본조사를 통해 얻은 결과는 본래의 이론적 모집단이 아니라 조사 모집단에 대해서만 일반화할 수 있음을 명심해야 한다.

예를 들어, 서울시민의 TV시청패턴을 조사하기 위해 전화면접을 실시한다

고 하자. 이러한 조사의 이론적 모집단은 당연히 서울에 거주하고 있는 모든 사람이지만, 실제의 표본을 전화번호부에서 추출하였다면 전화번호부에 등재된 구성원들만이 조사 모집단(표본추출 목록)을 구성하게 된다.

따라서 이러한 표본조사를 통해 얻은 결과를 해석하는 데 있어서 "서울시민은 ... 하다."가 아니라 "전화번호를 등재한 서울시민은 ... 하다."고 해야 정확한 것이다.

그러나 많은 조사자들은 결과의 유용성을 과시하기 위해 표본조사의 결과를 조사 모집단보다 훨씬 넓은 이론적 모집단에까지 일반화하려는 유혹에 빠지기 쉬우므로 정보이용자의 입장에서는 이러한 점을 신중하게 고려해야 한다.

예를 들어, "한국 청소년의 환경의식" 조사를 자신의 강의 수강생을 대상으로 조사한 교수는 조사결과를 '한국 청소년'이 아니라 '**대학 ** 강좌 수강생'의 환경의식이라고 제공해야 조사 윤리에 어울리는 행동이다.

2 전수조사와 표본조사

모집단의 특성을 파악하기 위한 가장 기본적인 방법은 모집단의 구성원 각각에 대해 측정을 실시하는 일인데, 이러한 조사를 전수조사(census, complete enumeration)라고 한다. 전수조사는 수행방법이 대단히 단순하지만 실무적으로는 다음과 같은 문제를 안고 있다.

첫째, 모집단의 크기가 매우 큰 경우라면 전체 구성원에 대해 일일이 측정하는 일은 대단히 많은 조사비용을 필요로 할 뿐 아니라, 자료를 수집하고 분석하여 얻은 정보를 의사결정에 이용하기까지는 상당히 긴 시간이 소요된다.

둘째, 조사문제에 따라서는 전수조사가 불가능한 경우도 있다. 예를 들어, 냉동식품이 얼마 동안 신선도를 유지할 수 있는지 알기 위해 전수조사를 실시한다면 모두 부패되어 결국 판매할 상품이 하나도 남지 않게 될 것이다. 또 수류탄이 잘 터지는지 불량품이 있는지를 알아보기 위해 모두 터뜨려보는 전수조사를 실시한다면 조사가 끝났을 때 무엇이 남겠는가?

셋째, 일반적으로 전수조사가 매우 정확할 것으로 여겨지지만, 전수조사에서는 표본조사의 경우보다 훨씬 많은 응답자·면접원·자료처리 담당자 등이 포함되기 때문에 면접상의 오류, 측정의 오류, 옮겨적기나 편집·코딩 등 요약작업에서 발생하는 오류(비표본 오차)가 크게 증가할 가능성이 있다.

따라서 보다 적은 수의 대상만을 측정하는 표본조사에 비해 오히려 부정확할 수도 있다. 물론 표본조사에 있어서도 비표본 오차가 없지는 않지만 측정 대상의 수가 적기 때문에 비표본 차가 적을 것이므로, 표본조사에서 표본 오차와 비표본 오차의 합계가 전수조사의 비표본 오차보다 적다면 표본조사의 결과가 전수조사의 경우보다 정확하다.

넷째, 마케팅 실험을 실시하는 경우에는 실험의 효과를 평가하기 위해서는 실험집단과 통제집단이 필요하므로 전수조사가 부적절하다. 예를 들어, 수돗물에 불소를 첨가하는 일이 충치 예방에 미치는 영향을 평가하는 조사에서는 일부 학교의 학생들(표본)에게만 불소함유의 수돗물을 일정 기간 제공하고 그들의 충치 수가 불소가 함유되지 않은 수돗물을 제공받은 학교의 학생들(다른 표본)에 비해 얼마나 적은지를 비교해야 한다. 즉 실험집단의 관찰치를 비교하기 위해 모집단의 일부는 통제집단으로 남겨두어야 한다.

이상과 같은 이유 때문에 마케팅 조사에서는 대체로 표본조사를 실시하는데, 조사자의 원래 조사목적은 모집단의 특성이나 모집단 내 변수들 사이의 관계를 알아내는 것이므로 이러한 것들을 표본조사의 결과로부터 추정해 내야 한다.

그러나 이러한 과업은 기본적으로 **표본이 모집단을 진정으로 대표한다**는 가정(표본의 대표성)을 전제로 할 때에나 타당하게 수행될 수 있다. 즉 조사자가 관심을 갖고 있는 측면(변수)에 관해 모집단과 그로부터 추출된 표본의 확률분포가 동일할 경우에나 조사자는 추론통계학(inferential statistics)의 이론을 적용하여 모집단내 변수들의 특성치(모수, parameters)나 변수들 사이의 관계를 추정하고 가설을 검증할 수 있다.

물론 모집단으로부터 표본 구성원을 무작위로 추출하였을 경우에도 표본의 분포가 모집단의 분포와 완전히 일치할 수는 없기 때문에 표본조사의 결과는 어느 정도의 오차(표본오차)를 포함하기 마련인데, **표본이 모집단으로부터 완전히 무작위로 추출되었다**(즉 표본이 모집단을 확률적으로 대표한다)는 전제하에서는 이러한 표본오차의 크기도 추정하여 조사결과를 제시할 때 함께 제공할 수 있다.

3 표본설계의 과정

표본설계 과정은 대체로 〈도표 4-1〉과 같이 네 단계로 구분된다. 물론 앞에서 설명한 바와 같이 모집단을 정의하는 데 있어서 조사자는 조사목적에 부합되도록 구성원, 표본추출 단위, 지역적 범위, 시간적 범위 등에 관해 규정한 다음 실제로 표본을 추출할 조사 모집단 구성원의 목록(표본추출 목록)을 작성해야 한다.

예를 들어, 서울지역 미혼 직장여성의 신상품 구매율을 조사한다고 할 때 모집단은 서울지역에서 직장에 근무하는 모든 미혼여성을 포괄하는데, 이러한 모집단으로부터 직접 표본을 추출하는 일은 용이하지 않다.

따라서 조사자는 모집단을 대표한다는 조건을 충족시키면서 실제로 표본을 추출하기 위해 정부기관이나 연구소에서 작성한 일종의 목록을 이용할 수 있는데, 이를 표본추출 목록이라고 하며 이러한 표본추출 목록이 포괄하는 모집단을 조사모집단이라고 부른다.

다른 예로서, 서울지역 승용차 소유자의 라이프 스타일을 조사한다면 자동차 등록사업소에 비치된 차량등록대장을 표본추출 목록으로 이용할 수 있을 것이다.

| 도표 4-1 | 표본설계의 과정

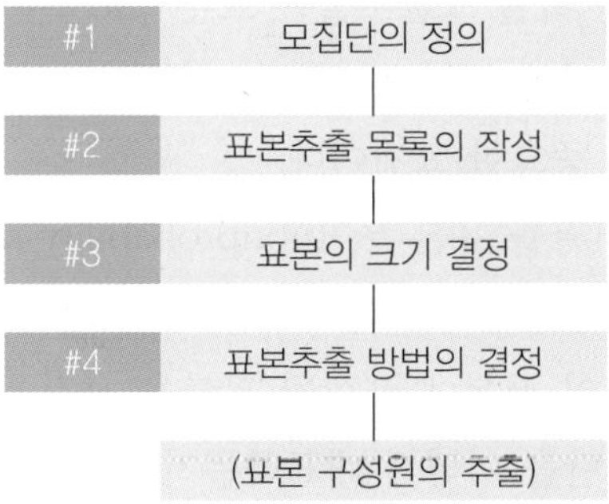

한편 표본의 크기는 표본조사 결과의 정밀성을 높여주지만 표본의 크기가 커질수록 조사에 소요되는 비용과 시간도 증대하므로, 표본의 크기 문제는 표본조사의 효율성이라는 측면에서 검토되어야 하며, 그것을 결정하는 구체적인 방법은 제6장에서 표본오차를 설명한 후에 다루기로 한다.

표본의 크기를 결정하고 나면 조사자는 표본추출 목록으로부터 구체적인 표본 구성원을 추출하기 위한 방법을 결정해야 한다. 물론 표본의 크기와 표본추출의 방법의 순서는 서로 바뀌어도 상관은 없다.

그 다음 단계는 예정된 크기의 표본을 얻기 위해 채택된 표본추출 방법에 따라 실제로 표본 구성원을 선정하는 일이다. 표본추출 방법은 고정 표본추출과 축차 표본추출, 또는 확률 표본추출과 비확률 표본추출로 나눌 수 있다.

고정 표본추출(fixed sampling)이란 조사에 필요한 표본의 크기를 사전에 확정하여 한 번에 추출하는 방법이며, 축차 표본추출(sequential sampling)이란 신뢰구간과 같은 일정한 기준을 결정해 놓은 다음, 일단 소규모의 표본을 추출하여 조사결과를 평가하고 그 결과가 사전에 정한 기준에 미치지 못할 때 표본의 크기를 점차적으로 증대시켜 가는 방법으로서(제6장 참조), 조사비용을 최소화할 수 있다.

표본추출에 관한 본장의 설명은 주로 확률 표본추출과 비확률 표본추출을 중심으로 이루어질 것인데, 확률 표본추출(probability sampling)에서 조사자는 모집단의 각 구성원이 표본의 구성원으로 선정될 확률을 사전에 알 수 있도록(a known chance) 추출하며, 그러한 확률에 따라 표본 구성원이 선정되므로 표본추출에 있어서 조사자나 면접원의 주관적인 판단이 전혀 개입되지 않는다.

이때 모집단의 각 구성원이 표본의 구성원으로 추출될 '알려진 확률'을 가진다는 사실은 무작위성(randomness)에 대한 편리하고 실질적인 기준이 되는데, 이러한 확률 표본추출은 표본자료로부터 오차를 제거해 주지는 않지만 조사자로 하여금 표본오차의 크기를 평가하도록 허용하며, 이는 정보이용에 있어서 매우 중요한 요건이다.

한편 비확률 표본추출(nonprobability sampling)에서는 표본의 구성원들이 조사자나 면접원의 주관적인 판단에 의해 모집단으로부터 추출된다. 즉 모집단 구성원이 표본에 포함될 확률을 사전에 객관적으로 알 수 없기 때문에 표본이 모집단을 어떻게 대표하는지 확신할 수 없으며, 따라서 표본오차도 평가할 수 없다.

그러나 표본이 모집단을 진정으로 대표해야 할 필요가 없는 경우에는 비확률표본이 편리하게 이용될 수 있다. 예를 들어, 조사자가 조사문제나 그에 관련된 변수를 발견하려거나 단순히 설문지를 사전시험(pretest)할 때와 같이 탐색적 조사에서는 비확률 표본이 편리하다.

즉 이러한 경우에 있어서 조사자는 모집단에 일반화할 수 있는 완전한 정보나 자료를 모색하는 것이 아니므로 표본의 대표성(representativeness)은 큰 문제가 되지 않는다.

물론 비확률 표본을 이용하여 조사한 경우에도 – 확률 표본이나 전체 모집단을 조사한 경우에서와 마찬가지로 – 평균, 중위수, 최빈수, 분산, 표준편차, 비율, 도수분포 등을 계산할 수는 있다. 단지 비확률 표본이 사용되었을 때에는 이러한 통계량들의 가변성(variability)에 관해 말할 수 없기 때문에 신뢰구간을 추정하거나 통계적 검증을 적용할 수 없으며, 어떠한 통계적 진술(statistical statements)도 타당하지 않음은 당연하다.

제2절 표본추출의 방법

이미 설명한 바와 같이 표본추출 방법은 크게 비확률 표본추출과 확률 표본추출로 구분되며, 각각은 다시 〈도표 4–2〉와 같이 구체적인 표본추출 방법으로 세분된다.

1 비확률 표본추출의 방법

1–1 편의 표본추출

편의 표본추출(convenience sampling)이란 조사자의 편의에 따라 표본 구성원을 선정하는 방법이다. 즉 표본 구성원은 응답자로 자원하든가(self-selected) 조사자가 단순히 용이하게 면접할 수 있다는 이유로 선정된다. 예를 들어, 가까운 친구들을 표본으로 선정하거나, 미각시험(blind test)에서 자원자를 표본으로 선택하거나, 마침 사무실 앞에서 만난 사람들을 표본으로 선정하는 방법이다.

이러한 편의표본(또는 우연표본, accidental sample)은 모집단에 대한 표본의 대표성을 확신할 수 없기 때문에 표본오차를 추정하고 모집단 특성에 관해 통계적 진술을 할 수 없다.

따라서 편의표본은 기술적 조사나 인과적 조사에는 이용될 수 없으며, 단지 마케팅 조사와 관련된 아이디어나 통찰을 얻거나 통계적 가설을 구성하기 위한 탐색적 조사에나 이용될 수 있다.

도표 4-2 **표본추출 방법**

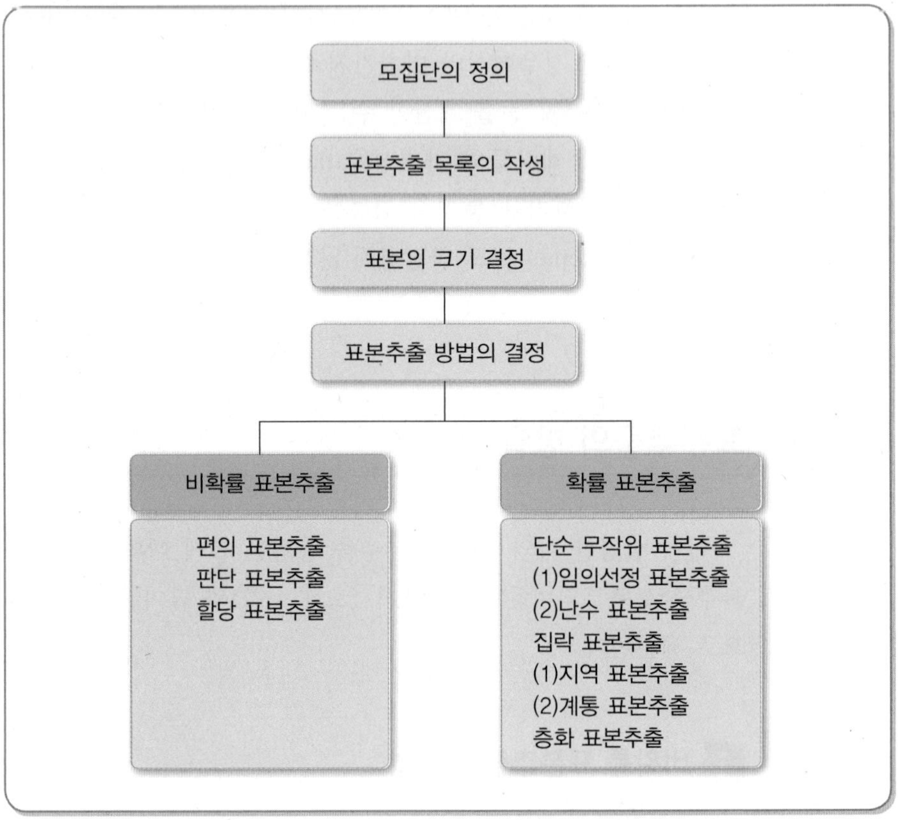

1-2 판단 표본추출

판단 표본추출(judgment sampling)이란 조사목적에 부합된다거나 대표성이 있다고 판단되는 응답자들을 표본 구성원으로 선정하는 방법인데, 여기서는 표본 구성원이 '어떤 이유에서' 의도적으로 선정되는 것이다.

예를 들어, 판사가 참고인 진술을 청취하기 위해 적절한 해답을 줄 수 있다고 판단되는 전문가를 선정한다든가, 시험 마케팅을 위해 임의로 적절하다고 판단되는 지역시장을 선정하는 일을 들 수 있다.

이러한 판단표본(또는 목적표본, purposive sample)에서도 표본의 대표성을 확신할 수 없기 때문에 표본오차를 추정하거나 조사결과에 대한 일반화가 불가능하다. 그러나 전문가의 판단이 유효하다면 판단표본은 단순히 편의를 근거로 표본을 추출하는 편의표본의 경우보다 나을 것이다.

또한 조사자의 판단에 의해 표본으로 추출된 구성원으로 하여금 다른 조사

대상자를 추천하게 한다면 매우 동질적인 표본을 얻을 수 있는데, 이를 눈덩이 표본추출(snowball sampling)이라고 한다.

1-3 할당 표본추출

할당 표본추출(quota sampling)은 판단표본의 특수한 예라고 할 수 있는데, 일정한 특성을 갖는 표본 구성원의 비율이 모집단 내에서 그러한 특성을 가지는 구성원의 비율과 유사하도록 표본의 크기를 할당하고 '조사자의 판단에 의해' 추출하는 방법이다.

예를 들어, 조사문제와 관련된 모집단의 중요한 특성이 나이와 성별이며, 나이가 20세 미만, 20대, 30대, 40세 이상의 범주를 가지며 성별이 남자, 여자의 범주를 가진다면, 이러한 범주들에 대한 모집단 구성원의 비율에 따라 표본의 크기를 나눈 후, 각 범주별로 표본구성원을 조사자의 판단에 의해 선정하는 것이다.

그러나 여기서 주의해야 할 점은 특정한 범주에 속할 표본 구성원의 선정이 확률적으로 이루어지는 것이 아니라, 조사자나 면접원의 판단에 의존하기 때문에 할당 표본추출이 비확률 표본추출이라는 사실이다(이 점이 확률 표본추출의 한 방법인 층화 표본추출과 다름).

즉 할당 표본추출에서도 조사자는 표본의 대표성을 확신할 수 없는 것이다. 더욱이 범주별 표본의 구성비율을 결정하기 위해 이용할 모집단 특성을 사전에 알기가 쉽지 않으며, 이러한 특성의 수가 많아질수록 표본크기의 할당은 어려워진다.

2 확률 표본추출의 방법

2-1 단순 무작위 표본추출

단순 무작위 표본추출(simple random sampling, 단일단계 표본추출(single-stage sampling)에서는 표본 구성원이 전체로서의 모집단으로부터 확률적으로(무작위로) 추출되며, 이러한 일은 모집단과 동일한 분포특성을 갖는 표본을 산출하는 경향이 있다. 그러므로 모집단에서 연간 가계소득이 5,000만원 이상인 가계의 비율이 4%라면 표본에서도 그러한 소득수준을 갖는 가계가 확률적으로 4%를 차지할 것이다.

그러나 표본추출 과정에서 우연히(by chance) 그러한 비율이 정확하게 4%가 되지 않을 수도 있으며, 특히 모집단의 한 범주의 구성비율이 대단히 적거나 표본크기가 매우 작은 경우에는 모집단의 분포특성과 매우 다른 분포특성의 표본을 얻게 될 가능성이 크다. 특히 작은 표본에서는 고소득층의 한두 가계가 적게 포함되거나 많이 포함되는 것이 표본의 분포특성을 모집단과 크게 다르게 만든다.

단순 무작위 표본추출은 또한 지역적 분포가 모집단의 것과 유사한 표본을 산출하는 경향을 보이므로, 만일 모집단이 전국에 분포되어 있다면 표본도 역시 전국적으로 분포되는 경향을 갖는다.

단순 무작위 표본추출의 성격을 갖는 전형적인 표본추출 방법들은 다음과 같다.

① 임의선정 표본추출(arbitrary selection sampling)

조사문제에 관련된 변수에 관해 모집단 구성원들이 표본추출 목록에서 무작위로 분포되어 있다고 가정할 수 있다면 조사자는 표본추출 목록의 어느 부분이든 임의로 선택하여 표본의 크기만큼 연속적으로 배열된 구성원을 선정할 수 있다.

예를 들어, 소득에 관한 한, 전화번호부에는 모집단의 구성원들이 무작위로 분포되어 있다고 가정할 수 있으므로 조사자는 단순히 전화번호부의 어느 한 부분에서든 표본의 크기만큼의 명단을 무더기로 추출할 수 있는데, 이러한 표본추출은 성격 상 단순 무작위 표본추출에 해당하며 소득에 관해 모집단을 대표한다.

그러나 운전기사의 소득수준을 조사하기 위해 '자동차 등록부'를 표본추출 목록으로 사용하거나 미국 도시인의 평균 교육수준을 알기 위해 전화번호부를 표본추출 목록으로 사용하는 일은 소득수준이나 교육수준에 관해 조사 모집단의 구성원이 그러한 표본추출 목록에서 무작위로 배열되어 있지 않기 때문에 임의선정 표본추출의 방법을 이용할 때 표본의 대표성이 손상될 수 있음에 유의해야 한다.

그 이유는 자동차 등록명부가 영업용, 자가용, 특장차 등의 구분에 따라 배열되어 있으며 미국인 이름의 성은 평균적인 교육수준과 관련되는 인종특성을 나타낼 수 있기 때문이다.

② 난수 표본추출(random number sampling)

난수 표본추출은 표본추출 목록으로부터 표본을 선정하기 위해 난수표(random number table)를 사용하는 것이다. 즉 조사자는 우선 조사 모집단의 구성원들에게 0으로부터 시작하여 충분한 자릿수의 일련번호를 부여해야 하는데, 이때 구성원들이 중복해서 동일한 번호를 할당받지 않는 한 번호할당의 방법은 문제가 되지 않는다.

그 다음 조사자는 임의로 난수표의 한 위치(예컨대, 첫 페이지의 셋째 행 둘째 열의 0187~)를 선정하여 구성원에게 할당된 숫자의 자릿수만큼 읽는다. 만일 표본추출 목록의 어떤 구성원이 부여받은 일련번호가 난수표로부터 읽어낸 숫자와 일치한다면 그 구성원을 표본에 포함시킨다.

물론 조사자는 표로부터 숫자를 읽는 데 있어서 표본추출 목록의 가장 큰 번호도 선정될 수 있도록 충분한 자릿수를 사용해야 한다.

다시 표로부터 다음 숫자를 읽어 표본추출 목록의 구성원이 부여받은 일련번호와 일치하면, 그 구성원도 표본에 포함시키는 일을 반복한다. 이때 조사자는 난수표로부터 숫자를 읽는 데 있어서 어떠한 체계적인 방법으로도 진행할 수 있는데, 대체로 여러 페이지에 걸쳐 계속적인 열을 따라 읽어 내려가는 것이 편리하다.

만일 난수표로부터 읽어낸 숫자가 이미 선정된 숫자와 중복되거나 구성원들의 번호와 일치하지 않는다면 그 숫자를 버리고 다음 숫자를 읽는다.

2-2 집락 표본추출

조사자가 다단계 표본추출(multi-stage sampling)의 한 방법인 집락 표본추출(cluster sampling)을 적용하기 위해서는 우선 모집단을 지역, 연령층, 직업군 등을 기준으로 집락(clusters)이라는 하위집단들(1차 표본추출 단위)로 분리한 후, 일부 집락을 무작위로 선정하여 각 집락의 모든 구성원을 표본 구성원으로 사용하거나(1단계 집락 표본추출, one-stage cluster sampling), 선정된 각 집락들의 구성원들(2차 표본추출 단위)로부터 표본 구성원을 확률적으로 추출할 수 있다(2단계 집락 표본추출, two-stage cluster sampling).

이때 각 집락은 모집단의 어떤 특성에 관해 유사한 분포를 가짐으로써 집락들 사이에는 유사성이 있으면서 각 집락의 내부적으로는 모집단처럼 다양한 구성원들을 포함하게 된다.

① 지역 표본추출(area sampling)

집락을 규정하는 여러 기지 기준 중에서도 **지역을 기준으로 모집단을 세분하여 표본을 추출하는 방법**을 특히 지역 표본추출이라고 한다. 예를 들어, 서울에 거주하는 취업주부들을 모집단으로 하는 조사에서 2,000명의 취업주부로 구성된 표본이 필요하다고 가정하자. 이때 조사자가 단순 무작위 표본추출을 사용한다면 우선 서울에 거주하는 모든 취업주부를 포괄하는 표본추출 목록을 작성해야 하는데, 그것은 시간과 비용을 대단히 많이 소요할 것이다. 또한 다음에 설명할 층화 표본추출은 여러 가지 특성에서 모집단 구성원들의 구성비율에 관한 자료를 필요로 한다.

이러한 경우, 조사자는 동(洞)을 집락으로 간주하여 우선 서울시의 모든 동들로부터 수개의 동(洞)을 무작위로 선정하고(洞=1차 표본추출 단위) 각 동(洞)으로부터 다시 취업주부를 최종적인 표본 구성원으로 추출한다면(주부=2차 표본추출 단위), 이러한 과정을 통해 추출된 표본 구성원들은 대표성을 여전히 유지하면서도 지역적으로 수개의 동(洞)에 집중되어 있으므로 특히 직접면접을 통한 표본조사의 비용을 상당히 절약할 수 있다.

그러나 집락 표본추출은 같은 크기의 표본이 단순 무작위 표본추출에 의해 추출되었을 때에 비해 표본오차가 커지는 경향이 있으므로 조사자는 조사비용의 절감과 조사결과의 정밀성 희생 사이에서 선택해야 한다.

> ▸ marketingschool.com
> 다단계 표본추출에 있어서 표본추출비율에 관련된 문제와 단순/비례적 2단계 지역 표본추출에 관한 내용은 마케팅스쿨 홈페이지를 참고하기 바랍니다.

② 계통 표본추출(systematic sampling 또는 등간 표본추출, equal interval sampling)

단순 무작위 표본추출에 대신하여 사용할 수 있는 집락 표본추출의 특수한 형태로서, 계통 표본추출이란 **무작위로 선정된 숫자로부터 시작하여 표본추출 목록의 매 i 번째 구성원을 선정해 나가는 방법**이다.

이러한 계통 표본추출은 표본추출 목록에서 구성원들이 하나 이상의 관련된 변수에 대해 무작위로 분포되어 있지 않을 수도 있음을 고려하는 것이다.

즉 표본추출 목록의 구성원들은 소득이나 구매량, 지역별로 배열되어 있을 수 있는데, 이러한 경우에는 앞에서 설명한 바와 같이 임의선정 표본추출이 곤란하다. 예를 들어, 미국에서 어떤 이름은 특정한 종족집단을 나타내기도 하므로 알파벳순의 목록도 소득이나 교육수준에 관한 한, 무작위로 배열된 것이 못된다.

조사자는 계통 표본추출을 적용하기 위해서 우선 1과 i사이에 위치하는 어느 한 구성원으로부터 시작하여 목록 상의 매 i번째 구성원을 선정한다. 1과 i 사이의 첫 번째 구성원은 대체로 난수표(random number table)를 참조하여 무작위로 선정되며, 표본추출 간격(i)은 다음 식에 의해 결정된다.

$$i=\frac{N}{n}$$

여기서 i =표본추출 간격
N =표본추출 목록 상의 구성원의 수
(N이 이론적 모집단 크기와 같을 때가 이상적)
n =표본의 크기

예를 들어, 표본추출 목록이 2,463개의 구성원(N)을 포함하고 조사에 필요한 표본의 크기가 200개(n)라면 i는 12.31이 되지만 소수 이하는 잘라 버리고 표본추출 간격을 12로 한다. 따라서 조사자는 우선 1부터 12까지 사이의 어느 한 숫자를 난수표에서 찾거나 임의로 선정하고 그로부터 12의 배수를 더해 나가면서 표본의 크기를 충족시킬 때까지 표본 구성원을 추출해 나간다.

즉 8이 최초의 구성원으로 선정되었다면, 표본에 들어갈 구성원은 8째, 20째, 32째, 44째 등이 되어 총 204개가 된다. 이는 12.31에서 소수점을 올려 13번째마다 구성원을 선정한 결과인 188개보다는 보수적이며 바람직한 것이다.

집락 1 :	1	13	25	37	··· 2,449	2,461
집락 2 :	2	14	26	38	··· 2,450	2,462
집락 3 :	3	15	27	39	··· 2,451	2,463
·	·	·	·	·	·	
·	·	·	·	·	·	
·	·	·	·	·	·	
집락 8 :	8	20	32	44	··· 2,456	
·	·	· ·	· ·	· ·	· ·	
·	·	· ·	· ·	· ·	· ·	
·	·	· ·	· ·	· ·	· ·	
집락 12 :	12	24	36	48	··· 2,460	

계통 표본추출에서는 표본으로 선정된 구성원들은 다음과 같이 결국 집락의 의미를 가시며, 이러한 집락들의 모든 구성요소가 표본으로 사용되므로 1단계 집락 표본추출이라고 할 수 있다.

즉 예시의 계통 표본추출은 이러한 12개의 집락 중 무작위로 하나의 집락을 선정하는 것인데, 그것이 1과 i사이의 첫 번째 숫자에 의해 결정됨은 물론이다.

계통 표본추출은 처음의 표본 구성원을 정하기 위해 난수표를 단 한번 사용할 뿐 아니라, 난수 표본추출에서처럼 표본추출 목록을 이리저리 훑거나 구성원의 중복을 염려하지 않아도 된다. 또한 완전한 표본추출 목록을 갖추고 있지 않아도 실행이 가능하다.

예를 들어, 10번째마다 입장하는 고객을 선정하거나 도로변을 따라 매 7번째 입지한 점포를 표본으로 선정할 수도 있다. 이러한 계통 표본추출은 단순무작위 표본추출과 대단히 유사하기 때문에 층화 표본추출에 있어서 각 층에 속한 표본 구성원을 선정하는 데에 적용할 수도 있다.

그러나 만일 표본추출 목록에서 동일한 특성을 가지는 구성원들이 표본추출 간격의 배수가 되는 순환패턴(periodicity)을 가진다면 표본의 대표성이 심각하게 손상될 수 있음에 유의해야 한다.

2-3 층화 표본추출

조사자가 층화 표본추출(stratified sampling)을 적용하기 위해서는 우선 **모집단을 층(strata)이라는 하위집단들로 분리하고, 각 층의 모집단 구성비율에 따라 표본의 크기를 할당**하여 해당 층의 모집단으로부터 표본 구성원을 단순 무작위로 추출한다(각 층으로부터 표본 구성원을 무작위로 추출한다는 점이 할당 표본추출과 다름).

이때 층은 모집단의 어떤 특성에 관해 내부 구성원들이 유사하고 다른 층의 구성원과는 상이해야 한다. 즉 시장 세분화 과정에서 얻어진 세분시장과 같이, 동일한 층에 속하는 구성원들은 관련된 모집단 특성(층화모수, stratifying parameter)에 관해 유사하지만 다른 층에 속하는 구성원들과는 상이하다.

예를 들어, 여가활동에 관한 조사에서 – 그러한 현상과 소득이 매우 밀접한 관계를 가질 것으로 판단된다면 – 소득을 층화모수로 이용하여 모집단을 수개의 층으로 나눈 후, 모집단의 구성비율에 따라 표본의 구성비율을 각 층으로부터 무작위로 추출할 수 있다.

층화 표본추출에서 '층'이 내부적으로 유사하며 외부적으로 상이하다는 점은 집락 표본추출에서의 '집락'과 정반대의 특성인데, 모집단의 구성원을 '집락'으로 분할하는 일은 표본추출을 용이하게 하기 위한 것으로서 내부적으로 이질적이며 외부적으로는 동질적인 표본추출 단위를 산출한다.

또한 층화 표본추출에서는 모든 층으로부터 모집단의 구성비율에 따라(비례적 층화표본) 표본 구성원을 선정하는 데 반해, 집락 표본추출에서는 무작위로 선정된 일부 집락(1차 표본추출 단위)으로부터 최종적인 표본 구성원이 선정된다는 점이 또 다른 차이이다. 즉 층화 표본추출에서 표본은 무작위로 선정된 수개의 1차 표본추출 단위들로부터가 아니라 모든 층으로부터 추출된다.

> ▸ marketingschool.com
> 층화 표본추출의 다른 형태인 불비례적 층화표본에 대해서는 마케팅스쿨 홈페이지를 참고하기 바랍니다.

층화 표본추출의 목적은 표본이 모집단의 각 층을 적절히 대표하도록 함으로써 표본의 대표성을 확보하고, 동일한 크기의 다른 표본추출 방법보다 표준오차가 작게 하기 위한 것이다.

따라서 모집단에서 단지 조그마한 비율을 차지하는 중요한 구성원 집단(층)이 있을 때 층화 표본추출은 우선 모집단을 층화모수(예시에서는 소득)를 근거로 수개의 층으로 나누고 나서 각 층으로부터 일정한 비율의 표본 구성원을 추출하므로 이러한 문제를 해결할 수 있다. 그러므로 모집단의 .01%를 구성하는 구성원들은 표본에서도 당연히 .01%를 차지하게 된다.

한편 조사자는 모집단을 내부적으로 유사하고 외부적으로 상이한 수개의 층으로 구분하기 위해 사용할 적절한 층화모수를 선정함에 있어서 우선 조사목적에 관련되는 변수를 선정해야 한다.

예를 들어, 조사의 목적이 저축습관을 분석하는 것이라면 층화모수로서 소득이 가장 논리적인 선택이 되며, 기타의 보편적인 층화모수는 가족수, 연령, 직업 등이 될 수 있다. 또한 모집단을 층화하기 위해 두 개 이상의 층화모수(예컨대, 소득과 가족수)를 사용할 수도 있으며, 이를 교차층화(cross-stratification)라고 한다.

제3절 표본자료의 오차

표본자료에 포함된 오차는 표본 오차와 비표본 오차로 구분되며, 후자는 다시 응답자에 기인하는 오차와 면접원(관찰자)에 기인하는 오차로 구분된다. 조사자는 이러한 오차들을 극소화하고 평가하기 위해 오차의 본질을 충분히 이해해야 하며 정보이용자들도 자료의 신뢰성을 검토하기 위해 오차를 알아야 한다.

1 표본 오차

표본오차(sampling error)란 아무리 확률적으로 표본 구성원을 추출할지라도, 표본추출 과정에서 우연히(by chance) 표본이 모집단을 완전히 대표하지 않기 때문에 표본조사의 결과가 실제 모집단의 모습을 정확하게 밝혀주지 못하는 오차로서 간혹 표본추출 오차 또는 우연오차(chance error)라고도 한다.

그러나 표본을 모집단으로부터 확률적으로 추출할 경우라면 이러한 표본오차를 통계적으로 추정할 수 있으므로 표본추출에 있어서 무작위성(randomness)은 표본조사에서 가장 중요한 요건이다(표본오차에 관한 상세한 내용은 제6장을 참조).

2 비표본 오차

비표본 오차(nonsampling error)란 모집단의 어느 구성원이 표본으로 포함되는지에 관계없이 조사과정 자체에서 발생하는 오차로서 측정대상이나 면접원의 수가 증가함에 따라 커지는 경향이 있으며, 그 크기도 알 수 없으므로 조사자는 단지 비표본오차를 최소화하려고 노력할 수 있을 뿐이다.

2-1 응답자 오차

응답자 오차(respondent errors)란 표본의 어떤 구성원이 제공한 응답이 정확하지 않아서 발생하는 오차로서 무응답, 오해, 의식적 및 무의식적 왜곡, 무지와 그릇된 예측에 의해 야기되며 간혹 잘못 설계된 설문지에 의해서도 발생한다.

① 무응답

표본이 모집단을 대표하도록 선정되었을 경우에도 이미 표본으로 선정된 일부 구성원이 설문에 응하지 않는다면 표본은 대표성을 잃게 된다. 즉 무응답의 현상이 어떤 특성을 갖는 구성원들 사이에서 불비례적으로 나타날 수 있을 것인데, 이는 결국 표본이 그러한 특성을 갖는 구성원들을 불비례적으로 배제하게 되는 일과 마찬가지의 효과를 가진다.

예를 들어, 가계의 식품비 지출패턴을 조사하기 위해 한낮에 가정을 방문하여 주부를 면접한다면 표본자료에서는 주부가 외출중인 가계들이 불비례적으로 무응답의 현상을 나타낼 것이다.

이때 외출중인 가계는 어린이가 없거나 취업주부라는 어떤 특성과 연관될 수 있으며, 그러한 가계의 식품비 지출패턴은 다른 가계의 식품비 지출패턴과 다를 것이므로 표본조사의 결과를 왜곡시켜 모집단에 일반화할 수 없게 만든다.

물론 이러한 형태의 무응답은 재방문을 통해 줄일 수 있는데, 이때에는 - 방문시간대 변경이나 전화면접 등 - 처음과는 다른 방법으로 진행해야 한다.

② 오해

응답자의 오해는 조사자와 응답자 사이의 커뮤니케이션이 명료하지 않아서 발생한다. 즉 응답자는 질문내용을 조사자의 의도와 다르게 해석할 수 있으며, 조사자도 응답자의 반응을 잘못 해석할 수 있다.

그러나 표본조사에서는 대체로 응답자 측의 오해가 심각하게 나타나는데, 그러한 문제는 대체로 응답자가 질문에 주의하지 않거나 질문 자체가 애매하여 응답자가 정확한 응답을 줄 수 없는 때 발생한다. 따라서 조사자는 응답자의 부주의를 피하기 위해 질문을 단순하고 명료하게 제시해야 하며, 설문지를 사전시험함으로써 오해의 소지를 미리 없애야 한다.

③ 왜곡

응답자의 왜곡은 의식적인 것과 무의식적인 것으로 구분된다. 이중 의식적인 왜곡은 여러 가지 요인에 의해 촉발되지만 자기 자신을 면접원에게 '바람직한 것'으로 투사하려는 열망이 보편적이다.

다시 말해 응답자들은 응답을 자신의 사회적 지위와 개인적 성취수준, 퍼스낼리티를 반영하는 것으로 생각하기 때문에 자신의 자아 이미지를 강화시키는 방향으로 질문과 응답을 왜곡하는 경향이 있으며, 더욱이 친구나 이웃, 심지어는 낯선 사람이 주변에 있다는 사실은 이러한 왜곡을 촉진한다.

응답자들은 또한 면접원을 즐겁게 해주기 위해 면접원이 원한다고 생각되는 응답을 제공하기도 한다. 예를 들어, 만일 가정주부에게 평소 사용하는 화장비누의 상표를 질문할 때 면접원이 특정한 상표와 동일시된다면, 면접원의 상표를 선택할 것이다.

이러한 의식적 왜곡에 비해 무의식적 왜곡은 복잡한 심리적 현상이다. 사실 자신의 행동(또는 의사결정)이 바람직하지 않은 심리적 충동에 의해 이루어진 때라도 응답자는 사회적 규범(social norm)이나 이상적 자아 이미지(ideal self image)를 참조함으로써 자신의 행동을 합리화하려고 든다.

예를 들어, 고급 승용차를 구매한 사람은 안정성 있는 차가 필요하기 때문에 구입했다고 말할지 모르나 사실 그의 잠재의식 속에서는 품위나 선망 등에 대한 욕망이 직접적인 동기일 경우가 있다.

그러나 무의식적 왜곡을 조사자가 확인하고 측정하기는 대단히 어렵기 때문에 단지 그러한 가능성을 극소화하기 위해 심리적으로 예민한 질문을 회피하고 익명의 설문지를 사용하거나 투사적 기법을 사용해야 한다.

④ 무지

응답자의 무지는 특히 그것이 무관심이나 면접원을 즐겁게 하려는 욕망과 결합되면 심각한 문제를 야기한다. 응답자는 자신이 해당되지 않는 질문임을 모르거나 확실치 않으면서도 정확하다고 여겨지는 응답을 제공할 수 있다.

또한 응답에 필요한 정보가 가용치 않거나 응답자가 게을러 그것을 찾으려 하지 않는 경우도 있는데, 이때 응답자는 응답을 포기하거나, 무지를 인정하거나, 올바른 정보를 찾아내기보다는 오히려 대답을 꾸미거나 추측을 하려는 경향이 있다.

⑤ 그릇된 예측

자신의 미래행동에 대한 응답자의 그릇된 예측도 부정확한 응답을 야기한다. 예를 들어, 신상품을 1개월 이내에 구입할 것인가의 질문에 대해 응답자가 자신의 자금사정을 지나치게 낙관한다면 실제로 구매가 거의 불가능한 상태에서 구매자로 분류될 것이다.

마케팅에서 이러한 문제는 대체로 실제구매와 예측된 구매 사이에 괴리를 야기하는데, 특히 생활용품(commodity)보다는 고급 사치품에서 흔히 나타난다.

2-2 면접원 오차

면접원 오차(interviewer errors)는 여러 가지 면에서 응답자 오차와 연관되어 있는데, 면접원을 배제함으로써 완전히 제거할 수 있다(그러나 면접원이 없는 우편설문은 다른 오차를 야기함). 이러한 면접원 오차는 대체로 면접원과 응답자 사이의 상호작용, 해석과 전기(轉記)에 있어서의 실수, 면접원의 속임수에 기인하며 잘못 설계된 설문지로부터 유발되기도 한다.

① 응답자와의 상호작용

면접원은 질문에 관해 완전히 중립적인 입장을 취해야 하며, 어떠한 몸짓, 말, 표정을 통해 자신이 바람직하다고 생각하는 응답을 유도하지 않도록 노력해야 한다. 이러한 점과 관련하여 중립적인 외부기관에 마케팅 조사를 의뢰하는 일은 면접원을 조사의 후원자로부터 분리시킨다는 이점을 갖는다.

그러나 모든 면접원은 독특한 외모나 퍼스낼리티 등을 갖고 있으며, 응답자는 면접원의 그러한 특징에 반응하는 경향을 보이는데, 이러한 유형의 상호작용은 적절한 면접훈련을 통해 최소화할 수 있다.

② 해석과 전기

응답자가 직접 자신의 응답을 기재하는 자기보고식 설문지가 아니라 면접원이 응답자의 반응을 해석하여 전기하는 면접원관리식의 조사에서는 면접원이 응답자의 반응을 잘못 이해하거나 옮겨 적는 과정에서 실수를 범할 수 있다.

이러한 유형의 면접원 오차는 자기보고식 설문지를 사용하든가 응답을 녹음함으로써 다소 해결될 수 있지만, 불행하게도 자기보고식으로 인쇄된 설문지는 면접을 지나치게 구성적으로 만들고, 응답자가 말하는 모든 것을 녹음하는 일은 자료의 요약을 번거롭게 하므로 최적의 대안은 역시 면접원을 철저히 훈련시키는 일이다.

③ 속임수

면집원이 부정행위를 저지를 가능성도 무시될 수 없는데, 그들은 여러 가지 이유에서 응답을 날조한다. 즉 면접원은 간혹 응답자를 면접하려고 노력조차 하지 않으며, 응답자가 질문에 대답할 수 없을 때 적절하다고 판단되는 응답을 추천하여 응답자를 도와주기도 한다.

한편 응답자나 면접원에 기인하는 비표본오차들을 완전히 제거하기가 곤란하지만, 다음과 같은 몇 가지 지침을 통해 감소시킬 수는 있다.

첫째, 표본조사를 가능한 한 수행하기 용이하도록 추진하라.

둘째, 조사목적과 일치하는 최소한의 표본만을 사용하라.

셋째, 질문을 조사목적에 꼭 필요한 것만으로 국한하라.

넷째, 설문지를 사전시험하라.

다섯째, 응답자들이 피로를 느끼지 않도록 하라. 또한 편집활동에서 참고하기 위해 응답자가 응답저항을 느끼기 시작하는 때를 설문지에 표시하라.

여섯째, 응답자와 면접원이 적극적으로 조사에 참여토록 하기 위한 절차를 확립하라. 예를 들어, 협력에 대해 돈이나 선물을 제공하라.

일곱째, 응답자가 진정으로 대답할 수 없는 질문을 하지 말라.

여덟째, 면접원에게 불가능한 일을 요구하지 말라.

제 5 장

통계분석의 준비와 방법

제 1 절 | 통계분석의 예비작업

제 2 절 | 단순 상관분석과 단순 회귀분석

제 3 절 | 분석방법의 선정과 고려사항

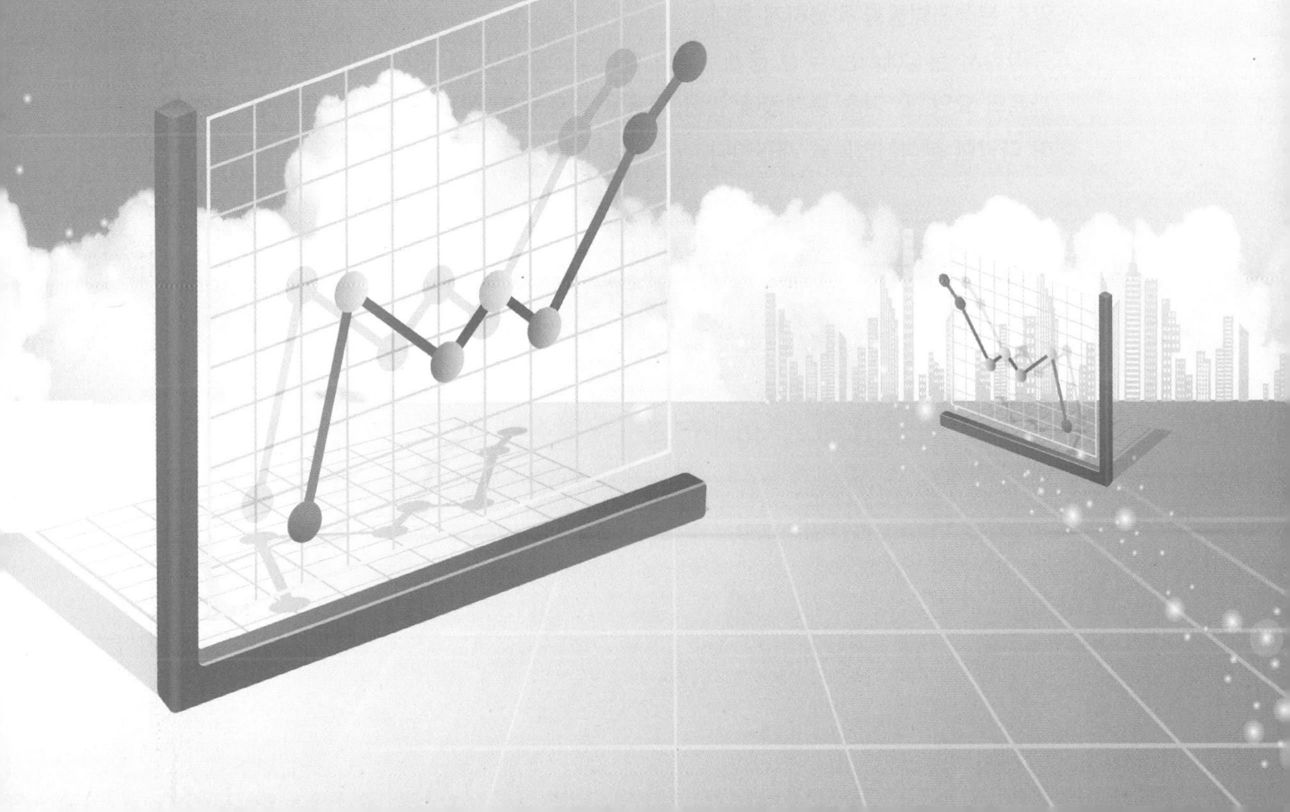

유용한 2차 자료들을 발견하거나 실사에서 설문지(측정결과)들을 수집한 후, 조사자는 통계분석에 착수하는데 통계분석이란 원자료로부터 유용한 정보와 통찰을 얻어내기 위해 사용할 수 있는 일련의 통계적 기법들을 적용하는 일이다.

그러나 조사자는 본격적인 통계분석에 앞서서 원자료에 대한 정확한 편집과 적절한 코딩작업을 통해 분석을 위한 준비를 마쳐야 하며, 간단한 요약과정을 거쳐 자료에 포함되어 있는 정보를 전반적으로 개관하는 것이 자료분석의 로드맵을 구상하는 데 매우 바람직하다.

또한 계량적인 자료에 대해 적용할 수 있는 가장 기본적인 통계분석은 상관분석과 회귀분석인데 – 측정의 수준이 허용한다면 – 이러한 분석들은 원자료로부터 어떤 통찰을 얻어내는 데 많은 도움이 되며, 그 다음 조사자는 조사목적에 부합되는 보다 다양한 분석기법들을 적용하게 된다.

따라서 본장에서는 우선 통계분석의 예비적 과정으로서 원자료의 사전처리 활동과 자료의 요약 및 기초 통계량에 관한 내용을 검토하고, 상관분석과 회귀분석을 포함하여 다양한 분석기법들을 개관한다.

제1절 통계분석의 예비작업

1 원자료의 사전처리

2차 원천이나 1차 원천으로부터 자료를 수집한 다음 조사자는 적절한 통계분석 기법들을 적용해야 한다. 특히 설문지를 통해 수집한 원자료(raw data)는 단지 개별적인 응답이나 관찰들에 불과하며, 그러한 측정결과들을 의사결정에 유용한 정보로 전환하기 위해 통계분석을 적용하려면 먼저 다음과 같은 예비작업을 수행해야 한다.

1-1 편집

편집(editing)이란 수집된 원자료에 있어서 최소한의 품질수준을 확보하기 위해 응답의 애매함, 누락, 착오 등을 찾아내서 바로잡는 일로서 일차적으로는 면접원과 현장 감독자가 담당한다. 그러나 자료분석을 직접 담당하는 사람도 자료분석에 앞서서 수집된 자료들을 검토해야 하므로 편집은 두 단계로 이루어진다.

① 편집의 단계

첫 번째 단계의 편집은 설문지를 수거하는 즉석에서 눈에 띄는 응답누락과 부정확한 응답을 탐지해 내기 위해 현장에서 이루어지는 현장편집(field editing)이다. 이러한 현장편집은 조사현장에서 면접원을 통제하고 지시·절차·특정한 질문에 대한 오해를 없애는 데 대단히 유용하다.

두 번째 단계의 편집은 주로 애매하거나 누락된 응답을 어떻게 처리할 것인가를 판단하는 일에 관련되며 사무실에서 수행된다(office editing). 이러한 단계에서는 이미 면접으로부터 많은 시간이 경과하였으므로 응답자에게 정확한 응답을 촉구하는 일이 거의 불가능하겠지만 역시 부정확하고 불완전한 응답이 관심의 초점이 된다.

② 편집의 목적

편집의 목적은 대체로 다음과 같이 편집에서 다루어야 할 보편적인 문제들을 중심으로 살펴볼 수 있다.

첫째, 응답의 애매함(ambiguity)이다. 응답자가 애매한 응답을 제공하거나 척도점들 사이에 체크함으로써 응답을 판단하기가 애매한 경우라면 편집은 응답의 애매함을 개선해 준다.

이때 조사자는 담당 면접원을 만나 그러한 기록을 수정하거나 다른 질문에 대한 응답들로부터 적당한 응답을 추론할 수 있다. 만일 적절한 응답을 편집 과정을 통해 판단할 수 없다면 응답누락(missing data)으로 처리해야 하며, 그러한 응답누락이 많은 설문지는 분석에서 제외한다.

결국 편집은 원자료로부터 애매한 응답을 제거함으로써 응답의 코딩(coding)이 명확하게 수행될 수 있도록 하는 일이다.

> ▸ marketingschool.com
> 편집에서 질문에 대한 응답을 판단하여 채워넣는 방법은 마케팅스쿨 홈페이지를 참고하기 바랍니다.

둘째, 응답누락(omission)이다. 응답자는 고의든 아니든 간혹 특정한 질문(들)에 응답하지 않을 수 있는데, 편집은 이러한 문제를 몇 가지 방법으로 처리함으로써 원자료의 완전성을 개선할 수 있다.

즉 응답자가 응답을 하지 않았는지 또는 면접원이 기록을 누락했는지 확인하기 위해 우선 면접원을 만나고 – 특히 관련된 질문이 조사목적에 매우 중요할 때 – 응답자를 다시 만나 응답을 받아내야 한다. 그러나 만일 응답자가 설문지 전체를 제대로 이해하지 못하거나 협조하지 않았다는 점이 분명하다면 전체 설문지를 분석에서 제외해야 한다.

물론 일부 질문에 대해서만 응답누락의 문제가 있다면 그러한 질문에 대해서만 응답누락(missing data)으로 처리하고 나머지 질문에 대한 응답들은 그대로 사용할 수 있다(일부 응답자들은 소득이나 연령과 같은 질문을 무시하면서도 다른 질문에는 충분히 협조하기도 하는데, 이때에도 마찬가지이다).

셋째, 응답의 비일관성(inconsistency)이다. 수집한 설문지를 검토하다 보면 간혹 두 개 이상의 응답이 일관성을 갖지 않는 경우도 나타나는데, 편집은 한 응답자의 응답들 사이의 일관성을 개선해 준다.

예를 들어, 의사라는 직업을 갖는 응답자가 고졸 이하의 학력을 선택했거나 신용카드 월평균 사용금액이 200만원이라고 기재한 응답자가 다른 질문에서 신용카드 소지자가 아니라고 응답했다면 조사자는 면접원에게 그러한 비일관성을 해결하도록 요구하거나, 응답누락으로 처리하거나 전체 설문지를 분석에서 제외할 수 있다.

넷째, 응답이 부정확하거나 무성의한 경우가 있다. 수집된 설문지를 세밀하게 검토하면 간혹 응답자의 응답들이 – 상식에 어긋나게 지나치게 많거나 적은 소득이나 지나치게 많은 음주량과 같이 – 부정확한 경우를 발견할 수 있는데, 이러한 부정확한 응답은 대체로 면접원이 응답자에게 올바른 지침을 제공하지 않거나(interviewer error) 태도나 이미지에 관한 수백 개의 항목을 포함하는 등의 이유로 응답자가 설문지에 대해 반발감이나 피로감을 느껴 무성의한 응답을 제공할 때 야기된다(lack of cooperation).

예를 들어, 연간 총소득을 10만원으로 응답한다든가 태도나 이미지 설문항목 모두에 대해 '동의'에 응답한 경우라면 편집은 원자료의 정확성을 개선해준다.

다섯째, 개방형 질문에 대한 응답을 명확하게 해석하기 어려운 경우가 있다. 즉 면접원이 기록과정에서 축어형을 너무 많이 쓰거나 어휘구사가 애매할 경우라면 조사자는 스스로 의미를 판단하거나 면접원에게 물어 응답의 명료화를 꾀할 수 있다.

여섯째, 부적절한 응답자가 표본에 포함된 경우라면 그러한 응답자의 전체 설문지를 분석에서 제외해야 한다. 예를 들어, 모집단이 가정주부인데도 그렇지 않은 응답자가 표본에 포함될 경우가 있다.

한편 이러한 편집과정의 면접원이 수행한 과업을 평가하고 다음 면접에서 활용할 지침을 얻어내는 부대적인 효과를 제공해 주기도 하는데, 조사자는 면접원이 어떠한 유형의 오차를 자주 유발시키는지 검토해야 한다.

1–2 코딩

코딩(coding)이란 자료의 처리와 분석이 용이하도록 각 응답들을 기호(대체로 숫자)로 전환하는 일이다. 폐쇄형 질문들에 대한 이러한 코딩은 대단히 단순하여, 조사전 질문 자체에 응답번호가 표시되기도 하며(precoding) 응답자가 스스로 숫자로 응답하거나 면접원이 현장에서 곧바로 코딩하기도 한다.

그러나 개방형 질문에 대한 코딩은 대단히 복잡하여, 두 가지 방법으로 처리될 수 있다. 첫째, 사전에 비교적 포괄적인 코딩체계(coding scheme)를 마련하여 면접원들에게 배포함으로써 응답자의 개방형 응답들을 적절한 숫자나 기호로 전환시킬 수 있으며 둘째, 일단 설문조사를 끝내고 나서 특정한 질문에 대한 응답들을 검토하여 그들을 요약하기 위해 적질한 코딩체계를 만들어 적용함으로써 각 응답을 코딩할 수 있다(postcoding).

물론 현재의 코딩체계에 포함되지 않은 응답을 발견할 경우에는 기존 코딩체계에 맞추어 적절한 숫자를 할당하든가 또는 현재의 코딩체계를 수정하고 모든 응답들을 다시 코딩해야 한다.

① 코딩체계의 구성 지침

수치로 응답하도록 요구한 질문에 대한 응답은 그러한 수치를 그대로 코딩하거나 일정한 범위로 구분하여 범주로 나눌 수 있으며, 서술형 응답의 경우에도 통계적 분석을 적용하기 위해서는 어떤 범주화가 필요하다.

이때 범주들을 응답으로 삼아 코딩하기 위해서는 다음과 같은 사항에 유의해야 한다.

첫째, 범주들은 예상되는(precoding의 경우) 또는 수집된(postcoding의 경우) 전체 응답을 상호배타적인 집단으로 분류하고 또한 모든 응답을 포괄할 수 있어야 한다.

즉 범주들이 중복되지 않음으로써 모든 응답들이 단 하나의 범주에만 들어가도록 해야 하며, 모든 응답이 한 범주에는 반드시 들어가도록 해야한다. 따라서 필요하다면 '모르겠다' 또는 '기타'의 범주를 포함해야 한다.

둘째, 자료분석 과정에서 특정한 변수가 사용될 용도가 불확실한 경우라면, 응답들을 가능한 한 통합하지 않은 형태로 상세히 분류해야 한다. 즉 일단 코딩작업이 끝난 후에도 응답들은 필요에 따라 통합될 수는 있지만, 그 반대는 불가능하다.

셋째, 특정한 변수에 대한 응답을 범주로 나누어야 하는 경우에는 범주의 수를 몇으로 할 것인지? 각 범주를 동등한 간격으로 할 것인지 아니면 각 범주가 비슷한 수의 응답자를 포함하도록 할 것인지? 극단적인 범주를 개방형으로 할 것인지 폐쇄형으로 할 것인지? 등의 문제를 검토해야 한다.

▸ 범주의 수 – 조사자는 자료 속에 포함되어 있는 차이들을 밝힐 수 있도록 충분하면서도 중요한 정보를 은폐하지 않는 한 적은 수의 범주를 선택해야 하며, 특히 자료분석의 초기단계에서는 자료 속의 포함되어 있는 중요한 정보가 상실되지 않도록 세분하는 편이 바람직하다.

▸ 범주의 간격 – 범주의 간격은 가급적 동등한 간격을 사용하는 편(20대, 30대, 40대 등)이 대체로 바람직하지만, 일부 범주가 전체 응답들의 아주 작은 비율만을 포함한다든가 지나치게 큰 비율을 포함한다면 간격을 조정할 수 있다.

▸ 극단적인 범주의 한계값 – 개방형의 극단적인 범주(** 이상 또는 ** 이하)가 응답에 있어서 극단적인 값들을 포함시킨다면 그러한 범주에 속하는 응답자의 다른 비율척도 응답값들의 평균을 왜곡시킬 것이기 때문에 가급적 폐쇄형으로 극단적인 범주를 규정하는 편이 바람직하다.

▸ 응답들이 대체로 각 범주가 나타내는 간격 상에서 중앙값이 되도록 범주들의 간격을 조정하는 편이 바람직하다. 예를 들어, 소득에 대한 응답이 100만원 단위로 표시되는 경향이 있다고 할 때 '100만원 이상 200만원 미만', '100만원 이상 300만원 미만'이라는 범주들은 200만원을 조금 넘거나 조금 모자란다는 응답을 별도의 범주로 분류할 것이므로 '150만원 이상 250만원 미만'의 범주를 두는 것이 바람직하다.

▸ 특별한 기호나 문자보다는 숫자를 사용하는 편이 바람직하며, 특히 2개의 범주를 가질 때에는 0과 1로 코딩하는 방법이 편리하다.

② 다수응답의 문제

한 질문에 대해 다수응답(multiple responses)을 얻게 되는 경우는 세 가지로 생각해 볼 수 있다. 첫째, 조사자가 단 하나의 응답을 요구하였음에도 불구하고 응답자가 다수응답을 제공한 경우가 있는데, 이러한 경우 조사자는 가장 먼저 나타난 응답을 취하거나 응답의 조합을 나타내는 숫자를 코딩체계에 추가할 수 있으며 응답누락(missing data)으로 처리할 수도 있다.

둘째, 조사자가 특정한 수의 다수응답을 요구한 경우라면 요구한 수만큼의 변수에 대한 응답으로 간주하여 첫 번째 응답, 두 번째 응답 등으로 코딩할 수 있다.

셋째, 조사자가 특정한 수를 지정하지 않고 '있는 대로'와 같이 다수응답을 요구한 경우라면 나타날 수 있는 모든 응답을 별개의 변수로 취급해야 한다. 예를 들어, 다섯 가지 운동경기 종목중 즐겨 관람하는 종목을 '있는 대로' 선택하라는 질문에 대해서는 다섯 가지 경기종목을 별개의 변수로 취급하여 '예', '아니오'의 형태로 코딩한다.

③ 코딩체계의 예시

코딩체계는 〈도표 5-1〉과 같이 예시할 수 있는데 질문번호, 변수명, 설명, 변수값의 내용 등이 포함된다.

| 도표 5-1 | 코딩체계

질문번호	변수명	설명	값
	ID	일련번호	
1	X_1	성별	1=남, 2=여
2	X_2	직업	1=자영업, 2=사무직
			3=작업직, 4=기타
3	X_3	소득	연간소득(수치 그대로)
.	.	.	.
.	.	.	.
7	X_7	사과	1=선호, 0=비선호
	X_8	배	1=선호, 0=비선호
	X_9	감	1=선호, 0=비선호
	.	.	.
	.	.	.

2 자료의 요약

통계분석이란 통계적인 추론을 도출하기 위해 자료를 정리하고 요약하는 일인데, 그것이 타당한지의 여부는 적절한 기법과 투입자료를 선정하는 데 있어서 조사자의 정직함, 그러한 기법에 대한 지식 및 산출자료에 대한 조사자의 이해 정도로부터 영향을 받는다. 물론 구체적인 분석에 들어가기 앞서서 진행되어야 하는 자료의 요약과정은 〈도표 5-2〉와 같다.

도표 5-2 **자료의 요약**

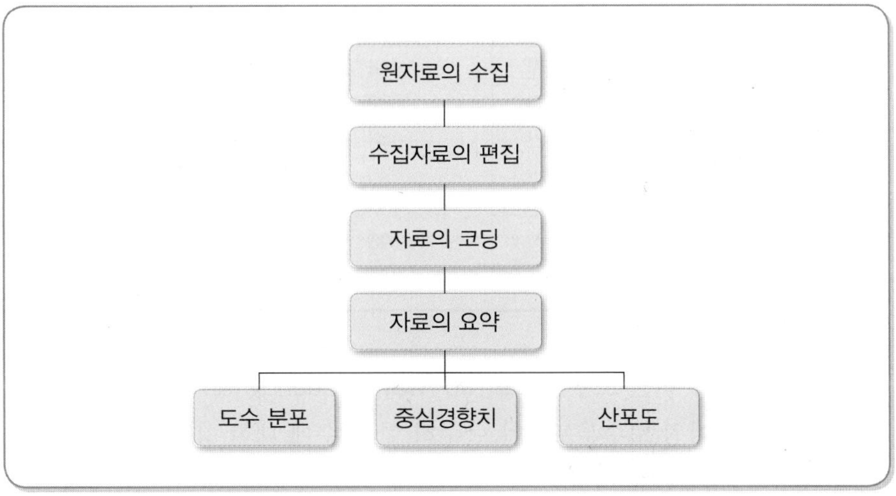

2-1 도수분포

어느 형태로든 도수분포를 검토하는 일은 코딩과정에서 발생한 과오나 예외적인 응답(outlier)을 발견해 내고 해당 변수(들)의 실증적 분포를 확인해 보려는 목적을 갖는다. 코딩과정에서 발견하지 못한 과오(error)란 남자=1, 여자=2로 코딩했는데 도수분포에서 7이나 9와 같이 다른 숫자가 발견되는 경우이며, 예외적인 응답이란 응답자들의 평균수준과 매우 다른 수치(소득금액 등)을 의미한다.

이러한 도수분포표는 논문이나 조사보고서에서 '표본의 일반적인 특성'으로 제시되는데, 단순히 도수분포표를 제시하기보다는 표본이 모집단을 어떻게 대표하고 있는지에 관한 판단을 포함해야 한다.

① 일원 도수분포표(one-way frequency table)

일원 도수분포표란 단일 변수에 대한 응답들을 임시적으로 정한 각 범주에 속하는 도수로 나타내는 것으로서 흔히 도수분포표라고 할 때 이를 지칭한다. 여기서 '임시적으로 정한 범주'라는 표현은 일단 도수분포표를 작성해 본 후 다시 범주를 조정하는 작업이 필요할 수 있기 때문에 사용된 것이다.

〈도표 5-3〉은 연간 총소득에 대한 응답자들의 분포를 각 범주에 속하는 응답자들의 절대빈도, 비율로 나타낸 상대빈도, 비율로 나타낸 누적빈도로 보여주고 있다.

| 도표 5-3 | 일원 도수분포표

연간총소득(만원)	절대빈도	상대빈도(%)	누석빈도(%)
2,000 미만	484	22	22
2,000~3,000 미만	682	31	53
3,000~4,000 미만	484	22	75
4,000~5,000 미만	220	10	85
5,000~6,000 미만	132	6	91
6,000 이상	198	9	100
	2,200	100	

② 이원 도수분포표(two-way frequency table)

이원 도수분포표란 단순히 한 변수에 대한 응답들의 분포를 보여주는 일원 도수분포표의 확장으로서 두 개 이상의 범주를 갖는 두 변수에 대한 응답들의 분포를 동시에 보여주는 것으로 교차요약표(cross-table)라고도 하며, 두 변수의 동시적인 관계를 보여준다.

예를 들어, 조사자는 각 가계의 통조림 소비량이 상이한 이유가 가족수와 관련될 것으로 생각해 볼 수 있으며, 이 경우에는 〈도표 5-4〉와 같은 통조림 소비량과 가족수에 대한 교차요약표를 작성할 수 있다.

교차요약표에서는 상대적인 비율을 계산하기 위해 사용할 기준을 결정해야 하는데, 그러한 근거에 따라 제공되는 정보의 내용이 달라진다.

즉 행비율(row percentage)을 계산하는 일(예컨대, 가족수 1~2명이라는 범주에 대해 50명을 100%로 할 때)은 **행(가족수)을 독립변수로 간주하여 통조림 소비량의 차이가 가족수에 관련된다는 관점**이며, 열비율(column percentage)을 계산하는 일(예컨대, 통조림 소비량 250g미만이라는 범주에 대해 50명을 100%로 할 때)은 **열(통조림 소비량)을 독립변수로 간주하여 가족수의 차이가 통조림 소비량에 관련된다는 관점**이다.

| 도표 5-4 | 이원 도수분포표(교차요약표)

가족수	통조림 소비량			계
	250g 미만	250~500g 미만	500g 이상	
1~2명	5	15	30	50
3~4명	20	45	25	90
5명 이상	25	25	10	60
계	50	85	65	200

그러나 예시에서 조사자는 가족수의 차이가 통조림 소비량에 관련된다고 가정하기가 곤란하므로 가족수를 독립변수로 통조림 소비량을 종속변수로 분석하기를 원할 것이다.

즉 비율은 일반적으로 독립변수의 방향에서(종속변수의 범주에 걸쳐서) 계산되는 편이 바람직하지만, 방향을 쉽게 결정할 수 없는 경우라면 조사과제를 참조하여 각 방향에서 계산되어야 한다.

2-2 중심경향치(대푯값)

조사자는 전체 자료나 도수분포로부터 직접적으로 구체적인 추론을 얻어내기가 곤란하기 때문에 그러한 자료나 도수분포를 요약하는 하나의 대푯값을 계산하고 싶어한다. 즉 전체 자료의 특성은 중심경향치(central tendency, average)나 산포도로 나타낼 수 있는데, 중심경향치로 널리 사용되는 대푯값은 다음과 같다.

① 최빈수(mode)

최빈수란 자료에서 가장 빈번히 나타나는 숫자 또는 응답인데, 가장 많은 빈도를 차지한 범주이므로 도수분포표로부터 쉽게 파악될 수 있다.

② 중위수(median)

중위수란 가장 큰 값과 가장 작은 값의 중간에 위치한 숫자 또는 응답이므로 중위수를 계산하기 위해 조사자는 자료를 크기순서로 배열해야 한다.

③ 산술평균(arithmatic mean)

산술평균은 가장 일반적으로 사용되고 있는 중심경향치(average)로서 모든 관찰치의 합계를 관찰의 수로 나누어 구한다. 그런 이유에서 흔히 average라고 하면 산술평균(mean)을 연상하는 경향이 있다.

그러나 산술평균을 사용하는 데 있어서 유의해야 할 점은 관찰치들이 평균 주변에 유사한 값으로 분포되어 있지 않거나 평균을 중심으로 하나의 대칭형으로 분포되어 있지 않은 경우에는 오히려 다른 중심경향치를 사용하는 편이 타당하다는 사실이다.

2-3 산포도

앞에서 설명한 바와 같이 전체 자료(분포)의 대푯값을 하나의 수치로 나타내기 위해서는 중심경향치들을 사용할 수 있다. 그러나 중심경향치들은 관찰치들의 산포도(degree of dispersion)에 관해 어떠한 정보도 제공하지 않기 때문에 조사자는 중심경향치의 대표성을 평가하기 위해 산포도에 관한 측정치를 검토해야 한다.

예를 들어, 관찰치들 사이의 '산포도'가 크다면 관찰치들을 요약한 중심경향치들이 자료를 적절하게 대표하지 못할 것이다.

산포도의 측정치로서는 범위, 분산, 표준편차가 가장 널리 이용된다.

① 범위(range)

범위는 산포도에 관한 가장 단순한 측정치로서 관찰치 분포에 있어서 가장 큰 값과 가장 작은 값 사이의 차이를 의미한다. 범위는 극단적인 관찰치들을 강조하기 때문에 전형적인 값들을 무시하고 분포에 관한 해석을 오도할 수 있으나, 관찰치들의 변화폭에 대한 약간의 정보를 제공할 수 있다.

② 분산(variance)과 표준편차(standard deviation)

분산과 표준편차는 모두 평균으로부터 개별 관찰치의 편차들을 근거로 한다. 분산은 분포의 평균으로부터 각 관찰치들의 편차제곱들의 평균이라고 정의되며, 이러한 분산의 제곱근을 표준편차라고 부른다. 분산은 다소 해석하기가 어려운 측정치이므로 표준편차가 산포도의 측정치로 널리 이용된다.

예를 들어, 한 마을의 빈부격차를 알아보기 위해 마을 주민들의 소득에 대해 산포도를 구해보자. 우선 개별 주민의 소득이 마을의 평균소득과 어떤 격차를 보이는지는 편차(deviation)라고 하는데, 일반적으로 개별값이 평균으로부터 얼마나 떨어져 있는지를 나타낸다(편차 = 개별값 - 평균).

평균적인 의미에서 그러한 소득격차를 구하기 위해서 편차들을 평균한다면(average deviation) 어떤 경우에도 항상 0이 되므로 의미가 없다. 즉 평균편차는 산포도의 측정치로서 무용지물이다. 따라서 편차의 (−)부호가 갖는 의미를 없애기 위한 해결책은 편차의 절대값을 평균하거나(MAD, mean absolute deviation) 또는 편차의 제곱을 합산하여 평균하는 것인데(MSD, mean squared deviation), 수학적으로는 전자보다 후자가 낫다.

이때 편차제곱을 합산한 값을 변이(variation)라고 하며, 그 평균값을 분산(variance)이라고 한다. 물론 빈부격차의 측정치로서 변이값을 그대로 사용할 수도 있지만, 특별히 평균하는 이유는 두 개 이상의 마을에 있어서 빈부격차를 비교할 경우 한 마을의 빈부격차가 실제로는 작지만 주민수가 많다면 편차항의 수가 많아져 변이값이 커지고 따라서 빈부격차가 크다고 오도할 가능성이 있기 때문이다.

끝으로 분산이란 본래값들에 대해 제곱의 의미를 포함하므로, 분산의 제곱근을 구하여 산포도의 가장 보편적인 측정치인 표준편차(standard deviation)로 사용하게 된다.

정규분포로부터 추출된 표본들 또는 비정규분포로부터 추출된 대표본들의 표본평균값들(derived population of all possible samples)로 구성된 분포(표본평균들의 분포)에 있어서 평균(표본평균들의 평균)에 대해 표준편차(실제로는 표준오차라고 부름)가 갖는 관계는 다양한 통계분석의 기초가 되기 때문에 표준편차의 개념이 중요하다.

▸ marketingschool.com
중심경향치(평균)가 산포도와 함께 사용되어야 하는 이유는 마케팅스쿨 홈페이지를 참고하기 바랍니다.

SPSS : 자료의 요약과 기초통계량(descript.sav) – 마케팅스쿨 홈페이지 참고

분석 / 기술통계량 / 빈도 분석
변수(모든 변수)
통계량: 중심경향: 평균, 중위수, 최빈값　산포도(표준편차, 분산, 범위)　분포(첨도, 왜도)
도표: 도표유형(막대도표)　도표화값(빈도)

SPSS : 자료의 요약과 기초통계량 – 분석결과 요약

데이터

구매량	월소득	교육년수	연령	봉사시간	가족수
80	180	12	16	2	4
84	195	13	20	1	2
77	180	13	24	1	3
60	155	12	27	0	2
60	160	16	23	0	3
58	160	16	40	1	4
56	145	10	30	2	5
60	160	12	34	1	4
69	175	11	32	3	5
70	170	14	21	3	6
69	170	11	41	1	4
73	175	12	45	5	8
75	175	16	20	2	5
74	175	13	35	3	8

통계량

		구매량	월소득	교육년수	연령	봉사시간	가족수
N	유효	14	14	14	14	14	14
	결측	0	0	0	0	0	0
평균		68.93	169.64	12.93	29.14	1.79	4.50
중위수		69.50	172.50	12.50	28.50	1.50	4.00
최빈값		60	175	12	20	1	4
표준편차		8.86	12.63	1.94	8.99	1.37	1.87
분산		78.53	159.48	3.76	80.90	1.87	3.50
왜도		.016	−.074	.559	.315	.868	.699
왜도의 표준오차		.597	.597	.597	.597	.597	.597
첨도		−1.173	.395	−.623	−1.054	.883	.094
첨도의 표준오차		1.154	1.154	1.154	1.154	1.154	1.154
범위		28	50	6	29	5	6

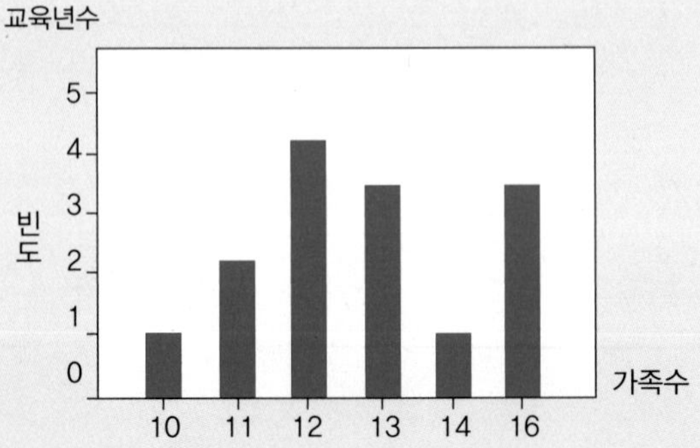

① 표본의 표준편차(S)는 편차제곱의 합을 $(n-1)$로 나누어야 하지만, 편의상 대표본을 가정한다면 n으로 나누기도 한다.
② 첨도: 적을수록 정규분포보다 뾰족하고 좁고 클수록 정규분포보다 펑퍼짐하다.
③ 왜도: 정규분포보다 우측(높은값)에 응답자들이 몰려 있으면 –, 좌측(낮은값)에 응답자들이 몰려 있으면 +가 된다.

제2절 단순 상관분석과 단순 회귀분석

상관분석과 회귀분석은 모두 두 개 이상의 변수 사이의 관계를 검토하기 위한 분석기법이다. 그러나 상관분석은 **두 개 이상 변수들 사이에 존재하는 밀접함(closeness)의 정도**를 측정하는 것이므로 두 측정치 사이의 공통적인 변이(joint variation)를 다루며, 어느 변수도 독립변수나 종속변수로 규정되지 않는다(두 변수간의 호환적 관계).

이에 반해 회귀분석은 종속변수(기준변수)를 하나 이상의 독립변수(예측변수)에 관련시키는 회귀모델을 도출하기 위한 통계적 절차로서 **각 독립변수 값들로부터 종속변수 값을 추정·예측**하려는 것이다(두 변수간의 의존적 관계).

여기서 종속변수나 독립변수라는 용어는 단지 수학적인 관계로부터 유래된 것일 뿐이며 절대로 인과관계를 암시하는 것은 아님에 유의해야 한다.

따라서 상관분석은 산포도(scatter diagram)에서 자료들이 얼마나 일직선으로 배열되었는가(절대값의 크기)와 직선의 폭이 얼마나 좁은가(유의성)를 다루며, 회귀분석은 회귀계수로서 직선의 기울기를 나타낸다.

1 단순 상관분석

단순 상관관계에 관한 가장 보편적인 측정치는 'Pearson r'이라고도 불리는 피어슨 적률 상관계수(Pearson product moment correlation coefficient)이다. 이러한 상관계수는 0과 ±1 사이의 값을 취하는데, 다음 식에 의해 계산된다.

$$r = \frac{\Sigma xy}{\sqrt{(\Sigma x^2)(\Sigma y^2)}}$$

여기서 r = 상관계수(피어슨 r)
x = X의 편치($x = X - \bar{X}$)
y = Y의 편차($y = Y - \bar{Y}$)

'피어슨' 상관계수는 비율척도로 측정된 자료로부터 계산될 수 있으며, +1의 상관계수는 완전한 정의 상관관계를 나타내고 –1의 상관계수는 완전한 부의 상관관계를 나타낸다.

예시를 위해 7개의 승용차 대리점에 있어서 승용차 판매대수와 판매원수 사이의 상관분석을 적용하면 〈도표 5–5〉와 같다. 즉 판매대수와 판매원수 사이에는 강한 상관관계($r = .78$)가 있음을 알 수 있다.

$$\Sigma Y = 175 \quad \Sigma X = 77 \quad \Sigma y^2 = 176 \quad \Sigma x^2 = 74 \quad \Sigma xy = 89$$

$$\bar{Y} = 25 \quad \bar{X} = 11$$

$$r = \frac{89}{\sqrt{(74)(176)}} = .780$$

그러나 이러한 상관계수는 표본조사로부터 구한 통계량이기 때문에 표본오차에 의해 우연히 얻게 된 값일 수 있으므로, 모집단에서 **상관계수 = 0**이라는 귀무가설을 설정하고 유의성 검증을 실시해야 한다.

유의성 검증의 결과, 귀무가설이 진실일 확률인 유의확률이 의사결정자가 정한 유의수준보다 작을 때 비로소 귀무가설을 기각하고 표본조사에서 구한 상관계수를 수용해야 하며, 만일 귀무가설을 기각하지 못한 경우에는 .780이라는 상관계수가 표본오차에 의해 우연히 발견되었고 모집단에서는 상관관계를 주장할 수 없다는 결론을 내린다.

유의성 검증에 관해서는 나중에 설명하기로 하고, 단지 여기서는 실제적 유

▌도표 5–5▐ 매출액(Y)와 판매원수(X) 사이의 상관계수 계산

Y	X	y	y^2	x	x^2	xy
30	17	5	25	6	36	30
25	10	0	0	−1	1	0
28	13	3	9	2	4	6
17	9	−8	64	−2	4	16
32	13	7	49	−2	4	14
23	7	−2	4	−4	16	8
20	8	−5	25	−3	9	15

| 도표 5-6 | 상관계수 크기에 관한 실제적 유의성

±.81 이상	매우 강한 상관관계
±.61부터 ±.80까지	강한 상관관계
±.41부터 ±.60까지	중도의 상관관계
±.21부터 ±.40까지	약한 상관관계
±.20 이하	상관관계 없음

의성이라는 간편한 기준인 〈도표 5-6〉을 참조하여 $r = .780$이라는 상관계수가 강한 상관관계를 나타낸다고 해석할 수 있다.

SPSS : '피어슨' 상관계수(pearson.sav) – 마케팅스쿨 홈페이지 참고

귀무가설: 매출액과 판매원수 사이에는 상관관계가 0이다($\rho = 0$ 이며 표본조사에서 얻어진 0 이외의 값은 우연히 표본오차에 기인한 것이다).

분석 / 상관분석 / 이변량상관계수

변수(2개 이상을 선택해야 하는데 매출액, 판매원수) 상관계수(pearson)

유의성 검증(양쪽) 유의한 상관계수 별표시(체크)

옵션: 통계량(평균과 표준편차)

SPSS : '피어슨' 상관계수 – 분석결과 요약

기술통계량

	평균	표준편차	N
매출액	25.00	5.42	7
판매원수	11.00	3.51	7

상관계수

		매출액	판매원수
매출액	Person 상관계수	1.000	.780(*)
	유의확률(양쪽)		.039
	N	7	7
판매원수	Person 상관계수	.780(*)	1.000
	유의확률(양쪽)	.039	
	N	7	7

*상관계수는 .05 수준(양쪽)에서 유의합니다.

① 유의확률이 3.9%이므로 5%의 유의수준에서 귀무가설을 기각하고, 표본조사 결과의 상관계수값을 해석한다(즉 귀무가설을 기각한 상태에서 유일한 정보는 표본조사의 결과임).

② 상관계수 .780은 비교적 높은 정의 상관관계이며, 결정계수는 .6084(= .780×.780)이어서 서로 다른 변수의 변이중 60.84%를 설명한다.

2 단순 회귀분석

단순 회귀분석을 설명하기 위해 우선 조사자가 8개 가계를 표본으로 추출하여 월간 외식빈도와 보유하고 있는 카드의 수를 조사하여 〈도표 5-7〉과 같은 자료를 수집했다고 가정하자.

조사자는 이러한 자료만을 근거로 하여 표본조사에 포함되지 않는 모집단 내 다른 가계의 외식빈도를 추정할 수 있는데, 만일 제1절에서 설명한 산술평균이라는 중심경향치를 이용한다면 단순히 **그 가계의 월간 외식빈도는 표본의 외식빈도 산술평균인 7회**로 추정할 것이다.

| 도표 5-7 | 외식빈도(Y)와 보유카드수(X)에 관한 자료

외식빈도	보유카드 수
4	2
6	2
6	4
7	4
8	5
7	5
8	6
10	6

외식빈도의 추정값 = 외식빈도의 평균값

$$\hat{Y} = \bar{Y}$$

그렇다면 이러한 추정은 얼마나 정확한가? 추정의 정확성을 평가하기 위한 보편적인 방법은 그러한 추정이 야기하는 오차를 검토하는 일이다. 예를 들어, 전체 표본의 산술평균을 이용하여 첫 번째 가계에 대해 7회로 추정한다면 조사자는 3회나 과대추정한 것이며, 오차는 +3이 된다. 만일 이러한 작업을 각 가계에 대해 적용한다면 어떤 가계에 대해서는 조사자의 추정치가 지나치게 높거나 낮고, 다른 가계에 대해서는 정확할 것이다.

이때 그러한 추정의 정확성을 평가하기 위해 실제값과 추정치간의 오차들을 단순히 합계한다면 오차의 합은 항상 0이 될 것이므로, 추정의 정확성을 나타낼 수 없게 된다.

즉 조사자는 추정의 정확성을 평가하기 위해 각 오차를 제곱한 후에 합산해야 하는데, 이러한 값을 오차제곱의 합(sum of squared errors)이라고 하며, **산술평균을 이용한 추정에서 정확성에 대한 일반적인 지표**가 된다.

따라서 조사자가 추정을 할 때에는 항상 오차제곱의 합을 최소화시키려고 노력해야 한다. 하나의 변수만을 관찰할 때 오차제곱의 합을 최소화시킬 수 있는 방법은 산술평균을 사용하는 일이므로 단일변수의 측정치에 대해서는 산술평균이 추정을 위한 가장 훌륭한 근거이다.

그러나 조사자는 추정의 정확성을 개선하기 위해 다른 변수에 대한 측정치를 함께 수집할 수 있다. 여기서는 다른 변수에 관한 측정치가 외식빈도에 관한 추정을 어떻게 개선하는지를 예시하기 위해 외식빈도와 관련성이 있다고 판단되는 보유카드 수에 관한 자료도 함께 수집했다고 가정하자.

만일 보유카드 수가 그 가계의 외식빈도와 관련성을 갖는다면 보유카드 수의 차이가 외식빈도에 있어서 어떠한 차이를 야기하는지 밝힘으로써 조사자는 추정을 개선할 수 있을 것인데, 이러한 관계는 다음과 같이 나타낼 수 있다(회귀계수의 필요성).

외식빈도의 추정값 = 보유카드 수 단위 차이에 연관된 외식빈도의 변화 × (보유카드 수)

$$\hat{Y} = \hat{b}_1 X$$

예를 들어, 보유카드 수가 하나 더 많은 경우마다 외식빈도가 평균적으로 2회씩 많다는 사실을 발견했다면 '외식빈도 = 2 × (보유카드 수)'가 되어 4개의 카드를 보유하고 있는 가계들은 평균적으로 8회의 외식빈도를 갖는다고 추정할 수 있다.

그러나 이러한 식에 의해 보유카드 수에 따른 외식빈도를 추정할 때 〈도표 5-8〉과 같이 모든 추정에서 실제의 평균 외식빈도와 오차가 발생할 수 있으므로 상수값을 추가로 포함시킨다면 추정을 더욱 개선할 수 있을 것이다(상수항의 필요성).

즉 '외식빈도 = 2 × (보유카드 수)'가 추정들에서 대체로 2회 정도씩 틀린 것을 알 수 있으므로 이러한 식을 '외식빈도 = 2 + 2 × (보유카드 수)'로 수정한다면 훨씬 나은 추정이 될 것이다. 따라서 외식빈도를 추정하기 위한 식은 다음과 같이 상술할 수 있다.

❙ 도표 5-8 ❙ 회귀계수로 추정된 외식빈도와 실제의 평균 외식빈도

보유카드 수	회귀계수로 추정된 빈도	실제 평균빈도	오차
1	2	4	2
2	4	6	2
3	6	7	1
4	8	10	2
5	10	13	3

외식빈도의 추정값 = 상수 + 보유카드 수 단위차이에 연관된 외식빈도의 변화 × (보유카드 수)

$$\hat{Y} = \hat{b}_0 + \hat{b}_1 X$$

여기서 $\hat{b}_0, \hat{b}_1$을 회귀계수(regression coefficient)라고 한다.

이와 같이 하나의 변수값을 추정하기 위해 다른 변수 하나를 근거로 사용하는 모델을 단순 회귀모델이라고 하며, 이러한 모델을 발견하는 과정을 단순 회귀분석(simple regression analysis)이라고 하는데 비록 추정절차는 다르지만 "추정에 있어서 오차제곱의 합을 최소화시킨다"는 동일한 규칙을 따른다.

▸ marketingschool.com
종속변수값을 추정하기 위해 다른 변수를 추정의 근거로 추가할 때 회귀계수와 상수항이 등장하게 되는 이유는 마케팅스쿨 홈페이지를 참고하기 바랍니다.

조사자는 시행착오든 아니면 통계적 절차를 이용하여 추정에 있어서 '오차제곱의 합'을 최소화시켜 주는 $\hat{b}_0$와 $\hat{b}_1$의 값을 발견할 수 있는데, 예시에서는 각각 2.87과 .97로 계산된다.

여기서도 평균을 근거로 사용한 경우와 마찬가지로 '오차제곱의 합'을 최소화시킨다는 통계적 기준(최소자승기준)을 사용했으므로 보유카드 수에 관한 정보가 외식빈도에 관한 추정을 개선하는지의 여부를 검토하기 위해 각 추정이 야기하는 '오차제곱의 합'을 비교할 수 있다.

즉 〈도표 5-9〉에서 보면 8개 표본가계들의 평균 외식빈도(7)를 계산하여 가계들의 외식빈도에 대한 추정치로 사용할 때 예측의 정확성은 그러한 값과 실제값 사이의 '오차제곱의 합'을 계산함으로써(22) 평가될 수 있다.

‖ 도표 5-9 ‖ '오차제곱의 합'의 비교

Y	X	Y_1	$(Y-Y_1)$	$(Y-Y_1)^2$	Y_2	$(Y-Y_2)$	$(Y-Y_2)^2$
4	2	7	−3	9	4.81	−.81	.66
6	2	7	−1	1	4.81	1.19	1.42
6	4	7	−1	1	6.76	−.76	.58
7	4	7	0	0	6.76	.24	.06
8	5	7	1	1	7.73	.27	.07
7	5	7	0	0	7.73	−.73	.53
8	6	7	1	1	8.69	−.69	.48
10	6	7	3	9	8.69	1.31	1.71
		오차제곱의 합 = 22			오차제곱의 합 = 5.486		

Y, X는 앞과 동일 Y_1 = 평균만을 근거로 한 추정치, Y_2 = 보유카드수를 고려한 추정치

이에 반해 보유카드 수에 관한 정보도 함께 사용하여 단순회귀모델로 추정할 경우에 있어서 '오차제곱의 합'은 5.486이므로 새로운 접근방법(단순 회귀모델)이 평균에 비해 추정을 개선하였다고 말할 수 있다. 이때 개선의 정도는 회귀식의 결정계수 R^2로 나타내는데, 예시에서는 $(22-5.486)/22=.75$이다.

〈오차제곱의 합〉

산술평균에 의한 예측의 경우	= 22.0
보유카드 수를 포함한 단순회귀모델에 의한 예측의 경우	= 5.5
단순회귀모델에 의해 '증가된' 설명된 변이	= 16.5

따라서 산술평균 대신에 보유카드 수를 포함한 단순회귀모델을 사용하는 일은 16.5만큼 '오차제곱'을 더 많이 설명하였는데, 이는 75%(16.5/22=.75)의 개선인 것이다($R^2=.751$).

한편 회귀계수는 다음 식에 의해 계산되며, 〈도표 5-10〉의 값들을 대입하면 $b_0 = 2.871$, $b_1 = .971$임을 알 수 있다.

$$\hat{b}_1 = \frac{n(\Sigma XY)-(\Sigma X)(\Sigma Y)}{n(\Sigma X^2)-(\Sigma X)^2} = \frac{8(255)-(34)(56)}{8(162)-(1156)} = .971$$

$$\hat{b}_0 = Y - \hat{b}_1\overline{X} = 7 - .97(4.25) = 2.871$$

| 도표 5-10 | 회귀계수를 계산하기 위한 예비적 계산

Y	X	X^2	XY
4	2	4	8
6	2	4	12
6	4	16	24
7	4	16	28
8	5	25	40
7	5	25	35
8	6	36	48
10	6	36	60
56	34	162	255

$n = 8$, $\bar{Y} = 7$, $\bar{X} = 4.25$

따라서 앞의 관계식은 보유카드 수의 단위변화가 외식빈도에 평균적으로 .97회의 차이와 관련됨을 나타낸다. 또한 2.87은 조사자의 추정을 개선해주기 위한 인위적인 상수항이지만 전혀 카드를 보유하고 있지 않을 때($X=0$) 평균적인 외식빈도이다.

SPSS : 단순회귀분석(simreg.sav) – 마케팅스쿨 홈페이지 참고

귀무가설: 종속변수는 독립변수로부터 추정될 수 없다

(R^2 = 0이며, 회귀모델을 사용함으로써 얻어진 오차감소가 유의적이지 않다)

귀무가설: 상수항 및 독립변수의 회귀계수 = 0

분석 / 회귀분석 / 선형

종속변수(외식빈도)　독립변수(보유카드)　방법(입력)

통계량: 회귀계수(추정값, 신뢰구간) 모형적합,　기술통계(체크)

저장: 예측구간(평균)　신뢰구간(95%)

옵션: 방정식에 상수항 포함(체크)

SPSS : 단순 회귀분석 – 분석결과 요약

기술통계량

	평균	표준편차	N
외식빈도	7.00	1.77	8
보유카드수	4.25	1.58	8

상관계수

		외식빈도	보유카드수
Person 상관	외식빈도	1.000	.866
	보유카드수	.866	1.000
유의확률(한쪽)	외식빈도		.003
	보유카드수	.003	
N	외식빈도	8	8
	보유카드수	8	8

모형요약

모형	R	R 제곱	수정된 R 제곱	추정값의 표준오차
1	.866[a]	.751	.709	.96
a 예측값: (상수), 보유카드수				

분산분석

모형		제곱합	자유도	평균제곱	F	유의확률
1	선형회귀분석	16.514	1	16.514	18.063	.0054[a]
	잔차	5.486	6	.914		
	합계	22.000	7			
a 예측값: (상수), 보유카드수						

계수

		비표준화 계수		표준화 계수	t	유의확률	B에 대한 95% 신뢰구간	
모형		B	표준오차	베타			하한값	상한값
1	(상수)	2.871	1.029		2.792	.032	.335	5.388
	보유카드수	.971	.229	.866	4.250	.005	.412	1.531

① "분산분석"에서 보면 우선 산술평균 대신에 회귀모델을 사용함으로써 얻어진 오차감소(설명력의 개선)가 유의적이지 않다는 귀무가설에 대한 유의확률은 .54%로서 기각되며, 그러한 오차감소(설명력의 개선)는 75.1%이다.

② "계수"에서 보면 상수항 = 0, 회귀계수 = 0 이라는 귀무가설에 대한 유의확률은 각각 3.2%, .5%이다. 기각되지 않는 상수항이나 회귀계수는 회귀모델에서 제거하는 것이 원칙이지만, 이론을 참조하여 잔류시킬 수도 있다.

③ 따라서 외식빈도를 추정하기 위한 회귀모델은 Y = 2.871 + .971(보유카드)

④ 신뢰구간을 계산하기 위한 상수항과 독립변수 및 종속변수의 표준오차는 각각 1.029, .229, .96이다.

⑤ 저장: 명령으로 인해 선택한 신뢰수준의 신뢰구간이 새로운 변수로 추가됨.

제3절 분석방법의 선정과 고려사항

조사자는 단순히 설문조사에서 수집된 원자료를 요약하는 데 그치지 않고, 의사결정을 지원하기 위한 정보를 도출하기 위해 정교한 분석기법들을 적용해야 하므로, 계량적으로 의미를 도출하기 위해 사용할 수 있는 '적절한' 분석기법들을 충분히 이해하고 있어야 한다.

조사자료를 분석하기 위해 적용할 수 있는 통계적 기법들은 대단히 다양하며 각 기법이 산출해 주는 결과와 해석방법도 다르므로, 조사자는 다음과 같은 기본적인 고려사항들을 검토하여 현재 당면하고 있는 조사목적에 적합한 분석기법을 선정해야 한다.

1 조사목적(조사과제)

분석에서 밝히려고 의도하는 바가 무엇인가? 조사자료의 분석에 있어서 가장 먼저 고려해야 사항은 바로 조사목적이다. 예를 들어, 조사대상들의 특성을 중심경향치나 산포도로 요약하거나 신뢰구간을 추정하는 것이 목적이라면 그러한 기술통계량을 계산하기 위한 분석방법을 적용해야 할 것이며, 집단간 평균적인 특성 차이를 확인하고자 한다면 t-검증이나 분산분석 등을 선택해야 할 것이다.

또한 한 변수의 값을 다른 변수들로부터 추정하는 것이 조사목적이라면 회귀분석을, 새로운 대상의 집단소속을 예측하는 것이 목적이라면 판별분석을, 다수의 변수들을 소수의 합성변수를 결합하는 것이 목적이라면 요인분석을, 대상들을 유사한 집단으로 분리해 내는 것이 목적이라면 군집분석을 적용하는 등 조사목적에 따라 적용할 분석방법이 달라진다.

아무튼 자료를 분석하기 위해 조사자가 사용할 통계적 기법을 선택하는 데 있어서는 조사의 목적이 가장 기본적이고 중요한 고려사항이다.

2 변수들의 측정척도

이미 제2장에서 설명한 바와 같이 측정이란 대상이 갖고 있는 속성의 내용에 숫자를 부여하는 과정이며, 자료분석에서 허용되는 **산술적 연산조작들은 변수의 측정수준에 따라 결정된다**.

| 도표 5-11 | 측정수준별 적합한 통계적 분석기법

척도의 유형	집중화 경향치	산포도	상관계수	유의성 검증
명목척도	최빈수	–	유관계수	χ^2 – test
서열척도	중위수	분위수	서열상관계수	sign test
간격척도	산술평균	표준편차	상관계수	t, Z, F – test
비율척도	산술평균	표준편차	이상의 모두	이상의 모두

따라서 조사자는 자료분석에 사용할 통계적 기법을 선정하는 데 있어서 변수가 측정된 수준(척도의 수준)을 고려해야 하며, 측정수준별 적합한 통계적 분석기법을 요약하면 〈도표 5-11〉과 같다.

3 조사설계

3-1 표본의 수와 독립성

통계적 기법들은 하나의 표본이 모집단의 진정한 분포특성을 밝혀주는지, 두 개의 표본들 사이에 유의적인 차이가 존재하는지, 3개 이상의 표본 사이에서 유의적인 차이가 존재하는지 등을 검증하거나 상관계수를 계산하고 유의성을 평가하기 위해 적용되는데, 표본의 수와 그들 사이의 독립성 여부에 따라 적합한 분석기법이 달라진다.

예를 들어, 두 가지 판매촉진 방법의 효과를 분석하기 위해 두 시험집단에 대해 상이한 판촉방법을 적용하고, 세 번째 시험집단에게는 전혀 판촉방법을 적용하지 않았다면 표본의 수는 3개가 된다. 또한 광고 캠페인을 실시하기 전후에 동일한 표본에 대해 선호도를 측정하였다면 표본이 두 개가 되는 것이다.

한편 상이한 모집단들로부터 각각 하나씩의 표본을 추출하였다면 한 표본의 관찰치들이 다른 표본의 관찰치에 영향을 미치지 않으므로 그러한 표본들은 독립적이라고 한다. 그러나 시간경과에 따라 동일한 응답자에 대해 시계열적으로 자료를 수집하거나 실험처지 전후에 동일한 응답자에 대해 자료를 수집한다면 한 표본의 관찰치들이 다른 표본의 관찰치로부터 영향을 받을 것이므로 그러한 표본들을 대응적(종속적)이라고 한다.

3-2 변수의 수와 변수간 관계

하나의 분석에서 동시에 다루어질 변수의 수는 하나로부터 수개에 이르기까지 다양한데, 이러한 측면과 관련하여 분석기법들은 세 가지 유형으로 구분된다.

① 단변량 분석(univariate analysis)

설문항목이나 자료파일이 몇 개의 변수를 포함하고 있는지에 관계없이 단일의 변수를 단독으로 분석할 때 단변량 분석이라고 한다. 즉 응답자별로 소득과 교육수준을 측정하였을 경우라도 각 변수를 분리하여 분석한다면 단변량 분석이다.

단변량 분석에서 변수의 측정수준(측정척도)별 표본의 수와 독립성 여부에 따른 통계적 분석기법들을 정리하면 〈도표 5-12〉와 같다.

❙ 도표 5-12 ❙ 단변량 통계적 분석기법

척도의 유형 (척도수준)	단일표본	다수표본(K)	
		독립표본	대응표본
명목척도	χ^2	χ^2	McNemar ($K = 2$) Cochran Q ($K > 2$)
서열척도	Kolmogorov–Smirnov	Kolmogorov–Smirnov ($K = 2$) Median ($K = 2$) Mann–Whitney U ($K = 2$) Kruscal–Wallis H ($K > 2$)	Wilcoxon T ($K = 2$) Friedman ANOVA ($K > 2$)
간격/비율척도	t, Z	t, Z ($K = 2$) ANOVA ($K > 2$)	paired t ($K = 2$)

② 이변량 분석(bivariate analysis)

두 변수 사이에 존재하는 연관성을 분석한다면 두 변수를 동시에 다루는 것으로서 이변량 분석이라고 한다. 예를 들어, 소득과 교육수준 사이의 상관계수를 검토하거나 교육수준(독립변수)에 대해 소득(종속변수)을 회귀분석한다면 당연히 이변량 분석이 된다. 즉 응답자마다 두 개의 측정치를 가져야 한다.

두 변수 사이의 연관성을 평가하기 위한 이변량 분석에서 변수의 측정수준별 적합한 분석기법은 〈도표 5-13〉과 같은데, 단지 Kendall's W 분석은 종속변수가 없고 독립변수가 서열척도로 측정된 3개 이상의 표본을 다룬다.

③ **다변량 분석(multivariate analysis)**

3개 이상의 변수들 사이에 존재하는 동시적인 관계를 다룬다면 다변량 분석이라고 하며, 다변량 분석은 다시 함수적 기법과 구조적 기법으로 구분된다.

즉 3개 이상의 변수들 사이에 존재하는 동시적인 관계를 분석하는 다변량 분석에서 변수들을 독립변수와 종속변수로 구분할 수 있고, 이들 사이의 관계를 검토하기 위한 기법들은 함수적 기법(functional methods) 또는 종속적 기법(dependence methods)이라고 부른다.

예를 들어, 매출액에 대해 가격과 광고비가 갖는 관계를 분석한다면 매출액은 종속변수이며 가격과 광고비가 독립변수이므로 함수적 기법중의 하나인 회귀분석을 사용할 수 있다.

이에 반해 변수들을 종속변수와 독립변수로 구분하지 않고 단순히 유사한 특성을 근거로 하여 변수(또는 대상)들을 군집화하기 위한 기법들을 구조적 기법(structural methods) 또는 상호의존적 기법(interdependent methods)이라고 한다.

예를 들어, 소비자들은 소득, 교육수준, 직업, 연령, 성별, 주거지역, 주거형태 등의 많은 변수로서 묘사될 수 있는데, 이러한 변수들 사이의 유사성을 근

도표 5-13 이변량 통계적 분석기법

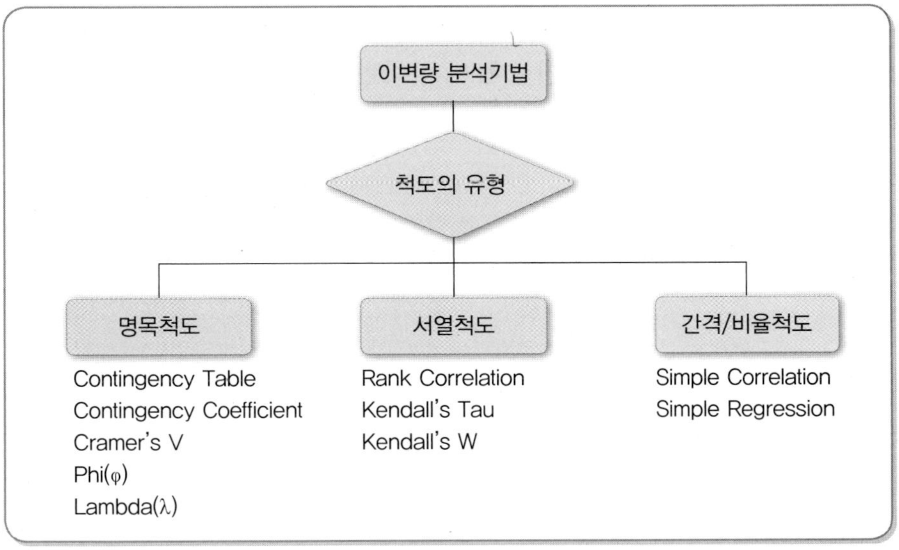

도표 5-14 **다변량 분석기법의 분류**

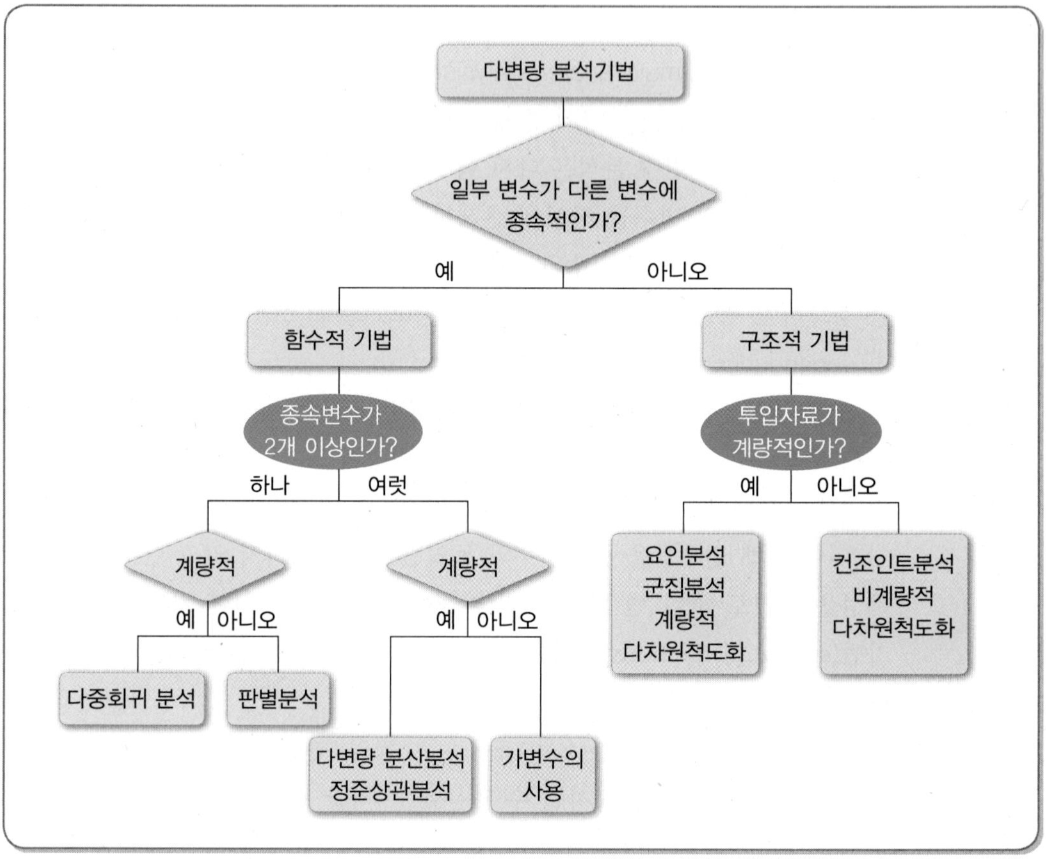

거로 보다 적은 수의 선형결합인 합성변수로 통합하는 요인분석은 구조적 다변량 분석기법 중의 하나이다.

이상과 같은 기준에 따라 다변량 분석기법들을 정리하면 〈도표 5-14〉와 같다.

▸ marketingschool.com
정준상관분석(canonical correlation analysis)과 다차원척도화(multidimensional scaling), 컨조인트 분석(conjoint analysis)에 관한 내용은 마케팅스쿨 홈페이지를 참고하기 바랍니다.

4 분포특성에 관한 가정

모든 통계적 분석기법은 그것을 적용하기 위해 필요한 – 모집단의 분포특성에 관한 – 가정을 갖고 있다. 따라서 조사자가 적용하고자 하는 분석기법의 가정이 충족되지 않는다면 첫째, 자료를 변환시켜 가정을 충족시키거나 둘째, 다른 가정을 전제로 하는 분석기법을 선택하거나 셋째, 이른바 비모수 통계검증(distribution-free statistical test)을 사용할 수 있다.

아무튼 조사자는 특정한 통계적 분석기법이 전제로 하고 있는 가정들을 신중히 고려해야 하며, 또한 모든 가정들이 충족되어 있다고 맹목적으로 간주해서도 곤란하다.

제 6 장

표본이론

제 1 절 | 통계적 추론의 개념과 표본오차

제 2 절 | 표본오차의 평가와 표본의 크기 결정

통계학이란 불확실성을 수반하는 의사결정을 위해 이용될 수 있는 수치적 근거를 제공하기 위한 방법론과 이론을 연구하는 과학분야인데, 통계적 방법론은 자료의 수집과 기록, 분석, 해석에 관련되며 크게 기술통계학과 추론통계학이라는 두 개의 영역으로 구분된다.

기술통계학(descriptive statistics)은 조사목적에 맞도록 자료를 수집하고 요약함으로써 관찰치들의 분포형태, 중심경향치(최빈수, 중위수, 산술평균 등), 산포도의 측정치(범위, 분산, 표준편차 등)를 구하거나 또는 상관분석이나 회귀분석을 실시하기 위한 방법론을 의미하는데, 결국 수집된 자료를 여러 가지 특성치로 묘사하고 자료 속에 내재되어 있는 변수간의 관계를 상술하는 일이다.

이때 일정한 특성을 갖춘 개별 구성원들의 전체 집합을 모집단이라고 하며, 그러한 모집단으로부터 추출된 일부 구성원의 집합을 표본이라고 하는 점은 이미 제4장에서 설명한 바와 같다.

모집단의 분포특성이나 변수간 관계를 알기 위한 가장 단순한 방법은 모집단 구성원들 모두에 대해 측정을 실시하는 '전수조사'인데, 사실 전수조사는 여러 가지 문제점으로 인해 마케팅 조사에서는 표본조사가 훨씬 보편적이다.

조사자가 표본조사에 의존할 때 결과로서 얻게 되는 것은 표본의 분포특성과 표본내 변수간 관계이므로 결국 모집단으로 일반화하기 위한 방법론과 절차가 필요해진다.

따라서 본장에서는 통계적 추론의 방법론과 표본오차를 살펴보고, 표본오차를 평가하여 신뢰구간을 상술하고 표본의 크기를 결정하기 위한 실무적 절차를 살펴본다.

제 1 절 통계적 추론의 개념과 표본오차

1 통계적 추론의 개념

추론통계학(inferential statistics)이란 하나의 표본으로부터 그것이 추출된 모집단의 분포특성을 추정하거나 모집단내 변수간 관계를 추정함으로써 모집단의 특성으로 일반화하기 위한 방법론을 의미한다. 예를 들어, 표본의 평균 신장이 167cm라고 할 때 모집단의 평균 신장을 무작정 130cm이나 180cm이라고 추정할 수는 없는 일이기 때문에 일정한 신뢰수준에서 그 값을 추정하기 위한 방법론이 필요한 것이다.

즉 추론통계학은 표본으로부터 모집단의 분포특성과 모집단내 변수간 관계를 추정할 수 있도록 도와주는 이론적 근거를 제공하며, 이러한 추론과정에서는 모수의 추정과 통계적 가설검증이 가장 핵심적인 과제이다.

따라서 조사자는 추론통계학의 방법론을 근거로 하여 표본의 특성을 나타내는 여러 가지 통계량(statistics)으로부터 모집단의 특성을 나타내는 모수(parameters)를 추정함으로써 모집단의 특성으로 일반화할 수 있는데, 모집단 모수와 표본 통계량은 일반적으로 〈도표 6-1〉과 같은 기호로 표시된다.

여기서 유의해야 할 점은 모집단의 모수가 그 모집단에 속하는 모든 구성원들에 대한 관찰치들을 근거로 하므로 단지 하나의 값으로 존재하지만, **표본의 통계량은 모집단의 일부 구성원에 대한 관찰치들만을 근거로 하므로 표본에 따라 다양한 값으로 여러 개가 구해질 수 있다**는 사실이다.

즉 표본의 평균 $\bar{X}$와 표준편차 S 등의 표본 통계량은 표본이 모집단의 어느 구성원을 포함하느냐에 따라 달라지므로 통계적 추론이 타당성을 갖기 위해

| 도표 6-1 | 모수와 통계량을 나타내는 기호

		모집단 모수	표본 통계량
분포특성	크기	N	n
	평균	μ	$\bar{X}$, M
	분산	σ^2	S^2
	표준편차	σ	S
	비율	p 또는 π	$\hat{p}$ 또는 p
관계	상관계수	ρ(rho)	r
	회귀계수	$b_0, b_1, b_2, \cdots b_n$	$\hat{b}_0, \hat{b}_1, \hat{b}_2, \cdots \hat{b}_n$

서는 표본설계에 관한 충분한 지식과 고려가 필요하다.

앞으로의 설명에서 이용될 일부 모수와 통계량들을 계산하기 위한 식은 〈도표 6-2〉와 같다.

| 도표 6-2 | 모수와 통계량의 계산공식

	평균	분산
모집단	$\mu = \frac{1}{N}\Sigma X_i$	$\sigma^2 = \frac{1}{N}\Sigma(X_i-\mu)^2$
표본	$\bar{X} = \frac{1}{n}\Sigma X_i$	$S^2 = \frac{1}{n-1}\Sigma(X_i-\bar{X})^2$
$\bar{X}$의 표본분포	$\mu_{\bar{X}} = \mu$	$\sigma^2_{\bar{X}} = \frac{\sigma^2}{n} \cdot \frac{N-n}{N-1}$
$\hat{p}$의 표본분포	$\mu_{\hat{p}} = p$	$\sigma^2_{\hat{p}} = \frac{p(p-1)}{n} \cdot \frac{N-n}{N-1}$

2 표본분포

모집단 분포에 대응하여 표본구성원의 분포는 표본의 분포(sample distribution)라는 용어를 사용하고 표본분포(sampling distribution)란 표본 통계량의 확률분포를 지칭한다. 즉 크기가 N인 모집단으로부터 크기가 n인 표본들을 추출하는 방법은 $N!/n!(N-n)!$ 가지가 될 것인데, 이러한 **표본들로부터 구해진 표본평균이든 표본비율이든 표본통계량의 확률분포**를 표본분포라고 한다. 대표적인 표본분포는 표본평균의 분포와 표본비율의 분포이다.

2-1 표본평균의 확률분포

평균이 μ, 표준편차가 σ인 모집단에 대하여 표본평균의 확률분포를 검토하기 위해 각 표본의 평균을 $\bar{X}$라고 표시하고 다시 이러한 표본평균들의 평균 $(\bar{\bar{X}})$을 $\mu_{\bar{X}}$, 표준편차를 $\sigma_{\bar{X}}$라고 나타내기로 하자.

① 정규모집단의 경우

어떤 변수에 대해 정규분포를 이루는 모집단을 정규모집단(normal population)이라고 하는데, 이러한 정규모집단으로부터 추출된 표본평균($\bar{X}$)들은 다음과 같은 평균과 표준오차를 갖는 정규분포를 이룬다.

$$\mu_{\bar{X}} = \mu$$

$$\sigma_{\bar{X}} = \frac{\sigma}{\sqrt{n}} \cdot \sqrt{\frac{N-n}{N-1}}$$

여기서 $\sqrt{(N-n)/(N-1)}$ 을 유한모집단의 수정계수라고 하는데 무한모집단이거나, 유한모집단일지라도 n이 N의 5%(또는 10%)보다 작다면 무시할 수 있다.

그러나 N에 비하여 n이 큰 경우에서 이러한 수정계수를 무시하면 표준편차가 과대하게 계산되므로 수정계수는 표본이 모집단에 비해 상대적으로 클 때 표준오차를 더욱 작게 하기 위해 필요한 것이다.

상기 식에서 표본평균들의 표준편차는 표본분포에 있어서 표준편차임을 강조하기 위해 특별히 표본평균의 표준오차(standard error of the sample means)라는 이름으로 부른다. 이러한 표준오차를 계산하기 위한 식을 살펴보면 – 특히 수정계수를 무시할 때 – 그것이 모집단의 표준편차의 크기에 정비례하면서 표본크기의 제곱근에 반비례함을 알 수 있다.

결국 평균이 μ, 표준편차가 σ인 정규 무한모집단으로부터 크기가 n인 표본을 추출한다면 표본평균($\bar{X}$)들은 평균이 μ, 표준오차가 $\sigma_{\bar{X}}$인 정규분포를 이룬다.

또한 정규편차(normal deviate)를 나타내는 확률변수 Z는 [(개별값 – 그들의 평균)/그들의 표준편차]로 계산되므로 표본평균들에 대한 확률변수 Z는 다음과 같이 계산되며 평균=0, 분산=1인 정규분포(표준정규분포라고 함)를 이룬다.

$$Z = \frac{\bar{X} - \mu_{\bar{X}}}{\sigma_{\bar{X}}} = \frac{\bar{X} - \mu}{\sigma_{\bar{X}}}$$

② 비정규모집단의 경우

비정규모집단에 대해서도 표본의 크기가 큰 경우($n \geq 30$)라면 표본평균들의 분포는 평균이 μ, 표준오차가 $\sigma_{\bar{X}}$인 정규분포에 접근하며(중심극한의 정리, central limit theorem), 이러한 경향은 표본의 크기가 클수록 강하다. 따라서 모집단의 분포특성에 관계없이 표본의 크기가 크다면 표본평균의 확률분포는 일반적으로 정규분포로 간주될 수 있다.

2-2 표본비율의 확률분포

정규모집단에서 특정한 사상이 일어날 확률을 p라고 할 때 크기가 n인 표본에서 그러한 사상이 일어날 횟수 X는 평균이 np, 분산이 npq인 이항분포를 이룬다.

이때 크기가 n인 표본에서 특정한 사상이 일어날 횟수 X의 비율을 표본비율(sample proportion)이라고 하는데, 이러한 표본비율($\hat{p}=X/n$)들은 대표본에서 다음과 같은 평균과 표준오차를 갖는 정규분포를 이룬다. 단, 모집단에서 특정한 사상이 일어날 확률 p를 모르면 표본에서 구한 값($\hat{p}$)을 이용한다.

$$\mu_{\hat{p}} = p \qquad \sigma_{\hat{p}} = \sqrt{\frac{pq}{n}} \cdot \sqrt{\frac{N-n}{N-1}}$$

여기서 $q = (1-p)$

상기 식에서 $\sigma_{\hat{p}}$는 표본평균들의 표준오차와 같은 맥락에서 표본비율의 표준오차(standard error of the sample proportions)라고 부른다.

즉 표본비율의 표준오차는 p의 값이 일정할 때 표본크기의 제곱근에 반비례하므로 표본의 크기가 클수록 작아지며, 또한 표본비율은 모집단 비율에 접근한다.

물론 표본비율의 표준오차를 나타내는 식에서 '유한모집단의 수정계수'와 중심극한의 정리는 표본평균의 경우와 마찬가지로 적용되며, 표본비율들에 대한 확률변수 Z도 평균=0, 분산=1인 정규분포(표준정규분포라고 함)를 이룬다.

$$Z = \frac{\hat{p}-\mu_{\hat{p}}}{\sigma_{\hat{p}}} = \frac{\hat{p}-p}{\sigma_{\hat{p}}}$$

3 표본자료에 내재된 오차

3-1 표본오차

표본오차(sampling error)란 표본이 모집단을 완전히 대표하지 않는다는 사실로부터 기인하여 우연히(by chance) 발생하는 표본자료의 오차로 정의되며, 전수조사 대신에 표본조사를 실시했기 때문에 발생하므로 표본추출오차 또는 단순히 우연오차(chance error), 무작위오차(random error)라고도 한다. 그것은 표본추출 과정에서 우연히 발생되며 표본의 크기가 커감에 따라 감소하는 경향을 가지므로 표본의 크기를 충분히 증대시킴으로써 극소화될 수 있다.

그러나 이러한 표본오차는 – 무작위 확률표본으로부터 관찰치들을 수집할 때 – 추정될 수 있는데, 표본오차에 대한 추정치조차 없다면, 조사자는 표본으로부터 얻어진 통계량들을 평가하거나 이용할 수도 없을 것이다.

3-2 비표본오차와 통계적 편의

무작위 확률표본에 있어서 표본오차는 추정될 수 있고 표본의 크기를 조정함으로써 관리될 수도 있기 때문에 조사자는 대체로 표본오차에 관심을 갖는다. 그러나 표본자료에는 〈도표 6-3〉과 같이 비표본오차와 통계적 편의라는 두 가지 형태의 오차도 포함되어 있기 때문에 조사자는 타당성 있는 표본설계를 통해 적절히 대응해야 한다.

비표본오차(nonsampling error)란 표본추출의 과정과 관계없이 발생하는 표본자료 내의 오차로서 응답자 오차 또는 원자료에 대한 부적절한 편집과 코딩, 면접원 편견, 계산실수, 인쇄과오 등 다양한 원천으로부터 발생할 수 있다.

이러한 비표본오차는 설사 전수조사를 통해서도 감소될 수 없으며, 표본이

도표 6-3 오차에 대한 표본크기의 영향

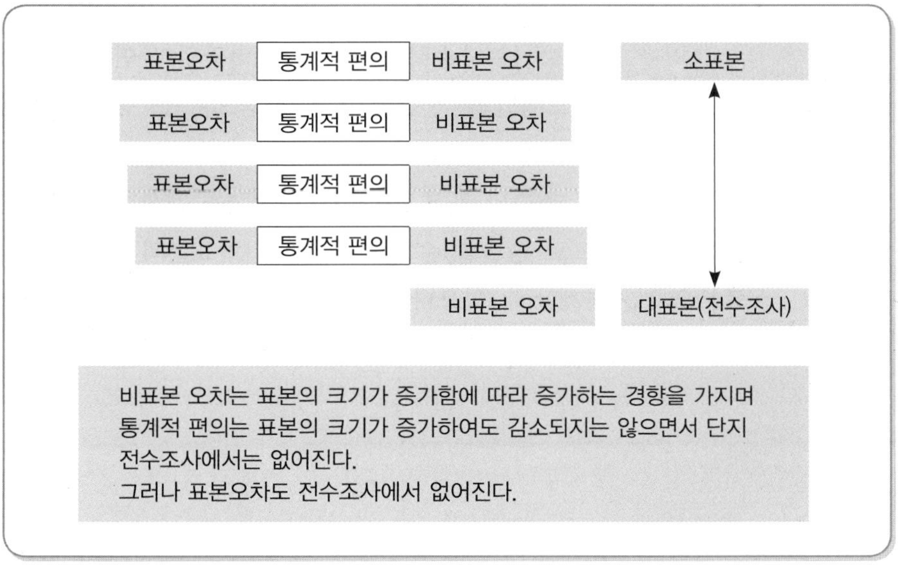

커질수록 오히려 누적되는 경향이 있다.

한편 통계적 편의(statistical bias)란 모집단의 일부 구성원들이 유리하게 표본자료에 반영될 때 나타나는 것으로서, 대체로 부적절한 표본추출 방법을 사용하거나 표본의 크기가 작을 때 나타난다.

예를 들어, 전화면접을 통해 표본조사를 실시한다면, 이러한 표본은 전화가 없는 가계에게 불리한 방향으로 편의될 것이다. 이러한 통계적 편의성은 표본의 크기가 증가함에 따라 감소하는 경향을 갖지만 – 표본의 크기와 관계없이 모집단의 중요한 부분이 표본추출에서 제외될 가능성이 있기 때문에 – 항상 그렇지는 않으며, 전수조사를 통해 완전히 제거될 수 있다.

이러한 통계적 편의는 표본오차와 유사하지만 표본오차가 확률적인데 반해 통계적 편의는 비확률적인 성향이 있다.

제2절 표본오차의 평가와 표본의 크기 결정

확률적 요인(chance)은 모집단으로부터 추출되는 표본의 구성과 개별 구성원에 대한 측정에서 오차를 야기하는데, **표본조사의 신뢰성**(reliability)이란 표본오차의 범위 또는 한계(E, limit of error)로 평가된 표본조사의 품질을 의미하며, **표본조사의 타당성**(validity)이란 표본자료가 수학적 계산과정이나 여타의 외생적 요인으로부터 영향을 받지 않는 정도를 의미한다.

그러나 표본오차는 단순히 표본추출과 연관된 우연의 결과이므로 확률법칙을 이용하여 모집단의 '진정한 값'을 중심으로 한 통계량의 분포로 평가될 수 있다.

즉 무작위로 추출된 표본으로부터 통계량을 계산한다면 표본오차의 범위(E)를 확률적으로 상술할 수 있다. 물론 집락표본과 층화표본의 경우에서도 표본오차를 평가할 수 있으나, 여기서는 단순 무작위 표본에 있어서 표본오차의 평가와 신뢰구간의 문제만을 다룬다.

1 평균값에 있어서 표본오차의 평가와 신뢰구간

상품의 가계당 평균 소비량이나 평균 매출액 등은 표본자료로부터 추정될 수 있는 가장 보편적인 형태의 모수인데, 하나의 표본평균을 이용하여 모집단의 평균을 추정하는 데 나타날 수 있는 표본오차의 범위는 표본평균의 표준오차($\sigma_{\bar{X}}$)를 근거로 상술할 수 있다.

즉 조사자는 적절한 Z-값에 표본평균의 표준오차($\sigma_{\bar{X}}$)를 곱하여 표본자료에 나타날 수 있는 **표본오차의 범위**(E)를 계산하는데, 조사자가 원하는 신뢰수준에 해당하는 Z-값은 **표준정규분포표**(Z-분포표)를 참조하여 구할 수 있다.

예를 들어, 확률표본을 이용한 조사에서 상표 A에 대한 (표본의) 평균수요가 3,500단위이고 특정한 신뢰수준(예컨대, 95%)에서 E가 400단위라면 상표 A에 대한 '진정한'(모집단의) 수요가 3,100 내지 3,900단위 내에 들어갈 확률이 95%임을 의미한다. 이때 '표본평균 $\pm E$'를 모집단 평균의 신뢰구간(confidence interval)이라고 한다.

그러나 모집단의 분산이 알려져 있지 않은 상태에서 모수를 추정하기 위해 사용된 표본의 크기가 30보다 적다면($n < 30$) Z-값 대신에 t-값을 사용해야 하는데, 그것은 표본의 크기가 작을수록 표본평균의 표준오차가 커지므로 표준정규분포(Z-분포)보다 넓게 퍼진 t-분포가 소표본에 적합하기 때문이다. 물론 t-값은 t-분포표를 참조하여 구할 수 있다.

> 표본평균의 표준오차($\sigma_{\bar{X}}$)는 $\sigma/\sqrt{n}$ 으로 계산되지만 모집단의 표준편차(σ)를 모를때에는 표본의 표준편차(S)를 구하여 $S/\sqrt{n}$ 으로 계산한다.
> 이와 같이 모집단의 표준편차를 모르기 때문에 불편추정량 S를 사용할 때에는 원칙적으로 Z-분포가 아니라 t-분포를 사용해야 하며, 따라서 표본평균($\bar{X}$)이 모집단 평균(μ)으로부터 표준오차의 몇 배만큼 떨어져 있는가도 Z-값이 아니라 t-값으로 나타낸다.
> 단지, $n \geq 30$일 때에는 t-분포가 Z-분포에 접근하므로 실제에 있어서는 모집단의 표준편차를 모르며 동시에 표본의 크기가 작을 때에만 t-분포를 사용한다.

이상은 표본오차의 범위(E)를 계산하여 모집단 평균의 신뢰구간을 결정하기 위한 절차를 요약한 것인데, 다음과 같은 예시를 통하여 자세히 살펴보기로 하자.

한 낙농회사가 2,000가계로 구성되어 있는 지역시장에서 가계당 하루 우유

【도표 6-4】 가계당 하루 우유소비량에 관한 표본조사 자료

가계(i)	하루 우유소비량(X_i)	편차($X_i-\bar{X}$)	편차의 제곱$(X_i-\bar{X})^2$
1	3.0	.5	.25
2	.0	−2.5	6.25
3	2.9	.4	.16
⋮	⋮	⋮	⋮
50	3.2	.7	.49
$n=50$	$\Sigma X_i=125.0$ $\bar{X}=\Sigma X_i/n$ $\bar{X}=2.5$		$\Sigma(X_i-\bar{X})^2=39.7$

소비량을 조사한다고 가정하자. 2,000가계에 대한 전수조사는 비용과 시간이 많이 소요될 것이므로 그러한 모집단으로부터 50가계를 무작위로 추출하여 표본조사를 실시하였는데, 그 결과는 〈도표 6-4〉와 같다.

여기서 표본의 통계량인 $\bar{X}$(표본의 평균)는 진정한 평균인 모집단의 모수 μ(모집단의 평균)에 대해 불편성과 일치성을 모두 갖춘 추정량(추정의 근거가 되는 통계량)이므로, 예시에서 모집단의 평균 우유 소비량은 가계당 2.5리터이며 모집단인 지역시장에서의 전체 우유 소비량은 하루에 5,000리터(2.5×2,000)라고 할 수 있다.

그러나 이러한 수치는 모집단에 있어서 우유 소비량의 '진정한 값'에 대한 추정치를 표본조사를 통해 구한 것이므로 표본오차를 포함한다. 따라서 조사자는 그러한 표본오차의 범위(E)를 계산하여 고려해야 하는데, 이미 설명한 바와 같이 표본오차의 범위는 Z–값에 표본평균의 표준오차($\sigma_{\bar{X}}$)를 곱하여 구할 수 있다.

표본평균의 표준오차는 다음과 같은 식에 의해 구할 수 있지만, 불행하게도 예시에서는 모집단의 표준편차를 알 수 없기 때문에 우선 모집단의 표준편차를 추정해야 한다.

$$\sigma_{\bar{X}}=\frac{\sigma}{\sqrt{n}}=\frac{S}{\sqrt{n}}$$

(표본의 크기가 모집단 크기의 2.5%에 불과하여 '유한모집단의 수정계수'는 생략 가능)

모집단 표준편차(σ)에 대한 불편추정치인 표본의 표준편차(S)는 〈도표

도표 6-5 *Z*- 값과 표본오차의 관계

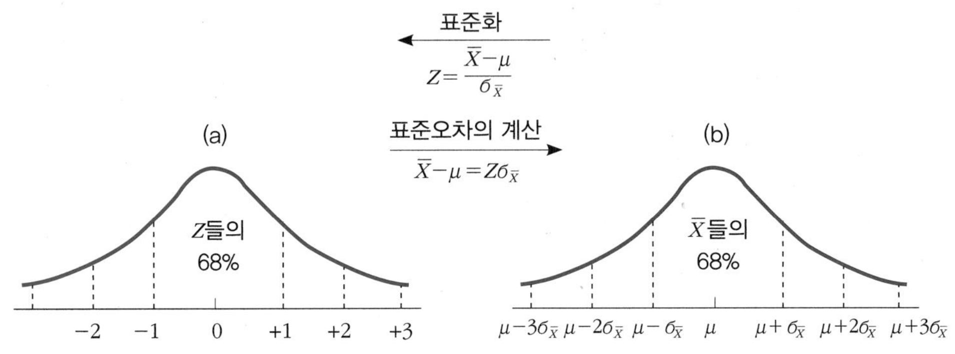

6−2〉의 식에 의해 .900이 된다.

$$S=\sqrt{\frac{\Sigma(X_i-\bar{X})^2}{n-1}}=\sqrt{\frac{39.7}{50-1}}=.900$$

따라서 표본평균의 표준오차($\sigma_{\bar{X}}$)는 다음 식에 의하여 .127로 계산된다.

$$\sigma_{\bar{X}}=\frac{\sigma}{\sqrt{n}}=\frac{S}{\sqrt{n}}=\frac{.900}{\sqrt{50}}=.127$$

그 다음 조사자는 표준정규분포표(*Z*–분포표)로부터 원하는 신뢰수준(예컨대, 95%)에 해당하는 *Z*–값을 찾아야 하는데, 〈도표 6−5〉의 (a)에서와 같이 *Z*–값은 결국 **하나의 표본평균($\bar{X}$)이 표본평균들의 평균($\mu_{\bar{X}}=\mu$)으로부터 표준오차의 몇 배만큼 떨어져 있는가**를 나타낸다(표준화 공식).

표준정규분포표(*Z*–분포표)에서 ±1은 표본평균들의 *Z*–값중 68.27%, ±2는 표본평균들의 *Z* 값중 95.45%, ±3은 표본평균들의 *Z*–값중 99.73%를 포괄한다. 그렇다면 표본평균들의 90%, 95%, 99%를 포괄하는 *Z*–값은 얼마인가? 각각 ±1.65, ±1.96, ±2.58이다.

따라서 표본오차의 범위(*E*)는 다음 식에 의해 .25로 계산된다.

$$E=Zcl\cdot\sigma_{\bar{X}}=1.96(.127)=.25$$

여기서 *Zcl*은 신뢰수준(*cl*)에 해당하는 *Z*–값

〈도표 6-5〉의 (b)에서와 같이 Z-값에 표준오차를 곱하면 하나의 표본평균이 표본평균들의 평균인 모집단의 평균으로부터 어느 정도 멀리 떨어져 있는지를 나타내 준다(표본오차의 계산 공식).
즉 $\mu \pm 1\sigma_{\bar{X}}$는 68.27%, $\mu \pm 2\sigma_{\bar{X}}$는 95.45%, $\mu \pm 3\sigma_{\bar{X}}$는 99.73%의 표본평균($\bar{X}$)들을 포괄하고 있으므로 $\mu \pm 1.96\ \sigma_{\bar{X}}$는 95%의 표본평균($\bar{X}$)들을 포괄한다. 이는 하나의 표본평균이 $\mu \pm 1.96\sigma_{\bar{X}}$의 범위 내에 포함될 확률이 95%라는 것을 의미하며, 다시 말해 모집단의 '진정한' 평균이 $\bar{X} \pm 1.96\sigma_{\bar{X}}$에 포함될 확률이 95%라는 뜻이다.

$P[\mu - 1.96\sigma_{\bar{X}} < \bar{X} < \mu + 1.96\sigma_{\bar{X}}] = 95\%$
[ ]안의 내용은 곧 $\mu - 1.96\ \sigma_{\bar{X}} < \bar{X}$ 이면서 $\bar{X} < \mu + 1.96\sigma_{\bar{X}}$와 같으므로
$P[\bar{X} - 1.96\sigma_{\bar{X}} < \mu < \bar{X} + 1.96\sigma_{\bar{X}}] = 95\%$

이제 조사자는 95%의 신뢰수준에서 모집단 평균의 진정한 값의 범위(신뢰구간)를 다음과 같이 상술할 수 있다.

$$\bar{X} - E < \mu < \bar{X} + E$$
$$\bar{X} - Zcl \cdot \sigma_{\bar{X}} < \mu < \bar{X} + Zcl \cdot \sigma_{\bar{X}}$$
$$2.5 - .25 < \mu < 2.5 + .25$$
$$2.25 < \mu < 2.75$$

* 신뢰구간은 $\mu = (L, U)$로 나타내므로 예시에서는 $\mu = (2.25, 2.75)$임.

즉 모집단에서 가계당 평균 우유 소비량의 진정한 값(μ)은 95%의 확률로 하루 2.25리터 내지 2.75리터가 된다. 또한 지역시장 전체의 우유 소비량(K)에 대한 신뢰구간은 단순히 모집단 평균 소비량(μ)에 대한 신뢰구간×모집단의 크기(N)로 계산되므로, 95%의 신뢰수준에서 전체 우유 소비량은 4,500내지 5,500리터라는 결론을 얻을 수 있다.

$$2.5 < \mu < 2.75 \text{ 이므로}$$
$$2.25(2{,}000) < \mu \cdot N < 2.75(2{,}000)$$
$$4{,}500 < K < 5{,}500$$

여기서 **만일 조사자가 보다 높은 신뢰수준을 원한다면 분석절차는 동일하지만 Z-값이 커질 것이므로 표본오차의 범위(E)도 커지고 신뢰구간이 넓게 된다.** 예를 들어, 신뢰수준 99%에서 Z-값은 2.58이므로 $2.17 < \mu < 2.83$이 되며 전체 모집단에 대하여 $4{,}340 < K < 5{,}660$이 된다.

또한 기업의 지역시장 점유율이 30%라면 하루에 1,302리터 내지 1,698리터가 판매될 것이라는 예상을 99% 확신할 수 있게 된다.

한편 신뢰구간이 지나치게 넓다면 의사결정에 사용할 수 있는 정보의 가치가 낮을 것이므로 마케터는 신뢰구간이 좁기를 원할 것인데, **특정한 신뢰수준을 고집하면서 신뢰구간을 좁히기 위해서는 표본의 크기를 증대시켜야 한다**(표본평균의 표준오차는 표본의 크기가 클수록 적어진다).

2 비율값에 있어서 표본오차의 평가와 신뢰구간

모집단의 평균을 표본의 평균으로부터 추정하는 경우와 유사한 절차에 따라 조사자는 표본비율을 근거로 하여 모집단의 비율을 추정할 수 있는데, 이러한 추정은 일정한 특성을 갖는 구성원(들)의 모집단 비율을 다루는 연구에 적합하다.

즉 모집단 비율값에 대한 추정치의 표본오차는 단일값 추정치의 표본오차와 같은 방법으로 규정되며 유일한 차이는 표본평균의 표준오차($\sigma_{\bar{X}}$) 대신에 표본비율의 표준오차($\sigma_{\hat{p}}$)를 사용한다는 점이다.

예시를 위해 우유소비에 관한 표본조사에서 선호되는 우유의 종류를 알아본 결과, 표본 구성원 50명중에서 20명이 딸기우유를 선호하는 것으로 밝혀졌다고 가정하자.

표본비율($\hat{p}$)은 모집단 비율(p)에 대해 불편성과 일치성을 모두 갖춘 추정치이므로, 예시에서 딸기우유를 선호하는 모집단 비율은 표본비율과 동일한 40%로 추정된다.

그러나 이러한 수치는 모집단에 있어서 딸기우유를 선호하는 '진정한' 비율에 대한 추정치를 표본조사를 통해 구한 것이므로 표본오차를 포함한다. 따라서 조사자는 그러한 **표본오차의 범위**($E_{\hat{p}}$)를 고려해야 하는데, 이미 설명한 바와 같이 표본오차의 범위는 Z-값에 표본비율의 표준오차($\sigma_{\hat{p}}$)를 곱하여 구할 수 있다.

즉 표본비율의 표준오차는 다음과 같은 식에 의해 구할 수 있지만, 불행하게도 예시에서는 모집단 비율을 알 수 없기 때문에 모집단의 비율 대신에 표본비율을 그대로 사용한다. 물론 표본비율의 표준오차를 계산하기 위해 모집단의 비율 대신에 표본비율을 이용하는 일은 다소의 오차를 수반할 것이지만 이러한 오차는 편의성을 갖지 않는 것으로 간주될 수 있으며, 특히 표본비율이 0 또는 1에 아주 가까운 값이 아니며 표본의 크기가 커질수록($n \geq 30$) 무시할 수 있다($n\hat{p}$과 $n\hat{q} \geq 10$인 경우).

$$\sigma_{\hat{p}} = \sqrt{\frac{pq}{n}} = \sqrt{\frac{\hat{p}\,\hat{q}}{n}}$$ (대표본이므로 '유한모집단'의 수정계수는 생략 가능)

따라서 예시에서 표본비율의 표준오차($\sigma_{\hat{p}}$)는 다음과 같은 계산에 의해 .069가 된다.

$$\sigma_{\hat{p}} = \sqrt{\frac{pq}{n}} = \sqrt{\frac{\hat{p}\,\hat{q}}{n}} = \sqrt{\frac{.4(.6)}{50}} = .069$$

한편 95%의 신뢰수준에 해당하는 Z-값은 1.96이므로 그러한 신뢰수준에서 표본오차의 범위는 .135가 된다.

$$E_{\hat{p}} = Zcl \cdot \sigma_{\hat{p}} = 1.96(.069) = .135$$

따라서 95%의 신뢰수준에서 모집단의 비율은 26.5% 내지 53.5%이며, 만일 조사자가 이러한 신뢰수준을 고집하면서 신뢰구간을 좁히기를 원한다면 표본의 크기를 증대시켜야 한다.

$$\hat{p} - E_{\hat{p}} < p < \hat{p} + E_{\hat{p}}$$
$$.40 - .135 < p < .40 + .135$$
$$.265 < p < .535$$

3 표본의 크기 결정

3-1 표본오차의 통제

조사자는 일정한 신뢰수준에서 표본의 크기를 조정함으로써 표본오차의 범위를 통제할 수 있는데, 〈도표 6-6〉은 표본의 크기(n)가 증가함에 따라서 표본의 평균($\overline{X}$)들이 진정한 모집단의 평균(μ) 주위에 가깝게 분포되는 현상을 보여 준다.

그러나 표본의 크기가 증가함에 따라 표본오차는 감소되지만 자료를 수집하고 처리하는 비용이 증가될 것이므로 조사자는 표본조사의 정밀성과 조사비용을 호환적으로 선택해야 한다. 더욱이 표본의 크기가 갖는 한계효과

도표 6-6 **표본크기에 따른 표본평균들의 분포**

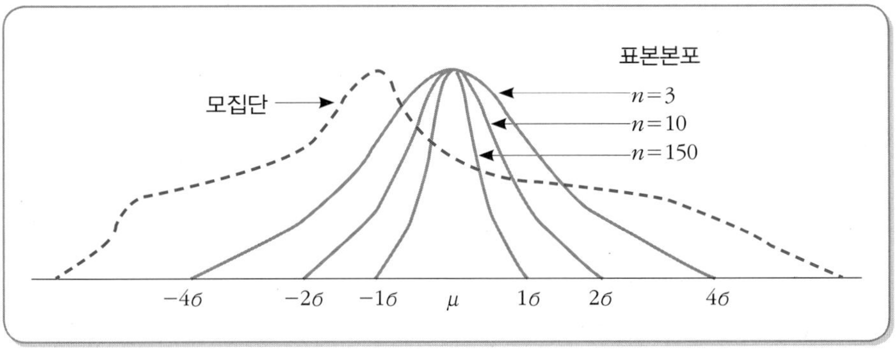

(marginal effect)는 표본이 커감에 따라 감소한다.

다시 말해 작은 표본에 수개의 구성원을 추가로 포함시키는 일은 큰 표본에 같은 수의 구성원을 추가시키는 때보다 신뢰구간의 폭을 더 많이 좁혀 줄 수 있는데, 〈도표 6-6〉에서처럼 표본의 크기가 10에서 150으로 증가될 경우에는 단지 1σ 만큼의 표본오차의 범위를 감소시키지만 3에서 10으로 증가될 경우에는 거의 2σ 만큼 감소시킨다.

한편 표본오차의 범위는 표본크기의 증대와 비례적으로 감소하지는 않으며, 표준오차를 구하는 식에서 알 수 있듯이 **표준오차(따라서 표본오차)의 크기를 반으로 줄이기 위해서는 표본의 크기(n)가 4배**로 커져야 한다.

3-2 표본크기의 결정

표본의 크기를 결정하기 위한 첫 번째 절차는 원하는 신뢰수준과 신뢰구간의 폭을 결정하는 일인데, 이러한 의사결정은 수용할 수 있는 불확실성의 크기, 불확실성을 감소시키기 위해 수반되는 비용, 오류가 야기하는 비용에 관련된다.

마케팅 조사는 그릇된 의사결정으로부터 야기되는 손실에 대해 의사결정자가 갖는 유일한 대응이므로 마케팅 조사의 비용은 그릇된 의사결정의 위험을 감소시키기 위한 비용으로 인식되어야 하며, 신뢰수준과 신뢰구간의 폭을 결정하는 데 있어서 가장 중요한 요소로 작용한다.

이론적으로는 표본조사의 한계비용이 조사결과의 정밀성에서 기대되는 한계이익과 같아지는 표본의 크기를 선택해야 하지만, 직관적으로는 마케팅 의사결정이 많은 위험을 내포하고 그릇된 의사결정의 비용이 클수록 신뢰수준을 높게 결정하며 신뢰구간을 좁히기 위해 대표본을 사용한다.

마케팅 조사에서는 대체로 95%의 신뢰수준이 사용되는데, 이는 진정한 모집단의 모수가 신뢰구간에 의해 규정한 범위를 벗어날 확률이 5% 미만임을 나타내는 것이다.

그러나 모집단의 모수를 추정하는 데 있어서 표본오차의 범위(E)를 선정하는 일은 조사자가 모집단의 모수 자체에 관한 정보를 갖고 있지 않기 때문에 대단히 어려우며, 더욱이 추정된 모수의 값이 의사결정의 기준치와 유사할 때 민감한 문제를 야기한다.

예를 들어, 선반기계의 손익분기점이 100단위일 때 표본조사를 통해 예측된 수요가 이러한 값과 유사하다면 단지 10단위의 오차라도 파산과 막대한 수익 사이의 차이를 의미하므로 다소의 조사비용을 감수하더라도 표본의 크기를 증대시켜 신뢰구간의 폭을 좁혀야 할 것이다.

이러한 딜레마에 대응하기 위한 한 가지 방법은 축차 표본추출(sequential sampling)인데, 조사자는 우선 작은 표본을 사용하여 모집단의 모수를 추정해 보고 그 값이 의사결정의 기준치와 유사할 경우라면 표본의 크기를 증대시켜 다시 모수를 추정한다.

물론 표본의 크기를 증대시켜 추정한 모수가 처음 추정한 모수와 별다른 차이를 보이지 않을 수 있지만, 그러한 모수의 신뢰구간은 표본의 크기가 증대되었으므로 좁혀질 것이다. 조사자는 신뢰구간이 바람직한 폭으로 축소될 때까지 이러한 과정을 반복할 수 있다.

① 모집단 평균을 추정하기 위한 표본의 크기

일정한 신뢰수준에서 수용할 수 있는 표본오차의 범위를 결정하였을 때 모집단 평균을 추정하기 위해 필요한 표본의 크기는 다음 식에 의해 계산된다.

$$n = \left(\frac{Zcl \cdot \hat{\sigma}}{E}\right)^2 \qquad \Leftarrow E = Zcl \cdot \frac{\hat{\sigma}}{\sqrt{n}}$$

여기서 n = 모집단 평균을 추정하기 위한 표본의 크기
Zcl = 원하는 신뢰수준(cl)에 해당하는 Z-값
$\hat{\sigma}$ = 모집단 평균에 대하여 추정된 표준편차의 값
E = 수용가능한 표본오차의 범위

상기 식에서 Z와 E의 값은 조사자(또는 정보이용자)가 사전에 정한 신뢰수

준과 표본오차의 범위로써 계산될 수 있으며, $\hat{\sigma}$의 값은 네 가지 방법으로 구해진다.

첫째, 유사한 시장 또는 동일한 시장의 유사한 상품에 관한 과거의 조사결과로부터 구하거나 둘째, 만일 그러한 자료를 얻을 수 없는 경우에는 $\hat{\sigma}$에 대해 적절한 값을 임의로 결정할 수도 있다.

셋째, 대체로 표본자료의 범위(range)를 6으로 나눈 값은 모집단 표준편차에 대한 보수적인 추정치로 이용될 수 있는데 예를 들어, 낙농기업의 예시에서 우유 소비량이 가계당 0리터로부터 4.8리터 사이의 값을 취한다면 6분의 1의 법칙(one-sixth rule)을 사용하여 모수의 표준편차를 .8로 추정할 수 있다.

넷째, 모집단으로부터 소규모의 시험표본(pilot sample)을 추출하여 추정할 수도 있다.

이제 낙농기업의 예시를 확장하여 표본의 크기를 규정하는 절차를 살펴보자. 조사자가 모집단의 진정한 평균(μ)이 표본평균($\overline{X}$) ±.1리터($E=.1$)의 범위 내에 들어올 확률이 99%(신뢰수준=.99)이기를 원한다고 가정하자. 그것은 다시 말해 지역시장에서 전체 우유 소비량(K)의 추정치가 오차에 있어서 ±200리터를 넘지 않는 것을 의미한다.

표준정규분포표(Z-분포표)로부터 99%의 신뢰수준에서 Z-값이 2.58임을 알 수 있고, 모집단 평균의 추정치에 있어서 표본오차의 범위(E)는 이미 .1로 규정되었다. 만일 유사한 조사결과를 참조하여 모집단 평균의 표준편차에 대한 현실적인 추정치가 .8이었다면 필요한 표본의 크기는 426이 될 것이다.

$$n = \left(\frac{Z_{.99}\hat{\sigma}}{E}\right)^2 = \left(\frac{2.58(.8)}{.1}\right) = 426$$

따라서 조사자가 설정한 신뢰수준과 표본오차의 범위 내에서 조사가 수행되려면 426가계를 포함하는 표본이 모집단으로부터 무작위로 추출되어야 한다. 그러나 조사자가 표본오차의 범위를 .2리터로 할 것에 동의한다면(전체 우유 소비량에 대한 추정치에 있어서 오차의 범위를 400리터 이내로 한다면) 표본의 크기는 106가계로 감소되는데, 이로써 표본조사의 비용은 훨씬 절감될 수 있다.

조사의 시간과 비용을 절감하는 다른 대안은 표본오차의 범위($E=.1$)를 유지하면서 신뢰수준을 .95로 낮추는 일인데, 이것도 필요한 표본의 크기를 426가계에서 246가계로 감소시킨다.

② 모집단 비율을 추정하기 위한 표본의 크기

일정한 신뢰수준에서 수용할 수 있는 표본오차의 범위를 결정하였을 때 모집단 비율을 추정하기 위해 필요한 표본의 크기는 다음 식에 의해 계산된다.

$$n = \left(\frac{Zcl}{E_{\hat{p}}}\right)^2 pq = \left(\frac{Zcl}{E_{\hat{p}}}\right)^2 \hat{p}\,\hat{q} \qquad \Leftarrow E_{\hat{p}} = Zcl \cdot \sqrt{\frac{pq}{n}}$$

여기서 n = 모집단 비율을 추정하기 위한 표본의 크기
Zcl = 원하는 신뢰수준(cl)에 해당하는 Z–값
$\hat{p}$ = 표본비율
$E_{\hat{p}}$ = 수용가능한 표본오차의 범위

예시를 위해 조사자가 모집단의 어느 정도 비율이 토요일에 장보기를 좋아하는지 알고자 하며, 이 값에 대한 추정치가 99%의 신뢰수준에서 ±5%($E_{\hat{p}}$ =.05)내로 정밀하기를 원한다고 가정하자. 이때 – 모집단 비율은 당연히 모르고 – 표본비율이 70%라면 필요한 표본의 크기는 559로 계산된다.

$$n = \left(\frac{Z_{.99}}{E_{\hat{p}}}\right)^2 \hat{p}\,\hat{q} = \left(\frac{2.58}{.05}\right)^2 (.70)(1-.70) = 559$$

그러나 모집단의 비율을 추정하기 위해 필요한 표본의 크기는 모집단 비율에 대한 추정치로 사용한 표본비율에 대단히 민감한데, 불행하게도 모집단 비율은 바로 표본조사를 통해 추정하려는 것이다.

이러한 딜레마에 대응하는 가장 보수적인 방법은 최악의 경우(최대의 표본크기를 필요로 하는 경우)를 상정하여 표본비율을 50%로 정하는 것인데, 이러한 일은 예시에서 필요한 표본의 크기를 666으로 만든다.

또 다른 방법은 이미 설명한 축차 표본추출을 사용하는 것이다. 조사자는 우선 적당한 크기의 표본을 추출하여 표본비율을 계산하였을 때 원하는 신뢰수준에서 신뢰구간의 폭이 너무 넓다면 점진적으로 표본을 증대시킬 수 있다. 물론 이러한 과정은 전체 표본이 일정한 신뢰수준에서 수용가능한 신뢰구간을 산출할 때까지 계속된다.

▸ marketingschool.com

표본의 통계적 효율성에 관해서는 마케팅스쿨 홈페이지를 참고하기 바랍니다.

제 7 장

통계적 가설의 검증

제 1 절 | 가설검증의 개념과 절차

제 2 절 | 표본분포를 이용한 가설검증

조사자는 표본조사의 결과를 근거로 모집단 분포의 특성과 변수간 관계를 통계적으로 추론해야 하는데, 전자의 과업은 크게 두 가지로 구성된다.

즉 하나는 통계량으로부터 모집단 분포의 특성치(모수)를 추정하는 일이며, 다른 하나는 일단 모집단의 분포특성과 관계에 관해 임시적 가정(가설)을 설정해 놓고 표본조사를 통해 그러한 가정이 진실인지 아닌지를 판단하는 통계적 가설검증이다.

전자는 이미 제6장에서 다루었기 때문에 본장에서는 통계적 가설검증(statistical hypothesis test)의 개념과 절차를 살펴본다.

통계적 가설이 진실인지의 여부를 100% 정확하게 판단하기 위한 유일한 방법은 모집단의 구성원 전체를 대상으로 하는 전수조사뿐인데, 이러한 전수조사는 추론통계학이 아니라 기술통계학의 영역이다.

그러나 많은 마케팅 조사과제에 대해 조사자는 모집단으로부터 확률표본을 추출하고 표본조사로부터 얻어낸 정보를 이용하여, 그 표본이 추출된 모집단의 특성에 관한 임시적 가정이 진실인지 아닌지를 판단한다.

따라서 본장에서는 가설검증의 개념과 일반적인 절차를 살펴보고 모집단 모수에 관한 가설들의 유형별로 실무적 검증기법들을 적용해 본다.

제 1 절 가설검증의 개념과 절차

1 통계적 가설

"직각 삼각형에서 직각을 이루는 각 변의 길이를 제곱하여 합한 값은 나머지 빗변의 길이를 제곱한 값과 같다"는 진술은 – 이미 피타고라스 정리로서 증명되어 있지만 – 진실인지 아닌지로 판단될 수 있는 명제(命題)이며, 명제는 **일정한 증명의 절차를 통해 진실인 명제와 허위인 명제로 구분될 때까지 가정에 불과한 진술**이다.

이와 마찬가지로 현재로서는 진실의 여부를 알 수 없는 '모집단내 ① 변수들의 분포특성(결국 모수)이나 ② 변수들 사이의 관계에 관해 검증될 임시적 가정'(tentative assumption)을 통계적 가설이라고 한다.

통계적 가설의 성격은 다음과 같은 세 가지 명제를 살펴봄으로써 쉽게 이해될 수 있다.

- 철수는 영어를 잘 한다.
- 철수는 회사 내 동료들(모집단) 사이에서 가장 인기가 좋다.
- 철수는 회사 내 동료들(모집단) 사이에서 남달리 인기가 있지는 않다.

첫 번째 명제는 '모집단내 변수의 특성에 관한 임시적 가정'을 포함하고 있지 않기 때문에 '통계적' 가설이 아니다. 이에 반해 두 번째와 세 번째 명제들은 회사내 동료들의 인기투표에서 철수가 얻을 득표율에 관한 가정이므로 '통계적' 가설이다.

물론 이러한 통계적 가설이 진실인지 아닌지를 100% 정확하게 판단하기 위한 유일한 방법은 전체 모집단(예시에서는 회사내 전체 동료들)을 대상으로 전수조사를 실시하는 것이지만, 만일 전수조사가 부적절하다면 모집단의 일부 구성원을 무작위로 추출하여 표본조사의 결과를 근거로 통계적 가설의 진실 여부를 확률적으로 판단해야 할 것이다.

특히 세 번째 명제는 인기투표에서 철수를 포함한 각 개인이 차지할 득표율에 차이가 없음을 의미하는데, 이와 같이 **'(집단간) 차이가 없다', '(변수간) 관계가 없다', '(변수들이) 독립적이다'** 등의 의미를 포함하는 명제를 '없다'(null)의 뜻을 나타내기 위해 귀무가설(H_0, null hypothesis)이라고 한다.

따라서 귀무가설은 **이제까지 간직해온 보수적인 관점으로서 그것을 뒤집을 특별한 증거가 없는 한 그대로 유지되는 명제**를 의미한다.

또한 이러한 귀무가설에 대해 두 번째 명제는 대립적인 관계에 있기 때문에 대립가설(H_A 또는 H_1, alternative hypothesis)이라고 하는데, 연구나 조사를 시도할 때 새롭게 확인해 내고자 하는 정보욕구를 반영하며 연구가설(study hypothesis) 또는 조사가설(research hypothesis)이라고 부른다.

1-1 귀무가설과 대립가설

귀무가설이란 대체로 모집단 모수가 특정한 값이라거나 두 개 이상 모집단의 모수들 사이에 차이가 없다는 명제로 설정되거나 모집단 내의 변수들 사이의 관계가 없다는 명제로 설정되는데, 통계적 절차를 통해 진실여부가 검증된다. 즉 귀무가설이란 **표본조사에서 발견된 분포특성이나 변수 간 관계가 진정한 모집단의 모습을 반영하는 것이 아니라 단순히 표본오차에 기인한 것이라고 진술하는 명제**를 의미한다.

만일 이러한 귀무가설이 허위라면 조사자는 귀무가설을 기각하고 다른 결론을 내려야 할 것인데, 귀무가설을 기각하는 대신에 채택하게 되는 결론을 대립가설이라고 한다.

이와 같이 통계적 가설검증에서는 항상 두 개의 택일적인 명제가 설정되며 〈도표 7-1〉에서와 같이 조사자가 표본조사를 통해 입증하려는 명제를 대립가설, 대립가설을 입증하기 위해 기각하려는 명제를 귀무가설이라고 한다.

검증절차상 조사자는 우선 정보욕구로부터 대립가설(조사가설, 연구가설)을 도출해낸 후, 그것을 입증하기 위해 반대되는 내용을 담은 귀무가설을 설정하여 그것의 기각여부를 판단하게 되므로 결국 귀무가설은 대립가설을 입증하기 위해 기각용으로 설정한 임시적 명제인 셈이다.

▌도표 7-1▐ 대립가설과 귀무가설의 예

대립가설(H_A 또는 H_1)	귀무가설(H_0)
고객들은 A보다 B를 선호한다 나이가 많을수록 소득이 많다 상자 속에 썩은 사과가 있다	A, B에 대한 선호도는 차이가 없다 나이와 소득은 관계가 없다(독립적이다) 상자 속에 썩은 사과가 없다

예를 들어, "상자 속에 썩은 사과가 있다"는 명제(구매자의 주장, 대립가설)를 입증하기 위해서는 "상자 속에 썩은 사과가 없다"는 명제(판매자의 주장)를 귀무가설로 설정하고, 무작위로 몇 개만을 꺼내보는 표본조사를 실시할 수 있다.

표본조사의 결과 만일 썩은 사과가 발견되었다면 귀무가설이 허위이기 때문에 기각하고 대립가설을 채택한다. 그러나 만일 썩은 사과가 발견되지 않은 경우에는 어떻게 되겠는가? 물론 귀무가설을 기각할 수 없을 것인데, 그렇다고 해서 표본조사의 결과만으로 "상자 속에 썩은 사과가 없다"는 귀무가설이 진실임을 증명한 것은 결코 아니다.

즉 조사자는 표본조사를 통해 귀무가설이 진실이 아닌 증거(운 좋게 썩은 사과를 발견)를 발견한다면 귀무가설을 기각하고 대립가설을 입증할 수는 있지만, 반대로 귀무가설을 기각할 증거를 발견하지 못한 경우(썩은 사과를 발견하기에 실패)라도 표본조사이기 때문에 귀무가설을 입증한 것이 아니다.

결국 "상자 속에 썩은 사과가 없다"와 같은 모든 귀무가설은 전수조사를 통해서만 입증될 뿐이며, 표본조사를 통해서는 기각하지 못하는 데 그치는 것이다. 따라서 표본조사를 통해 귀무가설을 기각하지 못한 경우라도 조사자는 그것을 입증한 것이 아니라 어쩔 수 없이 받아들일 뿐이므로, 단지 "현재의 표본조사 결과만으로는 귀무가설을 기각하기에 통계적 증거가 불충분하다"고 결론을 내려야 한다. 다시 말해 "썩은 사과가 없다"는 결론 대신에 "썩은 사과가 있다고는 말할 수 없다"고 해야 한다.

이상에서 설명한 바와 같이 **귀무가설의 채택(accept)은 반드시 귀무가설이 진실임을 의미하는 것이 아니라 – 대립가설을 입증하기 위해 – 귀무가설을 기각하기에 실패한 것(not to reject)**이며, 대립가설이 입증되지 않았으므로 표본조사의 결과에 대한 어떠한 해석도 아쉬움 없이 포기해야 한다.

1–2 단순가설과 복합가설

통계적 가설검증에 있어서 모수에 관한 임시적 가정은 단일값이나 구간의 형태로 설정될 수 있다. 즉 모집단의 평균이 .5($\mu = .5$)라는 가설처럼 모집단의 특성을 단일값으로 진술하는 명제를 단순가설(simple hypothesis)이라고 하며, 모집단의 평균이 .5보다 적다($\mu < .5$)는 가설처럼 모집단의 특성을 구간으로 진술하는 명제를 복합가설(composite hypothesis)이라고 한다.

가설의 진술형태에 관해 대립가설은 단순가설이나 복합가설의 형태를 모두 취할 수 있는데 반해 귀무가설은 의미상 대립가설이 제외한 모든 값을 포괄하지만 항상 단순가설의 형태로 표시한다.

예를 들어, 대립가설은 정보욕구에 따라 $\mu>.5$, $\mu<.5$, $\mu\neq.5$ 중 어떠한 형태도 취할 수 있지만 귀무가설은 항상 $\mu=.5$의 형태로 표시한다. 물론 귀무가설의 내용은 당연히 대립가설이 포괄하지 않는 모든 범위로 해석된다.

2 제1종 과오와 제2종 과오

이미 설명한 바와 같이 "상자 속에 썩은 사과가 없다"는 귀무가설이 모집단에 대한 전수조사를 통해서만 입증될 수 있듯이, 어떠한 귀무가설이든 100% 확신하기 위해서는 반드시 전수조사를 실시해야 한다.

즉 확률적이 아니라 100% 확신을 갖는 결론(신뢰수준 100%)은 첫째, 표본조사에서 썩은 사과를 발견했거나(귀무가설을 기각하고 대립가설을 입증) 둘째, 전수조사에서 썩은 사과를 발견하지 못한 경우(표본조사에서는 귀무가설을 증명할 수 없음)에나 가능하다.

일반적으로 대립가설("썩은 사과가 있다")은 표본조사를 통해서도 운이 좋으면 입증될 경우가 있지만 귀무가설("썩은 사과가 없다")은 반드시 전수조사를 통해서만 입증될 수 있다.

그러나 조사자는 상자로부터 몇 개만을 꺼내보는 표본조사의 결과를 근거로 귀무가설을 기각 또는 채택함으로써 모집단 특성에 관한 결론을 '확률적으로' 내릴 수 있다.

즉 전체 모집단의 99%를 표본으로 추출하여 검토한 결과에서도 썩은 사과를 발견할 수 없었다면 비록 100%의 확신을 갖게 하는 전수조사는 아니지만 상당한 확신을 갖고 나머지 1%도 썩은 사과가 아닐 것이라고 생각하여 귀무가설을 받아들일 수 있다.

물론 조사자는 나머지 1%에서 분명히 썩은 사과가 발견될 것이라고 고집을 내세워 귀무가설을 기각하고 대립가설을 채택할 수도 있는데, 이러한 일은 그릇된 판단의 가능성이 매우 클 것이다.

따라서 표본조사의 결과를 이용하여 모집단의 특성을 판단하려는 조사자는 "이 정도라면..."하고 확률적으로 귀무가설을 기각하거나 채택할 수 있으며, 그러한 판단에 따라 〈도표 7-2〉와 같은 두 가지 유형의 오류를 범할 수 있다.

| 도표 7-2 | 제1종 과오와 제2종 과오

표본조사 결과를 갖고 조사자가	모집단에서 자연의 상태	
	H_0 = 진실	H_0 = 허위
H_0을 기각할 경우	제1종 과오	올바른 결론
H_0을 채택할 경우	올바른 결론	제2종 과오

* 제1종 과오를 판매자 위험이나 α-위험, 제2종 과오를 구매자 위험이나 β-위험이라고도 한다.

여기서 자연의 상태(state of nature)란 모집단의 실제 모습을 말하며 이미 언급한 바와 같이 전수조사를 실시하지 않고는 100% 정확하게 알 수 없다. 예시의 표본조사에서 썩은 사과가 발견되지 않았기 때문에 조사자가 귀무가설을 채택한다면 그는 올바른 결론(실제로 상자 속에 썩은 사과가 없는 경우)에 도달하거나 제2종 과오를 범할 것(실제로 상자 속에 썩은 사과가 있는 경우)이다.

그러나 표본에 포함되지 않은 나머지 사과 중에 썩은 사과가 있을 것이라고 생각하여 과감하게 귀무가설을 기각하고 대립가설을 채택한다면 올바른 결론(실제로 상자 속에 썩은 사과가 있는 경우)에 도달하거나 제1종 과오를 범할 것(실제로는 상자 속에 썩은 사과가 없는 경우)이다.

따라서 표본조사를 통해 귀무가설을 기각함으로써 대립가설을 입증하려는 조사자의 관심은 제1종 과오에 있으며, **의사결정자(정보이용자)가 받아들일 수 있는 '제1종 과오의 최대 허용범위'**를 유의수준(significance level, α로 표시)이라고 한다.

즉 유의수준은 의사결정자가(정보이용자)가 요구하는 신뢰수준을 지키기 위해 허용될 수 있는 제1종 과오의 최대치이며, (1- 요구되는 신뢰수준)으로 계산된다.

3 p-값

p-값(p-value)이란 모집단 특성에 관한 **귀무가설이 진실일 때 조사자가 표본조사에서와 같은 결과 이상으로 어긋난(귀무가설의 반대방향이나 대립가설의 방향) 결과를 얻을 확률**이다. 다시 말해 **하나의 표본조사로부터 특정한 결과를 얻었을 때 귀무가설이 진실일 확률**이며 표본조사 결과의 유의성 수준 또는 유의확률이라고도 부른다.

❙ 도표 7-3 ❙ 표본조사에서 얻을 수 있는 가능한 결과와 *p*-값

표본조사의 가능한 결과

송어의 수	향어의 수	
1	99	H_0=진실일 때 이런 결과의 가능성이 낮다. 이러한 결과를 얻었다면 H_0=진실일 가능성이 낮다. 결국 p-값이 작다. (99, 98, 95)
2	98	
5	95	
25	75	
33	67	
48	52	H_0=진실일 때 이런 결과의 가능성이 높다. 이러한 결과를 얻었다면 H_0=진실일 가능성이 높다. 결국 p-값이 크다. (52, 51, 50, 49)
49	51	
50	50	
51	49	
57	43	
72	28	
84	16	
96	4	H_0=진실일 때 이런 결과의 가능성이 낮다. 이러한 결과를 얻었다면 H_0=진실일 가능성이 낮다. 결국 p-값이 작다. (4, 3)
97	3	

이러한 개념을 보다 명확하게 설명하기 위한 예시로서 "양어장 안에서 양식되고 있는 송어와 향어의 수가 같다"는 귀무가설의 검증과정을 살펴보자. 우선 조사자가 양어장(모집단)에서 100마리(표본)를 무작위로 추출하여 표본조사를 실시한다면 〈도표 7-3〉과 같은 결과 중 하나를 얻을 것이다.

즉 조사자가 양어장으로부터 100마리를 표본으로 무작위 추출하여 검토한 결과 송어가 2, 3마리이거나 96, 97마리였다면 "양어장내 송어의 수와 향어의 수가 같다"는 귀무가설이 진실일 가능성(p-값)은 대단히 낮은데, 이는 귀무가설이 진실일 때(양어장내 송어의 수와 향어의 수가 실제로 같은 경우) 표본조사의 결과가 그것 이상 극단적으로 나타날 가능성(p-값)이 대단히 낮음을 의미한다.

다시 말해 송어와 향어 사이의 이러한 차이는 표본조사에 기인하는 우연오차의 탓으로 돌리기엔 너무나 커서 '유의적인'(의미가 있는) 차이라고 하는데, 표본조사에서 발견되는 유의적인 차이나 유의적인 관계는 각 모집단에서 진정한 차이나 진정한 관계의 존재를 암시하는 것이다.

이에 반해 송어가 48 또는 49, 50, 51마리였다면 "양식장 내 송어의 수와 향어의 수가 같다"는 귀무가설이 진실일 가능성(p-값)은 대단히 높은데, 이는 귀무가설이 진실일 때(양어장내 송어의 수와 향어의 수가 실제로 같은 경우) 표본조사의 결과가 그렇게 나타날 가능성(p-값)이 대단히 높음을 의미한다.

도표 7-4 *p*-값의 도식적 표현

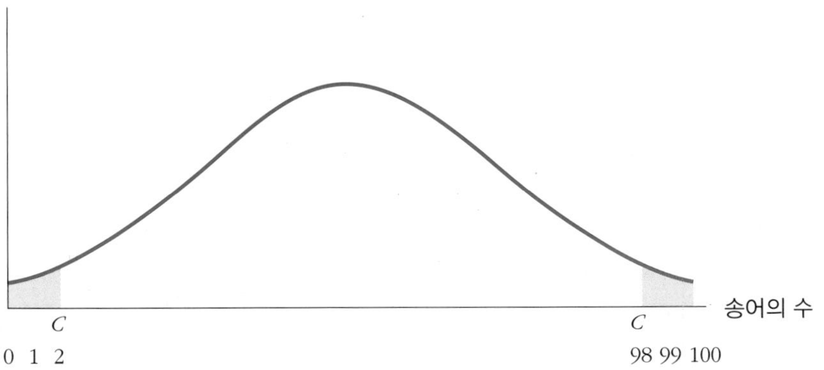

한편 *p*-값을 도식적으로 나타내면 〈도표 7-4〉와 같다. 〈도표 7-4〉는 **귀무가설이 진실일 때 표본조사를 통해 특정한 기준(*C*)보다 – 대립가설의 방향으로 – 극단적인 결과를 얻을 가능성**을 나타내는데, 표본조사의 결과가 *C*보다 극단적인 값을 보여줄 확률이 바로 빗금 친 부분이 된다.

다시 말해 빗금 친 부분의 확률은 표본조사의 결과가 *C*보다 극단적인 값을 보여줄 때 귀무가설이 진실일 가능성인 *p*-값을 나타낸다.

p-값은 결국 귀무가설의 진실성을 나타내는 확률이므로 이러한 확률이 의사결정자(정보이용자)가 사전에 규정한 유의수준보다 작다면 귀무가설을 기각할 수 있을 것인데, 이때 조사자는 올바른 결론에 도달하거나 최악의 경우에도 허용되는 제1종 과오의 최대치(유의수준)보다 적은 과오를 범할 것이므로 안전하다.

그러나 *p*-값이 유의수준보다 클 때 귀무가설을 기각하는 일은 물론 올바른 결론에 도달할 수도 있겠지만 최악의 경우에는 허용되는 제1종 과오의 최대치(유의수준)보다 큰 과오를 범할지도 모른다. 따라서 조사자는

'*p* – 값 < 유의수준'일 때 귀무가설을 기각하고
(최악의 경우라도 허용되는 범위 내의 제1종 과오를 범할 뿐)
'*p* – 값 > 유의수준'일 때 귀무가설을 어쩔 수 없이 채택한다.
(기각하면 최악의 경우 허용되는 범위 이상의 제1종 과오를 범할 수 있음)

그러나 이미 앞에서 설명하였듯이 귀무가설의 채택은 그것을 입증한 것이 아니므로 **현재의 표본조사 결과만으로는 귀무가설을 기각하기에 통계적 증거가**

충분하지 못함을 의미한다는 데 유의해야 한다.

한편 귀무가설의 기각여부를 결정하기 위해 반드시 *p*–값을 계산해야 하는 것은 아니다. 즉 조사자는 〈도표 7–5〉에서와 같이 우선 적당한 분포표로부터 일정한 유의수준(빗금 친 부분)에서 나타날 수 있는 극단적인 표본 통계량(표의 통계량 또는 임계 통계량, critical statistics)을 찾아내고 표본조사에서 실제로 계산한 통계량(계산된 통계량 또는 검증 통계량, test statistics)과 비교한다.

이때 **표의 통계량보다 – 대립가설의 방향으로 – 극단적인 값들의 범위는 대립가설의 영역이므로 귀무가설의 기각역이라고 하며, 나머지 값들의 범위를 채택역**이라고 한다. 결국 채택역이란 특정한 신뢰수준에 해당하는 신뢰구간을 의미한다.

따라서 조사자는 표본으로부터 계산된 통계량(*T*로 표시)이 유의수준에 해당하는 표의 통계량(*C*로 표시)보다 – 대립가설의 방향으로 – 극단적일 때(귀무가설의 기각역에 들어올 때) 귀무가설을 기각하고, 극단적이지 않을 때(귀무가설의 채택역에 들어올 때)에는 귀무가설을 기각할 수 없고 어쩔 수 없이 남겨둔다(채택한다).

이러한 후자의 가설검증 방법을 전통적 가설검증(classical hypothesis test)이라고 하는데, 반드시 조사자(또는 정보이용자)가 유의수준을 사전에 정해야만 귀무가설의 기각여부를 결정할 수 있다. 그러나 조사결론을 참조하려는 다양한 정보이용자들은 자신의 정보욕구에 따라 상이한 유의수준을 정할 수 있으며 그때마다 표의 통계량(임계 통계량)을 다시 찾아 귀무가설의 기각여부를

도표 7–5 유의수준에 따른 표의 통계량

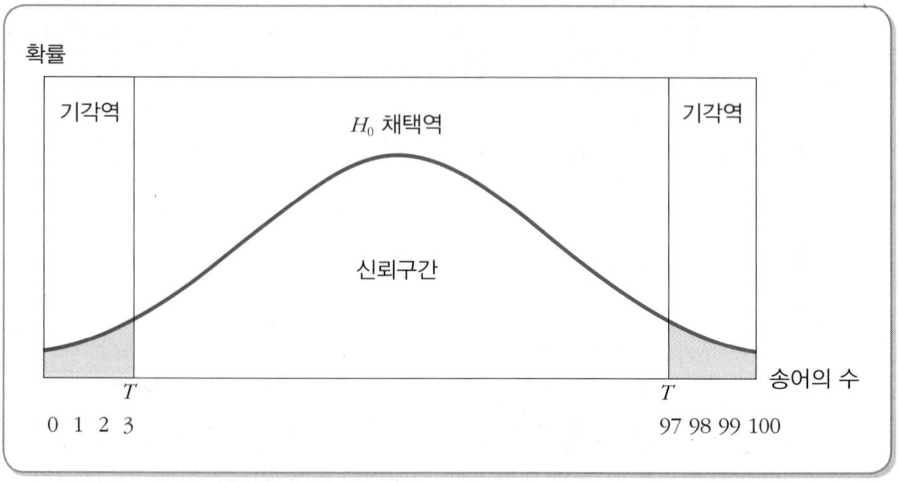

결정해야 한다.

따라서 현대적 가설검증(modern hypothesis test)에서는 단지 p-값만을 제시해 주고 귀무가설의 기각여부는 정보이용자가 자신이 원하는 유의수준에 따라 스스로 결정할 수 있도록 허용하는 전자의 방법을 취한다.

4 양측검증과 단측검증

통계적 가설검증에서 정보욕구가 모수에 대한 한 방향에 집중되어 있다면 통계량 분포곡선의 한 끝부분만을 사용하는 단측검증(one-tailed test)을 실시해야 하며, 모수의 양 방향에 집중되어 있다면 분포곡선의 양 끝부분을 모두 사용하는 양측검증을 실시한다.

즉 이러한 구분은 대립가설에 달려 있는데, 대립가설이 크다 또는 작다(>, <)의 내용을 포함하면(방향적 가설, directional hypothesis) 단측검증을 사용하고, 같지 않다(≠)의 내용을 포함하면(비방향적 가설, nondirectional hypothesis) 양측검증을 사용한다.

일반적으로 방향적 대립가설이 비방향적 대립가설에 비해 정보를 많이 가지므로 유리하지만, 방향적 대립가설을 내세우기 위해서는 **사전에 그럴 만한 충분한 자료나 상식 등의 근거가 필요하며 그러한 이유에서 귀무가설은 단측검증에서 기각될 가능성이 크다**(단측검증의 p-값은 양측검증 p-값의 절반임).

〈단측검증이 적합한 대립가설의 내용〉

- 한 모집단의 모수가 다른 모집단의 모수보다 크다(대립가설의 영역인 귀무가설의 기각역이 우측에 있으므로 우측검증) 또는 작다(귀무가설의 기각역이 좌측에 있으므로 좌측검증).
- 한 모집단의 모수가 특정한 값보다 크다(대립가설의 영역인 귀무가설의 기각역이 우측에 있으므로 우측검증) 또는 작다(귀무가설의 기각역이 좌측에 있으므로 좌측검증).

〈양측검증이 적합한 대립가설의 내용〉

- 한 모집단의 모수가 다른 모집단의 모수와 다르다.
- 한 모집단의 모수가 특정한 값과 다르다.

즉 양측검증과 단측검증의 선택은 대립가설의 내용에 따라 결정되지만 이미 설명한 바와 같이 귀무가설은 '(집단간) 차이가 없다', '(변수간) 관계가 없다', '(변수들이) 독립적이다'의 내용을 가지며 항상 '='로만 표시한다.

예를 들어, 조사자가 박스당 평균 불량률이 작년과 달리 5%를 초과하는지의 여부에 관심을 갖는다면 대립가설은 당연히 $p>5\%$(여기서 p는 불량률)이며, 귀무가설은 새로운 사실을 발견하기 전까지 현재 상태에서 갖고 있는 보수적 관점인 $p=5\%$로 표시된다.

그러나 귀무가설은 비록 =의 기호로 표시되었지만 대립가설이 포함하지 않는 모든 값을 포함하므로, 내용상으로는 5%를 넘지 않는 $p<5\%$도 포함한다는 점에 유의해야 한다.

따라서 귀무가설을 채택한다는 것은 p가 정확하게 5%임을 의미하는 것이 아니라 오히려 대립가설을 입증할 충분한 증거가 없다는 의미이며, 여기서는 표본으로부터 계산된 통계량이 클수록 대립가설을 지지하므로(귀무가설이 진실일 확률이 작아지므로) 우측검증을 적용해야 한다.

즉 단측검증에서 **대립가설이 특정한 값보다 크다는 내용을 포함하면 우측검증, 작다는 내용을 포함하면 좌측검증**을 사용한다.

따라서 이미 언급한 p–값은 **귀무가설이 진실일 때 조사자가 표본조사의 결과 이상으로 극단적인(양측검증일 때) /작은(좌측검증일 때) /큰(우측검증일 때) 통계량을 얻을 확률**이라고 다시 정의될 수 있다. 그리고 단측검증의 p–값은 양측 검증의 p–값에 비해 절반이다.

그러나 이상의 설명은 Z–분포와 t–분포를 이용할 경우에 해당하는 내용이며, **χ^2–분포와 F–분포를 이용할 경우에는 비방향적 가설(차이의 유무)만이 존재하지만, 기각역은 항상 우측**에 있다는 점을 기억해야 한다.

5 통계적 가설검증의 절차

이상에서 설명한 통계적 가설검증의 개념을 토대로 하여 가설검증의 절차를 요약하면 다음과 같다.

5-1 대립가설에 대한 기각용으로 귀무가설을 설정한다.

조사자는 우선 정보욕구를 반영하여 대립가설을 설정한 다음, 그것을 증명하기 위한 기각용으로 귀무가설을 설정하여 가설검증을 시작한다. 통계적 가설검증에서 진실성이 검증되는 가설을 귀무가설(null hypothesis)이라고 하는데, 이러한 귀무가설은 대체로 **검증되고 있는 변수 사이에 존재하는 관계 또는 집단 간 차이가 표본조사에서 우연히 발견된 것**이라는 진술로 설정된다.

즉 표본조사에서 발견된 관계나 차이가 순전히 표본오차(우연오차)에 기인한 것이라는 명제를 귀무가설이라고 한다. 만일 표본조사의 결과가 귀무가설을 지지하지 않는다면 조사자는 다른 결론을 내려야 할 것인데, 귀무가설을 기각함에 따라 대신 받아들일 명제를 대립가설(alternative hypothesis)이라고 한다.

5-2 원하는 유의수준을 결정한다.

기각용 귀무가설을 설정한 후, 조사자는 귀무가설을 기각하기 위한 기준을 설정해야 한다. 표본자료를 분석하는 데 있어서는 표본오차의 영향을 고려해야 하기 때문에 귀무가설을 100% 정확하게 기각하거나 채택하기가 곤란하다.

즉 조사자가 '하나의' 표본조사 결과를 근거로 귀무가설을 기각하고 대립가설을 입증할 때에는 어느 정도의 제1종 과오를 범할 수 있는데, 그러한 과오를 의사결정자(정보이용자)가 받아들일 수 있는 최대 허용범위를 유의수준(significance level)이라고 한다.

이러한 유의수준은 조사자가 귀무가설이 진실인데도 불구하고 그것을 기각함에 있어서 얼마나 많은 위험을 기꺼이 감수하려는지에 달려 있으며, 신뢰수준 90%, 95%, 99%에 대해 각각 10%(marginally significant, 유의적인 편), 5%(significant, 유의적), 1%(very significant, 매우 유의적)의 유의수준이 있으나 5% 또는 1%의 유의수준이 널리 채택된다.

5-3 통계적 검증방법(검증통계량의 표본분포)을 결정한다.

하나의 가설을 검증하기 위해 조사자가 사용할 수 있는 통계적 검증방법은 〈도표 7-6〉에서와 같이 Z-검증, t-검증, F-검증, χ^2-검증 등 여러 가지가 있으며, 각 검증방법은 검증하려는 모수의 유형과 측정수준에 관련된 일정한 조건에서만 사용될 수 있다.

따라서 조사자는 각 통계적 검증방법들의 가정과 표본으로부터 계산된 검증 통계량의 확률분포(표본분포)를 고려해야 한다.

| 도표 7-6 | 검증방법별 검증통계량의 표본분포

평균검증, 평균차이검증	Z-검증, t-검증
비율검증, 비율차이검증	Z-검증, t-검증
χ^2독립성 검증, χ^2적합도 검증	χ^2-검증
분산분석	F-검증
상관분석	t-검증
회귀분석	F-검증, t-검증
판별분석	F-검증, χ^2-검증

5-4 기각역이나 검증 통계량의 발생확률을 결정한다.

검증 통계량의 표본분포는 귀무가설 하에서 검증 통계량이 취할 수 있는 가능한 모든 값들의 확률을 나타내 주는데, 기각역이란 특정한 유의수준에서 귀무가설이 진실일 때 표본조사로부터 조사자가 얻을 수 있는 극단적인 값들의 집합을 말한다.

이러한 기각역은 특정한 유의수준에 해당하는 표의 값(tabular value, 임계통계량)을 기준으로 결정되는데, Z-분포나 t-분포를 사용하는 경우 양측검증에서는 분포의 양측 끝부분, 우측검증에선 우측 끝부분, 좌측검증에서는 좌측 끝부분이 귀무가설의 기각역이며 F-분포나 χ^2-분포에서는 항상 우측 끝부분이 기각역이다.

그러나 현대적 가설검증에서 조사자는 검증 통계량의 표본분포를 사용하여 귀무가설 하에서 표본조사에서 구한 검증 통계량의 발생확률(p-값)을 결정한다.

5-5 귀무가설에 관한 통계적 결론을 도출한다.

표본조사의 자료로부터 적절한 공식을 이용하여 검증 통계량을 계산한 후, 그 값이 기각역에 들어오면 귀무가설을 기각하고 대립가설을 입증하지만, 채택역에 들어오면 귀무가설을 기각할 통계적 근거가 충분치 않으므로 대립가설을 입증하지 못하고 어쩔 수 없이 귀무가설을 채택한다.

한편 조사자가 귀무가설이 진실일 때 검증 통계량의 발생확률(p-값)을 구했다면 그 확률이 유의수준보다 작을 때 귀무가설을 기각하고, 유의수준보다 클 때에는 어쩔 수 없이 귀무가설을 채택한다.

마지막으로 조사자는 통계적 가설검증과 관련하여 두 가지 점에 유의해야 한다. 첫째, 이제까지 설명한 통계적 가설검증은 이론적으로 어떠한 귀무가설도 그것이 진실임을 증명하지는 못한다.

즉 귀무가설이 진실임을 입증할 수 있는 유일한 근거는 모집단의 '진정한' 분포특성이나 모집단 내 변수들 사이의 관계인데, 전수조사를 하지 않는 한 모집단의 그러한 것들을 알 수 없기 때문에 귀무가설은 표본조사를 통해 절대로 증명될 수 없다. 따라서 귀무가설이 채택된다는 것은 귀무가설을 기각하기 위한 통계적 증거가 충분하지 않다는 점을 의미한다.

둘째, 통계적 절차는 가설을 검증하기 위해 편리하고 객관적인 방법들을 제공하지만, 통계적 결론이 결코 의사결정자의 최종결정을 대신하지는 않는다.

즉 정보이용자는 자신의 최종적인 마케팅 의사결정에 있어서 통계 보고서와 계량적 결과들을 투입요소의 일부로 이용할 뿐이며, 다른 요인들도 함께 고려해야 하므로 통계적 결론이 마케팅 의사결정을 대체할 수 없다는 점을 명심해야 한다.

제2절 표본분포를 이용한 가설검증

표본분포를 이용한 대표적인 가설검증은 평균(또는 평균차이)에 관한 가설검증, 비율(또는 비율차이)에 관한 가설검증, 분산(또는 분산비율)에 관한 가설검증 등이 있으나 여기서는 평균과 비율(또는 그 차이)에 관한 가설검증만을 설명하기로 한다.

1 평균에 관한 가설검증

1-1 하나의 평균에 관한 가설검증

마케팅에서는 모집단 평균에 관한 진술을 내려야 할 경우가 빈번하게 발생한다. 이미 설명한 바와 같이 표본이 정규모집단으로부터 추출되었거나 또는 모집단에서 변수가 정규분포를 이루고 있지는 않으나 중심극한의 정리가 적용될 정도로 표본의 크기가 큰 경우($n \geq 30$)라면 표본평균들은 평균($\mu_{\bar{X}}$)이 모집단 평균(μ)과 같고, 분산($\sigma^2_{\bar{X}}$)이 모집단의 분산을 표본의 크기로 나눈 값

(σ^2/n)과 같은 정규분포를 이룬다.

따라시 모집단의 분신(σ)이 알려졌을 때 평균에 대한 가설은 Z-분포를 이용하여 검증된다.

$$Z = \frac{\overline{X} - \mu}{\sigma_{\overline{X}}}$$

여기서 $\overline{X}$ = 표본의 평균

μ = 모집단의 평균

$\sigma_{\overline{X}}$ = 표본평균의 표준오차$(\sigma/\sqrt{n})$

한편 모집단의 분산이 알려져 있지 않다면 표본평균의 표준오차를 알 수 없기 때문에 조사자는 표본의 표준편차(S)로부터 다음 식에 의해 추정해야 하며, 원칙적으로 t-분포를 이용해야 한다.

$$S_{\overline{X}} = \frac{S}{\sqrt{n}} \qquad S = \sqrt{\frac{\Sigma(X_i - \overline{X})^2}{n-1}}$$

또는 n이 30 이상일 때 $S = \sqrt{\dfrac{\Sigma(X_i - \overline{X})^2}{n}}$

이때의 검증 통계량 t-값은 다음과 같이 계산되며, 검토 중인 변수가 모집단에서 정규분포를 이루고 있다면 $(n-1)$의 자유도를 갖는 t-분포를 이룬다.

$$t = \frac{\overline{X} - \mu}{S_{\overline{X}}}$$

그러나 중심극한의 정리가 적용될 정도로 표본의 크기가 큰 경우($n \geq 30$)라면 모집단에 있어서 변수의 분포와 관계없이 t-분포는 정규분포에 근사하므로$(\overline{X} - \mu)/S_{\overline{X}}$로 계산되는 Z-값을 검증 통계량으로 사용할 수 있다.

〈표본분포와 검증 통계량의 계산〉

모집단 표준편차(σ)가 알려진 경우

$$Z = \frac{\overline{X} - \mu}{\sigma/\sqrt{n}}$$

모집단 표준편차(σ)가 알려지지 않은 경우(대표본)

$$Z=\frac{\bar{X}-\mu}{S/\sqrt{n}}$$

모집단 표준편차(σ)가 알려지지 않은 경우(소표본)

$$t=\frac{\bar{X}-\mu}{S/\sqrt{n}}$$

예를 들어, 신상품이 판매점마다 하루에 100개보다 많이 판매될 때 전국시장에 도입하기로 하고 시험 마케팅에서 10개의 판매점을 표본으로 매출액 자료를 〈도표 7-7〉과 같이 수집했다고 가정하자.

▌도표 7-7 ▌ 판매점 표본에 있어서 매출액

점포	매출액	점포	매출액
1	93	6	86
2	132	7	97
3	116	8	114
4	105	9	108
5	120	10	123

하루 매출액이 100개보다 클 경우에 전국시장에 도입할 것이므로 우측검증이 적당하며, 귀무가설과 대립가설은 다음과 같다.

H_O : $\mu=100$
H_A : $\mu > 100$(우측검증)

이때 모집단의 분산은 알 수 없으나 모집단의 매출액이 정규분포를 이룬다고 가정하면 t-검증이 적절하다.

$$\bar{X}=\frac{\sum_{i=1}^{k} X_i}{n}=109.40$$

$$S=\sqrt{\frac{\sum_{i=1}^{k}(X_i-\bar{X})^2}{n-1}}=14.39$$

$$S_{\bar{X}} = S/\sqrt{n} = 4.55$$

$$t = \frac{\bar{X} - \mu}{S_{\bar{X}}} = \frac{109.4 - 100}{4.55} = 2.065$$

예시에서 자유도는 9(=10−1)이며 유의수준을 5%(α=.05)로 정한다면 표의 t-값(단측검증)은 1.833이 된다. 즉 표본에서 계산된 검증 통계량 t-값은 분포표의 임계 통계량 t-값보다 크므로(우측에 있으므로) 귀무가설을 기각할 수 있다.

한편 조사자는 신뢰구간을 이용하여 검증할 수도 있는데, 95%의 신뢰수준에서 모집단 평균(μ)은 101.06보다 클 것으로 추정되어 채택역을 전혀 포함하지 않으므로 귀무가설을 기각할 수 있다.

$$P[\mu + t_{.95}\, S_{\bar{X}} > \bar{X}] = 95\%$$
$$P[\mu > \bar{X} - t_{.95}\, S_{\bar{X}}] = 95\%$$
$$P[\mu > 109.4 - 1.83(4.55)] = 95\%$$
$$P[\mu > 101.06] = 95\%$$

만일 표본의 크기가 10이 아니라 30보다 큰 50이었다면 t-분포는 정규분포에 근사하므로 Z-값을 검증 통계량으로 사용할 수 있다. 이때 표본평균과 모집단의 표준편차가 동일하다면 검증 통계량 Z-값은 4.60으로 유의수준 5%(α=.05)에서 분포표의 임계 통계량 Z-값(단측검증)인 1.65보다 크므로(우측에 있으므로) 역시 귀무가설을 기각할 수 있다.

즉 모집단에 있어서 판매점당 하루 매출액은 95%의 신뢰수준에서 100개보다 많을 것으로 추정된다.

앞의 설명처럼 신뢰구간을 이용하면 95%의 신뢰수준에서 모집단 평균(μ)의 신뢰구간은 106보다 클 것으로 추정되므로 역시 귀무가설을 기각할 수 있다.

$$P[\mu + Z_{.95}\, S_{\bar{X}} > \bar{X}] = 95\%$$
$$P[\mu > \bar{X} - Z_{.95}\, S_{\bar{X}}] = 95\%$$
$$P[\mu > 109.4 - 1.65(2.04)] = 95\%$$
$$P[\mu > 106] = 95\%$$

SPSS : 한 표본평균에 관한 검증(onemean.sav) - 마케팅스쿨 홈페이지 참고

분석 / 평균비교 / 일표본 T검증

검정변수(매출액)　　검증값(100)

옵션: <u>양측검증만 되므로</u> 단측검증의 95%(유의수준 5%)라면 90%를 입력

SPSS : 한 표본평균에 관한 검증 - 분석결과 요약

일표본 통계량

	N	평균	표준편차	평균의 표준오차
판매점 표본에 있어서 매출액	10	109.40	14.39	14.39

일표본 검정

	검정값=100					
	t	자유도	유의확률 (양쪽)	평균차	차이의 90% 신뢰구간	
					하한	상한
판매점 표본에 있어서 매출액	2.065	9	.069	9.40	1.06	17.74

① 양측검증 p-값=.69 이므로 단측검증 p-값=.35로서 귀무가설이 기각됨.
귀무가설이 진실이라면 P[모평균<101.06]=35%이고 P[모평균>117.7]=35%이므로 귀무가설이 기각됨을 알 수 있다.

1-2 두 개의 평균에 대한 가설검증

두 개의 모집단 평균 사이의 차이는 표본들이 독립적인지 여부에 따라 다른 방법으로 검증된다.

① 표본이 독립적인 경우(independent samples)

〈모집단 분산이 알려진 경우〉

서울과 인천의 주민들 사이에 우유 소비량의 차이가 있는지를 검토한다면 귀무가설은 **두 도시주민의 평균 우유 소비량에 차이가 없다**($\mu_1=\mu_2$ 또는 $\mu_1-\mu_2=0$)는 명제이며, 대립가설은 차이가 있다($\mu_1 \neq \mu_2$ 또는 $\mu_1-\mu_2 \neq 0$)는 명제이다.

이때 각 지역에 있어서 주민의 평균 우유 소비량이 정규분포를 이루거나 두 표본이 모두 중심극한의 정리가 적용될 정도로 크다면 두 개의 표본평균들은 각각 정규분포를 이루며, 그 차이는 평균이 $(\mu_1-\mu_2)$이며 분산이 $(\sigma_1^2 / n_1+\sigma_2^2 / n_2)$인 정규분포를 이룬다. 따라서 두 모집단의 분산이 알려졌을 때 검증통계량 Z-값은 다음 식에 의해 계산된다.

$$Z = \frac{(\overline{X}_1 - \overline{X}_2) - (\mu_1 - \mu_2)}{\sigma_{\overline{X}_1 - \overline{X}_2}}$$

여기서 $\overline{X}_1$과 $\overline{X}_2$는 각 표본평균

μ_1과 μ_2는 각각 알려지지 않은 모집단(서울과 인천)의 평균

$\sigma_{\overline{X}_1 - \overline{X}_2}$은 평균차이들의 표준오차로서

$\sqrt{\sigma^2_{\overline{X}_1} + \sigma^2_{\overline{X}_2}}$ 와 같다($\sigma^2_{\overline{X}_1} = \sigma_1^2 / n_1$, $\sigma^2_{\overline{X}_2} = \sigma_2^2 / n_2$

예를 들어, 각 도시에서 100명씩의 무작위 표본을 추출한 결과 표본평균이 $\overline{X}_1 = 20$, $\overline{X}_2 = 25$로 계산되었으며 모집단의 표준편차가 $\sigma_1 = 10$, $\sigma_2 = 14$로 알려졌다고 가정하자. 이때 이러한 조사결과는 두 도시의 주민들 사이에 우유 소비량의 진정한 차이를 보여주는 것인가?

$$\sigma_{\overline{X}_1 - \overline{X}_1} = \sqrt{\frac{100}{100} + \frac{196}{100}} = 1.720$$

$$Z = \frac{(20 - 25) - (\mu_1 - \mu_2)}{1.720} = \frac{-5 - 0}{1.720} = -2.906$$

유의수준을 5%($\alpha = .05$)로 정할 때 분포표의 임계 통계량 Z-값(양측검증)은 ± 1.96이 되어 표본으로부터 계산된 검증 통계량 Z-값(–2.906)이 이러한 범위 밖에 있으므로 귀무가설을 기각할 수 있다.

한편 95%의 신뢰수준에서도 두 모집단 평균차이($\mu_1 - \mu_2$)의 신뢰구간은 –8.4 내지 –1.6으로 추정되어 채택역(0)을 전혀 포함하지 않으므로 조사자는 귀무가설을 기각할 수 있다.

$$P[(\overline{X}_1 - \overline{X}_2) - Z_{.95}\ \sigma_{\overline{X}_1 - \overline{X}_2} < \mu_1 - \mu_2 < (\overline{X}_1 - \overline{X}_2) + Z_{.95}\ \sigma_{\overline{X}_1 - \overline{X}_2}] = 95\%$$

$$P[-5 - 1.96(1.72) < \mu_1 - \mu_2 < -5 + 1.96(1.72)] = 95\%$$

$$P[-8.4 < \mu_1 - \mu_2 < -1.6] = 95\%$$

〈모집단 분산이 알려지지 않은 경우〉

모집단의 분산이 알려지지 않은 경우라면 $\sigma_{\overline{X}_1}$과 $\sigma_{\overline{X}_2}$는 물론이며 $\sigma_{\overline{X}_1 - \overline{X}_2}$도 추정해야 하는데, 우선 하나의 표본인 경우에서와 마찬가지로 모집단의 표준편차(σ_1, σ_2)를 대체하여 불편추정량(S_1, S_2)을 사용할 수 있다.

$$S_1^2 = \frac{\sum_{i=1}^{n_1} (X_{i1} - \overline{X}_1)^2}{n_1 - 1} \quad (\sigma_1^2\text{에 대한 추정치})$$

$$S_2^2 = \frac{\sum_{i=1}^{n_2}(X_{i2}-\overline{X}_2)^2}{n_2-1} \quad (\sigma_2^2\text{에 대한 추정치})$$

표본평균의 표준오차는 $S_{\overline{X}_1}=S_1/\sqrt{n_1}$, $S_{\overline{X}_2}=S_2/\sqrt{n_2}$로 추정되므로 $(\sigma_{\overline{X}_1-\overline{X}_2})$에 대한 불편추정량은 다음 식에 의해 계산된다.

$$S_{\overline{X}_1-\overline{X}_2} = \sqrt{S^2_{\overline{X}_1}+S^2_{\overline{X}_2}} = \sqrt{\frac{S_1^2}{n_1}+\frac{S_2^2}{n_2}}$$

한편 크기는 알 수 없으나 – 대체로 그렇지만 – 두 모집단의 분산이 동일하다고 가정할 수 있다면 다음 식에 의해 쉽게 값을 구할 수 있다(두 모집단을 결합했을 때의 결합표준편차의 추정치).

$$S_{\overline{X}_1-\overline{X}_2} = \sqrt{\frac{S_1^2}{n_1}+\frac{S_2^2}{n_2}} = \sqrt{\frac{S^2}{n_1}+\frac{S^2}{n_2}} = \sqrt{S^2\left(\frac{1}{n_1}+\frac{1}{n_2}\right)} = \sqrt{\frac{1}{n_1}+\frac{1}{n_2}}$$

여기서 $$S^2 = \frac{\sum_{i=1}^{n_1}(X_{i1}-\overline{X}_1)^2+\sum_{i=1}^{n_2}(X_{i2}-\overline{X}_2)^2}{n_1+n_2-2} \quad (pooled\ variance)$$

따라서 두 모집단의 분산이 알려지지 않은 경우 각 모집단에서 변수가 정규분포를 이루고 있다면 모집단 평균차이에 대한 검증 통계량 t–값은 (n_1+n_2-2)의 자유도를 갖는 t–분포를 이룬다. 물론 각 표본의 크기가 크다면($n \geq 30$), 동일한 식으로 계산한 Z–값을 검증 통계량으로 할 수도 있다.

예를 들어, 신상품의 용기를 플라스틱으로 할 것인지 또는 나무상자로 할 것인지를 결정하기 위한 시험 마케팅에서 각각 10개의 판매점으로 구성된 독립적인 무작위 표본을 사용하였을 때 매출액이 〈도표 7–8〉과 같다고 가정하자. 이때 각 용기의 매출액 분산이 모집단에서 동일하다고 하면 t–값은 1.558이 된다.

$$t = \frac{(\overline{X}_1-\overline{X}_2)-(\mu_1-\mu_2)}{S_{\overline{X}_1-\overline{X}_2}} = \frac{(403.0-390.3)-(0)}{8.15} = 1.558$$

예시에서 어느 한 용기가 다른 용기보다 잘 판매될 것이라는 사전진술(a priori statement)을 내릴 수 없으므로 대립가설은 **매출액이 같지 않다**는 명제이며, 양측검증을 사용한다.

자유도는 18(=10+10−2)이며, 유의수준을 5%(α=.05)로 할 때 표의 t–값(양측검증)은 2.101이므로 귀무가설은 기각될 수 없다. 즉 현재의 표본조사 결

| 도표 7-8 | 용기형태별 매출액

점포	플라스틱	점포	나무상자
1	380	1	372
2	422	2	378
3	406	3	410
4	400	4	383
5	408	5	400
6	432	6	365
7	360	7	405
8	397	8	396
9	408	9	390
10	417	10	404

과로는 어느 용기가 좋거나 나쁘다고 판단할 수 없음을 나타낸다.

한편 95%의 신뢰수준에서 두 모집단 평균차이($\mu_1 - \mu_2$)의 신뢰구간은 −4.42 내지 29.82로 추정되어 채택역(0)을 포함하므로 조사자는 귀무가설을 기각할 수 없다.

$$P[(\overline{X}_1 - \overline{X}_2) - t_{.95}\, S_{\overline{X}_1 - \overline{X}_2} < \mu_1 - \mu_2 < (\overline{X}_1 - \overline{X}_2) + t_{.95}\, S_{\overline{X}_1 - \overline{X}_2}] = 95\%$$

$$P[13 - 2.1(18.2\sqrt{\frac{2}{10}}) < \mu_1 - \mu_2 < 13 + 2.1(18.2\sqrt{\frac{2}{10}})] = 95\%$$

$$P[-4.42 < \mu_1 - \mu_2 < 29.82] = 95\%$$

물론 대표본이라면 모집단의 분포와 관계없이 Z-값을 검증 통계량으로 사용할 수 있다.

SPSS : 두 독립표본의 평균차이 검증(ttesti.sav) – 마케팅스쿨 홈페이지 참고

분석 / 평균비교 / 독립표본 T검증
검정변수(매출액) 집단변수(용기형태) 집단정의(집단1:1 집단2:2)
옵션: 양측검증이므로 그대로 95%(유의수준 5%)를 입력

SPSS : 두 독립표본의 평균차이 검증 – 분석결과 요약

집단 통계량

	용기형태	N	평균	표준편차	평균의 표준오차
매출액	1	10	403.00	20.76	6.57
	2	10	390.30	15.27	4.83

독립표본 검정

		Levene의 등분산 검정		평균의 동일성에 대한 t-검정						
		F	유의확률	t	자유도	유의확률(양쪽)	평균차	차이의 표준오차	차이의 95% 신뢰구간	
									하한	상한
매출액	등분산이 가정됨	.225	.641	1.558	18	.137	12.70	8.15	−4.42	29.82
	등분산이 가정되지 않음			1.558	16.531	.138	12.70	8.15	−4.53	29.93

① Levene의 등분산검증(귀무가설＝등분산)결과 64.1%로 등분산임을 가정하게 되므로 독립표본 검정 부분에서는 상부의 값(등분산이 가정됨)을 이용.

② 양측검증 p–값=.137 이므로 귀무가설을 기각할 수 없는데, 이는 양측검증 95%의 신뢰구간이 −4.42 내지 29.82로서 양수와 음수가 동시에 나타나는 것으로도 알 수 있음.

따라서 "본 표본조사에서는 용기형태에 따라 매출액에 차이가 있다는 통계적 증거를 찾지 못했다"는 결론을 내리고 끝낸다. 즉 매출액 평균 403과 390의 차이는 우연히 표본오차에 기인하여 나타난 것이며 모집단 평균들의 참모습이라고 말할 통계적 근거가 부족하다.

② 표본이 종속적인 경우(dependent or paired samples)

상품의 색상을 결정하는 조사문제에 당면하여 다섯 개의 판매점으로 구성된 확률표본을 선정한 후, 각 판매점마다 두 가지 색상의 상품을 판매하도록 했을 경우라면 양자의 매출액은 상품의 색상 이외의 점포라는 공통요소로 인해 서로 관련되기 때문에 표본이 독립적인 경우와는 다른 t–검증을 실시해야 한다.

우선 i번째 판매점에서 두 가지 색상의 상품 매출액 차이를 d_i로 정의하면 〈도표 7–9〉로부터 차이의 평균($\bar{d}$)과 모집단 표준편차에 대한 불편추정치($S_{\bar{d}}$)를 다음과 같이 구할 수 있다.

▌도표 7–9▐ 색상변경에 따른 매출액 비교

점포	황색	청색	차이
1	64	56	8
2	72	66	6
3	43	39	4
4	22	20	2
5	50	45	5

$$\bar{d}=\frac{\sum_{i=1}^{n} d_i}{n}=\frac{8+6+4+2+5}{5}=5.00$$

$$S_d=\sqrt{\frac{\sum_{i=1}^{n}(d_i-\bar{d})^2}{n-1}}=\sqrt{\frac{20}{4}}=2.24$$

이때의 검증 통계량 t–값은 다음 식에 의해 계산한다.

$$t=\frac{\bar{d}-\mu_{\bar{d}}}{S_{\bar{d}}}=\frac{\bar{d}-\mu_{\bar{d}}}{S_d/\sqrt{n}}=\frac{5.0-0}{2.24/\sqrt{5}}=5.00$$

여기서 $\mu_{\bar{d}}$는 귀무가설 하에서 기대되는 차이인데, 어느 한 상품이 다른 상품보다 잘 팔릴 것으로 예상할 어떠한 사전이유가 없으므로 귀무가설은 **매출액에 차이가 없다**는 진술이며, 대립가설은 차이가 있다는 진술이다.

H_O : $\mu_{\bar{d}}=0$
H_A : $\mu_{\bar{d}} \neq 0$ (양측검증)

예시에서 자유도는 4(=짝의 수 −1)이며, 유의수준을 5%($\alpha=.05$)로 정할 때 표의 t–값(양측검증)은 2.78로서 계산된 t–값(5.00)이 표의 t–값의 범위 밖에 있으므로 귀무가설은 기각된다. 다시 표본의 매출액을 검토하면 황색의 경우가 청색의 경우보다 매출액이 크다는 사실을 알 수 있다.

한편 95%의 신뢰수준에서 짝지은 모집단 차이평균($\mu_{\bar{d}}$)의 신뢰구간은 2.22 내지 7.78로 추정되어 채택역(0)을 전혀 포함하지 않으므로 조사자는 귀무가설을 기각할 수 있다.

$$P[\bar{d}-t_{.95}\,S_{\bar{d}}<\mu_{\bar{d}}<\bar{d}+t_{.95}\,S_{\bar{d}}]=95\%$$
$$P[5-2.78(2.24/\sqrt{5})<\mu_{\bar{d}}<5+2.78(2.24/\sqrt{5})]=95\%$$
$$P[2.22<\mu_{\bar{d}}<7.78]=95\%$$

SPSS : 두 대응표본의 평균차이 검증(ttestp.sav) – 마케팅스쿨 홈페이지 참고

분석 / 평균비교 / 대응표본 T검증
대응변수(황색, 청색) "나중변수–앞의변수" 값을 검증함
옵션: 양측검증 이므로 그대로 95%(유의수준 5%)를 입력

SPSS : 두 대응표본의 평균차이 검증 – 분석결과 요약

대응표본 통계량

		평균	N	표준편차	평균의 표준오차
대응 1	황색매출액	50.20	5	19.45	8.70
	청색매출액	45.20	5	17.48	7.82

대응표본 상관계수

		N	상관계수	유의확률
대응 1	황색매출액&청색매출액	5	.998	.000

대응표본 상관계수

		대응차					t	자유도	유의 확률 (양쪽)
		평균	표준오차	평균의 표준오차	차이의 95% 신뢰구간				
					하한	상한			
대응 1	황색매출액 – 청색매출액	5.00	2.24	1.00	2.22	7.78	5.000	4	.007

① 양측검증 p–값=.007 이므로 귀무가설을 기각함. 이는 황색매출액–청색매출액의 양측검증 95% 신뢰구간이 2.22 내지 7.78로서 모두 양수인 것으로도 알 수 있음.

② 평균값을 비교할 때 황색(50.2)이 청색(45.2)보다 매출액이 많다.

③ 대응표본의 성격을 반영하여 대응표본 상관계수도 유의확률이 0%이며 그 값이 .998에 이른다.

2 비율에 관한 가설검증

2–1 하나의 비율에 대한 가설검증

신상품의 시장 잠재력을 평가하려는 시험 마케팅에서 모집단의 20%보다 많은 소비자가 선호를 나타낼 때 상품을 시장에 도입하기로 하고 625명의 소비자 표본에게 신상품 선호도를 조사했다고 가정하자. 귀무가설은 다음과 같으며, 귀무가설이 기각될 때 상품을 시장에 도입할 예정이다.

$H_O : p = .2$

$H_A : p > .2$(우측검증)

이때 표본비율은 이론적으로 이항분포를 나타내지만 대표본이며($n \geq 30$), 표본비율값이 극단적이지 않다면(np와 $nq \geq 10$) 정규분포에 근사하므로 검증통계량 Z–값을 다음 식에 의해 계산할 수 있다.

$$Z = \frac{\hat{p} - p}{\sigma_{\hat{p}}}$$

여기서 $\hat{p}$는 신상품을 선호하는 표본비율이며, $\sigma_{\hat{p}}$는 표본비율의 표준오차로서 다음과 같이 계산된다.

$$\sigma_{\hat{p}} = \sqrt{\frac{pq}{n}} = \sqrt{\frac{\hat{p}\hat{q}}{n}} \text{(모집단 비율인 } p\text{를 모를 경우)}$$

만일 시험 마케팅에서 140명이 신상품에 대해 선호를 나타냈다면 표본비율($\hat{p}$)은 .224(=140/625)가 된다. 따라서 Z-값이 1.50임을 알 수 있다. 유의수준을 5%(α=.05)로 정하면 표의 Z-값(단측검증)은 1.65가 되어 계산된 Z-값이 표의 Z-값보다 크지 않으므로 귀무가설을 기각할 수 없다. 따라서 신상품을 시장에 도입할 통계적 근거가 없다.

$$\sigma_{\hat{p}} = \sqrt{\frac{.2(.8)}{625}} = .016 \qquad Z = \frac{.224 - .2}{.016} = 1.50$$

한편 95%의 신뢰수준에서 모집단 비율(p)의 신뢰구간은 .198보다 클 것으로 추정되어 채택역을 포함하므로 조사자는 귀무가설을 기각할 수 없다.

$$P[p + Z_{.95}\,\sigma_{\hat{p}} > \hat{p}] = 95\%$$
$$P[p > \hat{p} - Z_{.95}\,\sigma_{\hat{p}} > p] = 95\%$$
$$P[p > .224 - 1.65(.016)] = 95\%$$
$$P[p > .198] = 95\%$$

2-2 두 개의 비율에 대한 가설검증

취업여성과 가정주부로부터 각각 100명씩을 무작위로 추출하여 인스탄트 커피를 소비하는지의 여부를 조사하였는데, 취업여성중 30명, 가정주부중 20명이 소비하고 있다는 결과를 얻었다. 이때 조사자는 가정주부와 취업여성 사이에 인스탄트 커피를 소비하는 사람의 비율이 다르다고 말할 수 있는가?

이는 결국 두 모집단 비율의 차이를 검토하는 조사과제로서 귀무가설은 모집단 비율이 같다는 명제이다.

$$H_O : p_1 = p_2$$

H_A : $p_1 \neq p_2$(양측검증)

여기서 취업여성이 첫 번째 모집단이며, 가정주부가 두 번째 모집단이라고 하면 $\hat{p}_1 = .3$, $\hat{p}_2 = .2$가 된다. 이때의 검증 통계량 Z-값은 다음 식에 의해 계산되는데, $\sigma_{\hat{p}_1-\hat{p}_2}$는 두 표본비율 차이의 표준오차이다.

$$Z = \frac{(\hat{p}_1 - \hat{p}_2) - (p_1 - p_2)}{\sigma_{\hat{p}_1-\hat{p}_2}}$$

$$\sigma_{\hat{p}_1-\hat{p}_2} = \sqrt{\sigma^2_{\hat{p}_1} + \sigma^2_{\hat{p}_2}} = \sqrt{\frac{(p_1 q_1)}{n_1} + \frac{(p_2 q_2)}{n_2}}$$

그러나 상기 식에서 두 표본비율 차이의 표준오차는 알려지지 않은 모집단 비율 p_1과 p_2로 정의되었음에 유의해야 한다. 만일 크기는 알 수 없으나 두 모집단 비율이 동일하다고 가정할 수 있다면 $\sigma_{\hat{p}_1-\hat{p}_2}$에 대한 불편추정량 $S_{\hat{p}_1-\hat{p}_2}$는 다음 식에 의해 쉽게 추정될 수 있다.

$$S_{\hat{p}_1-\hat{p}_2} = \sqrt{R(1-R)\left(\frac{1}{n_1} + \frac{1}{n_2}\right)}$$

여기서 $R = \dfrac{X_1 + X_2}{n_1 + n_2}$

따라서 $R = .25$, $S_{\hat{p}_1-\hat{p}_2} = .061$이 되어 검증통계량 t-값은 1.64가 된다.

$$R = \frac{30+20}{100+100} = \frac{50}{200} = .25$$

$$S^2_{\hat{p}_1-\hat{p}_2} = (.25)(.75)\left(\frac{1}{100} + \frac{1}{100}\right) = .00375$$

$$S_{\hat{p}_1-\hat{p}_2} = \sqrt{.00375} = .061$$

$$t = \frac{(.30-.2)-(0)}{.061} = \frac{.10}{.061} = 1.64$$

표의 값은 본래 t-분포표를 참조해야 하지만, 대표본이므로 Z-분포표를 참조할 수 있다. 즉 유의수준을 5%($\alpha = .05$)로 정할 때 표의 값(양측검증)은 1.96으로서 계산된 Z-값이 표의 Z-값의 범위 내에 있으므로 모집단 비율의 차이는 유의적이지 않다.

한편 95%의 신뢰수준에서 두 모집단 비율차이 $(p_1 - p_2)$의 신뢰구간은 $-.02$ 내지 $.22$로 추정되어 채택역(0)을 포함하므로 조사지는 귀무가설을 기각하지 못한다.

$$P[(\hat{p}_1 - \hat{p}_2) - Z_{.95}\, S_{\hat{p}_1 - \hat{p}_2} < p_1 - p_2 < (\hat{p}_1 - \hat{p}_2) + Z_{.95}\, S_{\hat{p}_1 - \hat{p}_2}] = 95\%$$

$$P[.1 - 1.96(.061) < p_1 - p_2 < .1 + 1.96(.061)] = 95\%$$

$$P[-.02 < p_1 - p_2 < .22] = 95\%$$

제 8 장

마케팅 실험의 개념과 타당성

제 1 절 | 마케팅 실험의 기본 개념

제 2 절 | 마케팅 실험의 타당성과 외생요인

제 3 절 | 통계적 실험설계의 의의와 유형

조사자는 간혹 10%의 가격인하가 매출액에 어떠한 영향을 미치는지, 또는 상품의 포장을 병으로부터 카톤 팩으로 바꾸었을 때 매출액이 어떻게 변화할 것인지와 같이 독립변수의 변경이 종속변수에 미치는 효과에 관한 가설(X-cause-Y hypothesis)을 검증해야 할 조사과제에 당면한다.

이러한 유형의 가설들을 검증하기 위해 일부 조사자는 기술적 조사(descriptive research)에 의존하고 있지만, 기술적 조사는 인과관계(causality)를 제대로 밝혀주지 못한다.

이러한 점과 관련하여 마케팅 실험이란 '한 변수와 다른 변수 사이의 인과관계를 검증하기 위한 조사를 설계하고 그에 따른 실제 조사를 실시한 후, 그 결과를 분석하는 과업'이다.

가장 보편적인 마케팅 실험은 상품 디자인 변경의 효과, 새로운 포장의 효과, 가격 탄력성, 신상품의 수용성을 분석하기 위한 것이며, 다양한 광고물이나 판촉활동들도 여러 대안들 중에서 어느 것이 가장 효과적인지를 결정하기 위해 실험될 수 있다. 마케팅 실험의 실제적 유용성은 조사자가 독립변수 조작의 효과를 분리해 내는 능력에 달려 있으며, 그러한 능력은 다시 실험설계의 형태, 분석기법, 실험을 실시하는 기술에 의해 결정된다.

따라서 본장에서는 인과관계를 추론할 수 있는 조건들을 살펴보고, 이러한 인과관계를 검증하기 위한 통계적 실험설계를 검토한다.

제 1 절 마케팅 실험의 기본 개념

1 용어들의 정의

다음은 마케팅 실험에서 널리 사용되고 있는 용어로서, 조사자는 이러한 용어들의 정의를 정확하게 이해해야 한다.

① 실험처치(experimental treatment)

시험되는 독립변수(들)의 조작으로서 예를 들면, 가격변경, 새로운 상품 디자인, 새로운 포장, 새로운 유통방식, 새로운 광고물 등이다.

② 시험단위(test units)

마케팅 실험을 위해 추출된 표본 구성원을 말하는데, 이중 실험처치에 대한 반응을 조사받게 되는 소비자나 점포 등을 실험단위(experimental units)라고 한다.

한편 어떠한 실험처치도 적용받지 않고 보수적 관점에서 단순히 시험기간 동안 관찰되는 소비자나 점포 등을 통제단위(control units)라고 하며, 처치의 효과를 평가하기 위한 기준으로 이용된다.

또한 각 단위들을 집합적으로 실험집단(experimental group)과 통제집단(control group, 대조군)이라고 부르는데, 이들을 합쳐서 처치집단이라고 한다.

③ 시험시장(test market)

실험처치를 적용받는 지역과 실험기간 동안 관찰되는 지역(통상 도시)으로서 시험단위의 특별한 형태이다. 간혹 마케팅 실험이 기업의 전체시장에서 실시되기도 하지만, 시험시장에서 실시되는 마케팅 실험은 몇 가지의 이점을 갖는다.

첫째, 조사자가 통제할 수 있는 내생변수와 통제할 수 없는 외생요인을 분리하고 측정하기가 용이하다. 둘째, 실험집단에 덧붙여 통제집단을 사용하기 위해서는 지역적인 시험시장들이 필요하다. 셋째, 지역수준의 실험은 전국수준의 실험에 비해 비용이 적게 소요될 뿐 아니라 새로운 전략(실험처치)이 실패로 밝혀졌을 때 철회가 용이하다.

④ 관찰치(observation) 또는 반응(response)

실험처치를 적용받은 후 시험단위에 있어서 나타나는 결과를 말하는데, 결국 종속변수(통상 매출액)의 값이다.

⑤ 복제(replication)

본래의 실험여건을 완전히 또는 거의 같게 하여 행하는 실험의 반복이다. 실험집단이나 처지집단 내 종속변수에 관한 가변성을 평가하기 위해서는 각 집단별로 최소한 2개 이상의 시험단위가 필요하므로 충분한 수의 시험단위를 확보할 수 없을 때 실험오차를 계산하기 위해서 또는 실험오차와 같은 추정치의 정밀성을 높이기 위해 여러 차례 복제할 수 있다.

⑥ 외생요인(extraneous forces)

종속변수(시험단위의 반응)에 영향을 미치는 요인 중에서 조사자가 조작하는 실험처치 이외의 모든 것(들)이다. 외생요인에는 위치와 규모와 같은 '시험단위간의 차이'와 날씨나 경쟁자의 행동과 같은 '통제불가요인'이 있다.

⑦ 실험오차(experimental error)

간혹 'residual', 'residual variation', 'chance variation', 'residual error'라고도 불리며, 종속변수의 변이중 실험처치(독립변수)에 의해 설명되지 않는 부분이다. 시험단위들의 반응에서 이러한 실험오차는 여타의 조건을 같게 한(matched) 시험단위들 사이에서조차 나타나는 가변성(inherent variability), 확인되지 않은 외생요인의 영향, 측정의 무작위 오차 등으로부터 발생한다.

2 마케팅 실험의 목적

마케팅 실험은 기본적으로 '실험처치의 효과가 유의적인지'의 여부를 검증하기 위해 수행되며, 또한 변수의 분포특성이나 변수들 사이의 관계를 상술하기 위해 필요한 관찰자료를 산출해 주기도 한다.

2-1 인과적 가설의 검증

마케팅 실험의 기본적인 목적은 실험처치로 인해 관찰치(반응, 결과, 종속변수)에 어떤 유의적인 차이가 발생하는지 아닌지를 검증하는 것이다. 예를 들어, 조사자는 포장 디자인을 변경하는 일이 매출액에 유의적인 차이를 야기하는지 여부에 관심을 가질 수 있다.

마케팅 실험의 전형적인 귀무가설은 **하나의 실험처치(이전의 포장)를 적용받은 시험단위(점포)의 매출액과 다른 실험처치(새로운 포장)를 적용받은 시험단위의 매출액 사이에 유의적인 차이가 없다**는 명제이다. 그 다음 조사자는 적절한 유의수준(대체로 .05 또는 .01)에서 이러한 귀무가설을 검증하기 위해 통계분석을 수행한다.

한편 조사자는 귀무가설을 설정하고 유의수준을 결정할 때 두 가지 유형의 과오가 함축하는 의미를 생각해야 한다. 예를 들어, 제1종 과오가 치명적이라면 아주 작은 유의수준(예컨대, .01 또는 .005)을 선택해야 할 것인데, 이처럼 작은 유의수준은 제2종 과오의 가능성을 증대시키므로 조사자는 역시 제2종 과오의 함축적 의미도 고려해야 한다.

또한 제2종 과오에는 민감하지만 제1종 과오에 별로 민감하지 않은 경우라면, 귀무가설을 큰 유의수준(예컨대, .1 또는 .25)에서 검증할 수 있다. 그것은 큰 유의수준이 제1종 과오의 가능성을 증대시키지만, 제2종 과오의 가능성을 감소시키기 때문이다.

예를 들어, 마케터가 두 가지 상품모델 중에서 하나를 선택해야 하고 그들의 수익성에 큰 차이가 없다면 제1종 과오는 치명적이 아니다. 즉 마케터가 우수하다고 판단한 어느 모델을 선정해도 실제로 수익성의 차이가 없으므로 별다른 해가 없는 것이며, 제1종 과오를 범할 가능성을 크게 수용할 수 있다.

그러나 제2종 과오가 심각한 기회비용을 야기하는 경우도 있다. 귀무가설이 실제로는 허위인데도 불구하고 그것을 채택한다면, 마케팅 관리자는 두 가지 상품모델의 잠재 매출액 사이에 유의적인 차이가 없다고 생각하여 그릇된 모델을 선정할지도 모른다. 즉 귀무가설을 채택하였을 때, 그가 우수한 모델을 선택할 가능성은 단지 50%에 불과하다.

2-2 관찰자료의 산출

마케팅 조사의 보편적인 목적은 모집단들 사이에 존재하는 차이를 분석하거나 모집단 내 변수들 사이의 관계(이상적으로는 매출액과 마케팅 믹스의 요소 사이의 인과관계)를 상술하는 것인데, 마케팅 실험은 **풍부한 관찰자료를 생성**시켜 조사자로 하여금 이러한 조사목적을 달성하도록 허용한다.

특히 인과관계를 추론할 경우라면 – 외생요인을 통제하는 – 마케팅 실험이 가장 유효한 사료수집 방법이며 분산분석이나 구조방정식 모형분석을 위한 투입자료를 제공해 준다.

예를 들어, 조사자가 매출액과 가격에 관한 일련의 관찰치들을 산출하기 위해 가격을 조작하면서 매출액을 관찰한다면 최적의 가격을 암시받을 수 있을 뿐 아니라 가격변수에 관해 효과적인 전략을 수립할 수 있다.

즉 집단간 차이나 마케팅 변수간 관계를 상술하기 위해 적용되는 모든 분석은 어느 정도의 관찰자료를 필요로 하는데, 자료가 충분히 가용하지 않은 경우라면 마케팅 실험이 그러한 자료를 생성시킬 유일한 방법이기도 하다.

간혹 집단 간 차이나 변수 간 관계를 상술하기 위해 필요한 자료를 마케팅 시뮬레이션을 통해 구할 수도 있으나, 그러한 경우에도 시뮬레이션 모델을 구성하기 위해서는 어느 정도의 경험자료(관찰자료)가 필요하다.

3 마케팅 실험의 장점과 한계점

3-1 마케팅 실험의 장점

마케팅 조사에서 자료를 수집하고 분석하기 위해 이용되는 많은 기술적 기법들(descriptive techniques)이 결코 인과관계를 보여주지 못하는데 반해, 마케팅 실험에서는 조사자가 독립변수(들)를 직접적으로 조작하고 통제할 수 있으므로 종속변수와 독립변수 사이의 명확한 인과관계를 상술할 수 있고 그것은 인과적 조사(causal research)의 전제조건이 된다.

또한 기술적 조사는 사후조사(ex post facto research)라는 점에서 마케팅 실험과 다른데, 기술적 조사에서는 일단 종속변수를 관찰한 후, 왜 그러한 종속변수 값이 나타났는지를 설명해줄 수 있는 독립변수(들)를 찾아내게 된다. 조사자가 독립변수(들)에 대해 전혀 통제할 수 없기 때문에 고려되는 독립변수 이외에 다른 요인들이 종속변수에 미치는 영향을 추정할 수 없으며, 또한 그러한 변수들의 작용 순서도 밝힐 수 없기 때문에 인과적 추론이 불가능하다.

이러한 점에서 마케팅 실험은 인과적 조사를 설계하고 실행하기 위한 도구로서 다음과 같은 장점을 갖는다.

① 독립변수가 종속변수에게 미치는 효과를 계량적으로 나타내줄 뿐 아니라, 원하는 신뢰수준에서 종속변수의 추정치가 갖는 오차의 범위도 나타

내준다.

② 두 개 이상의 독립변수가 갖는 효과를 동시에 검증할 수 있다.

③ 독립변수들이 대체로 소규모로 조작되므로 위험이 적다. 즉 마케팅 믹스의 변경을 전체시장에 일반화하려는 결정에 앞서서 소규모로 그러한 독립변수의 조작이 갖는 효과를 검토해 볼 수 있다.

④ 마케팅 실험은 대체로 현실적 환경 내에서 실시되므로 수요예측 모델을 구성하는 데 필요한 자료를 산출해줄 수 있다.

3-2 마케팅 실험의 한계점

마케팅 실험은 실험실시를 저지하거나 실험결과의 유용성을 저해할 수 있는 여러 가지 제약도 갖고 있으므로 조사자는 다음과 같은 한계점들을 고려해야 한다.

① 조사자는 외생요인으로부터 시험단위들이 받는 영향을 상쇄시키기 위해 완전히 유사한 시험단위들(perfectly matched units)을 선정하거나 대단히 많은 수의 시험단위들을 선정해야 한다.
이는 마케팅 실험에서 실시의 적합성(compatibility)이라고 하는데, 실제의 마케팅 실험에서는 대체로 시험단위들이 상이하고, 숫자 상으로 충분하지 않기 때문에 적합성의 문제가 제기될 수 있다.

② 마케팅 실험에서 하나의 시험단위는 다른 시험단위로부터 영향을 받기 쉽다. 예를 들어, 실험처치가 가격인하인 경우, 통제점포의 고객들이 실험점포에서의 낮은 가격을 전해 듣고 몰려와 실험처치의 효과를 과장시킬 수 있는데, 이러한 현상은 오염(contamination)이라고 한다.

③ 조사자가 시험단위들에 대해 통제력을 갖지 못하는 경우에는 실험처치의 효과가 왜곡되기 쉬운데, 시험단위의 판매원이나 관리자로부터 협력을 제대로 얻지 못한다면 실험관리(management)의 문제가 제기된다.

④ 조사자가 시계열 자료(time-series data)를 얻기 위해 동일한 시험단위에 의존하든가 또는 마케팅 실험이 장기간에 걸쳐 실시되는 경우, 시험단위의 사망이나 폐업 등 망실(mortality)의 문제가 심각할 수 있다.

⑤ 마케팅 실험의 설계와 실시에는 장기간이 소요되므로 의사결정을 그때까지 연기해야 하는 시간(time)의 문제가 야기된다. 또한 실험기간이 지나치게 짧고 실험처치가 신기할 경우라면 실험처치의 효과가 과장될 수

도 있다.

⑥ 마케팅 변수들을 실험실에서 조작하는 일은 비현실적이지만, 그렇다고 해서 새로운 상품모델이나 마케팅 전략을 외부에 노출하면 경쟁자들이 그것을 복제하거나 보복적인 조치를 취할 수 있다. 따라서 조사자는 마케팅 실험의 현실성(realism)과 보안성(security)을 함께 고려해야 한다.

⑦ 조사자는 간혹 기술적인 제약으로 인해 상품을 실험용으로 적은 양만 이용하기가 곤란한 경우에 당면하기도 한다. 예를 들어, 정기 항공노선의 경우에는 마케팅 실험이 불가능할 정도로 항공기의 가격이 비싸다. 이러한 분할성(divisibility)의 문제는 촉진분야의 조사에도 관련되는데, 전국매체는 지역적으로 분할하여 구매될 수 없을 것이다.

⑧ 마케팅 실험은 마케팅 변수의 조작이 전국적으로 실시될 때나 영구적인 변화의 경우에 비해 비용이 적게 소요되지만, 역시 비용이 소요되므로 자금압박을 야기할 수 있다.

4 인과관계의 개념

마케팅에서는 "새로운 포장이 매출액을 10% 증대시켰다" 또는 "5%의 가격인하가 매출액을 25% 증대시켰다"와 같은 인과적 가설(*X*-causes-*Y* hypothesis)을 흔히 볼 수 있는데, 이러한 형태의 가설은 마케팅 프로그램의 평가나 새로운 전략수립에 유용한 정보를 제공해 준다.

그러나 인과관계(causality)에 대한 일반적인 개념과 학술적인 개념 사이에는 차이가 있다. 즉 일반적인 인과관계는 단 하나의 사상 *X*(cause)가 항상 다른 하나의 사상 *Y*(effect)를 야기한다는 의미(deterministic causation)이며 *X*가 바로 *Y*의 원인이 된다.

이에 비해 학술적인 인과관계는 *Y*가 여러 가지 요인들의 결합으로 나타나는 결과이며 *X*는 단지 그러한 요인 중 하나에 불과할 수 있음(probabilistic causation)을 뜻한다. 또한 학술적인 개념에 있어서는 *X*가 *Y*의 원인이라는 것을 명확하게 증명할 수도 없고 단지 그러한 인과관계의 존재를 추론할 뿐이다.

물론 그러한 추론을 위해 조사자는 인과적 조사를 실시하기에 앞서서 인과관계에 대한 임시적 가정(가설)을 설정해야 하는데, 인과적 가설은 기술적 가설에 비해 정보를 많이 포함하므로 더욱 유용하다.

또한 가설은 방향적 가설과 비방향적 가설의 형태로 구분된다. 즉 마케팅 실험자료를 다루는 데 있어서 전자(directional hypothesis)는 원인에 따른 결과(크기나 높이 등)의 방향을 가정하지만, 후자(nondirectional hypothesis)는 단지 원인에 따른 결과의 차이 유무만 가정한다.

이제 마케팅 현상으로부터 인과관계를 추론하기 위해서 전제되어야 하는 조건들을 살펴보자.

4-1 동반발생적 변이

변이의 동반발생(concomitant variation)이란 가설이 언급한 바와 같이 원인 *X*와 효과 *Y*가 함께 발생하거나 함께 변화는 정도로서, *X*가 *Y*의 원인이라는 진술의 타당성을 보여준다.

예를 들어, 판매원의 교육수준이 매출액에 영향을 미친다는 가설 하에서 교육수준이 높은 판매원이 판매를 잘 하고 그렇지 못한 판매원이 판매를 잘 못할 때, 또는 광고 캠페인이 소비자의 태도를 변화시켜 매출액을 증대시킨다는 가설 하에서 광고 캠페인이 실시된 후 매출액의 증대가 나타났을 때 조사자는 두 변수의 변이가 함께 발생한다고 말하고 인과관계의 가설을 그대로 유지할 수 있다.

그러나 인과관계를 인정하기 위해서는 아직도 매출액의 증가가 오히려 소비자의 태도를 변경시키지는 않았는지? 등의 문제를 검토해야 한다.

4-2 변수 간의 시간적 순서

두 번째 문제인 변수 간 시간적 순서(time occurrence of variables)는 한 변수가 적용되기 전후의 다른 변수(들)를 관찰함으로써 추론할 수 있다. 예를 들어, 영양식을 먹이기 전후의 건강상태를 관찰하였을 때 허약한 어린이가 건강해졌다면 영양식이 건강의 원인이라고 추론할 수 있다. 즉 원인이 되는 사상은 효과가 나타나기 전 또는 효과와 동시에 발생해야 한다.

이와 같이 변수 간 시간적 순서는 비교적 단순한 개념이지만, 간혹 두 개의 사상이 서로 원인과 효과가 되는 경우도 있다. 예를 들어, 개선된 태도가 매출액을 증대시킬 수도 있고, 구매가 태도를 우호적으로 변화시킬 수도 있다. 물론 이러한 관계에서 어느 것이 원인이고 결과인지를 확인하기 위해서는 구매결정에 관한 마케팅 이론을 참조해야 한다.

이제 변수들 사이에 동반발생적 변이와 시간적 순서가 확인되었지만, 인과

관계를 정당화하기 위해서는 아직도 *X*와 *Y*사이의 관찰된 관계가 다른 요인에 의해 야기된 것이 아닌지의 여부를 검토해야 한다.

4-3 여타의 원인적 요인의 제거

"소다수가 사람을 취하게 만든다"는 인과관계의 가설을 검증하기 위해 무작위로 할당된 세 개의 실험집단에 각각 스카치, 버번, 보드카와 소다수를 혼합하여 마시게 했다고 가정하자.

이때 모든 실험집단에서 소다수의 혼합음료를 마신 일과 취했다는 사실 사이에 동반발생적 변이를 발견할 수 있을 뿐 아니라, 인과관계를 추론하기 위한 두 사상의 시간적 순서도 뚜렷하므로 "소다수가 사람을 취하게 만든다"는 인과적 가설을 채택해야 할 것인가?

아마도 알콜성분이라는 소다수 이외의 다른 요인이 관찰된 결과의 원인임을 누구나 쉽게 알 수 있을 것이다. 이처럼 인과관계는 있을 법한 여타의 원인적 요인을 제거한 후에나 추론될 수 있다. 이때 그러한 요인들은 바로 **조사자가 관심을 갖고 조작하는 변수 이외의 것들**이기 때문에 외생요인이라고 한다. 즉 "소다수가 사람을 취하게 만든다"는 인과관계를 확인하기 위해서는 소다수 이외의 영향요인인 알콜의 흡수가 통제되었어야 한다.

제2절 마케팅 실험의 타당성과 외생요인

1 마케팅 실험의 타당성

마케팅 실험은 실제의 마케팅 현상을 복제하여 시장 모집단에 일반화할 수 있는 정보를 얻기 위해 실시되지만, 사실 실제의 마케팅 현상은 너무나도 복잡하기 때문에 현장에서든 실험실에서든 복제하기가 쉽지 않다.

따라서 아무리 훌륭하게 설계되고 실시되는 마케팅 실험일지라도 타당성의 문제를 안고 있으며, 조사자와 정보이용자는 모두 마케팅 실험의 타당성을 저해하는 요인들에 대해 관심을 가져야 한다.

1-1 마케팅 실험의 외적 타당성

마케팅 실험의 외적 타당성(external validity)이란 **실험의 결과를 모집단에게 일반화할 수 있는 정도**를 말한다. 즉 마케팅 실험을 실시하는 조사자는 시험집단이 표본으로서 모집단을 진정으로 대표하는가라는 문제를 심각하게 고려해야 하는데, 표본의 대표성이 없을 때 표본조사 결과를 일반화할 수 없듯이, 마케팅 실험의 외적 타당성은 우선 시험단위의 그릇된 선정으로부터 손상된다.

이에 대한 첫 번째 해결책은 시험단위들을 무작위로 선정하는 일인데, 만일 시험단위들의 대표성이 의심된다면 조사자는 실험결과를 전체시장(모집단)에 일반화할 수 없으며 실험결과에 대해 엄격한 통계적 평가도 내릴 수 없을 것이다.

둘째, 실험처치에 앞서 측정을 실시하거나 순차적 실험처치들은 시험단위 자체의 반응특성을 변화시킴으로써 표본의 대표성과 관련된 외적 타당성을 손상시킬 수 있다.

셋째, 시간이 경과함에 따라 시험단위 자체가 변화하거나(성숙 및 퇴행) 일부 시험단위가 시험집단에서 빠져나가는 일(망실)도 시험집단의 대표성을 손상시킬 수 있다. 즉 시험단위들이 처음 선정되었을 때에는 모집단을 완전히 대표했을지라도 실험과정을 거치면서 그러한 대표성이 손상될 수 있다.

넷째, 시험단위들의 선정이 그들의 자발적인 지원에 의존한다면 실험집단의 대표성에 의문이 제기된다. 즉 실험처치에 대한 지원자는 일반적으로 전체 모집단과 동일한 특성을 갖지 않을 것이다.

이상의 것들을 포함하여 외적 타당성을 손상시키는 다양한 요인들은 항상 명확하지 않고 애매하기 때문에 포착하여 측정하기가 어렵지만, 조사자는 최소한 그러한 요인들을 인식하고 조사를 설계하는 단계에서 문제점들을 완화하기 위한 방안을 고려해야 한다.

1-2 마케팅 실험의 내적 타당성

마케팅 실험의 내적 타당성(internal validity)이란 **실험처치와 종속변수 간 외형적 관계의 정확성**을 말한다. 다행스럽게도 추론통계학은 실험처치가 종속변수에 미치는 효과를 측정하는 데 있어서 표본오차를 추정하기 위한 도구를 제공하며, 이러한 오차를 감소시킬 수 있는 방법도 존재한다.

실험처치의 효과와는 별도로 종속변수에 영향을 미침으로써 마케팅 실험의 내적 타당성을 저해하는 외생요인은 다음과 같다. 물론 이러한 요인 중 일부는 당연히 실험의 외적 타당성을 저해하기도 한다.

2 외생요인

마케팅 실험설계를 설명하는 데 보편적으로 사용되는 기호는 다음과 같다.

X : 시험단위에 대한 실험처치의 적용을 나타낸다.

O : 시험단위에서 나타나는 반응(종속변수)의 관찰이나 측정을 나타낸다.

R : 시험단위들을 무작위로 처치집단들에 할당했다는 사실을 나타내며, 여기서 처치집단이란 동일한 실험처치를 적용받는 시험단위들의 집합을 말한다.

또한 왼편에서 오른편으로 기호를 표시해 나가는 것은 시간적 선후관계를 나타내며, 동일한 행의 모든 기호는 하나의 처치집단에 관련된 것이다. 또한 아래위 수직적으로 표시된 기호는 동시에 일어남을 뜻한다. 따라서 다음은 시험단위들을 두 개의 처치집단에 무작위로 할당하고 상이한 실험처치를 적용한 후, 각 집단에서의 반응을 동시에 측정하는 실험설계를 나타낸 것이다.

$R \quad X_1 \quad O_1$

$R \quad X_2 \quad O_2$

이제 마케팅 실험의 내적 타당성을 저해하는 외생요인들을 살펴보자.

2-1 역사

역사(history)란 **시간이 경과함에 따라 나타나는 외생요인의 변화**인데, 한 관찰시점에서 시험단위에 작용하는 외생요인은 관찰시점이 달라짐에 따라 변할 수 있으므로 마케팅 실험의 내적 타당성을 저해한다.

따라서 적절한 예방조치를 취하지 않거나 실험결과를 조정하지 않는다면 외생요인이 미치는 영향의 차이가 관찰치에 반영되어 실험처치의 효과에 포함될 것이다.

예를 들어, 실험점포에서 3주간 튀김닭의 매출액(O_1)을 측정한 후 상품의 형태를 바꾸고(X), 다시 3주간의 매출액(O_2)을 측정한다면 다음과 같은 실험 설계로 나타낼 수 있다.

O_1 X O_2

이때 조사자는 상품형태의 변경(실험처치)이 갖는 효과를 ($O_2 - O_1$)으로 측정하겠지만, 그러한 차이에 대한 원인이 반드시 상품형태의 변경만이라고 볼 수 없다. 즉 O_1과 O_2사이의 시점에서 월드컵 축구경기가 개막되었다면 야식용으로 튀김닭의 수요가 외생적으로 증가할 수도 있기 때문이다. 또한 계절의 변화도 마찬가지로 작용할 수 있다.

마케팅 실험은 두 관찰 사이의 시간간격이 길수록 역사에 기인하는 영향을 받기 쉬운데, 이러한 문제는 두 가지 방법으로 해결될 수 있다. 즉 조사자는 횡단적 자료(cross-sectional data, 각 시험단위로부터 동시에 수집되는 자료)를 수집함으로써 관찰 사이의 시간간격을 0으로 만들거나 시험단위들을 실험집단과 통제집단으로 나누고 역사에 기인하는 영향을 조정할 수 있다.

2-2 성숙

성숙(maturity)이란 역사와 비슷하지만, **시간이 경과함에 따라 시험단위 자체에서 나타나는 변화**라는 점에서 다르며, 시험단위 자체를 변화시키므로 대표성과 관련되는 외적 타당성도 저해한다.

시험단위가 사람이라면 그들은 시간이 경과함에 따라 나이를 먹고, 태도가 변하고, 경험이 쌓이고, 자극에 대해 다소 둔감해 지기도 하고, 피곤해지거나 관심을 바꾸기도 한다.

예를 들어, 특별한 약의 효과가 아니라도 청소년은 시간이 지남에 따라 키가 크기 때문에 1년간 특정한 약을 복용했다고 해서 그 동안 자란 키가 약효라고만 볼 수는 없을 것이다. 물론 성숙효과 자체가 성별과 같은 시험단위 특성에 따라 다를 수 있으므로 시험단위들의 무작위 할당이 필수적이다. 또한 시험단위가 점포인 경우에도 그러한 점포가 규모를 확장하거나 경영진을 교체할 수 있는데, 성숙의 성격과 해결책은 역사의 경우와 유사하다.

2-3 시험실시

O_1의 측정과정 자체는 O_1의 측정치에 영향을 미치거나(하나의 관찰 내에서 나타남) 또는 O_2의 측정치에 영향을 미칠 수 있다(관찰들 사이에서 나타남).

즉 전자의 경우, 처치 전 측정 O_1에서 시험단위로 선택되었다는 데에서 오는 '긴장감'이나 선발되었다는 '자부심'은 **처치에 앞서서 시험단위 자체의 반응특성을 변화**시켜 표본의 대표성에 관련되는 외적 타당성을 저해할 수 있다.

$$\overset{\curvearrowright}{O_1} \qquad X \qquad O_2$$

이와 같이 처치 전 측정이 시험단위들을 변화시킴으로써 마케팅 실험의 외적 타당성을 저해하는 현상은 체력훈련에 앞서서 무작위로 추출된 시험단위들의 기초체력을 측정할 때 그들이 평소보다 훨씬 훌륭한 결과를 보여주는 경우와 같은데, 그러한 결과를 모집단의 기초체력으로 간주하기는 곤란할 것이다(측정 자체가 야기하는 성숙으로서 main testing effect라고 함).

한편 후자의 경우, **처치 전 측정 O_1 자체가 시험단위들을 처치에 대해 민감**하게 만들어 다음 측정치에 영향을 미치는 현상으로 실험의 내적 타당성을 저해한다.

$$O_1 \qquad X \qquad \rightarrow O_2$$

예를 들어, 시험단위들은 특정 상표의 광고물에 노출될 경우에도 그들에 주의하지 못할 수 있다. 그러나 실험에 앞서서 그들에게 요즘 어떤 광고들을 보았는지 묻는다면(첫 번째 측정), 이러한 질문은 다음에 노출되는 광고물을 주의깊게 보도록 함으로써 다시 어떤 광고를 보았는지 물을 때(두 번째 측정) 시험단위들이 보다 많은 광고물에 주의하는 것으로 평가될 수 있다(한 번의 측정이 다음 번의 측정에 영향을 미치는 interactive testing effect).

또한 실험처치들이 순차적으로 적용될 때에도 선행하는 실험처치가 이어지는 실험처치에 대한 시험단위들의 반응에 영향을 미쳐 마케팅 실험의 내적 타당성을 저해할 뿐 아니라, 시험단위 자체의 반응특성에 영향을 미쳐 외적 타당성도 저해한다.

예를 들어, 시험단위에게 여러 가지 음료의 맛을 평가하도록 요구할 때 각 음료에 대한 그의 반응은 앞서 마신 음료에 의해 조건화될 것이다. 만일 첫 번째 음료가 대단히 달았다면 두 번째 음료가 약간 달더라도 쓰다고 느낄 수 있다(내적 타당성의 문제).

또한 시험단위가 먼저 마신 음료수의 맛을 대단히 선호하도록 변했다면 이제는 시험단위의 대표성이 의문시될 것이다(시험단위 자체의 변화이므로 외적 타당성의 문제).

이상과 같은 처치 전 측정이나 순차적 실험처치의 문제를 다루기 위한 한 가지 해결책은 처치 전 측정을 받은 시험단위에 관한 자료와 함께 처치 전 측정을 받지 않은 시험단위에 관한 자료도 수집하여 처치 전 측정에 기인하는 영향을 추정하고 조정하는 것이다.

2-4 도구의 사용

도구사용(instrumentation)의 문제는 **자료수집 도구의 가변성**에 관련된다. 마케팅 실험에서 관찰자들은 완전히 동일할 수 없기 때문에 관찰자마다 다른 방법으로 변수를 측정하거나 시험단위의 반응을 관찰할 수 있으며, 그의 퍼스낼리티가 시험단위로 하여금 다르게 반응하도록 영향을 미칠 수도 있다.

또한 시간이 경과하고 경험이 쌓여감에 따라 관찰자 자신이 변화할 것이므로 실험결과를 측정하고 해석하는 방법이 달라질 수도 있다.

만일 마케팅 실험의 효과를 측정하는 데 기계적 장치를 사용한다면 장비의 기능결함이 주요한 관찰을 빠뜨리거나 그릇된 값을 기록할 수도 있을 것이다.

이러한 도구사용의 문제는 단순화된 조사설계, 대단히 구성적이며 객관적인 설문지, 신중한 관찰자의 선발 · 훈련 · 감독, 철저한 실험관리 등을 통해 극소화될 수 있으며 만일 관찰자와 장비를 시험단위들에 무작위로 할당한다면 도구사용에 기인하는 외생요인의 효과를 완화할 수 있다.

2-5 통계적 회귀

극단적인 특성을 갖고 있는 시험단위들은 시간이 경과함에 따라 보다 평균적인 특성을 갖도록 변하는 경향을 갖는다. 예를 들어, 변변치 못한 판매원에게서도 고객을 다루는 방법이 개선될 것이며, 훌륭한 운동선수라도 시간이 경과함에 따라 평범해 지는데, 이러한 현상을 통계적 회귀(statistical regression)라고 한다.

통계적 회귀는 그것이 시간경과에 따라 시험단위 자체를 변화시켜 마케팅 실험의 내적 및 외적 타당성을 저하시킨다는 점에서 성숙효과와 유사한데, 사실 회귀는 시험단위가 이전의 특성으로 되돌아가거나 보다 평균적이 되어 가는 특수한 형태의 성숙인 셈이다.

예를 들어, 탁월한 운동선수도 슬럼프의 기간을 맞을 수 있고 판매실적이 저조한 영업사원도 어떤 계기로 좋은 성과를 올리게 될 수 있다.

조사자는 이러한 회귀현상에 대응하기 위해 극단적인 특성을 갖는 시험단위들을 실험에서 배제하거나 그들을 시험집단에 무작위로 할당할 수 있다. 그러나 첫 번째 해결책은 시험단위들의 대표성을 보증할 수 없으므로 실험결과의 외적 타당성을 저해할 것이며, 두 번째 해결책은 실험집단과 통제집단을 사용할 경우나 시험집단별 극단적 특성을 갖는 시험단위의 분포가 비슷한 경우에나 적합하다.

2-6 선택 편의

선택 편의(selection bias)란 **각 시험집단에 대해 이질적인 시험단위들을 선정하는 현상**이다. 그것은 실험집단을 통제집단과 다르게 하거나 전체로서 시험단위를 그것이 대표하는 모집단과 다르게 하여 내적 타당성 및 외적 타당성을 저해할 수 있다.

선택 편의의 문제는 신중하지 못한 조사설계나 시험단위의 자발적 참여에 기인하는데, 후자의 경우에는 실험처치에 대한 자원자가 나머지 사람들과 태도, 퍼스낼리티, 라이프 스타일 등에서 다를 수 있기 때문에 문제가 된다.

또한 실험처치의 효과를 평가하기 위한 시험집단들이 비협조적인 시험단위(들)를 포함하고 있다면 이에 기인하는 무응답은 실험결과를 왜곡시킬 수 있다. 그렇다고 해서 시험단위들로 하여금 자기가 참여할 처치집단을 선택하도록 허용한다면 실험집단과 통제집단이 매우 상이해 질 것이다.

선택 편의에 대한 가장 효과적인 예방책은 시험단위들을 무작위로 선정하고 할당하는 것이다. 그러나 이러한 일이 불가능하다면 조사자는 시험단위들의 특성차이를 측정하여 실험결과를 조정해야 한다.

2-7 망실

망실(mortality)이란 **시간이 경과함에 따라 시험단위들이 소멸하는 현상**을 말하는데, 실험기간 동안 시험단위들의 구성을 변화시킴으로써 마케팅 실험의 내적 타당성 및 외적 타당성을 저해한다.

이미 언급한 바와 같이 시험단위의 망실은 점포폐업이나 사망, 시험지역으로부터 전출, 참가자의 흥미상실 등에 기인하는데, 없어진 시험단위들은 남아 있는 시험단위들과 특성이 다를 것이므로 그들이 빠져나갈 때 시험집단의 구성은 당연히 대표성을 잃게 된다.

조사자는 이러한 망실의 문제에 대응하기 위해 우선 시험단위들을 층화(stratification)하고 많은 망실이 예상되는 층에 대해서는 충분한 수의 예비적 시험단위들을 선정해 둠으로써, 장기간 지속되는 실험과정에서도 대표성을 지닌 집단으로 남아 있도록 할 수 있다.

만일 예비적 시험단위가 필요하지 않게 된다면 그들에 대한 관찰을 버리게 되는데, 모든 시험단위들의 선정과 배제는 무작위로 수행되어야 한다.

물론 조사자는 실험기간을 짧게 하고 퇴진자를 저지하기 위해 인센티브 제공 등 적극적인 사후관리(follow-up) 프로그램을 적용할 수도 있다.

2-8 시험집단 간의 상호작용

실험집단과 통제집단 사이의 상호작용은 마케팅 실험의 내적 타당성을 심각하게 저해할 수 있는데 예를 들어, 실험점포에서의 가격인하 판매는 통제점포에서의 매출을 감소시킬 수 있다.

조사자는 시험집단 사이의 상호작용이 미치는 영향을 배제하기 위해 시험집단들을 충분히 격리시킬 수 있지만 이러한 일이 항상 가능한 것은 아니다.

3 마케팅 실험실시의 방법

마케팅 실험을 실시하는 방법은 크게 실험실 실험과 현장 실험이 있다.

3-1 실험실 실험

실험실 실험(laboratory experiment)이란 조사자가 실험목적에 부응하는 인위적인 환경을 만들어, 그 속에서 일부 변수들을 통제하면서 독립변수의 조작(실험처치)이 종속변수에 미치는 효과를 관찰하고 측정하는 실험이다.

예를 들어, 다양한 블라인드 테스트(미각시험이 대표적임)에서와 같이 조사자는 집단면접실이나 극장에서 시험단위들에게 새로운 상품 디자인이나 광고물을 보여주고 그에 대한 반응을 측정한다(CLT, central location test).

이러한 실험실 실험에서 인위적인 환경은 조사자로 하여금 종속변수에 대한 여러 가지 영향요인을 최대로 통제할 수 있도록 허용하므로, 실험의 내직 타당성은 대단히 높다.

그러나 인위적인 환경에서 관찰된 결과를 실제의 시장상황(모집단)에 일반화하기는 곤란하므로 외적 타당성은 매우 낮다.

3-2 현장 실험

현장 실험(field experiment)이란 실제의 시장상황에서 실험처치의 효과를 조사하는 실험이다. 예를 들어, 조사자는 TV 방송 중 실제로 광고물을 방영하고 그에 대한 시청자들의 반응을 측정할 수 있으며, 고객들은 가전제품이나 주방용품을 일정한 기간에 걸쳐 가정에서 사용해 보면서 느낌을 응답해 줄 수 있다(HUT, home usage test).

현장 실험은 실험결과를 실제의 시장상황(모집단)에 일반화할 수 있으므로 외적 타당성이 높다. 그러나 여러 가지 외생요인의 영향으로부터 독립변수 조작(실험처치)의 효과만을 분리하기가 어렵기 때문에 내적 타당성이 낮으며, 실험실 실험에 비해 시간과 비용이 많이 소요된다.

제3절 통계적 실험설계의 의의와 유형

기본적인 실험설계는 단순하며, 실험을 준비 · 수행하는 것이 용이하고 비용을 적게 소요할 뿐 아니라 하나의 독립변수가 특정한 값을 가질 때(하나의 실험처치에 대해) 종속변수의 값을 관찰함으로써 적절한 인과관계를 추론할 수 있도록 허용한다.

그러나 실험결과에 심각한 영향을 미치는 외생요인들이 무시될 수 있고 실험을 단일 독립변수의 조작만으로 제한한다는 단점을 갖는다. 따라서 마케팅 조사에서는 정규 실험설계중 한 형태(Posttest-Only with Control Group Design)를 근거로 다양한 통계적 실험설계를 개발하여 적용한다.

> ▸ marketingschool.com
> 정규실험설계를 포함하여 다양한 실험설계에 관해서는 마케팅스쿨 홈페이지를 참고하기 바랍니다.

1 통계적 실험설계의 의의

마케팅 조사에서는 대체로 다음과 같은 정규 실험설계를 근거로 인과관계를 추론하는데, 실무적으로 외생요인들을 통제(배제)하는 방법은 **그들의 효과가 실험집단과 통제집단에서 같도록 만들어 상쇄시키는 것이다**.

우선 새로운 포장(실험처치)이 매출액(종속변수)에 미치는 효과를 예시를 통해 검토하여 보자.

EG(실험집단) : $R \quad X \quad O_1$
CG(통계집단) : $R \quad \quad \quad O_2$

따라서 처치의 효과 $= (O_1 - Q_2)$

즉 조사자가 특정한 상품을 취급하고 있는 90개의 점포 중 20개 점포를 무작위로 선정하여(표본의 대표성) 10개는 실험집단, 나머지 10개를 통제집단으로 무작위 할당하고 마케팅 실험을 실시한다고 가정하자.

다수의 시험단위가 있는 경우, 실험처치의 효과는 실험단위들(실험집단)의 매출액 평균변화와 통제단위들(통제집단)의 매출액 평균변화 사이의 차이로 간주될 수 있다. 따라서

$$\overline{E} = \overline{X}_E - \overline{X}_C$$

여기서 $\overline{E}$ = 실험처치의 평균적인 효과
$\overline{X}_E$ = 실험단위들에 대한 종속변수의 평균변화율
$\overline{X}_C$ = 통제단위들에 대한 종속변수의 평균변화율

예시에서 시험단위로 선정된 점포들은 규모가 서로 다를 수 있으므로, 매출액의 변화를 각 점포 상호간에 비교할 수 있도록 하기 위해서는 절댓값 대신에 비율을 사용하는 편이 바람직하다.

❙ 도표 8-1 ❙ 마케팅 실험기간 중 매출액의 변화율

실험단위(*E*)		통제단위(*C*)	
점포(*i*)	매출액 변화율	점포(*j*)	매출액 변화율
1	13.7	1	2.4
2	7.0	2	4.8
3	9.8	3	−1.2
4	14.6	4	3.6
5	6.2	5	4.1
6	13.8	6	2.1
7	5.4	7	.9
8	18.6	8	−.7
9	15.3	9	4.6
10	6.7	10	1.7

〈도표 8-1〉은 90개의 점포로 구성되는 모집단으로부터 무작위로 선정된 20개 점포의 매출액 변화율을 보여준다. 실험처치를 적용받은 10개 점포의 평균변화율은 +11.11%이며, 통제단위로 사용된 10개 점포의 평균변화율이 +2.23%이므로 실험처치는 매출액을 +8.88%(=11.11%−2.23%)만큼 변화시켰다고 볼 수 있다.

$$\overline{X}_E = \frac{\sum_{i=1}^{10} X_{Ei}}{10} = \frac{111.1}{10} = 11.11$$

$$\overline{X}_C = \frac{\sum_{i=1}^{10} X_{Cj}}{10} = \frac{22.3}{10} = 2.23$$

$$\overline{E} = \overline{X}_E - \overline{X}_C = 11.11 - 2.23 = 8.88$$

그러나 이러한 값은 결론과 정보이용에 앞서서 규명해야 할 실험오차(일종의 표본오차)를 포함하고 있다. 실험오차는 실험처치의 효과에 대한 신뢰구간으로 표현되며, 그것을 추정하기 위한 방법은 근본적으로 확률표본으로부터 계산된 통계량의 신뢰구간을 추정하는 경우와 동일하다.

즉 조사자는 8.88%라고 추정된 매출액 변화율에 대한 신뢰구간을 설정해야 하며, 평균적인 실험처치 효과($\overline{E}$)의 표준오차는 다음 식에 의해 계산된다(크기는 알 수 없으나 두 모집단의 분산이 동일하다고 가정할 때, 두 개의 평균에 대한 가설검증).

$$S_{\bar{E}} = \sqrt{\frac{\sum_{i=1}^{n_E}(X_{Ei}-\bar{X}_E)^2 + \sum_{j=1}^{n_C}(X_{Cj}-\bar{X}_C)^2}{n_E+n_C-2}} = \sqrt{\frac{1}{n_E}+\frac{1}{n_C}} = 1.614$$

여기서 $S_{\bar{E}}$ = 평균 실험효과의 표준오차
n_E = 실험단위의 수
n_C = 통제단위의 수
X_{Ei} = 실험단위 i에 대한 매출액의 변화율
X_{Cj} = 통제단위 j에 대한 매출액의 변화율
$\bar{X}_E$ = 실험단위들의 매출액 평균 변화율
$\bar{X}_C$ = 통제단위들의 매출액 평균 변화율

따라서 조사자는 제7장에서 설명한 바와 같이 임의로 선정한 95%의 신뢰수준에서 실험처치의 효과 추정치에 대해 신뢰구간을 다음과 같이 설정할 수 있다.

$\bar{E}$ − 오차의 범위 < μ < $\bar{E}$ + 오차의 범위

$\bar{E} - Z_{.95}\, S_{\bar{E}} < \mu < \bar{E} + Z_{.95}\, S_{\bar{E}}$

$8.88 - 1.96(1.614) < \mu < 8.88 + 1.96(1.614)$

$5.379 < \mu < 12.381$

따라서 조사자는 새로운 포장의 효과가 매출액을 5.38% 내지 12.38% 증대시켰다는 사실을 95% 확신할 수 있다.

그러나 이러한 8.88%라는 새로운 포장의 효과(즉 실험집단과 통제집단의 매출액 변화율의 차이)는 표본오차에 기인하여 우연히 나타날 수도 있기 때문에 진정으로 그러한 효과가 통계적으로 유의성을 갖는지의 여부를 검토해 볼 필요가 있다.

뿐만 아니라 조사자가 최적의 가격이나 가장 효과적인 광고물, 최적의 상품디자인 등 독립변수의 최적수준을 결정하기 위해서는 독립변수의 여러 값들이 갖는 효과를 비교하고, 또한 동시에 두 개 이상의 독립변수(포장과 가격)가 결합하여 산출하는 효과도 검토해야 한다.

이러한 세 가지 필요성은 통계적 실험설계를 통해 충족될 수 있는데, 여기서 주의해야 할 점은 통계적 실험설계가 실험설계의 기본적인 개념을 바꾸려는 것이 아니라, 단지 실험결과를 분석하는 데 있어서 통계적 기법을 효과적으로 적용할 수 있도록 기본적인 실험설계를 정교하게 발전시킨 것에 불과하다는 사실이다.

SPSS : 두 평균의 차이검증(ttesti2.sav) – 마케팅스쿨 홈페이지 참고

분석 / 평균비교 / 독립표본 T검증
검정변수(매출변화)　집단변수(시험단위)　집단정의(집단1:1　집단2:2)
옵션: 양측검증이므로 그대로 95%(유의수준 5%)를 입력

SPSS : 두 평균의 차이검증 – 분석결과 요약

집단 통계량

	시험단위	N	평균	표준편차	평균의 표준오차
매출변화	실험단위	10	11.110	4.649	1.470
	통제단위	10	2.230	2.109	.667

집단 통계량

		Levene의 등분산 검정		평균의 동일성에 대한 t–검정						
		F	유의확률	t	자유도	유의확률(양쪽)	평균차	차이의 표준오차	차이의 95% 신뢰구간 하한	차이의 95% 신뢰구간 상한
매출변화	등분산이 가정됨	13.371	.002	5.550	18	.000	8.880	1.164	5.488	12.272
	등분산이 가정되지 않음			5.500	12.554	.000	8.880	1.614	5.379	12.381

① Levene의 등분산검증(귀무가설 = 등분산)결과 .2%로 등분산임을 가정할 수 없기 때문에 집단통계량 부분은 하부의 값(등분산이 가정되지 않음)을 이용.
② 양측검증 p–값 = .000 이므로 귀무가설을 기각할 수 있는데, 이는 양측검증 95%의 신뢰구간이 5.379 내지 12.381로서 모두 양수인 것으로도 알 수 있음.
③ 평균값을 비교할 때 실험단위(11.11)가 통제단위(2.23)보다 높음을 해석한다.

2 통계적 실험설계의 유형

마케팅 실험에서는 다음과 같은 유형의 통계적 실험설계들이 널리 이용되는데 완전무작위 설계, 무작위층화 설계, 라틴방격 설계는 하나의 독립변수가 종속변수에 미치는 영향을 다루기 위해 일원분산분석을 적용하며 요인배치 설계는 두 개 이상 독립변수의 영향을 다루기 위해 다원분산분석을 적용하게 된다.

2-1 완전무작위 설계

완전무작위 설계(CRD, completely randomized designs)란 통계적 실험설계의 가장 단순한 형태로서 〈도표 8-2〉에서와 같이 고객 서비스라는 단 하나의 독립변수가 종속변수에 미치는 효과를 검토하는 데 유용하다.

▌도표 8-2▐ 고객 서비스 효과에 대한 완전무작위 설계

고객 서비스		
상품배달	경품추첨	교환판매
S_1	S_5	S_9
S_2	S_6	S_{10}
S_3	S_7	S_{11}
S_4	S_8	S_{12}

이때 종속변수는 계량적으로 측정되어야 하며, 독립변수는 두 개 이상의 범주를 갖는 명목척도인데 독립변수의 각 범주(여기서는 상품배달, 경품추첨, 교환판매)를 실험처치라고 한다. 그 다음 조사자는 실험처치마다 모집단에서 추출된 표본들을 무작위로 할당하고 종속변수의 평균값들의 차이를 비교한다.

예를 들어, 조사자는 독립변수로서 고객 서비스를 선택하고 '상품배달', '경품추첨', 대금공제의 형태로서 '교환판매' 등 세 가지 실험처치(독립변수의 값 또는 범주)가 매출액에 미치는 효과를 분석한다고 가정하자.

완전무작위 설계에서는 모든 외생요인들이 동일하게 작용한다고 가정되며 어떠한 외부적 기준(점포인 경우라면 규모나 입지, 사람인 경우라면 나이나 경력, 소득 등)도 고려하지 않고, 시험단위들을 각 처치집단에 완전히 무작위로 할당한다는 점이 특징이다.

여기서 종속변수인 매출액이 처치집단 사이에 유의적인 차이를 보인다면 각 집단의 평균 매출액을 비교하여 최적의 실험처치(고객 서비스)를 결정하게 된다.

2-2 무작위층화 설계

완전무작위 설계(RBD, randomized block designs)에서는 − 외부 층화기준을 전혀 고려하지 않고 − 시험단위들을 각 처치집단에 무작위로 할당하였으므로, 모든 외생요인들의 영향이 각 처치집단에 걸쳐 동일하게 작용한다고 가정한 것이다.

그러나 일부 점포들은 상업지역에 입지한데 반해 다른 점포들은 주거지역에 입지하고 있으며, 만일 점포입지가 고객 서비스의 효과와 관련될 것이 명백하다면 점포입지가 미치는 영향을 따로 분리해야 할 것이다.

즉 점포입지에 따라 고객 서비스의 효과가 다르게 나타날 것이기 때문에 각 실험처치의 효과를 정확하게 밝히기 위해서는 시험단위들을 점포입지라는 외부 층화기준(외생요인)에 따라 몇 개의 계층으로 구분해야 한다.

예를 들어, 첫 번째 계층을 상업지역으로 하고, 두 번째 계층을 주거지역으로 하면 〈도표 8-3〉과 같이 무작위층화 설계를 계획할 수 있다.

| 도표 8-3 | 고객 서비스 효과에 대한 무작위층화 설계

점포입지	고객 서비스		
	상품배달	경품추첨	교환판매
상업지역	S_1	S_3	S_5
주거지역	S_2	S_4	S_6

무작위층화 설계에서 조사자는 일단 외부 층화기준에 따라 계층을 설정하고 각 계층별로 시험단위들을 추출한 후, 이들에게 각 실험처치를 무작위로 할당하는데 이러한 설계에서 각 처치는 각 계층에 최소한 한번 이상 나타나야 한다. 따라서 각 계층에는 최소한 처치의 수만큼의 시험단위를 포함하게 된다.

이와 같이 무작위층화 설계를 사용하는 근본적인 이유는 종속변수에서 나타나는 변이 중 일부를 외부 층화기준에 할당함(외부 층화기준에 기인하는 것으로 인정함)으로써 실험오차를 줄이려는 것인데, 이러한 점은 표본설계에서 층화 표본추출을 이용하는 목적과 유사하다.

한편 조사자는 두 개 이상의 외부 층화기준을 사용하여 시험단위들을 여러 계층으로 구분할 수도 있다. 예를 들어, 점포형태도 고객 서비스의 효과와 밀접하게 관련될 것으로 예상되며, 점포형태를 백화점과 수퍼마켓으로 구분할 수 있다면 시험단위들은 다음과 같이 네 개의 계층으로 구분된다.

계층	시험단위의 특성
1	상업지역 – 백화점
2	주거지역 – 백화점
3	상업지역 – 슈퍼마켓
4	주거지역 – 슈퍼마켓

2-3 라틴방격 설계

두 개의 외부 층화기준이 갖는 효과를 통제하고 측정하기 위해서는 라틴방격 설계(LSD, latin square designs)를 적용해야 하는데, 〈도표 8-4〉에서 행과 열은 모두 이러한 외부 층화기준을 나타낸다.

그러나 라틴방격 설계에서는 각 외부 층화기준의 범주가 처치의 수와 같아야 한다는 제약이 있다. 예시에서는 실험처치가 세 가지이므로 점포입지를 상가지역, 주거지역, 사무지역으로 구분하고 점포형태도 백화점, 슈퍼마켓, 할인매장으로 구분해야 한다. 마찬가지의 원리에서 실험처치의 수가 다섯 가지라면 행과 열의 수도 5가 되어야 하므로 5×5 라틴방격 설계가 된다.

라틴방격 설계의 또 다른 특성은 실험처치를 각 처치집단에 무작위로 할당하는데 있어서 반드시 행과 열에 한 번씩만 나타나야 한다는 점이다. 따라서 실험처치를 A, B, C라고 한다면 라틴방격 설계는 〈도표 8-4〉와 같다.

| 도표 8-4 | 고객 서비스 효과에 대한 라틴방격 설계

점포형태	점포입지		
	상업지역	주거지역	사무지역
백화점	A	B	C
슈퍼마켓	B	C	A
할인매장	C	A	B

* A, B, C는 각각 상품배달, 경품추첨, 교환판매라는 고객서비스임.

▸ marketingschool.com

세 개의 외부 층화기준을 허용하는 그리코 라틴방격 설계에 관해서는 마케팅스쿨 홈페이지를 참고하기 바랍니다.

2-4 요인배치 설계

앞에서 설명한 완전무작위 설계, 무작위층화 설계, 라틴방격 설계 등의 통계적 실험설계는 – 설사 여러 가지의 실험처치(독립변수의 범주)를 가질지라도 – 단지 하나의 독립변수가 종속변수에 대해 미치는 효과를 검토하기 위한 것이며, 따라서 독립변수간 상호작용이 없다.

이에 비해 요인배치 설계(FD, factorial design)란 두 개 이상의 독립변수가 종속변수에 미치는 효과를 동시에 밝히기 위해 적용할 수 있는 통계적 실험설계이며, 독립변수들 사이에 상호작용이 있는지 여부도 밝혀준다.

요인배치 설계에는 몇 가지 용어들이 독특한 의미로 사용되므로 조사자는 우선 이러한 용어들에 익숙해야 한다.

① 요인(factor)

실험기간 동안 조작되는 독립변수로서 예를 들면, 상품 디자인이나 가격, 색채, 유통경로 등이 있다.

② 수준(level)

요인의 효과가 검토되는 실험처치의 구체적인 값을 말한다. 요인수준은 요인이 가격이라면 2천원, 3천원, 5천원 등과 같이 계량적일 수도 있고 요인이 색채라면 빨강, 노랑, 파랑과 같이 비계량적일 수도 있으나 요인배치 설계에서는 항상 요인수준들을 (독립변수의) 범주로 취급한다.

③ 실험처치(treatment 또는 treatment combination)

각 요인에 대해 하나씩 선택한 요인수준의 조합으로서 예를 들면, '2천원의 가격과 노란 포장'이나 '5천원의 가격과 파란 포장' 등이다.

④ 반응(response)

특정한 실험처치를 적용받은 시험단위의 종속변수 값이다. 예를 들어, '3천원의 가격과 빨간 포장'이라는 실험처치의 반응이 340단위의 매출액으로 나타날 수 있다.

⑤ 요인효과(factor effect)

요인의 수준 차이에 기인하여 나타나는 반응 차이를 말한다. 예를 들어, 포장요인이 불변이고 가격요인을 6천원의 수준(하나의 실험처치)에서 5천원의 수준(또 다른 실험처치)으로 변경했을 때 매출액 반응이 310단위로부터 340단위로 변했다면 가격요인의 효과는 30단위의 증가라고 말할 수 있다.

만일 세 개 이상의 요인수준이 존재한다면 요인의 효과를 약간 다른 방법으로 측정해야 하는데, 아마도 각 요인수준에서의 반응 차이를 평균할 수 있을 것이다. 이러한 요인효과는 주효과와 상호작용 효과로 구성된다.

⑥ 주효과(main effect)

다른 요인의 수준과 관계없이 자체 요인의 변화에만 기인하는 효과이다. 만일 한 요인의 수준(가격)을 변화시켜도, 다른 요인의 수준(용기의 형태)과는 관계없이 일정한 크기의 요인효과가 산출된다면 그 요인은 다른 요인과 독립적이다.

이때 그러한 요인효과는 해당요인 자체만의 변화에 기인하는 주효과라고 하며, 주효과의 크기는 모든 실험처치들이 적용되었을 때 특정한 요인이 다수의 요인수준에 걸쳐 보이는 평균적 효과로 나타낼 수 있다.

⑦ 상호작용(interaction)

한 요인의 수준변화가 갖는 효과가 다른 요인의 수준에 따라 다르다면 두 요인은 독립적이지 않으며, 요인들 사이에 상호작용이 있는 것이다. 예를 들어, 〈도표 8-5〉에서처럼 청량음료 가격(요인)의 10% 인상(수준)이 캔음료의 경우(용기형태라는 요인의 한 수준) 매출액을 4,000단위나 감소시키지만, 병

도표 8-5 상호작용의 예시

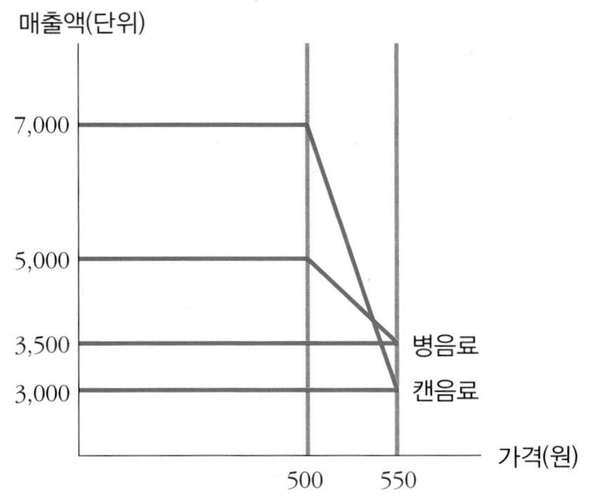

음료의 경우(용기형태라는 요인의 다른 수준) 매출액을 1,500단위만 감소시킨다면 가격변경과 용기의 형태란 두 요인 사이에는 상호작용이 있는 것이다.

이상과 같은 용어를 충분히 이해했다면 이제 요인배치 설계의 유용성을 두 가지로 구분하여 살펴보기로 하자.

① 두 개 이상 독립변수들의 동시적 효과 분석

요인배치 설계의 한 가지 장점은 두 개 이상의 독립변수가 하나의 종속변수에 미치는 동시적인 효과를 검토할 수 있다는 점이다.

예시를 위해 고객 서비스와 매장형태가 매출액에 미치는 동시적인 효과를 검토해 보기로 하자. 이러한 조사과제에 대해서는 당연히 요인배치 설계가 계획되어야 하는데, 이때 조사자는 두 개의 독립변수(고객 서비스와 매장형태)를 고려하는 것이며 각 독립변수는 명목척도(범주)이어야 한다.

이미 용어에서 설명한 바와 같이 요인배치 설계에서는 독립변수를 요인이라고 부르며, 독립변수의 값(독립변수의 범주)을 요인의 수준이라고 한다. 따라서 〈도표 8-6〉의 예시에서 매장형태라는 요인은 두 개의 수준을 가지며, 고객 서비스라는 요인은 세 개의 수준을 가지므로, 전체적으로 2×3 요인배치 설계를 구성한다.

또한 여기서 A_1 B_1, A_1 B_2, … , A_2 B_3와 같이 매장형태의 각 수준과 고객 서비스의 각 수준을 결합한 여섯 가지(2×3)의 조합은 실험처치라고 하며, 시험단위들이 무작위로 할당되어 각 실험처치를 받게 될 때 동일한 실험처치를 받게 되는 시험단위들을 처치집단이라고 한다.

물론 4×3 요인배치 설계라면 12개의 처치집단이 있고 각각 2, 4, 5개의 수준을 갖는 세 요인이 적용된다면 40개(=2×4×5)의 처치집단이 있을 것이다. 물론 처치집단의 수만큼 표본이 각 모집단을 대표하는 것이다.

이때 동일한 실험처치를 적용받은 시험단위라도 그들의 종속변수 값이 다를 수 있는데, 조사자는 이러한 종속변수 값들의 가변성(variability)을 평가하

❙ 도표 8-6 ❙ 매장형태와 고객 서비스에 대한 2×3 요인배치 설계

매장형태	고객 서비스		
	상품배달(B_1)	경품추첨(B_2)	교환판매(B_3)
정규매장(A_1) 특설매장(A_2)	A_1B_1 A_2B_1	A_1B_2 A_2B_2	A_1B_3 A_2B_3

기 위해 시험단위들 사이의 변이를 계산해야 한다. 따라서 각 처치집단에는 2개 이상의 시험단위가 필요하므로, 예시에서 전체적으로 필요한 시험단위의 수는 12개 이상이다.

② 요인들 사이의 상호작용 탐지

요인배치 설계는 요인들이 독립적인지 또는 상호작용을 하는지 밝혀줄 수 있다. 예를 들어, 포장을 청색이나 금색으로 하고 가격을 6천원과 5천원으로 할 때 네 가지의 실험처치에 대한 시험단위들의 매출액이 〈도표 8−7〉과 같다고 가정하자.

❙ 도표 8−7 ❙ 주효과만을 나타내는 2×2 요인배치 설계

		포 장	
		청색(B)	금색(G)
가격	6천원	R (6천원, B) = 310	R (6천원, G) = 370
	5천원	R (5천원, B) = 340	R (5천원, G) = 400

이때 가격이라는 요인과는 관계없이 청색 포장에 비해 금색 포장은 매출액이 60 단위가 많으며, 포장이라는 요인에 관계없이 5천원의 가격은 6천원의 가격에 비해 매출액이 30단위가 많다.

따라서 실험오차가 없고 외생요인들의 영향이 적절하게 통제되었다고 가정하면 두 요인은 상호작용이 없으므로 독립적인 것이며, 이때 60과 30은 각각 포장과 가격요인의 주효과라고 한다.

그러나 실험의 결과가 〈도표 8−8〉과 같이 나타났다면 어떠한가? 〈도표 8−8〉에서 상이한 가격요인 수준의 매출액은 포장요인의 수준에 따라 다르게 나타난다.

즉 [R(5천원, B)−R(6천원, B)=40]이며 [R(5천원, G)−R(6천원, G)=30]이

❙ 도표 8−8 ❙ 상호작용(또는 실험오차)을 보여주는 2×2 요인배치 설계

		포 장	
		청색(B)	금색(G)
가격	6천원	R (6천원, B) = 300	R (6천원, G) = 370
	5천원	R (5천원, B) = 340	R (5천원, G) = 400

다. 또한 포장의 효과도 역시 가격의 수준에 따라 다르게 나타나는데, [R(6천원, G)−R(6천원, B)=70]이며 [R(5천원, G)−R(5천원, B)=60]이다.

이러한 차이(한 요인의 수준에 따라 다른 요인의 효과가 다르게 나타나는 차이)는 실험오차 또는 두 요인 사이의 상호작용에 기인한 것이므로, 만일 실험오차가 없다고 가정하면 상호작용이 존재한다는 사실을 보여주는 것이다.

즉 두 개 이상의 요인이 동시에 작용하면 전체효과가 각 요인의 주효과 합계보다도 크게 나타나는 경우가 있는데, 이러한 추가적인 효과를 상호작용의 효과(interaction effect)라고 한다. 마케팅에서 요인들 사이의 상호작용은 대단히 보편적인 현상이며 요인의 수가 증가함에 따라 상호작용의 수도 다음과 같이 증가한다.

요인	주효과	상호작용의 효과
A, *B*	*A*, *B*	*AB*
A, *B*, *C*	*A*, *B*, *C*	*AB*, *BC*, *AC*, *ABC*

한편 **무작위층화 설계에서는 외부 층화기준(blocking factor)과 독립변수 사이에 상호작용이 없다**고 가정하며, **라틴방격 설계에서는 두 개의 외부 층화기준 사이에도 상호작용이 없다**고 가정하고 있음에 유의해야 한다.

제 9 장

분산분석의 원리와 실험결과의 분석

제 1 절 | 분산분석의 원리와 적용

제 2 절 | 마케팅 실험결과의 분석

근본적으로 두 개 이상 모집단들의 평균 사이에 차이가 있는지 아닌지를 검토하기 위한 것이다(모집단 평균이 두 개일 때에는 t-검증도 가능함).

조사자가 만일 전수조사를 실시하여 모집단 평균 사이에 차이가 있는지의 여부를 결정한다면 절차가 매우 단순하며 '기술적 통계학'의 방법론이 이용될 것이다.

그러나 전수조사 대신에 표본조사를 실시한다면 매우 복잡한 문제가 발생하는데, 그것은 표본조사에서 평균간 차이가 발견되었을 경우에라도 그것이 표본오차에 의해 우연히 나타날 수 있으므로, 실제로 모집단 평균 사이의 차이를 주장할 만한 증거가 되는지의 여부(유의성)를 검증해야 한다.

즉 표본평균들 사이의 차이가 클수록, 그리고 각 표본내의 분산이 작을수록 표본평균들의 차이가 모집단 평균들의 차이를 반영하는 것이라고 주장할 근거가 될 것인데, 이러한 목적으로 이용되는 분석기법이 바로 분산분석이다.

따라서 본장에서는 분산분석의 개념과 적용 절차를 개관하고, 제8장에서 제시한 통계적 실험설계로부터 수집한 자료들을 분석하기 위한 실무적 과정을 살펴본다.

제 1 절 분산분석의 원리와 적용

1 분산분석의 개요

마케팅 실험의 결과로부터 **시험단위가 추출된 모집단마다 종속변수의 평균이 동일하다**는 귀무가설을 검증하기 위해서는 분산분석(ANOVA, analysis of variance)을 적용해야 한다.

분산분석은 계량적 종속변수에 대해 범주적 독립변수(들)가 미치는 효과를 독립변수의 다양한 수준에서 분석하기 위한 통계적 기법인데, 가장 단순한 형태는 두 개 이상의 실험처치로 구성된 범주적 독립변수와 하나의 계량적 종속변수 사이의 관계를 다루는 것이다.

예를 들어, 조사자가 두 가지 광고물이 상품품질에 관한 소비자 지각에 미치는 효과를 비교한다면 그것은 '두 가지 실험처치로 구성된 하나의 독립변수'가 하나의 계량적 종속변수에 미치는 효과를 분석하는 것이다.

따라서 분산분석의 귀무가설은 **두 개 이상의 모집단에서 종속변수의 평균이 같다**는 명제이며, 모집단 평균을 μ로 나타내면 "$\mu_1=\mu_2=\cdots=\mu_k$"가 된다. 만일 귀무가설을 기각하지 못한다면 조사자는 처치별 시험단위들이 추출된 각 모집단의 종속변수(통상 매출액)가 상이하다고는 말할 수 없으며, 또한 실험처치들이 종속변수에 대해 상이한 효과를 미친다고 주장하기에는 통계적 근거가 불충분하다는 결론을 내려야 한다.

그러나 귀무가설을 기각할 수 있다면 조사자는 처치별 시험단위들이 추출된 각 모집단의 평균들이 '진정으로' 다르다는 결론을 내려야 한다. 즉 **표본조사에서 관찰된 표본평균의 차이가 단순히 표본오차에 기인한 우연의 탓으로 돌릴 수 없도록 '유의적'이며, 그것은 실험처치들이 종속변수에 대해 상이한 효과를 갖는다**는 의미이다.

분산분석은 〈도표 9-1〉에서처럼 전체분산을 두 가지 원천으로 분할하여 F-값이라고 하는 분산비율을 결정한다. 이때 F-값은 실험처치에 기인하는 집단 간 변이와 실험처치로 설명되지 않는 집단 내 변이로 분리하고 각각을 해당하는 자유도로 나누어 각 분산을 계산한 후, 집단 간 분산을 집단 내 분산으로 나눈 값이다.

도표 9-1 *F*-값과 통계적 유의성

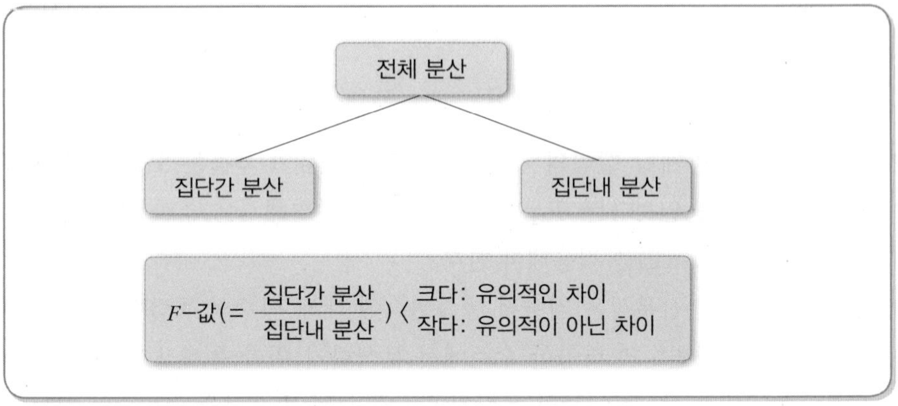

만일 **모집단 평균들 사이에 '진정한' 차이가 없다면, *F*-값의 분자(집단 간 분산)는 분모(집단 내 분산)에 비해 상대적으로 작아서 *F*-값도 작을 것이다**. 이에 반해 모집단 평균들 사이에 '진정한' 차이가 있다면 분자(집단 간 분산)가 분모(집단 내 분산)에 비해 상대적으로 커서 *F*-값도 클 것이다.

따라서 조사자는 표본으로부터 계산된 *F*-값(검증 통계량)을 분포표에서 유의수준에 해당하는 *F*-값(임계 통계량)과 비교하여 **검증 통계량 *F*-값이 임계 통계량 *F*-값보다 크다면 처치집단 평균들 사이에 유의적인 차이가 있으며, 모집단 평균들이 진정으로 다르다는 결론**을 내린다.

즉 *F*-분포표는 동일한 평균과 분산을 갖는 정규모집단들로부터 무작위로 표본을 추출했을 때 특정한 크기 이상의 *F*-값이 얻어질 확률을 보여준다.

2 분산분석의 주요 가정

분산분석을 적절하게 적용하기 위해서는 다음과 같은 두 가지 가정이 충족되어야 한다. 그러나 다행스럽게도 분산분석은 이러한 가정들에 관해 의연하기 때문에 표본들의 크기가 유사하다면 이러한 가정들의 일탈에 민감하지 않다.

① 시험단위에 대한 관찰들은 독립적이어야 하는데, 상이한 시험단위에 대해서 실험처치를 무작위로 적용한다면 용이하게 충족될 수 있다.

② 시험단위들이 추출된 모집단들은 동일한 분산을 갖는 정규모집단이여야 한다.

3 분산분석의 적용 절차

분산분석은 **실험처치들이 종속변수에 미치는 효과가 동일하다** 또는 **시험단위들이 추출된 각 모집단의 종속변수 평균은 동일하다**는 귀무가설을 검증하기 위한 통계기법이며, 다음과 같은 절차에 따라 실험결과를 분석한다.

3-1 원천별 변이의 계산

이미 제5장 '산포도'에서 설명한 바와 같이 변이(variation)란 개별값들의 가변성 정도를 나타내는 지수로서 편차제곱의 합(SS, sum of squares)으로 계산된다. 따라서 변이는 원천별로 다음과 같이 구할 수 있다.

① 전체변이

각 개별값과 그들의 전체 평균(grand mean) 사이의 편차를 제곱하여 합산한다. 따라서 제곱항의 수는 전체 개별값의 수와 동일하다.

② 처치집단 사이의 변이

처치집단별 평균과 그러한 평균들의 평균 사이의 편차를 제곱하고 해당 처치집단 내 개별값의 수로 가중하여 합산한다. 따라서 제곱항의 수는 처치집단의 수와 동일하다.

③ 계층 사이의 변이

외부 층화기준을 사용하는 무작위층화 설계나 라틴방격 설계에 있어서 계층별 평균과 그러한 평균들의 평균 사이의 편차를 제곱하고 해당 계층 내 개별값의 수로 가중하여 합산한다. 따라서 제곱항의 수는 계층의 수와 동일하다.

④ 요인배치 설계에서 요인 사이의 변이

요인수준별 평균과 그러한 평균들의 평균 사이의 편차를 제곱하고 해당 요인수준 내 개별값의 수로 가중하여 합산한다.

⑤ 실험오차

모든 처치집단에 대해서 처치집단 내 개별값과 그들의 평균 사이의 편차를 제곱하여 합산한다. 무작위층화 설계와 라틴방격 설계에서는 (전체변이 − 처치집단 사이의 변이 − 계층 사이의 변이)로 계산한다.

⑥ 요인배치 설계에서 상호작용 변이
(전체변이 − 각 요인 사이의 변이 − 실험오차)로 계산한다.

3-2 자유도의 계산

역시 제5장 '산포도'에서 설명한 바와 같이 모집단을 묘사하거나 단순히 표본을 묘사하려는 경우라면 각 변이를 구성원으로 나눈 평균값(분산, mean squared deviation)이 산포도에 대한 훌륭한 측정치이다.

그러나 표본의 분산을 갖고 모집단의 분산을 추정하려는 경우에는 표본의 변이를 표본 구성원의 수 대신에 자유도(DF, degree of freedom)로 나누어야 타당하다는 점은 매우 직관적이다.

즉 표본의 크기가 1일 때, 관찰치 자체가 표본평균이며 이러한 값은 모집단 평균에 관해 무엇인가 의미한다. 그러나 표본내 개별값들의 가변성이 존재하지 않으므로 모집단내 개별값들의 가변성에 관해서는 어떠한 아이디어도 제공하지 못한다. 예를 들어, 농구팀의 한 선수의 키가 180cm라는 관찰은 모든 선수들의 평균 키를 180cm로 추정할 수 있도록 허용하지만, 전체 선수들의 키가 얼마나 들쭉날쭉한지에 관해서는 전혀 알 수 없다.

후자의 정보는 표본의 크기가 1을 초과하는 만큼만 제공될 뿐이다. 즉 조사자가 모집단내 개별값들의 가변성을 추정하려는 경우에는 단지 (표본내 개별값들의 수−1)개의 정보조작만을 갖게 되므로 표본의 변이를 $(n-1)$로 나눈 표본분산(sample variance 또는 MS, mean of squares)을 구해야 한다. 이때 $(n-1)$의 개념을 자유도라고 한다.

자유도란 **이미 알려져 있거나 고정된 변량을 제외하고 자유롭게 변화될 수 있는 변량의 수**를 의미한다. 예를 들어, 5개 변량의 평균이 25라면 4개의 변량만이 자유롭게 변할 수 있으며 나머지 한 변량은 평균이 25라는 제약조건 때문에 고정되므로 자유도는 4가 된다.

3-3 *F*-값의 계산 및 가설검증

① 변이의 각 원천별로 자유도를 구하고, 변이의 크기를 자유도로 나눔으로써 각 원천별 분산을 계산한다(분산=변이/자유도).

② 각 원천별 분산의 크기를 실험오차에 기인하는 분산의 크기로 나눔으로써 각 원천에 대해 검증 통계량인 F–값(검증 통계량임을 나타내는 T를 아래첨자로 사용하여 F_T)을 계산한다.

③ F–분포표를 참조하여 임의로 정한 유의수준에 있어서 가설검증의 임계 통계량인 표의 F–값(임계 통계량임을 나타내는 C를 아래첨자로 사용하여 F_C)을 찾는다.

④ 표본조사로부터 계산된 F–값(F_T)과 분포표의 F–값(F_C)을 비교하여 귀무가설을 검증한다. 만일 $F_T > F_C$라면 귀무가설을 기각하지만, $F_T < F_C$라면 현재의 표본조사 결과만으로는 귀무가설을 기각할 수 없다는 결론을 내린다.

$F_T > F_C$: **귀무가설을 기각**
$F_T < F_C$: **현재의 표본조사 결과만으로는 귀무가설을 기각하기에 불충분**

그러나 이상과 같은 전통적 가설검증은 귀무가설의 기각여부가 조사자가 임의로 정한 유의수준에 따라 결정된다는 불편함을 안고 있다.

따라서 현대적 가설검증에서는 표본조사에서와 같은 F–값을 얻었을 때 귀무가설이 진실일 확률(즉 귀무가설이 진실일 때 표본조사 결과보다 큰 F–값을 얻을 확률, p–값, 표본조사 결과의 유의확률 또는 유의성 수준)을 구하여 제시만 해주고 귀무가설의 기각여부는 정보이용자가 스스로 정한 유의수준에서 결정하도록 남겨둔다.

즉 정보이용자는 그러한 확률(p–값)이 자신이 정한 유의수준보다 작을 때 귀무가설을 기각하면 되는 것이다. 이러한 일은 정보이용자에게 보다 풍부한 정보와 자유재량을 제공하므로 조사자는 가능하다면 조사결과의 **유의성 수준을 $p<.xxx$로 나타내는 방식**을 취해야 한다($p=.xxx$로 표시하지 않음).

p–값(조사결과의 유의성 수준) < 유의수준 : 귀무가설을 기각
p–값(조사결과의 유의성 수준) > 유의수준 : 귀무가설을 기각하기에 통계적 증거가 불충분하므로 어쩔 수 없이 채택

▸ marketingschool.com
특정한 분포의 p–값을 구하거나 p–값으로부터 해당하는 분포의 통계량을 구하려면 마케팅스쿨 홈페이지를 참고하기 바랍니다.

제2절 마케팅 실험결과의 분석

분산분석을 통한 가설검증 절차를 제8장 제3절에서 예시한 통계적 실험설계들에 적용시켜 보이면 다음과 같다.

1 완전무작위 설계

하나의 독립변수가 갖는 실험처치들의 효과를 분석하기 위한 분산분석은 독립변수의 수가 하나이므로 일원 분산분석(one-way ANOVA)이라고 한다. 〈도표 9-2〉는 고객 서비스 유형별로 시험단위가 4개씩 할당된 예로서, 시험단위들의 종속변수 값을 보여준다.

❙ 도표 9-2 ❙ 고객 서비스 효과에 대한 완전무작위 설계

고객 서비스		
상품배달	경품추첨	교환판매
5	8	15
7	14	18
14	13	20
10	17	11

1-1 원천별 변이의 계산

① 모든 시험단위의 개별값을 평균하여 총평균(grand mean)을 구한다.

② 처치집단별 평균을 구한다.

③ 총평균과 시험단위의 개별값 사이의 편차제곱을 합산하여 전체변이를 구한다.

④ 총평균과 처치집단별 평균 사이의 편차제곱을 처치집단별 시험단위수로 가중합계하여 집단 간 변이(실험처치에 기인하는 변이)를 구한다.

⑤ (전체변이 − 집단 간 변이)로 실험오차를 구한다. 또는 처치집단별 평균과 해당 집단 내 시험단위의 개별값 사이의 편차제곱을 모든 처치집단에 걸쳐 합산하여 집단 내 변이(실험오차에 기인하는 변이)를 구해 실험오차로 삼는다.

▸ marketingschool.com

각 통계적 실험설계에 있어서 원천별 변이를 구하는 공식과 해설은 마케팅스쿨 홈페이지를 참고하기 바랍니다.

1-2 각 변이에 대한 자유도의 계산

각 변이의 원천별 자유도는 다음과 같이 계산된다.

변이의 원천	자유도
고객 서비스 실험오차	처치집단수 − 1 처치집단별(시험단위수 − 1)의 합계
전 체	전체 시험단위수 − 1

1-3 분산분석표의 작성과 활용

〈도표 9-2〉의 자료에 분산분석을 적용하면 〈도표 9-3〉과 같은 분산분석표를 작성할 수 있다.

| 도표 9-3 | 완전무작위 설계의 분산분석표

변이의 원천	변이의 크기	자유도	분 산	F-값	p-값
고객 서비스 실험오차	98.667 134.000	2 9	49.333 14.889	3.313	.083
전 체	232.667	11			

분모의 자유도가 9, 분자의 자유도가 2일 경우 유의수준 10%(α = .10)에서 F-값의 임계 통계량을 F-분포표에서 찾으면 F_C=3.01이 된다. 표본으로부터 계산된 검증 통계량 F-값(F_T)은 3.31로서 $F_T > F_C$이므로, 조사자는 **고객 서비스의 유형이 매출액에 미치는 효과가 동일하다**는 귀무가설을 기각할 수 있다.

즉 귀무가설이 진실일 때 이러한 크기 이상의 F-값이 표본조사에서 우연히 얻어질 확률은 10% 미만(유의성 수준인 p-값을 참조할 때 정확하게는 8.3% 미만)이기 때문에 조사자는 귀무가설을 기각할지라도 최악의 경우에도 8.3%보다 작은 제1종 과오를 범하게 된다.

따라서 조사자는 **고객 서비스 유형에 따라 매출액에 미치는 효과가 다르다**는 결론을 내릴 수 있는데, 이러한 결론은 단순히 표본조사 결과의 p-값(예시에서는 .083)만 임의의 유의수준(.100)과 비교하여 내릴 수 있다.

조사자는 그 다음 〈도표 9-4〉를 검토하여 '교환판매'가 최선의 고객 서비스임을 확인하게 된다.

| 도표 9-4 | 고객 서비스별 종속변수의 기술통계량

고객 서비스	시험단위의 수	평 균	표준편차	표준오차	95%의 신뢰구간
상품배달	4	9	3.92	1.96	2.77 to 15.23
경품추첨	4	13	3.74	1.87	7.05 to 18.95
교환판매	4	16	3.92	1.96	9.77 to 22.23

* $n<30$ 이므로 t-분포를 이용

그러나 이상의 분석은 세 가지 고객 서비스들 사이에 유의적인 효과 차이가 있다는 사실만을 확인해 줄 뿐이며, 어느 고객 서비스 사이에서 그러한 유의적인 차이가 있는지는 알 수 없다.

즉 상품배달, 경품추첨, 교환판매라는 고객 서비스별로 유의적인 차이가 있거나 또는 어느 두 개의 고객 서비스 간에만 유의적인 차이를 보일 수 있다. 이러한 여러 가능성에 대해 최종 결론을 내리기 위해서는 별도의 사후 범위검증(multiple range test)을 실시해야 하는데, 〈도표 9-5〉는 〈도표 9-3〉과 같은 유의성이 상품배달과 교환판매라는 고객 서비스의 효과차이에 기인함을 보여준다.

| 도표 9-5 | 사후 범위검증의 결과

	상품배달	경품추첨	교환판매
상품배달			
경품추첨			
교환판매	*		
집단평균	9	13	16

* 표는 Scheffe 0.10에서 유의적인 차이를 보이는 집단

한편 분산분석은 "처치집단별 시험단위들이 추출된 모집단의 분산이 동일하다"는 가정을 전제로 하는데, 비록 그러한 가정이 엄격하게 충족되어야 하는 것은 아니지만, 분산의 동일성은 **각 모집단의 분산이 동일하다**는 귀무가설을 검증하기 위한 Levene 통계량을 참조할 수 있다.

SPSS : 완전무작위 설계의 분석(crd.sav) – 마케팅스쿨 홈페이지 참고

분석 / 평균비교 / 일원배치분산분석
종속변수(매출액) 요인(고객 서비스)
사후분석: 등분산을 가정함(Scheffe) 유의수준(.10)
옵션: 통계량(기술통계, 분산의 동질성)

SPSS : 완전무작위 설계의 분석 – 분석결과 요약

기술통계

	N	평균	표준편차	평균에 대한 95% 신뢰구간		최소값	최대값
				하한값	상한값		
상품배달	4	9.00	3.92	2.77	15.23	5	14
경품추첨	4	13.00	3.74	7.05	18.95	8	17
교환판매	4	16.00	3.92	9.77	22.23	11	20
합계	12	12.67	4.60	9.74	15.59	5	20

분산의 동질성에 대한 검정

Levene 통계량	자유도 1	자유도 2	유의확률
.081	2	9	.923

분산분석

	제곱합	자유도	평균제곱	F	유의확률
집단-간	98.667	2	49.333	3.313	.083
집단-내	134.000	9	14.889		
합계	232.667	11			

다중비교
종속변수: 매출액
Scheffe

(I) 고객서비스	(J) 고객서비스	평균차 (I-J)	표준오차	유의확률	90% 신뢰구간	
					하한값	상한값
상품배달	경품추첨	-4.00	2.73	.381	-10.69	2.69
	교환판매	-7.00(*)	2.73	.085	-13.69	-.31
경품추첨	상품배달	4.00	2.73	.381	-2.69	10.69
	교환판매	-3.00	2.73	.567	-9.69	3.69
교환판매	상품배달	7.00(*)	2.73	.085	.31	13.69
	경품추첨	3.00	2.73	.567	-3.69	9.69

* .10 수준에서 평균차가 큽니다.

① 고객 서비스는 세 값이지만 변수는 하나임(한 변수 성별에 대해 남, 여의 값과 같이)
② Levene 통계량의 유의확률이 92.3%로 등분산임.
③ 귀무가설에 대한 유의확률(p-값)이 8.3%이므로 귀무가설을 기각하고 평균값 비교를 통해 교환판매, 경품추첨, 상품배달의 순으로 매출유발효과가 크다는 결론을 내린다.
④ 그러나 Scheffe test의 결과에 따르면 교환판매와 상품배달 사이에서만 유의적인 차이가 있음에 유념할 것

2 무작위층화 설계

무작위층화 설계에 대한 분산분석은 완전무작위 설계에 비해 단지 한 단계가 더 필요한데, 그것은 완전무작위 설계에서의 실험오차로부터 외부 층화기준에 기인한 변이를 분리해 내는 일이다.

즉 외부 층화기준으로 층화하지 않은 경우의 실험오차를 그러한 기준에 기인한 변이와 외부 층화기준으로 층화하였을 때의 실험오차로 나누는 것이다(**완전무작위 설계의 실험오차 = 무작위층화 설계의 계층 사이의 변이 + 무작위층화 설계의 실험오차**).

예시를 위해 조사자가 점포입지를 외부 층화기준으로 선택하였다고 가정하고, 두 가지 점포입지와 세 가지 고객 서비스의 조합에 대해 시험단위들의 종속변수 값을 관찰한 결과가 〈도표 9-6〉과 같다고 가정하자.

| 도표 9-6 | 고객 서비스 효과에 대한 무작위층화 설계

점포 입지	고객 서비스		
	상품배달	경품추첨	교환판매
상업지역	17	23	20
주거지역	13	15	14

2-1 원천별 변이의 계산

① 모든 시험단위의 개별값을 평균하여 총평균(grand mean)을 구한다.

② 처치집단별 평균을 구한다.

③ 외부 층화기준에 따라 계층별 평균을 구한다.

④ 총평균과 모든 시험단위의 개별값 사이의 편차제곱을 합산하여 전체변이를 구한다.

⑤ 총평균과 처치집단별 평균 사이의 편차제곱을 처치집단별 시험단위수로 가중합계하여 집단 사이의 변이(실험처치에 기인하는 변이)를 구한다.

⑥ 총평균과 계층별 평균 사이의 편차제곱을 층별 시험단위수로 가중합계하여 계층간 변이(층화기준에 기인하는 변이)를 구한다.

⑦ (전체변이-집단 사이의 변이 - 계층 사이의 변이)로 실험오차를 구한다. 또는 완전무작위 설계로 간주했을 경우의 실험오차에서 계층 사이의 변이를 차감하여 실험오차를 구한다.

2-2 각 변이에 대한 자유도의 계산

각 변이의 원천별 자유도는 다음과 같이 계산된다.

변이의 원천	자유도
고객 서비스 점포입지 실험오차	처치집단수 − 1 계층수 − 1 (처치집단수 − 1) × (계층수 − 1)
전 체	전체 시험단위수 − 1

2-3 분산분석표의 작성과 활용

〈도표 9-6〉의 자료에 분산분석을 적용하면 〈도표 9-7〉과 같은 분산분석표를 작성할 수 있다.

❙ 도표 9-7 ❙ 무작위층화 설계의 분산분석표

변이의 원천	변이의 크기	자유도	분 산	F-값	p-값
고객 서비스	16.000	2	8.000	4.000	.200
점포입지	54.000	1	54.000	27.000	.035
실험오차	4.000	2	2.000		
전 체	74.000	5	14.800		

즉 **고객 서비스의 유형이 매출액에 미치는 효과가 동일하다**는 귀무가설의 p-값(유의성 수준)은 20.0% 미만이므로 기각하기가 매우 곤란하며, **점포입지에 따라 매출액은 차이가 없다**는 귀무가설의 p-값(유의성 수준)은 3.5% 미만으로서 비교적 작기 때문에 귀무가설을 기각하고 다시 〈도표 9-8〉을 참조하여 상업지역에서 매출액이 많다는 사실을 알 수 있다.

❙ 도표 9-8 ❙ 처치집단별 종속변수의 평균

점포입지	고객서비스			평 균
	상품배달	경품추첨	교환판매	
상업지역	17	23	20	20
주거지역	13	15	14	14
평 균	15	19	17	17

물론 **고객 서비스 유형이 매출액에 미치는 효과가 동일하다**는 귀무가설이 기각된다면 세 개 이상의 모집단 평균을 비교하는 경우에 해당하므로 사후 범위검증을 실시해야 한다. 그러나 예시에서는 유의적인 차이가 없으므로 사후 범위검증이 불필요하다.

SPSS : 무작위층화 설계의 분석(rbd.sav) – 마케팅스쿨 홈페이지 참고

분석 / 일반선형모델 / 일변량

종속변수(매출액)　　　　모수요인(고객 서비스, 점포입지)
모형: 사용자 정의 항설정(주효과)　　　　모형(고객 서비스, 점포입지)
제곱합(제 Ⅲ 유형)　　　　모형에 절편포함(체크)
사후분석: 사후검증변수(고객 서비스)　　　　등분산을 가정함(Scheffe)
옵션: 출력(기술통계량)　　　　유의수준(.05)

SPSS : 무작위층화 설계의 분석 – 분석결과 요약

개체–간 요인

		변수값 설명	N
고객 서비스	1	상품배달	2
	2	경품추첨	2
	3	교환판매	2
점포입지	1	상업지역	3
	2	주거지역	3

기술통계량

종속변수: 매출액

고객 서비스	점포입지	평균	표준편차	N
상품배달	상업지역	17.00	.	1
	주거지역	13.00	.	1
	합계	15.00	2.83	2
경품추첨	상업지역	23.00	.	1
	주거지역	15.00	.	1
	합계	19.00	5.66	2
교환판매	상업지역	20.00	.	1
	주거지역	14.00	.	1
	합계	17.00	4.24	2
합 계	상업지역	20.00	3.00	3
	주거지역	14.00	1.00	3
	합 계	17.00	3.85	6

개체-간 효과검증

종속변수: 매출액

소스	제Ⅲ유형 제곱합	자유도	평균제곱	F	유의확률
수정모형	70.000[a]	3	23.333	11.667	.080
절편	1734.000	1	1734.000	867.000	.001
고객 서비스	16.000	2	8.000	4.000	.200
점포입지	54.000	1	54.000	27.000	.035
오차	4.000	2	2.000		
합계	1808.000	6			
수정합계	74.000	5			

a R 제곱 = .946(수정된 R 제곱 = .865)

고객 서비스 다중비교

종속변수: 매출액

Scheffe

(I) 고객 서비스	(J) 고객 서비스	평균차(I-J)	표준오차	유의확률	95% 신뢰구간	
					하한값	상한값
상품배달	경품추첨	-4.00	1.41	.200	-12.72	4.72
	교환판매	-2.00	1.41	.500	-10.72	6.72
경품추첨	상품배달	4.00	1.41	.200	-4.72	12.72
	교환판매	2.00	1.41	.500	-6.72	10.72
교환판매	상품배달	2.00	1.41	.500	-6.72	10.72
	경품추첨	-2.00	1.41	.500	-10.72	6.72

관측된 평균에 기초합니다.

① 점포입지에 관한 귀무가설의 유의확률은 3.5%이므로 상업지역에서 매출액 효과가 크다고 할 수 있으나, 고객서비스에 관한 귀무가설의 유의확률은 20%이므로 기각할 수 없다.

3 라틴방격 설계

라틴방격 설계란 실험오차로부터 두 개의 외부 층화기준에 기인하는 변이를 분리하기 위한 통계적 실험설계이다. 예시를 위해 조사자가 점포입지와 점포형태를 외부 층화기준으로 선택했다고 가정하고, 각 실험처치에 대한 시험단위들의 종속변수 값을 관찰한 결과가 〈도표 9-9〉와 같다고 가정하자.

| 도표 9-9 | 고객 서비스 효과에 대한 라틴방격 설계

점포형태	점포입지		
	상업지역	주거지역	사무지역
백화점	25(B)	15(C)	50(A)
슈퍼마켓	5(C)	25(A)	25(B)
할인매장	15(A)	15(B)	14(C)

* A,B,C 는 각각 상품배달, 경품추첨, 교환판매라는 고객 서비스임.

3-1 원천별 변이의 계산

① 모든 시험단위의 개별값을 평균하여 총평균(grand mean)을 구한다.

② 처치집단별 평균을 구한다.

③ 두 가지 외부층화기준에 따라 계층별 평균을 구한다.

④ 총평균과 모든 시험단위의 개별값 사이의 편차제곱을 합산하여 전체변이를 구한다.

⑤ 총평균과 처치집단별 평균 사이의 편차제곱에 3을 곱해 집단 사이의 변이를 구한다.

⑥ 총평균과 첫 번째 층화기준에 따른 계층별 평균의 편차제곱에 3을 곱해 계층 사이의 변이(첫 번째 층화기준에 기인하는 변이)를 구한다.

⑦ 총평균과 두 번째 층화기준에 따른 계층별 평균의 편차제곱에 3을 곱해 계층 사이의 변이(두 번째 층화기준에 기인하는 변이)를 구한다.

⑧ (전체변이 − 집단 사이의 변이 − 첫 번째 계층 사이의 변이 − 두 번째 계층 사이의 변이)로 실험오차를 구한다.

3-2 각 변이에 대한 자유도의 계산

각 변이의 원천별 자유도는 다음과 같이 계산된다.

변이의 원천	자유도
고객 서비스	처치집단수 − 1
점포형태	처치집단수 − 1
점포입지	처치집단수 − 1
실험오차	처치집단수 − 1
전 체	전체 시험단위수 − 1

3-3 분산분석표의 작성과 활용

〈도표 9-9〉의 자료에 분산분석을 적용하면 〈도표 9-10〉과 같은 분산분석표를 작성할 수 있다.

| 도표 9-10 | 라틴방격 설계의 분산분석표

변이의 원천	변이의 크기	자유도	분산	*F*-값	*p*-값
고객 서비스	524.667	2	262.333	13.807	.068
점포형태	384.667	2	192.333	10.123	.090
점포입지	354.667	2	177.333	9.333	.097
실험오차	38.000	2	19.000		
전 체	1302.000	8	162.750		

분모 및 분자의 자유도가 모두 2일 때 유의수준 10%에서 분포표의 *F*-값(임계 통계량)은 9.0이므로 두 개의 외부 층화기준 및 처치는 모두 시험단위들의 종속변수 값에 유의적인 효과 차이를 야기한다(물론 이러한 사실은 단순히 *p*-값으로도 알 수 있음).

간혹 **완전무작위 설계에서 유의적이지 않던 실험처치의 효과가 무작위층화 설계 또는 라틴방격 설계에서는 유의적인 것**으로 나타날 수 있는데, 그것은 무작위층화 설계나 라틴방격 설계가 완전무작위 설계의 실험오차 중 일부를 외부적 층화기준(들)에 기인한 변이로 분리해 냄으로써 실험오차의 크기를 감소시키기 때문이다. 마찬가지의 이유로 무작위층화 설계에서 유의적이지 않던 실험처치의 효과가 라틴방격 설계에서는 유의적인 것으로 나타날 수 있다.

그리고 라틴방격 설계에는 당연히 세 개의 모집단 평균을 비교하므로 항상 **사후 범위검증**을 실시해야 한다. 사후 범위검증의 결과에 따르면 점포입지에 관해서는 유의적인 차이가 없는 것으로 밝혀졌으며, 백화점과 할인매장 사이와 상품배달과 교환판매 사이에는 유의적인 차이가 있다.

SPSS : 라틴방격 설계의 분석(lsd.sav) – 마케팅스쿨 홈페이지 참고

분석 / 일반선형모델 / 일변량

종속변수(매출액) 모수요인(점포입지, 점포형태, 고객 서비스)

모형: 사용자 정의 항설정(주효과) 모형(점포입지, 점포형태, 고객 서비스)

제곱합(제Ⅲ유형) 모형에 절편포함(체크)

사후분석: 사후검증변수(점포입지, 점포형태, 고객 서비스) 등분산을 가정함(Scheffe)

옵션: 출력(기술통계량) 유의수준(.10)

SPSS : 라틴방격 설계의 분석 – 분석결과 요약

개체–간 요인

		변수값 설명	N
점포입지	1	상업지역	3
	2	주거지역	3
	3	사무지역	3
점포형태	1	백화점	3
	2	슈퍼	3
	3	할인매장	3
고객 서비스	1	상품배달	3
	2	경품추첨	3
	3	교환판매	3

기술통계량

종속변수: 매출액

점포입지	계층	고객 서비스	평균	표준편차	N
상업지역	백화점	경품추첨	25.00	.	1
		합계	25.00	.	1
	슈퍼	교환판매	5.00	.	1
		합계	5.00	.	1
	할인매장	상품배달	15.00	.	1
		합계	15.00	.	1
	합계	경품추첨	25.00	.	1
		교환판매	5.00	.	1
		상품배달	15.00	.	1
		합계	15.00	10.00	3
주거지역	백화점	교환판매	15.00	.	1
		합계	15.00	.	1
	슈퍼	상품배달	25.00	.	1
		합계	25.00	.	1
	할인매장	경품추첨	15.00	.	1
		합계	15.00	.	1

	합계	경품추첨	15.00	.	1
		교환판매	15.00	.	1
		상품배달	25.00	.	1
		합계	18.33	5.77	3
사무지역	백화점	상품배달	50.00	.	1
		합계	50.00	.	1
	슈퍼	경품추첨	25.00	.	1
		합계	25.00	.	1
	할인매장	교환판매	14.00	.	1
		합계	14.00	.	1
	합계	경품추첨	25.00	.	1
		교환판매	14.00	.	1
		상품배달	50.00	.	1
		합계	29.67	18.45	3
합계	백화점	경품추첨	25.00	.	1
		교환판매	15.00	.	1
		상품배달	50.00	.	1
		합계	30.00	18.03	3
	슈퍼	경품추첨	25.00	.	1
		교환판매	5.00	.	1
		상품배달	25.00	.	1
		합계	18.33	11.55	3
	할인매장	경품추첨	15.00	.	1
		교환판매	14.00	.	1
		상품배달	15.00	.	1
		합계	14.67	.58	3
	합계	경품추첨	21.67	5.77	3
		교환판매	11.33	5.51	3
		상품배달	30.00	18.03	3
		합계	21.00	12.67	9

개체-간 효과 검증

종속변수: 매출액

소스	제 III 유형 제곱합	자유도	평균제곱	F	유의확률
수정모형	1264.000[a]	6	210.667	11.088	.085
절편	3969.000	1	3969.000	208.895	.005
점포입지	354.667	2	177.333	9.333	.097
점포형태	384.667	2	192.333	10.123	.090
고객 서비스	524.667	2	262.333	13.807	.068
오차	38.000	2	19.000		
합계	5271.000	9			
수정합계	1302.000	8			

a R 제곱 = .971(수정된 R 제곱 = .883)

점포입지 다중비교
종속변수: 매출액
Scheffe

(I) 점포입지	(J) 점포입지	평균차(I–J)	표준오차	유의확률	95% 신뢰구간	
					하한값	상한값
상업지역	주거지역	−3.33	3.56	.695	−25.27	18.61
	사무지역	−14.67	3.56	.105	−36.61	7.27
주거지역	상업지역	3.33	3.56	.695	−18.61	25.27
	사무지역	−11.33	3.56	.165	−33.27	10.61
사무지역	상업지역	14.67	3.56	.105	−7.27	36.61
	주거지역	11.33	3.56	.165	−10.61	33.27

관측된 평균에 기초합니다.

점포입지 다중비교
종속변수: 매출액
Scheffe

(I) 점포형태	(J) 점포형태	평균차(I–J)	표준오차	유의확률	95% 신뢰구간	
					하한값	상한값
백화점	슈퍼	11.67	3.56	.157	−10.27	33.61
	할인매장	15.33(*)	3.56	.097	−6.61	37.27
슈퍼	백화점	−11.67	3.56	.157	−33.61	10.27
	할인매장	3.67	3.56	.653	−18.27	25.61
할인매장	백화점	−15.33(*)	3.56	.097	−37.27	6.61
	슈퍼	−3.67	3.56	.653	−25.61	18.27

관측된 평균에 기초합니다.

고객 서비스 다중비교
종속변수: 매출액
Scheffe

(I) 고객 서비스	(J) 고객 서비스	평균차 (I–J)	표준오차	유의확률	95% 신뢰구간	
					하한값	상한값
상품배달	경품추첨	8.33	3.56	.267	−13.61	30.27
	교환판매	18.67(*)	3.56	.068	−3.27	40.61
경품추첨	상품배달	−8.33	3.56	.267	−30.27	13.61
	교환판매	10.33	3.56	.192	−11.61	32.27
교환판매	상품배달	−18.67(*)	3.56	.068	−40.61	3.27
	경품추첨	−10.33	3.56	.192	−32.27	11.61

관측된 평균에 기초합니다.

① 점포형태에 관한 가설의 유의확률은 9%, 점포입지에 관한 가설의 유의확률은 9.7%, 고객 서비스에 관한 가설의 유의확률은 6.8%로서 모두 기각된다.

4 요인배치 설계

요인배치 설계에 대한 분산분석은 두 개 이상의 독립변수와 그들 사이의 상호작용이 종속변수에 미치는 효과를 측정하기 위한 것으로 〈도표 9-11〉과 같은 예시로 설명될 수 있다.

| 도표 9-11 | 고객 서비스와 매장형태에 대한 2×3 요인배치 설계

매장형태	고객 서비스		
	상품배달(B_1)	경품추첨(B_2)	교환판매(B_3)
정규매장(A_1)	20 18	17 14	14 10
특설매장(A_2)	15 11	13 8	7 5

즉 조사자가 매장형태를 첫 번째 요인으로 선정하여 정규매장과 특설매장의 실험처치로 구분하고 고객 서비스를 두 번째 요인으로 선정하여 상품배달, 경품추첨, 교환판매의 실험처치로 구분한 다음, 각 처치집단별로 시험단위들의 종속변수 값을 관찰한 결과가 〈도표 9-11〉과 같다고 가정하자.

4-1 원천별 변이의 계산

① 모든 시험단위의 개별값을 평균하여 총평균(grand mean)을 구한다.

② 요인의 수준별 평균을 구한다.

③ 처치집단별 평균을 구한다.

④ 총평균과 시험단위의 개별값 사이의 편차제곱을 합산하여 전체변이를 구한다.

⑤ 총평균과 첫 번째 요인의 수준별 평균 사이의 편차제곱을 해당 시험단위수로 가중합계하여 그러한 집단 사이 변이(첫 번째 요인에 기인하는 변이)를 구한다.

⑥ 총평균과 두 번째 요인의 수준별 평균 사이의 편차제곱을 해당 시험단위수로 가중합계하여 그러한 집단 사이의 변이(두 번째 요인에 기인하는 변이)를 구한다.

⑦ 처치집단별 평균과 해당 집단 내 시험단위의 개별값 사이의 편차제곱을 모든 처치집단에 걸쳐 합산하여 실험오차로 삼는다.

⑧ (전체변이 − 첫 번째 처치집단 사이의 변이 − 두 번째 처치집단 사이의 변이 − 실험오차)로 상호작용에 기인하는 변이를 구한다.

4-2 각 변이에 대한 자유도의 계산

각 변이의 원천별 자유도는 다음과 같이 계산된다.

변이의 원천	자유도
매장형태	첫 번째 요인수준수 − 1
고객 서비스	두 번째 요인수준수 − 1
상호작용	(첫 번째 요인수준수 − 1) × (두 번째 요인수준수 − 1)
실험오차	처치집단별(시험단위수 − 1)의 합계
전 체	전체 시험단위수 − 1

4-3 분산분석표의 작성과 활용

〈도표 9−11〉의 자료에 분산분석을 적용하면 〈도표 9−12〉와 같은 분산분석표를 작성할 수 있다.

| 도표 9−12 | 요인배치 설계의 분산분석표

변이의 원천	변이의 크기	자유도	분산	F−값	p−값
매장형태	96.333	1	96.333	15.625	.008
고객 서비스	98.667	2	49.333	8.000	.020
상호작용	.667	2	.333	.054	.948
실험오차	37.000	6	6.167		
전 체	232.667	11	21.152		

요인배치 설계에서는 상호작용이 없는 경우에만 각 요인의 주효과에 대해 해석할 수 있으므로 우선 상호작용에 대한 귀무가설이 기각될 수 없는지를 검토해야 한다. 즉 예시에서는 상호작용에 대한 검증 통계량 F-값이 1보다 작기 때문에 F-분포표를 참조하지 않고도 유의적이지 않음을 알 수 있다.

따라서 **매장형태와 고객 서비스 사이에 상호작용이 없다** 또는 **매장형태와 고객 서비스 사이의 상호작용이 매출액에 영향을 미치지 않는다**는 귀무가설은 기각되지 않으며, 상호작용이 있다고 주장할 수 없기 때문에 다행스럽게 조사자는 각 독립변수의 주효과를 검토할 수 있게 된다. 만일 귀무가설이 기각되어 상호작용이 있다는 결론을 내리면 상호작용의 크기를 계산할 수 없으므로 더 이상의 분석은 의미가 없고 해석도 불가능하다.

유의수준 5%에서 매장형태에 기인하는 분포표의 F–값(임계 통계량)은 5.99로서 $F_T > F_C$이므로 **매장형태가 매출액에 미치는 효과가 동일하다**는 귀무가설은 기각된다. 마찬가지로 유의수준 5%에서 고객 서비스에 기인하는 분포표의 F–값(임계 통계량)은 5.14로서 $F_T > F_C$이므로 **고객 서비스가 매출액에 미치는 효과가 동일하다**는 귀무가설도 기각된다. 따라서 〈도표 9–13〉을 참조하면 매장형태에서는 정규매장이 효과적이며, 고객 서비스에서는 상품배달이 효과적임을 알 수 있다.

❙ 도표 9–13 ❙ 매장형태와 고객 서비스별 종속변수의 평균

매장형태	고객 서비스			
	상품배달	경품추첨	교환판매	평 균
정규매장	20 18	17 14	14 10	15.50
특설매장	15 11	13 8	7 5	9.83
평 균	16	13	9	12.67

이러한 요인배치 설계의 예시에서는 두 개의 요인들이 종속변수에 미치는 동시적인 효과를 분석하고 있으므로 이원분산분석(two-way ANOVA)이라고도 한다. 물론 세 개 이상의 모집단 평균을 비교하려는 '고객 서비스에 대한 귀무가설'이 기각되었으므로 고객 서비스별 모집단 평균을 비교하기 위한 사후 범위검증을 실시해야 한다. 사후 범위검증의 결과에 따르면 상품배달과 교환판매 사이에서 유의적인 차이가 밝혀졌다.

SPSS : 요인배치 설계의 분석(fd.sav) – 마케팅스쿨 홈페이지 참고

분석 / 일반선형모델 / 일변량

종속변수(매출액) 모수요인(매장형태, 고객 서비스)

모형: 완전요인모형 제곱합(제Ⅲ유형) 모형에 절편포함(체크)

사후분석: 사후검증변수(고객 서비스) 등분산을 가정함(Scheffe)

옵션: 출력(기술통계량) 유의수준(.05)

SPSS : 요인배치 설계의 분석 – 분석결과 요약

개체–간 요인

		변수값 설명	N
매장형태	1	정규매장	6
	2	특설매장	6
고객서비스	1	상품배달	4
	2	경품추첨	4
	3	교환판매	4

기술통계량

종속변수: 매출액

매장형태	고객서비스	평균	표준편차	N
정규매장	상품배달	19.00	1.41	2
	경품추첨	15.50	2.12	2
	교환판매	12.00	2.83	2
	합계	15.50	3.56	6
특설매장	상품배달	13.00	2.83	2
	경품추첨	10.50	3.54	2
	교환판매	6.00	1.41	2
	합계	9.83	3.82	6
합계	상품배달	16.00	3.92	4
	경품추첨	13.00	3.74	4
	교환판매	9.00	3.92	4
	합계	12.67	4.60	12

개체-간 효과검정

종속변수: 매출액

소스	제 III 유형 제곱합	자유도	평균제곱	F	유의확률
수정모형	195.667[a]	5	39.133	6.346	.022
절편	1925.333	1	1925.333	312.216	.000
매장형태	96.333	1	96.333	15.622	.008
고객서비스	98.667	2	49.333	8.000	.020
매장형태*고객서비스	.667	2	.333	.054	.948
오차	37.000	6	6.617		
합계	2158.000	12			
수정합계	232.667	11			

a R 제곱 = .841 (수정된 R 제곱 = .708)

판촉방법 다중비교

종속변수: 매출액

Scheffe

(I)고객서비스	(J)고객서비스	평균차(I-J)	표준오차	유의확률	95% 신뢰구간	
					하한값	상한값
상품배달	경품추첨	3.00	1.76	.304	-2.63	8.63
	교환판매	7.00(*)	1.76	.021	1.37	12.63
경품추첨	상품배달	-3.00	1.76	.304	-8.63	2.63
	교환판매	4.00	1.76	.154	-1.63	9.63
교환판매	상품배달	-7.00(*)	1.76	.021	-12.63	-1.37
	경품추첨	-4.00	1.76	.154	-9.63	1.63

관측된 평균에 기초합니다.

* .05수준에서 평균차는 유의합니다.

① 요인배치설계의 마케팅실험 결과를 해석하는데 있어서는 우선 상호작용에 관한 귀무가설(상호작용 = 없다)을 검증해야 하는데, 이 예에서는 상호작용에 관한 귀무가설의 유의확률이 94.8%이므로 채택된다. 그런 경우에는 결과의 해석이 가능하다(왜냐하면 상호작용이 있다면 주효과를 추정할 수 없음).

② 고객서비스에 대한 귀무가설의 유의확률은 2%이며, 매장형태에 대한 귀무가설의 유의확률은 .8%로서 모두 기각된다. 매장형태에 관해서는 정규매장의 경우 매출액이 높고 고객서비스에 관해서는 상품배달, 경품추첨, 교환판매 순서로 매출액이 높다.

제 10 장

다중 회귀분석

제 1 절 | 다중 회귀분석의 개요

제 2 절 | 다중 회귀분석의 적용

제 3 절 | 범주변수를 포함하는 회귀분석

다중 회귀분석은 종속변수와 두 개 이상의 독립변수들 사이에 존재하는 통계적 관계를 추정하기 위해 이용될 수 있는 다변량 기법이다. 이러한 분석의 근거가 되는 통계적 이론은 단순 회귀모델을 도출하기 위한 과정의 확장이며, 해를 구하는 방법이나 모델을 해석하고 평가하는 방법은 단순 회귀분석의 경우와 대단히 유사하다.

즉 단순 회귀분석에서 독립변수 이외의 변수들이 종속변수에 미치는 효과를 오차항(error term)이라고 하는데, 아마도 나머지 변수중 일부를 회귀분석모델에 포함시키는 편이 바람직할 것이다. 예측의 측면에서 이러한 변수들의 포함은 모델의 예측력을 개선하고 설명되지 않은 분산을 감소시켜 준다. 또한 관계의 이해라는 측면에서는 다른 변수들의 영향을 추가로 고려함으로써 종속변수와 독립변수들 사이의 관계를 보다 분명히 해준다.

그러나 모델에 포함되는 변수의 수가 많아짐에 따라 해를 구하기 위해 필요한 수학적 조작은 복잡해져서 만일 4개 이상의 변수가 포함된다면 컴퓨터의 도움이 거의 필수적이다.

따라서 본장에서는 다중 회귀분석의 특성과 수행목적, 주요 가정과 제한점을 개관하고 자료수집으로부터 모델을 이용한 예측, 예측모델의 적합성 평가, 모델의 통계적 유의성 검증, 변수들 사이의 연관성을 검토하며, 비계량적 독립변수를 회귀모델에 포함시킬 수 있는 실무적 방법을 살펴본다.

제 1 절 다중 회귀분석의 개요

1 다중 회귀분석의 특성

다중 회귀분석(multiple regression analysis)이란 무엇인가? 다중 회귀분석이란 하나의 종속변수(기준변수)와 두 개 이상의 독립변수(예측변수) 사이에 존재하는 통계적 관계를 분석하기 위한 기법중의 하나이다.

마케팅 현상에서는 – 단순 회귀분석에서처럼 – 하나의 종속변수가 단 하나의 독립변수에 관련되기 보다는 오히려 두 개 이상의 독립변수와 동시에 관련되는 일이 보편적이다.

예를 들어, 청량음료의 매출액은 가격, 광고예산과 관련되며 또한 시장 모집단의 크기, 소득수준, 심지어는 날씨와도 관련될 수 있다. 만일 이러한 독립변수들이 상이한 값들로 조합된다면 당연히 매출액도 다를 것이며, 많은 독립변수들이 대단히 중요하다면 매출액을 분석하는 데 있어서 단순히 하나의 독립변수만을 고려하는 일(단순 회귀분석)은 충분하지 않다.

물론 실무에서는 종속변수와 관계를 갖는 모든 독립변수들을 총망라하여 분석하는 일이 비용과 시간을 많이 소요하면서도 별로 효율적이지 않기 때문에, 조사의 관심이 되는 기간 동안에 변화하지 않거나 또는 종속변수와의 관계가 미약한 변수를 제외하고 중요한 변수들만을 분석에 포함시킨다.

아무튼 단순 회귀분석에 비해 다중 회귀분석이 갖는 유용성은 그것이 ceteris paribus(other things being equal, 다른 조건이 불변이라면)라는 정보활용 상의 제약을 감소시킨다는 점에 있다. 즉 ceteris paribus라는 단서는 마케팅 현상에 관한 거의 모든 모델에서 필수적으로 암시되어 있으며, 모든 회귀분석에도 함축되어 있는 것이다.

즉 종속변수의 추정된 값은 회귀식에 포함되지 않은 다양한 요인들과도 관련될 수 있지만 그러한 요인들의 영향은 일정하다고 가정하고 회귀식이 포함하고 있는 변수들만의 조합으로 종속변수를 추정한다. 따라서 회귀식으로 추정된 종속변수의 값은 실제값과 대단히 다를 수 있다.

예를 들어, 광고예산의 증대는 ceteris paribus, 분명히 매출액의 증대와 관련될 것이다. 그러나 만일 이러한 조건이 지켜지지 않는다면 – 예컨대, 경쟁자가 가격을 인하한다면 – 광고예산의 증대에도 불구하고 매출액이 감소할 수도 있는 것이다.

도표 10-1 함수적 관계와 통계적 관계

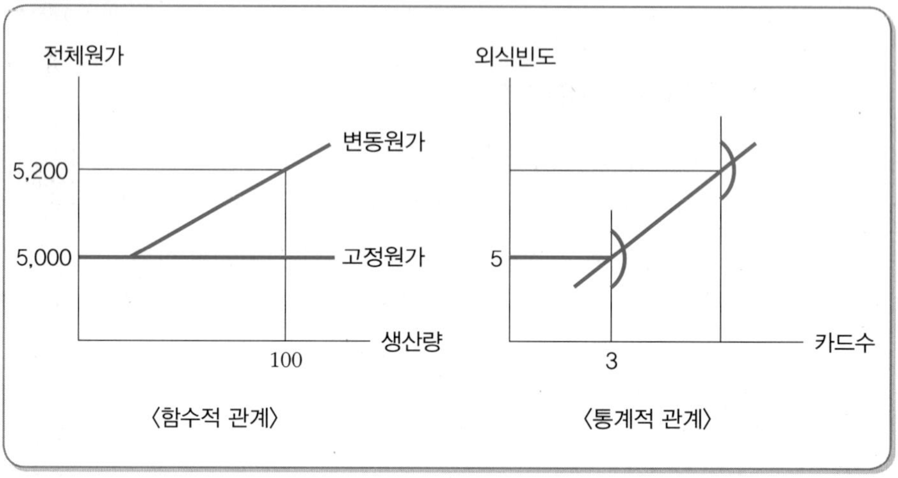

따라서 다중 회귀분석의 가장 큰 유용성은 종속변수에 관련되는 보다 많은 요인들을 모델에 포함시킴으로써 무모한 ceteris paribus라는 단서의 필요성을 감소시키는 데 있으며, 예시에서 경쟁자의 가격도 회귀식에 포함시킨다면 그 만큼 ceteris paribus라는 단서가 포괄하는 범위를 완화하는 것이다.

다중 회귀분석은 변수들을 단 하나의 종속변수와 두 개 이상의 독립변수로 분리할 수 있으며, 모든 변수는 계량적이어야 한다(물론 가변수를 사용하여 범주적 독립변수를 분석에 포함시킬 수도 있다).

한편 종속변수와 독립변수(들) 사이에서 도출된 관계는 함수적(functional)이 아니라 통계적(statistical)이다. 예를 들어, 변동원가가 단위당 2만원이고 고정원가가 5,000만원이라고 할 때 100단위를 생산하기 위한 전체원가는 정확하게 5,200만원이 될 것인데, 5,200만원이 아니라면 그것은 원가계산을 잘못했기 때문으로 간주된다(이러한 관계를 함수적 관계라고 한다).

그러나 보유카드 수가 동일한 가계들 사이에서도 외식빈도가 다른 경우처럼, 마케팅 현상에서는 동일한 독립변수 값에 대해서도 종속변수의 값이 흔히 두 가지 이상으로 관찰될 수 있다. 이러한 경우 종속변수는 확률변수(random variable)로 가정되는데, 조사자는 회귀분석을 통해 단지 독립변수의 특정한 값과 관련된 종속변수의 평균값을 추정할 수 있을 뿐이다(이러한 관계를 통계적 관계라고 한다).

요컨대, 〈도표 10-1〉에서와 같이 함수적 관계가 '정확한 값'을 계산하는 데 반해 통계적 관계는 '평균적인 값'을 추정한다.

2 다중 회귀분석의 수행 목적

다중 회귀분석은 하나의 종속변수와 두 개 이상의 독립변수 사이의 관계를 검토하는 다변량 통계기법으로서, 조사자는 다음과 같은 세 가지 목적을 위해 다중 회귀분석을 수행한다.

첫째, 종속변수의 값을 독립변수(들)의 값으로부터 추정한다. 즉 회귀모델(회귀식)은 독립변수들의 특정한 값에 대해 종속변수를 예측해 주는데 예를 들어, 상권내 세대수와 취급하고 있는 경쟁상표의 수로부터 점포의 매출액을 추정할 수 있다.

둘째, 종속변수와 독립변수(들) 사이에 존재하는 관계를 검토한다. 즉 독립변수간 다중공선성(collinearity)이 대단히 적거나 없다면 각 독립변수가 종속변수에 연관되는 정도를 알 수 있다. 예를 들어, 화장품의 소비량을 예측하는데 구매자의 연령 또는 소득 가운데 어느 독립변수가 더 중요한지를 결정할 수 있다.

셋째, 회귀분석을 이용한 추정·예측의 통계적 유의성을 밝혀준다. 만일 조사자가 소비자들의 소득, 가족수, 교육수준에 관한 자료로부터 월간 외식비를 예측했다고 할 때 그러한 예측이 직관적으로 예측할 경우에 비해 얼마나 나은지를 밝혀준다.

3 다중 회귀분석의 주요 가정과 제한점

종속변수와 독립변수(들) 사이의 관계를 검토하기 위해 다중 회귀분석을 수행하는 데 가장 기본적인 가정은 조사자가 선정한 **독립변수들이 실제로 종속변수를 설명(예측)하며, 중요한 변수들이 누락되지 않았다**는 점이다.

따라서 회귀모델을 도출하고 평가할 때 조사자는 "이러한 독립변수들이 종속변수에 영향을 미치는가?", "모델 속에 어떤 변수를 포함시키는 일이 논리적으로 정당화될 수 있는가?", "논리적으로 모델 속에 포함되어야 하는 변수가 누락되지는 않았는가?" 등의 문제를 고려해야 한다.

회귀분석에서 두 번째 가정은 **독립변수들과 종속변수 사이의 관계가 선형적이며 가법적(linear and additive)이라는 점**이다. 즉 각 독립변수 값의 단위변화는 그 변수의 계수만큼 종속변수 값에 변화를 야기한다.

셋째, **독립변수의 모든 값에서 종속변수의 분산이 동일**하다. 보유카드 수가 동일한 여러 가계의 외식빈도가 집집마다 다른 경우처럼 조사자는 독립변수가 취하는 값마다 종속변수의 여러 값들을 관찰할 수 있을 것이다. 그러나 회귀분석에 의한 예측은 독립변수의 모든 값에서 종속변수의 값들이 동일한 분산을 갖는다고 가정한다(도표 10-1의 통계적 관계).

즉 독립변수의 모든 값에서 외식빈도들은 평균으로부터 동일한 크기만큼 변동하는 경향을 보여야 하는데, 만일 그렇지 않다면 회귀분석에 의한 예측이 독립변수가 취하는 값에 따라 더 정확하거나 덜 정확할 것이며, 그 결과 예측이 얼마나 훌륭한지에 관해 말할 수도 없을 것이다.

넷째, 독립변수가 두 개 이상인 경우(다중 회귀분석)에 있어서 **독립변수들 사이에는 상호작용이나 상관관계가 없다**. 즉 한 독립변수 값의 단위변화는 다른 독립변수들의 값에 관계없이 일정한 변화를 종속변수에 야기해야 한다.

그러나 만일 한 독립변수 값의 단위변화에 연관되는 종속변수 값의 변화가 다른 독립변수들이 취하는 값에 따라 다르다면 독립변수들 사이에 상호작용이 있는 것이며, 종속변수와의 상관관계보다 다른 독립변수와의 상관관계가 큰 독립변수들은 분석에서 제외해야 한다.

4 다중 회귀분석의 접근방법

다중 회귀모델을 도출하기 위한 접근방법에는 – 이후 판별분석에서도 마찬가지이지만 – 두 가지가 있다. 즉 동시적 방법(simultaneous or direct method)은 모든 독립변수들을 동시에 함께 고려하는 것으로서, 종속변수의 변이에 대한 각 독립변수의 설명력을 고려하지 않고 독립변수들의 전체집합으로부터 회귀모델을 도출한다.

이러한 접근방법은 조사자가 의도적으로 모든 독립변수들을 회귀모델에 포함시키려고 하거나, 설명력이 큰 독립변수들만을 선택하여 단계적으로 분석된 중간결과에 관심을 갖지 않을 때 적합하다.

이에 비해 단계적 방법(stepwise method)은 종속변수에 대한 설명력이 큰 순서대로 독립변수를 하나씩 순차적으로 회귀모델에 포함시키는 것인데, 첫 단계에서는 최대의 설명력을 갖는 변수를 선택하여 단순 회귀모델을 도출한다.

그 다음 첫 번째 독립변수와 결합하여 종속변수의 변이를 가장 많이 설명하는 변수가 두 번째 독립변수로 선정되는 방식으로 분석단계마다 독립변수들이 추가되는데, 물론 이러한 과정에서 이미 회귀모델에 포함되었던 변수라 할지라도 그들이 설명하는 종속변수의 변이가 이미 다른 독립변수들의 결합으로도 설명될 수 있다면 제거될 수도 있다.

결국 모든 독립변수들이 회귀모델에 포함되거나 배제된 변수들이 더 이상 종속변수의 변이를 설명하는 데 유의적으로 기여하지 않는다고 판단될 때 회귀분석은 끝난다.

이러한 단계적 방법은 종속변수의 변이를 가장 많이 설명하는 변수들을 순차적으로 포함시킴으로써, 종속변수의 변이를 설명하는 데 유용하지 않은 변수들을 배제하고 유용한 변수들만을 포함한 회귀모델을 도출해 주기 때문에 특히 조사자가 비교적 많은 독립변수들로부터 회귀모델을 도출하려고 할 때 유용하다.

5 다중 회귀분석의 준비

근본적으로 단순 회귀분석의 모든 원리들은 다중 회귀분석에도 적용되는데, 다중 회귀분석은 하나의 종속변수 값을 결정하는 데 있어서 두 개 이상의 독립변수들이 갖는 관계를 분석하고, 도출된 예측모델(회귀모델)의 유의성을 평가해 줄 수 있다.

5-1 분석에 포함시킬 변수의 선정

이미 설명한 바와 같이 시장현상을 묘사하는 어떠한 모델들도 어차피 모든 요인(독립변수)들을 고려할 수 없으므로 ceteris paribus라는 단서를 필요로 하며, 모든 회귀모델에는 이러한 단서가 함축되어 있다.

즉 종속변수 값은 회귀모델에 포함되지 않은 요인(독립변수)들과도 관련될 것이므로 회귀모델을 이용하여 추정한 종속변수의 추정치는 대체로 실제값과 같지 않다. 따라서 조사자는 종속변수에 관련될 것으로 여겨지는 변수들을 보다 많이 포함시킴으로써 회귀모델의 설명력(예측력)을 개선할 수 있을 것이다.

그러나 지나치게 많은 변수를 포함시키는 일은 분석을 번거롭게 만들며, 독립변수의 수를 늘려감에 따라 개선되는 설명력(예측력)도 체감적으로 증가할 뿐이다.

그러므로 조사자는 유사한 선행연구를 검토하거나 탐색적 조사를 실시하여 적절한 변수를 발견해야 하며, 여건에 따라서는 단순히 자신의 직관만을 근거로 변수를 선정할 수 있다. 단지 조사자는 충분하면서도 최소한의 수만큼

조사목적에 적합한 변수를 선정해야 한다.

예시를 위해 여기서는 외식빈도가 보유카드 수 및 가계소득과 갖는 관계를 분석해 보자.

5-2 일반적인 모델의 상술

종속변수를 포함하여 세 개 이상의 변수를 포함하는 회귀식을 'multivariate', 또는 'multivariant', 'multivariable', 'multiple' regression model이라고 하는데, 다중(선형) 회귀모델의 일반형태는 다음과 같다.

$$\hat{Y} = \hat{b}_0 + \hat{b}_1 X_1 + \hat{b}_2 X_2 + \cdots \hat{b}_n X_n$$

여기서 $\hat{Y}$ = 종속변수의 추정치
$\hat{b}_0$ = 상수항의 추정치
$\hat{b}_i$ = 회귀계수의 추정치
X_i = 독립변수의 관찰치

따라서 하나의 종속변수와 두 개의 독립변수 사이의 관계를 상술한다면 다중 회귀모델의 일반식은 $\hat{Y} = \hat{b}_0 + \hat{b}_1 X_1 + \hat{b}_2 X_2$가 될 것이다. 이 식은 하나의 종속변수와 두 개의 독립변수 X_1 및 X_2 사이의 관계를 나타내며, 종속변수를 3차원 공간상의 위치로 나타내준다.

$\hat{b}_0, \hat{b}_1, \hat{b}_2, \cdots \hat{b}_n$은 연립방정식을 푸는 재래식 대수공식에 의하거나 행렬대수에 의해 구할 수 있다. 비록 계산의 원리는 단순 회귀모델의 경우와 유사하고 역시 최소자승의 기준을 채택하지만, 회귀모델에 포함되는 독립변수의 수가 두 개 이상으로 증가하면 수학적 조작이 훨씬 복잡해져 컴퓨터의 도움을 받는 편이 정확하고 시간과 노력을 절약할 수 있다.

5-3 분석에 포함시킬 변수들에 관한 관찰자료의 수집

다중 회귀분석을 준비하기 위한 세 번째 단계는 분석에 포함시킬 변수들에 관한 관찰자료를 수집하는 일인데, 여기서는 외식빈도를 종속변수로 하고 그것이 보유카드 수 및 가계소득과 갖는 관계를 분석하기 위해 〈도표 10-2〉와 같은 자료를 수집했다고 가정하자.

물론 실무에서는 이처럼 작은 표본에 대해 회귀분석을 적용하지 않으며, 대체로 **변수 수의 10배 이상 관찰치**를 가져야 한다.

| 도표 10-2 | 다중회귀분석을 위한 자료

ID	*Y*	X_1	X_2
1	4	2	28
2	6	3	30
3	6	3	32
4	7	4	35
5	8	4	38
6	7	3	36
7	10	5	40
8	10	6	42
9	3	1	22
10	4	2	28
11	8	4	40
12	7	3	35

Y = 외식빈도　X_1 = 보유카드 수　X_2 = 가계소득(10만원)

제2절 다중 회귀분석의 적용

1 회귀모델의 도출과 모델을 이용한 예측

제5장에서는 외식빈도를 예측하기 위해 **표본에 포함된 가계들의 외식빈도 산술평균을 이용하는 경우**보다 하나의 독립변수(보유카드 수)를 포함하는 단순 회귀모델을 이용하는 편이 더욱 정확함을 설명하였다.

물론 가계소득이라는 독립변수를 추가로 포함한 다중 회귀모델은 그러한 예측을 더욱 개선할 것인데, 조사자는 표본 구성원 자체의 외식빈도를 추정하려는 것이 아니라 모든 가계에 대한 예측모델을 개발하기 위해 표본을 선정한 것이다(표본 구성원 자체의 외식빈도는 이미 정확하게 측정되었음).

즉 조사자는 회귀모델을 개발하기 위해 사용한 표본에 포함되지 않은 가계들에 대해 외식빈도를 얼마나 잘 예측하는지를 검토해야 하며, 또한 모든 가계의 모집단에서 외식빈도와 보유카드 수 및 가계소득 사이에 존재하는 관계를 규명해야 한다.

그러므로 이러한 과제들은 표본자료를 단순히 검토하기보다는 표본자료를 근거로 모집단의 특성을 이해하려는 관점에서 접근되어야 한다.

우선 외식빈도와 보유카드 수 및 가계소득 사이의 관계를 규명하기 위해

〈도표 10-2〉의 자료를 동시적 방법으로 회귀분석한 결과는 〈도표 10-3〉과 같다. 〈도표 10-3〉의 두 번째 열은 다중 회귀모델의 상수항을 포함한 회귀계수들을 보여준다. 즉 외식빈도에 관한 예측을 개선하기 위해 가계소득이라는 추가적인 변수를 분석에 포함시킨다면 제5장의 단순회귀모델은 다음과 같이 확장된다.

❙ 도표 10-3 ❙ 회귀모델의 상수와 계수[a]

모 형		비표준화 계수		표준화 계수	t	유의확률
		B	표준오차	베 타		
1	(상수)	-2.411	1.379		-1.749	.114
	보유카드	.796	.284	.489	2.799	.021
	가계소득	.190	.065	.510	2.915	.017

a 종속변수 : 외식빈도

외식빈도=보유카드 수 및 가계소득과 독립적으로 일정한 외식빈도
+보유카드 수의 단위변화와 관련된 외식빈도의 변화×(보유카드 수)
+가계소득의 단위변화와 관련된 외식빈도의 변화×(가계소득)

또는 $\hat{Y} = -2.411 + (.796)X_1 + (.190)X_2$

이제 독립변수들의 실제값을 대입함으로써 외식빈도를 예측해 보자. 예를 들어, 어느 가계의 보유카드 수가 6이고 가계소득이 40이라면 이러한 값들을 다중 회귀모델에 대입함으로써 그 가계의 외식빈도를 약 10회로 예측할 수 있다.

$$\hat{Y} = -2.411 + (.796)X_1 + (.190)X_2$$
$$\hat{Y} = -2.411 + .796 \times 6 + .190 \times 40 = 9.965$$

그러나 조사자가 보유카드 수가 6이고 가계소득이 40인 가계표본을 무작위로 추출하여 Y값들을 관찰한다면 그들의 실제 외식빈도가 서로 다를 것이다. 즉 회귀모델을 이용하여 예측할 때에는 특정한 독립변수의 값들에 대해 나타날 수 있는 종속변수의 평균값(함수적 관계가 아니라 통계적 관계)을 추정하는 것이다.

따라서 10회라는 외식빈도의 추정치는 그러한 조건의 모든 가계가 10회의 외식빈도를 갖는다는 것이 아니라, 보유카드 수가 6이고 가계소득이 40인 가계들의 평균 외식빈도를 의미하며, 그들의 평균 외식빈도에 관한 최선의 추정치가 10이라는 것이다.

또한 외식빈도의 추정치를 모집단이 아닌 표본으로부터 구하고 있으므로 조사자는 종속변수의 추정치에 대해 신뢰구간을 설정할 수 있는데, 모집단분산(σ^2)이 알려져 있지 않기 때문에 t-분포를 이용해야 한다. 즉 종속변수의 추정치에 대한 95%의 신뢰구간은 다음과 같이 계산한다.

종속변수의 추정치 $\pm\ t_{.95,n-2} \times$ 종속변수의 표준오차

여기서 $t_{.95}$는 양측검증에서 95%의 신뢰수준이 나타내는 표준오차의 배수이며 $n-2$는 사용할 t-분포의 자유도인데, $t_{.95}$는 2.228(t-분포표)이며 종속변수의 표준오차는 〈도표 10-4〉에서 .483이다.

| 도표 10-4 | 종속변수에 대한 설명력[b]

모 형	R	R 제곱	수정된 R 제곱	추정값의 표준오차
1	.981[a]	.962	.953	.483

a 독립변수 : (상수), 가계소득, 보유카드

b 종속변수 : 외식빈도

따라서 오차의 범위는 1.076(=2.228×.483)이며, 보유카드 수가 6이고 가계소득이 40인 가계의 외식빈도에 관한 추정치는 95%의 신뢰수준에서 8.889 내지 11.041이다.

95%의 신뢰수준에서 종속변수의 추정치의 신뢰구간 = 9.965 + 1.076

한편 회귀모델을 이용한 예측이 유효하기 위해서는 다음의 두 가지 요건이 충족되어야 하는데, 그렇지 못한 경우에는 새로운 관찰자료에 대해 회귀모델을 다시 도출해야 한다.

첫째, 표본이 추출된 시점에서의 여건과 측정된 관계가 예측의 시점에서도 크게 변하지 않아야 한다. 예를 들어, 교통체증이 더욱 심각해지거나 카드발행회사들이 갑자기 카드에 대해 보험료나 발급료 등을 요구하기 시작했다면 외식관행이 위축되거나 보유카드 수가 변할 것이기 때문에 예측이 매우 부정확

해질 것이다.

둘째, 회귀모델을 이용하여 종속변수를 예측하고자 할 때에는 대체로 독립변수 값들이 회귀식의 모수를 구하기 위해 사용한 표본자료의 독립변수 평균값의 근처에 있는 경우에 국한해야 한다. 즉 독립변수의 값들이 표본자료의 평균(X_1=3.33, X_2=33.83)으로부터 상당히 떨어진 경우라면 그러한 모수를 이용하여 종속변수를 예측하는 일이 아주 부정확할 수 있다.

따라서 조사자는 예측을 위해 회귀모델에 대입할 독립변수 값이 표본내 독립변수의 평균과 근접될 수 있도록 표본을 추출하여 회귀모델을 도출해야 한다.

예를 들어, 보유카드 수가 5이고 가계소득 12인 경우의 외식빈도를 예측하는 데 관심이 있다면 보유카드 수가 5내외이고 가계소득이 12내외인 가계들을 표본으로 선정하여 회귀모델을 도출하는 것이 바람직하다.

2 모델의 통계적 유의성 검토

만일 조사자가 8개 가계의 표본들을 반복적으로 추출하여 외식빈도와 보유카드 수 및 가계소득을 관찰한다면 식 $\hat{Y}=\hat{b}_0+\hat{b}_1X_1+\hat{b}_2X_2$의 모수들에 대해 모든 표본으로부터 동일한 값들을 얻을 가능성은 거의 없다.

조사자는 단 하나의 표본만을 취하여 회귀모델을 도출하므로 그러한 회귀모델이 모든 가계의 모집단을 잘 묘사하는지 아닌지 확인하기 위해서는 회귀모델에 관한 F-검증과 t-검증을 실시해야 한다.

2-1 설명된 변이에 관한 검증(F-검증)

보유카드 수와 가계소득에 관한 자료를 추가적으로 이용할 때 외식빈도에 관한 예측이 얼마나 더 개선될 수 있는가? 회귀모델이 종속변수를 얼마나 정확하게 묘사하고 있는지는 그러한 모델이 설명하고 있는 종속변수 내의 변이를 검토함으로써 알 수 있다.

우선 〈도표 10-2〉의 자료로부터 도출한 다중회귀모델을 이용하여 Y를 예측하고 그것을 실제값들로부터 차감하여 '오차제곱의 합'을 계산하면 〈도표 10-5〉에서와 같이 2.10이 된다. 이러한 값은 외식빈도를 추정하기 위하여 산술평균을 사용할 때의 54.22라는 '오차제곱의 합'과 비교하면 훨씬 적은 값으로서 조사자는 보유카드와 가계소득이라는 독립변수를 회귀모델에 포함시킴으로써 외식빈도에 관한 예측을 개선했다고 말할 수 있다.

즉 산술평균 대신에 보유카드수와 가계소득을 포함한 다중회귀모델을 사용함으로써 52.57(=54.67−2.10)만큼의 '오차제곱의 합'을 더 설명할 수 있으며 이는 96.2%(52.57/54.67)의 개선에 해당한다.

| 도표 10-5 | '오차제곱의 합'의 비교

Y	Y_1	$(Y-Y_1)$	$(Y-Y_1)^2$	Y_2	$(Y-Y_2)$	$(Y-Y_2)^2$
4	6.67	−2.67	7.13	4.50	−.50	.25
6	6.67	−.67	.45	5.67	.33	.11
6	6.67	−.67	.45	6.05	−.05	.00
7	6.67	.33	.11	7.42	−.42	.18
8	6.67	1.33	1.77	7.99	.01	.00
7	6.67	.33	.11	6.81	.19	.04
10	6.67	3.33	11.01	9.16	.84	.71
10	6.67	3.33	11.01	10.34	−.34	.12
3	6.67	−3.67	13.47	2.56	.04	.00
4	6.67	−2.67	7.13	4.50	−.50	.25
8	6.67	1.33	1.77	8.37	−.37	.14
7	6.67	.33	.11	6.62	.38	.14
	오차제곱의 합 = 54.67			오차제곱의 합 = 2.10		

Y=외식빈도 Y_1=평균만을 근거로 한 추정치, Y_2=보유카드와 가계소득을 고려한 추정치

이러한 비율은 결정계수(coefficient of determination, r^2)라고 하며, 다음과 같이 정의된다.

$$r^2 = \frac{\text{회귀모델에 의해 '설명된' 오차제곱의 합}}{\text{산술평균에 의한 오차제곱의 합}}$$

이러한 결정계수는 **회귀모델이 종속변수를 완전히 정확하게 예측할 경우 1, 산술평균을 사용할 때보다 어떠한 개선도 가져오지 않을 경우 0의 값**을 취한다.

조사자는 간혹 종속변수와 독립변수 사이의 관계를 평가하기 위해 상관계수(r)를 사용하는데, 그것은 별로 의미가 없다. 즉 〈도표 10-4〉에서 $r^2=.962$이라면 종속변수 값의 변이중 96.2%가 독립변수(들)로써 설명된다는 의미이며, 이에 상응하는 $r=+.981$이라는 값은 회귀선의 기울기 방향을 +/−부호로 암시할 뿐 오히려 조사자로 하여금 '강한 관계'가 존재하는 것으로 믿도록 오도할 수 있으므로 참고하지 않아야 한다.

> ▸ marketingschool.com
> 단순 회귀분석의 결정계수와 다중 회귀분석의 결정계수의 비교는 마케팅스쿨 홈페이지를 참고하기 바랍니다.

설명된 변이에 관한 검증은 F-검증에 의존하는데, 이때의 귀무가설은 **산술평균이 설명하는 변이를 초과하여 회귀모델이 설명하는 변이의 양은 우연히 나타난 것이다** 또는 **산술평균 대신에 회귀모델을 사용함으로써 얻어진 종속변수 추정치의 오차감소는 유의적이지 않다**는 명제이며, 검증통계량 F-값은 다음 식에 의해 계산된다.

$$F = \frac{\text{회귀모델에 의해 '설명된' 오차제곱의 합 / 자유도(전체변수의 수} - 1)}{\text{'설명되지 않은' 오차제곱의 합 / 자유도(}n - \text{전체변수의 수)}}$$

〈도표 10-6〉에 따르면 r^2**이 0이며, 회귀모델을 사용함으로써 얻어진 오차감소가 유의적이지 않다**는 귀무가설이 진실일 확률은 0%이다. 따라서 조사자는 〈도표 10-2〉의 자료로부터 도출한 회귀모델이 종속변수에 있어서 설명된 변이의 양을 유의적으로 개선하고 있다는 결론을 내리고 다음 단계의 분석으로 들어간다.

| 도표 10-6 | 모형의 유용성을 평가하기 위한 분산분석표(F-검증)[a]

모 형		제곱합	자유도	평균제곱	F	유의확률
1	선형회귀분석	52.568	2	26.284	112.703	.000[b]
	잔 차	2.099	9	.233		
	합 계	54.667	11			

a 종속변수: 외식빈도

b 예측값: (상수), 가계소득, 보유카드

2-2 상수항과 회귀계수들에 관한 검증(t-검증)

〈도표 10-2〉의 자료로부터 도출한 회귀모델에 있어서 외식빈도 $\hat{Y} = -2.411 + .796 \times$(보유카드 수)$+ .190 \times$(가계소득)으로 추정되는데, 조사자는 각 회귀계수에 대해 하나씩 세 개의 귀무가설을 검증할 수 있으며, 각 가설의 유의성 수준은 〈도표 10-3〉의 마지막 열과 같다.

첫 번째 귀무가설은 **-2.411이라는 상수항(절편값)이 표본오차에 의해 나타**

났으며 모집단의 '진정한' 상수항은 0이다는 명제이다. 이러한 가설은 상수항을 회귀모델에 포함시켜야 하는지 아닌지를 검증하기 위한 것인데, 만일 귀무가설이 기각되지 않는다면 상수항을 예측목적을 위해 사용될 수 없게 된다. 〈도표 10-3〉에 따르면 **모집단에서 상수항이 0이다**는 귀무가설이 진실일 유의확률(유의성 수준, p-값)은 11.4%이다.

두 번째 귀무가설은 **.796이라는 보유카드 수의 회귀계수가 표본오차에 의해 나타났으며, 모집단에서의 '진정한' 회귀계수는 0이다**는 명제이다. 만일 귀무가설이 기각되지 않는다면 이러한 회귀계수가 단지 표본오차 때문에 얻어진 것이므로 보유카드 수가 외식빈도에 영향도 미친다는 통계적 근거가 불충분한 것이다. 두 번째 귀무가설이 진실일 확률은 2.1%이다.

세 번째 귀무가설은 두 번째 귀무가설과 마찬가지로 설명할 수 있으며, 만일 회귀모델에 더 많은 독립변수들이 포함된다면 각 독립변수에 대해서도 마찬가지임은 말할 것도 없다. 〈도표 10-3〉에 따르면 **모집단에서 가계소득의 회귀계수가 0이다**는 귀무가설이 진실일 확률은 1.7%이다.

이와 같이 유의확률을 검토한 결과, 특정한 독립변수(들)가 종속변수에 통계적으로 관련된다고 주장할 수 없을 경우라 할지라도 경제이론과 상식에 의해 타당성이 인정된다면 조사자는 그러한 변수의 약점을 인정하면서도 여전히 회귀모델 속에 남겨둘 수 있다.

"상수항을 포함한 회귀계수들이 0"이라는 귀무가설의 유의확률은 그러한 귀무가설이 진실일 때 검증 통계량 t-값이 〈도표 10-3〉의 t-값 이상의 크기로 나타날 확률이며, t-값은 다음 식에 의해 계산된다.

$$t = \frac{\text{추정된 상수항 또는 회귀계수} - \text{귀무가설이 암시하는 값 (0)}}{\text{상수항 또는 회귀계수의 표준오차}}$$

한편 상수항을 포함한 회귀계수들에 대한 추정치는 표본으로부터 구해지기 때문에 조사자는 이러한 추정치들의 신뢰구간을 설정할 수 있다. 즉 추정치들에 대한 95%의 신뢰구간은 다음과 같이 계산한다.

상수항을 포함한 회귀계수의 추정치 $\pm\, t_{.95,\ n\text{-}2}$에 해당하는 표준오차

여기서 $t_{.95}$는 양측검증에서 95%의 신뢰수준이 나타내는 표준오차의 배수인데, t-분포의 자유도($n-2$)가 10이므로 예시에서 $t_{.95}$는 2.228이므로 각 추정치

에 대한 95%의 신뢰구간은 다음과 같다.

상수항	: $-2.411 \pm 2.228 \times 1.379 = -2.411 \pm 3.072$
보유카드 수의 계수	: $.796 \pm 2.228 \times .284 = .796 \pm .633$
가계소득의 계수	: $.190 \pm 2.228 \times .065 = .190 \pm .145$

3 독립변수들의 상대적 연관성 검토

조사자는 회귀분석 결과를 검토하여 **각 독립변수(보유카드 수 또는 가계소득)가 종속변수(외식빈도)를 예측하는 데 상대적으로 기여하는 정도**를 알고 싶어 하지만 불행하게도 회귀계수들은 이러한 정보를 제공해 주지 않는다.

예를 들어, X_1(10만원 단위로 측정된 가계소득)과 X_2(원단위로 측정된 자녀의 용돈)라는 두 개의 독립변수를 사용하여 Y(월간 아이스크림 소비량)를 예측할 때 다음과 같은 회귀모델을 구했다고 가정하자.

$$\hat{Y} = -.01 + (1)X_1 + (.001)X_2$$

여기서 X_1의 회귀계수가 X_2의 회귀계수보다 1,000배나 크기 때문에 혹시 X_1이 종속변수와 훨씬 강하게 관련되었다고 생각할지 모르지만, 이것은 잘못이다.

즉 가계소득에서 1만원의 변화는 평균 아이스크림 소비량에 1×(1만원/10만원)의 변화를 야기하지만, 자녀용돈에서 1만원의 변화는 .001×1만원의 변화를 야기하므로, 후자(용돈)의 경우가 100배나 큰 변화를 야기함을 알 수 있다.

회귀계수들은 이러한 사실을 직접적으로 밝혀주지 않기 때문에 조사자가 종속변수에 대한 각 독립변수의 상대적 연관성의 크기를 검토하기 위해서는 표준화된 회귀계수(Beta계수)를 이용해야 한다.

이러한 계수는 회귀분석에 앞서서 각 독립변수에 관한 자료를 우선 표준화한 후 계산한 회귀계수들인데, 각 독립변수에 있어서 한 표준편차(one standard deviation)만큼의 변화가 종속변수에 야기하는 변화의 크기를 나타내기 때문에 공통된 단위를 근거로 각 독립변수가 종속변수와 관련되는 상대적 크기를 나타내 준다.

따라서 〈도표 10-3〉의 표준화 계수를 참조하면 보유카드 수(.489)의 차이가 가계소득(.510)의 차이보다 외식빈도에 약하게 관련된다는 사실을 알 수 있다.

그러나 Beta계수를 이용할 때에는 몇 가지 점에 유의해야 한다.

- Beta계수들은 다중공선성이 없거나 거의 없는 경우에 한해 각 독립변수들의 상대적 중요성을 반영하는 지표로 사용될 수 있다.
- Beta계수들은 한 회귀모델 내의 다른 변수들의 맥락에서만 해석될 수 있다. 예를 들어, 보유카드 수에 대한 Beta계수는 가계소득에 비해 보유카드 수가 갖는 상대적 중요성을 반영할 뿐이며, 절대적인 의미를 갖는 것은 아니다. 만일 다른 독립변수를 회귀모델에 추가한다면 보유카드 수의 Beta계수는 – 보유카드 수와 새로운 독립변수 사이에 어떤 관계가 있다면 – 바뀔 것이다.
- 독립변수들이 취하는 값의 범위가 달라진다면 당연히 Beta계수들도 변할 것이므로, 표본자료내 독립변수 값의 범위에서만 이용되어야 한다.

SPSS : 다중 회귀분석(multireg1.sav) – 마케팅스쿨 홈페이지 참고

분석 / 회귀분석 / 선형
종속변수(외식빈도) 독립변수(보유카드, 가계소득) 방법(입력)
통계량: 회귀계수(추정값, 신뢰구간) 모형적합, 기술통계, 공선성 진단(체크)
저장: 예측구간(평균) 신뢰구간(95%)
옵션: 방정식에 상수항 포함(체크)

SPSS : 다중회귀분석 – 분석결과 요약

기술통계량

	평균	표준편차	N
외식빈도	6.67	2.229	12
보유카드	3.33	1.371	12
가계소득	33.83	5.982	12

상관계수

		외식빈도	보유카드	가계소득
Pearson 상관	외식빈도	1.000	.962	.963
	보유카드	.962	1.000	.928
	가계소득	.963	.928	1.000
유의확률(한쪽)	외식빈도	.	.000	.000
	보유카드	.000	.	.000
	가계소득	.000	.000	.
N	외식빈도	12	12	12
	보유카드	12	12	12
	가계소득	12	12	12

모형분석[b]

모형	R	R 제곱	수정된 R 제곱	추정값의 평균오차
1	.981[a]	.962	.953	.483

a 예측값: (상수), 가계소득, 보유카드

b 종속변수: 외식빈도

분산분석[a]

모형		제곱합	자유도	평균제곱	F	유의확률
1	선형회귀분석	52.568	2	26.284	112.703	.000[b]
	잔차	2.099	9	.233		
	합계	54.667	11			

a 종속변수: 외식빈도

b 예측값: (상수), 가계소득, 보유카드

계수[a]

모형		비표준화 계수		표준화 계수	t	유의확률
		B	표준오차	베타		
1	(상수)	.−2.411	1.379		−1.749	.114
	보유카드	.796	.284	.489	2.799	.021
	가계소득	.190	.065	.510	2.915	.017

a 종속변수: 외식빈도

① 산술평균 대신에 회귀모델을 사용함으로써 얻어진 오차감소(설명력의 개선)가 없다는 귀무가설에 대한 유의확률은 0%로서 기각되며, 그러한 오차감소(설명력의 개선)는 96.2%이다.

② 또한 상수항 = 0, 회귀계수들 = 0이라는 귀무가설에 대한 유의확률은 각각 상수항 11.4%, 보유카드 2.1%, 가계소득 1.7%이지만 유의적이지 않더라도 이론이나 과거경험에 따라 회귀모델에 잔류시킬 수 있다.

제3절 범주변수를 포함하는 회귀분석

이제까지 회귀분석에 관한 설명은 종속변수와 독립변수 모두가 계량적으로 측정되었다고 가정하였다. 그러나 마케팅에서는 단지 수개의 범주만을 갖는 독립변수들도 회귀분석에 포함시켜야 할 경우가 빈번히 발생하는데, 이러한 변수들은 성별, 거주형태, 사회계층, 날씨, 계절 등을 포함하여 명목척도로 측정되는 모든 범주변수이다.

범주변수를 회귀분석에 포함시키기 위해서는 단지 0과 1의 값만 취하는 가변수(dummy variable)를 이용하는데, 가변수에 대한 해석은 이제까지의 설명과는 다소 다르다. 우선 아파트, 단독주택, 상가주택이라는 세 개의 값만을 갖는 범주변수(주거형태)를 가변수로 나타내면 다음과 같다. 일반적으로 k개의 범주를 갖는 범주변수의 값들을 나타내기 위하여 필요한 가변수의 수는 (k-1)개이다.

범주변수명	범 주	가변수(D_1)	가변수(D_2)
주거형태	아파트	1	0
	단독주택	0	1
	상가주택	0	0

가변수를 사용하여 범주변수(주거형태)가 종속변수에 대해 갖는 관계를 평가하고 예측모델을 도출하는 과정을 설명하기 위해 외식빈도, 보유카드 수, 가계소득, 주거형태에 관한 표본자료를 〈도표 10-7〉과 같이 수집했다고 가정하자.

| 도표 10-7 | 가변수를 이용한 회귀분석을 위한 자료

Y	X_1	X_2	D_1	D_2
4	2	28	0	0
6	3	30	1	0
6	3	32	1	0
7	4	35	1	0
8	4	38	0	1
7	3	36	1	0
10	5	40	0	1
10	6	42	0	1
3	1	22	0	0
4	2	28	0	0
8	4	40	1	0
7	3	35	1	0

Y = 외식빈도 X_1 = 보유카드수 X_2 = 가계소득(10만원) D_1, D_2 = 주거형태를 나타내기 위한 가변수

〈도표 10-7〉에서 두 개의 가변수는 세 개의 범주로 구성된 독립변수(주거형태)를 나타내므로 예를 들어, 첫 번째 관찰치는 상가주택, 세 번째 관찰치는 단독주택, 다섯 번째 표본자료는 아파트라는 주거형태를 나타낸다. 가변수를 사용할 경우라도 회귀분석의 절차는 동일하다.

이러한 분석결과 〈도표 10-8〉로부터 외식빈도 $\hat{Y}=-1.184-.464\times$보유카드 수$+.157\times$가계소득$+1.034\times D_1+1.924\times D_2$로 추정될 수 있다. 따라서 보유카드 수가 5, 가계소득이 38, 아파트에 거주하는 가계의 외식빈도를 예측하면 약 7.6이 된다. 물론 아파트라는 거주형태에 대하여 $D_1=1$, $D_2=0$이다.

$$\hat{Y}=-1.184+.464\times 5+.157\times 38+1.034\times 1+1{,}924\times 0=8.136$$

예측 이외에 회귀모델의 적합성 평가, 모델의 유의성 검토는 동일하며, 단지 종속변수에 대한 독립변수들의 상대적 연관성(영향력)을 검토하는 데 있어서 가변수는 어떠한 의미도 갖지 않는다.

| 도표 10-8 | 가변수를 이용한 회귀모델의 상수와 계수[a]

모 형		비표준화 계수		표준화 계수	t	유의확률
		B	표준오차	베 타		
1	(상수)	−1.184	1.252		−.946	.376
	보유카드	.464	.279	.285	1.661	.141
	가계소득	.157	.058	.421	2.681	.031
	더미 1	1.034	.461	.242	2.242	.060
	더미 2	1.924	.741	.390	2.596	.036

a 종속변수: 외식빈도

SPSS : 가변수 다중회귀분석(multireg2.sav) – 마케팅스쿨 홈페이지 참고

분석 / 회귀분석 / 선형

종속변수(외식빈도) 독립변수(보유카드, 가계소득, 더미1, 더미2) 방법(입력)

통계량: 회귀계수(추정값, 신뢰구간) 모형적합, 기술통계, 공선성 진단(체크)

저장: 예측구간(평균) 신뢰구간(95%)

옵션: 방정식에 상수항 포함(체크)

SPSS : 가변수 다중회귀분석 – 분석결과 요약

기술통계량

	평균	표준편차	N
외식빈도	6.67	2.229	12
보유카드	3.33	1.371	12
가계소득	33.83	5.982	12
더미1	.50	.522	12
더미2	.25	.452	12

상관계수

		외식빈도	보유카드	가계소득	더미1	더미2
Pearson 상관	외식빈도	1.000	.962	.963	.078	.721
	보유카드	.962	1.000	.928	.000	.733
	가계소득	.963	.928	1.000	.145	.622
	더미1	.078	.000	.145	1.000	−.577
	더미2	.721	.733	.622	−.577	1.000
유의확률(한쪽)	외식빈도	.	.000	.000	.405	.004
	보유카드	.000	.	.000	.500	.003
	가계소득	.000	.000	.	.326	.015
	더미1	.405	.500	.326	.	.025
	더미2	.004	.003	.015	.025	.
N	외식빈도	12	12	12	12	12
	보유카드	12	12	12	12	12
	가계소득	12	12	12	12	12
	더미1	12	12	12	12	12
	더미2	12	12	12	12	12

모형요약[b]

모형	R	R 제곱	수정된 R 제곱	추정값의 평균오차
1	.990[a]	.980	.969	.391

a 예측값: (상수), 더미2, 더미1, 보유카드, 가계소득

b 종속변수: 외식빈도

분산분석[a]

모형		제곱합	자유도	평균제곱	F	유의확률
1	선형회귀분석	53.598	4	13.399	87.744	.000[b]
	잔차	1.069	7	.153		
	합계	54.667	11			

a 종속변수: 외식빈도

b 예측값: (상수), 더미2, 더미1, 보유카드, 가계소득

계수[a]

모형		비표준화 계수 B	비표준화 계수 표준오차	표준화 계수 베타	t	유의확률
1	(상수)	−1.184	1.252		−.946	.376
	보유카드	.464	.279	.285	1.661	.141
	가계소득	.157	.058	.421	2.681	.031
	더미1	1.034	.461	.242	2.242	.060
	더미2	1.924	.741	.390	2.596	.036

a 종속변수: 외식빈도

① 산술평균 대신 회귀모델을 사용하여 얻어진 오차감소(설명력의 개선)가 유의적이지 않다는 귀무가설에 대한 유의확률은 0%로서 기각되며, 그러한 오차감수(설명력의 개선)는 98.0%이다.

② 또한 상수항 = 0, 회귀계수들 = 0 이라는 귀무가설에 대한 유의확률은 각각 상수항 37.6%, 보유카드 14.1%, 가계소득 3.1%, 더미1 6%, 더미2 3.6%인데, 유의적이지 않더라도 이론이나 과거경험에 따라 회귀모델에 잔류시킬 수 있다.

▸ marketingschool.com

곡선형 모델의 회귀분석에 관해서는 마케팅스쿨 홈페이지를 참고하기 바랍니다.

제 11 장

판별분석

제 1 절 | 판별분석의 개요
제 2 절 | 판별분석의 적용

가계소득과 거래기간을 근거로 소비자들을 '우수고객'과 '불량고객'으로 판별하려는 경우와 같이 조사자는 간혹 범주를 나타내는 하나의 종속변수와 수개의 계량적 독립변수들이 포함된 조사과제에 당면한다.

즉 집단차이와 그러한 차이의 본질을 이해하는 일은 마케팅 의사결정에 대단히 유용한데 다음과 같은 집단 사이에 존재하는 특성차이를 밝히는 일은 전형적인 마케팅 조사과제의 유형들이다.

구매자 · 비구매자
백화점의 고객 · 재래시장의 고객
성실한 판매원 · 불성실한 판매원
잘 판매되는 상품 · 판매가 부진한 상품
우수한 대리점 · 평범한 대리점 · 불량한 대리점
A 백화점고객 · B 백화점 고객 · C 백화점의 고객

판별분석이란 이러한 조사문제에 적합한 통계기법으로서, 종속변수는 남 · 여 또는 고 · 저와 같은 두 개의 집단으로 구성되거나 상 · 중 · 하와 같이 세 개 이상의 집단을 포함하기도 한다.

물론 판별분석은 두 집단이든 다수집단(3개 이상)이든 모두들 다룰 수 있는데, 대상들을 두 집단으로 분류하기 위해 적용될 때에는 2집단 판별분석 또는 단순 판별분석이라고 하며 세 개 이상의 집단으로 분류하기 위하여 적용될 때에는 다중 판별분석(MDA, multiple discriminant analysis)이라고 한다.

따라서 본장에서는 판별분석의 특성과 수행목적, 주요 가정과 제한점, 판별분석의 접근방법을 개관하고 자료의 수집으로부터 분석결과의 해석 및 활용을 위한 실무적 과정을 살펴본다.

제 1 절 판별분석의 개요

1 판별분석의 특성

대상들이 '사전에 정의된' 수개 집단으로 분류되어 있는 경우, 조사자는 그러한 집단들로부터 추출한 표본들 사이에서 어떤 특성이 유의적으로 다른지를 판단하기 위해 *t*-검증(2개 집단인 경우)이나 일원분산분석(3개 이상의 집단인 경우)을 이용할 수 있다.

만일 표본들 사이에서 그러한 특성이 유의적인 차이를 보인다면 조사자는 새로운 대상의 특성을 근거로 하여 그를 사전에 정의된 어느 집단과 유사한지 판단할 수 있을 것이다.

예를 들어, 구매자 표본과 비구매자 표본의 평균소득이 유의적인 차이를 보이면서 각각 350만원과 200만원이라면 320만원의 소득을 갖는 새로운 대상을 구매자로 예측하는 일은 매우 합리적일 것이다.

더욱이 평균소득에 덧붙여 연령에 관해서도 유사한 상황이라면 평균소득과 함께 연령도 동시에 고려하는 것이 – 마치 다중 회귀분석이 단순 회귀분석에 비해 더욱 유용한 것처럼 – 새로운 대상의 소속집단을 더욱 잘 예측해 줄 것이다.

그러나 평균소득이나 연령과 같은 독립변수 상의 집단차이들이 갖는 동시적 효과의 문제는 독립변수 수가 증가함에 따라 더욱 복잡하게 되어 집단차이들을 묘사해주는 다른 방법이 필요하게 된다.

이때 판별분석이란 **'사전에 정의된 집단들'(a priori defined groups)을 가장 잘 판별해주는 독립변수들의 선형결합을 도출하기 위한 통계적 기법**인데, 이러한 선형결합을 판별함수라고 한다. 즉 본래 독립변수들의 선형결합이 만들어낸 새로운 점수(판별점수)의 '집단내 분산에 대한 집단간 분산의 비율이 극대화되도록' 본래 변수들의 가중치를 결정하기 위한 것이다.

이러한 판별분석은 독립변수들에 대한 계량적 측정치의 선형결합이 단 하나의 범주적 종속변수를 묘사하거나 예측하기 위해 사용된다는 점에서 회귀분석과 유사하다. 즉 회귀분석에서의 종속변수가 계량적인데 반해 판별분석의 종속변수는 일단 계량적인 판별점수를 구한 후 어떤 기준에 따라 분류한 소속집단(범주변수)이라는 차이가 있을 뿐이다.

또한 판별분석은 분산분석과도 비교될 수 있는데, 판별분석에서는 단 하나의 종속변수가 범주변수이고 독립변수들이 계량적인데 반하여 분산분석에서는 독립변수가 범주변수이며 종속변수가 계량적이다.

이제 두 집단을 판별하기 위한 판별분석의 본질을 〈도표 11-1〉의 도식적 예시를 통해 살펴보자.

예시에서 종속변수는 A와 B라는 두 집단을 나타내는 범주변수이며 모든 대상에 대해 X_1과 X_2의 좌표를 소속집단에 따라 각각 X와 O로 표시하고 있다. 즉 〈도표 11-1〉에서 X표는 집단 A 구성원에 대한 독립변수(X_1과 X_2)의 측정치들을 좌표로 나타내며, O표는 집단 B 구성원의 독립변수(X_1과 X_2)의 측정치들을 좌표로 나타낸다.

그 다음 임의의 새로운 축 D를 긋고 그 위에 각 집단의 구성원들의 분포를 나타내면 두 개의 단변량분포 A'와 B'를 얻을 수 있으며, 단변량 분포들 사이의 중복(빗금친 부분)이 어느 정도 있음을 알 수 있다.

이때 판별분석은 두 개의 단변량분포 A'와 B'에 대하여 – 분산분석에서 F–값이 최대가 되도록 하는 원리와 유사하게 – 판별점수들의 '집단내 분산에 대한 집단간 분산의 비율이 극대화되도록' 새로운 축 D에 대해 본래 변수들의 선형결합(판별함수)을 구하기 위한 통계적 절차이며, 그러한 통계적 기준에

도표 11-1 판별분석 원리의 도식

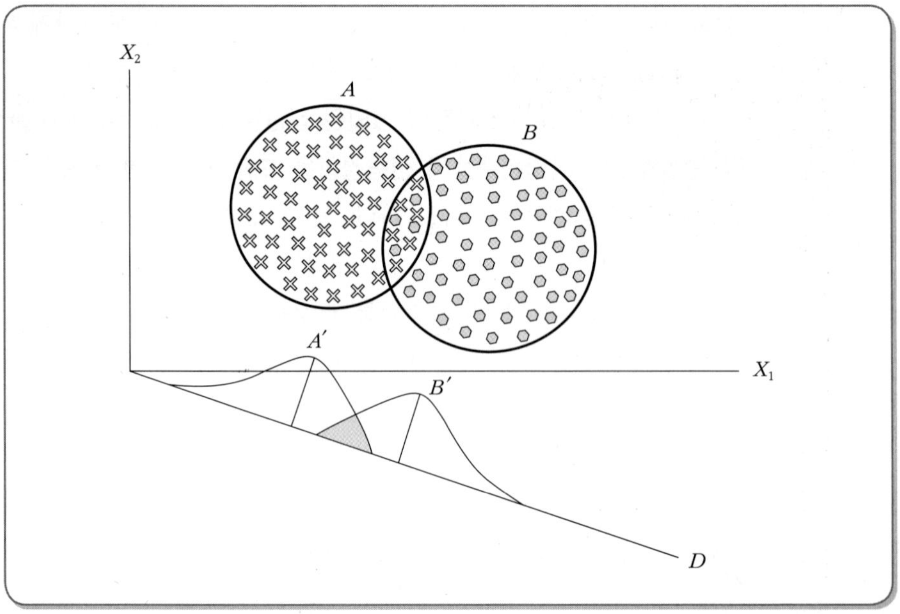

따라 새로운 축 D가 확정된다.

2 판별분석의 수행 목적

판별분석의 본질을 명확하게 이해하기 위해서는 판별분석을 수행하는 목적을 다음과 같이 검토할 수 있다.

첫째, 사전에 정의된 집단들을 가장 잘 판별할 수 있도록 두 개 이상 독립변수들의 선형결합(판별함수)을 도출한다.

둘째, 사전에 정의된 집단들에 대해 집단별 평균점(다차원상의 평균, centroid) 사이에 유의적인 차이가 있는지 아닌지를 검토한다. 즉 판별분석은 판별함수를 통해 판별점수를 산출해 주는데, 이러한 판별점수를 집단별로 평균하면 판별점수의 집단평균(centroid, group mean)에 이른다. 따라서 판별분석은 **두 개 이상의 집단에서 판별점수의 집단평균들이 같다**는 귀무가설을 검증하기에 적합하다.

셋째, 독립변수들의 구체적인 값을 근거로 대상들의 소속집단을 예측하기 위한 모델을 마련한다. 일단 판별점수를 계산하기 위한 '독립변수들의 선형결합(판별함수)'이 도출되면, 새로운 대상의 구체적인 독립변수 값들을 판별함수에 대입함으로써 그들의 판별점수를 구하고 각 집단을 판별하는 최적경계점수와 비교하여 새로운 대상의 소속집단을 예측할 수 있다.

넷째, 집단들을 판별하는 데 있어서 각 독립변수의 상대적인 기여도를 평가한다. 즉 조사자는 – 회귀분석의 Beta 계수처럼 – 각 독립변수가 판별점수에 어떻게 관련되는지, 즉 소속집단을 예측하는 데 있어서 상대적인 기여도를 평가할 수 있다.

3 판별분석의 주요 가정과 제한점

판별분석이란 사전에 정의된 두 개 이상 집단의 평균적 특성을 근거로 새로운 대상의 소속집단을 판별하기 하기 위해 독립변수들의 선형결합(판별함수)을 도출해주고 최적경계점수를 구해주는데, 대체로 세 가지의 가정을 전제로 한다.

첫째, **독립변수들이 실제로 집단소속과 유의적인 관계**를 가지며, 집단소속과 관련된 독립변수들이 거의 망라되어야 한다. 즉 일부 중요한 변수들이 누락된다면 그들이 분석에 포함된 다른 변수(들)와 상관관계를 갖지 않는 한, 도출될 판별함수의 독립변수 계수들을 왜곡할 것이다.

둘째, 각 모집단에서 독립변수들은 정규분포를 이루며(multivariate normality of the distribution), 독립변수들의 분산이 동일하다.

셋째, 현재의 분석에서 고려하는 독립변수 이외에는 어느 응답자도 사전에 특정한 집단과 연관을 갖지 않음으로써 누구나 집단소속의 사전확률이 동등하다.

그러나 판별분석은 극단적인 예외를 제외하고 이러한 가정에 민감하지 않으며, 특히 표본의 크기가 클 경우에 그렇다.

4 판별분석의 접근방법

판별함수를 도출하기 위한 접근방법은 – 다중 회귀분석의 경우처럼 – 두 가지가 있다. 즉 동시적 방법(simultaneous or direct method)은 모든 독립변수들을 동시에 고려하는 것으로, 각 독립변수들의 판별력에 관계없이 전체 독립변수들을 한 번에 포함시켜 판별함수(들)를 도출한다.

이러한 접근방법은 조사자가 어떤 이론적인 근거에서 모든 독립변수들을 판별분석에 포함시키려고 하거나, 판별력이 큰 변수들만을 근거로 분석된 중간결과에 관심을 갖지 않을 때 적합하다.

이에 비해 단계적 방법(stepwise method)은 각 독립변수의 판별력이 큰 순서대로 하나씩 순차적으로 판별함수에 포함시키는 것인데, 첫 단계는 최선의 판별력을 갖는 변수를 선택함으로써 시작된다. 그 다음 이러한 초기변수(initial variable)는 나머지 독립변수들 각각과 함께 검토되며, 초기변수와 결합하여 판별함수의 판별력을 가장 많이 개선할 수 있는 변수가 두 번째 변수로 선정된다.

이와 유사한 방법으로 지속하되, 이미 판별함수에 포함되었던 변수라 할지라도 집단차이들에 관해 그들이 포함하고 있는 정보가 이미 다른 변수들의 결합 내에서도 가용하다면 배제된다.

결국 모든 독립변수들이 판별함수에 포함되거나 또는 배제된 변수들이 더 이상 집단판별에 유의적으로 기여하지 않는다고 판단될 때 판별분석은 끝난다.

이러한 단계적 방법은 조사자가 비교적 많은 독립변수로부터 판별함수를 도출하려고 시도할 때 유용한데, 각 단계에서 차선의 판별변수를 순차적으로 선정함으로써 집단들 사이를 판별하는 데 유용하지 않은 변수들을 배제하고 유용한 변수들만의 집합을 확인할 수 있다.

5 판별분석의 준비

판별분석을 수행하기 위한 준비절차는 크게 분석에 포함시킬 변수의 선정, 일반적인 모델의 상술, 분석에 포함시킬 변수들에 관한 자료 수집으로 구분된다.

5-1 분석에 포함시킬 변수의 선정

조사자는 판별분석을 적용하기 위해 우선 종속변수와 독립변수를 선정해야 하는데, 전자는 범주적이며 후자는 계량적이라는 점에 유의해야 한다. 종속변수가 취하는 범주의 수(조사대상을 나누는 집단의 수)는 두 개 이상이며 범주들은 상호배타적이고 포괄적이어야 한다.

물론 판별분석의 종속변수는 원칙적으로 좋다 · 나쁘다의 경우(dichotomous)나 아파트 · 단독주택 · 상가주택의 경우(multichotomous)에서와 같이 진정한 의미에서의 범주변수이어야 하지만, 간혹 서열변수나 간격변수로도 측정할 수 있다.

예를 들어, 하루에 소비하는 콜라의 양을 0으로부터 8병 이상에 이르는 척도로 측정했을 경우에도 조사자는 단순히 0, 1, 2병을 소비하는 응답자를 소량소비자로 하고 3, 4, 5병을 소비하는 응답자를 평균소비자로 하고 6, 7, 8병 이상을 소비하는 응답자를 대량소비자로 지명함으로써 응답자들을 인위적인 세 범주(집단)로 구분할 수 있다.

이러한 일은 비율척도로 측정된 변수를 세 집단을 갖는 범주변수로 변환시키는 것이며, 조사자는 콜라의 소량소비자, 평균소비자, 대량소비자를 판별하기 위한 판별분석을 수행하게 된다.

특히 세 개 이상의 범주를 다룰 때라면 극단적인 집단들(앞의 예에서는 소량소비자와 대량소비자)만을 2집단(단순) 판별분석을 통하여 검토하고 중간집단(들)을 분석에서 배제할 수도 있는데, 이러한 접근방법(polar-extremes approach)은 집단 차이를 보다 분명히 밝히기 위해 자주 이용된다.

일단 종속변수에 관한 결정을 내리고 나면 조사자는 분석에 포함시킬 독립변수를 선정해야 하는데 그러한 독립변수들은 첫째, 조사문제에 관련되는 이론적 모델로부터 도출하거나 유사한 선행연구를 참고할 수 있으며 둘째, 탐색적 조사나 조사자의 직관을 근거로 선정할 수 있다.

후자는 근본적으로 조사자의 지식을 확대하려는 노력으로서 유사한 선행연구나 이론적 모델이 존재하지 않지만, 소속집단을 예측하는 일과 논리적으로 관련될 수 있는 변수들을 직관적으로 선정하는 일을 의미한다.

예시를 위해 여기서는 조사자가 승용차의 구매자와 비구매자를 판별하기 위한 근거로 비용지각, 성능지각, 스타일지각을 선정했다고 가정하자. 따라서 종속변수인 응답자 집단은 구매자와 비구매자이며, 독립변수는 승용차에 대한 세 가지 지각 상의 평점이 된다.

5-2 일반적인 모델의 상술

판별분석은 하나의 범주적 종속변수를 다수의 계량적 독립변수들의 선형결합으로 나타내기 위한 통계기법으로서, 판별분석을 통해 도출하려는 독립변수들의 선형결합(판별함수)은 다음과 같은 일반형태로 나타낼 수 있다. 물론 독립변수 수와는 관계가 없이 단지 집단의 수가 두 개이면 2집단 판별분석, 셋 이상이면 다중 판별분석이라고 한다.

$$D = d_0 + d_1X_1 + d_2X_2 + \cdots + d_nX_n$$

여기서 D = 판별점수

d_0 = 상수

d_i = 각 독립변수의 계수

즉 이와 같은 선형결합에 대해 상수와 각 독립변수의 계수가 결정된다면 조사자는 각 응답자의 판별점수를 계산할 수 있을 것이다.

판별분석은 결국 이러한 상수와 계수들을 구하기 위한 통계적 절차인데, − 회귀분석에서의 최소자승기준에 대응하여 − **판별점수의 집단간 분산이 최대가 되고 집단내 분산이 최소가 되도록** 그들을 결정한다. 따라서 다음과 같은 비율을 극대화하는 것이 판별함수를 결정하기 위한 통계적 기준이 된다.

$$(\max)\frac{\text{판별점수의 집단간 분산}}{\text{판별점수의 집단내 분산}}$$

5-3 분석에 포함시킬 변수들에 관한 관찰자료의 수집

판별분석을 준비하기 위한 세 번째 단계는 분석에 포함시킬 변수들에 관한 관찰자료를 수집하는 일인데, 예시를 위해 조사자가 승용차의 구매여부를 종속변수로 하고, 독립변수로서 승용차에 대한 각 응답자의 비용지각, 성능지각, 스타일지각을 〈도표 11-2〉와 같이 10점 척도 상에서 측정했다고 가정하자.

전체표본은 20명(구매자 10명, 비구매자 10명)의 응답자로 구성되어 있지만, 분석표본과 검증표본으로 분할하기 위해 응답자들을 무작위로 각 표본에 할당하였다.

▌도표 11-2▐ 판별분석을 위한 자료

Y	X_1	X_2	X_3	X_4
1	8	9	7	1
1	6	7	6	1
1	10	5	5	1
1	9	4	7	1
1	7	8	9	1
2	5	4	3	1
2	3	7	2	1
2	4	5	5	1
2	2	4	3	1
2	2	2	2	1
1	7	8	5	2
1	5	7	5	2
1	9	7	4	2
1	8	3	5	2
1	6	5	3	2
2	6	5	7	2
2	4	8	3	2
2	5	6	6	2
2	3	5	3	2
2	2	3	1	2

* Y=집단범주(1=구매자) (2=비구매자)
X_1=비용지각 X_2=성능지각 X_3=스타일지각 X_4=표본분할상태(1=분석표본) (2=검증표본)
* 비용지각, 성능지각, 스타일지각에서 0=매우 불량 10=매우 훌륭

제2절 판별분석의 적용

1 표본의 기술통계량과 상관계수 행렬의 도출

판별함수를 도출하는 과정에서는 단순히 표본분할에 의한 분석표본만이 사용될 것인데, 판별분석을 수행하는 과정에서 가장 먼저 얻을 수 있는 정보는 그러한 표본에 대한 기술통계량과 상관계수 행렬이다.

즉 〈도표 11-3〉은 분석표본에서 각 집단별 독립변수의 평균과 표준편차를 보여주는데, 세 가지 측면에 대한 지각 모두에서 구매자가 비구매자에 비해 평점이 높은 것으로 나타났다.

또한 분석표본에서 승용차의 세 가지 지각측면 사이의 상관관계는 〈도표 11-4〉와 같다.

| 도표 11-3 | 승용차에 대한 지각평점의 평균과 표준편차

집단범주		평 균	표준편차
구매자	비용지각	8.00	1.58
	성능지각	6.60	2.07
	스타일	6.80	1.48
비구매자	비용지각	3.20	1.30
	성능지각	4.40	1.82
	스타일	3.00	1.22
전체	비용지각	5.60	2.88
	성능지각	5.50	2.17
	스타일	4.90	2.38

| 도표 11-4 | 세 가지 지각평점 사이의 상관계수

		비용지각	성능지각	스타일
상 관	비용지각	1.000	-.239	-.063
	성능지각	-.239	1.000	.311
	스타일	-.063	.311	1.000

2 집단간의 단변량 차이분석

〈도표 11-3〉으로부터 조사자는 승용차에 대한 세 가지 지각측면 모두에서 구매자가 비구매자에 비해 높은 평점을 주고 있다는 사실을 알 수 있다. 그러나 그러한 판단은 피상적인 것에 불과하며, 최소한 각 지각측면에 대한 평점들이 집단에 따라 유의적인 차이를 보이는지 아닌지를 결정한 후에나 그런 판단을 내릴 수 있는 것이다.

더욱이 〈도표 11-4〉에서 볼 때 세 가지 지각평점들 사이에는 약하지만 어느 정도의 상관관계가 존재하므로 각 변수별로 일부러 집단간 차이의 유의성을 검증하는 일이 별로 큰 의미를 갖지 않는다.

단지 집단간 차이에 대한 일차적인 아이디어를 얻기 위해 조사자는 각 변수별로 세 개의 일원분산분석(완전무작위 층화설계)을 적용할 수 있는데, 예시에서는 집단이 2개 이므로 *t*-검증과 동일한 결과를 보여준다.

〈도표 11-5〉는 각 변수별로 **각 집단이 추출된 모집단들의 평균은 같다**는 귀무가설을 검증한 결과를 보여준다. 즉 비용지각과 스타일지각은 두 집단에서 매우 유의적인 차이를 보이며, 단지 성능지각이 다소 덜 유의적인데, 소비자 행동이론을 근거로 일단 예시에서는 세 변수 모두를 분석에 사용하기로 하자. 물론 어떤 변수가 대단히 유의적이지 않다면 조사자는 이 단계에서 그러한 변수를 배제할 수도 있다.

| 도표 11-5 | 집단차이에 관한 단변량검증

	Wilks 람다	F	자유도 1	자유도 2	유의확률
비용지각	.226	27.429	1	8	.001
성능지각	.715	3.184	1	8	.112
스타일	.291	19.514	1	8	.002

3 공분산 동질성에 대한 검증

판별분석의 기본적인 가정중 하나는 각 모집단에서 독립변수들이 정규분포를 이루고 있으며(multivariate normality of distribution), 공분산이 동일하다는 점이다.

특히 공분산이 동일하다는 가정에 대해서는 〈도표 11-6〉과 같은 Box의 *M* 검증을 적용할 수 있는데, Box의 *M* 통계량은 *F*-값이나 chi-square 통계량의 근사치로 변환되어 귀무가설의 유의확률(유의성 수준, *p*-값)을 결정한다. 예시에서의 귀무가설은 **승용차의 구매자 집단과 비구매자 집단의 공분산 행렬이 동일하다**는 명제이며, 유의확률이 .924이므로 귀무가설을 기각할 수 없다.

따라서 공분산의 동일성을 의심할 증거가 없으므로 다행스럽게 본격적인 판별분석에 들어갈 수 있다.

| 도표 11-6 | 공분산 동일성에 대한 검증

Box의 *M*		3.361
F	근사법	.325
	자유도 1	6
	자유도 2	463.698
	유의확률	.924

모집단의 공분산행렬이 동일하다는 귀무가설을 검정합니다.

4 판별함수의 고유값과 유의성 평가

조사자가 판별함수를 도출하기 위해 이용할 수 있는 접근방법은 이미 설명한 바와 같이 동시적 방법과 단계적 방법이 있는데, 여기서는 동시적 방법을 예시한다.

판별분석을 통해 도출되는 판별함수의 수는 분석에 포함된 (독립변수의 수)와 (집단의 수 −1)중 작은 값이다. 예시에서는 독립변수가 세 개이며, (집단의 수 −1)이 1이므로 한 개의 판별함수가 도출된다.

〈도표 11-7〉은 판별분석이 도출한 판별함수의 고유값을 보여주는데, 고유값은 두 개 이상의 판별함수가 도출될 경우 – 판별함수들은 집단들을 잘 판별해 주는 순서로 제시되므로 – 처음 몇 개의 판별함수를 분석에 이용할 것인지를 결정하기 위한 기준이 된다.

그러나 조사자는 동시에 Wilks의 람다값을 근거로 각 판별함수의 유의확률도 평가하여 궁극적으로 사용할 판별함수를 선택해야 하는데, 유의성 평가를 위한 전형적인 기준은 .05이다.

| 도표 11-7 | 판별함수의 고유값과 유의성

함수	고유값	분산의 %	누적 %	정준상관
1	6.645[a]	100.0	100.0	.932
a 첫 번째 1 정준 판별함수가 분석에 사용되었습니다.				
Wilks의 람다				
함수의 검정	Wilks의 람다	카이제곱	자유도	유의확률
1	.131	13.222	3	.004

즉 판별함수가 유의적이지 않다면 조사자는 **각 집단이 추출된 모집단들의 판별점수 평균(centroids)이 동일하다**는 귀무가설을 기각할 수 없는 것이며, 이는 판별함수의 이용이 대상들의 소속집단을 무작위로 예측하는 경우보다 나을 것이 없다는 점을 시사하는 것이다. 따라서 더 이상의 분석은 의미를 갖지 않는다.

예시에서는 하나의 판별함수가 도출되며, 그 함수의 유의확률이 .4%미만이므로 유의적이다. 즉 각 집단이 추출된 모집단들이 동일한 평균과 분산을 갖는다고 가정할 때 두 집단의 평균 판별점수의 차이가 표본조사에서 구한 값 4.612(도표 11-10)이상이 될 확률이 .4%보다 적으며, 따라서 이러한 차이가 유의적임을 의미한다.

5 판별함수를 이용한 판별점수의 계산

〈도표 11-8〉은 도출된 판별함수의 계수를 보여주는데, 각 대상의 독립변수값들을 대입함으로써 그들의 판별점수를 산출해준다. 즉 예시에서는 비용지각, 성능지각, 스타일지각들의 다음과 같은 선형결합(판별함수)이 승용차의 구매자와 비구매자를 가장 잘 판별해 주는 판별점수를 산출한다.

판별점수 = 비용지각, 성능지각, 스타일지각과 독립적으로 일정한 상수
+ 판별점수에 대한 비용지각의 계수 × (비용지각)
+ 판별점수에 대한 성능지각의 계수 × (성능지각)
+ 판별점수에 대한 스타일지각의 계수 × (스타일지각)

즉 $D = -5.970 + .564 \times X_1 + .134 \times X_2 + .424 \times X_3$

| 도표 11-8 | 판별함수의 계수

	함 수
	1
비용지각	.564
성능지각	.134
스타일	.424
(상수)	-5.970
표준화하지 않은 계수	

6 최적 경계점수와 소속집단의 예측

통계적 검증을 통해 판별함수가 대상들을 - 무작위로 소속집단을 예측하는 경우에 비해 - 유의적으로 정확하게 판별할 것이라는 사실이 밝혀졌다면, 조사자는 '함수의 판별력'을 평가하기 위해 분류행렬을 작성해야 한다.

그러나 분류행렬을 작성하기에 앞서서 조사자는 최적 경계점수(critical D value)를 결정해야 하는데, 최적 경계점수란 **각 대상이 소속할 집단을 판단하기 위해 각 대상의 판별점수를 비교할 기준이 되는 점수**를 말한다.

이러한 최적 경계점수는 집단들의 크기가 동등한지 아닌지에 따라 달라지는데, 만일 두 집단의 크기가 같다면 각 집단의 평균(centroid)들의 중간이 될 것이다. 따라서 이러한 경우의 최적 경계점수는 다음과 같이 정의된다.

$$D_{CE} = \frac{\bar{D}_A + \bar{D}_B}{2}$$

여기서 D_{CE} = 최적 경계점수(집단의 크기가 같을 때)
$\bar{D}_A$ = 집단 A의 판별점수 평균
$\bar{D}_B$ = 집단 B의 판별점수 평균

최적 경계점수의 개념은 그림을 통해 보다 명확하게 설명될 수 있는데, <도표 11-9>는 두 집단의 크기가 같은 경우의 최적 경계점수를 보여준다.

최적 경계점수는 또한 대상을 그릇된 집단으로 오분류하는데 수반되는 비용도 고려하여 결정해야 한다. 만일 오분류의 비용이 거의 같다면 최적 경계점수는 모든 집단에서 오분류되는 대상을 최소로 만드는 값이 될 것이다.

그러나 조사자는 최적 경계점수를 계산하기 위해 실제로 각 대상의 판별점

도표 11-9 집단의 크기가 같을 때 최적경계점수

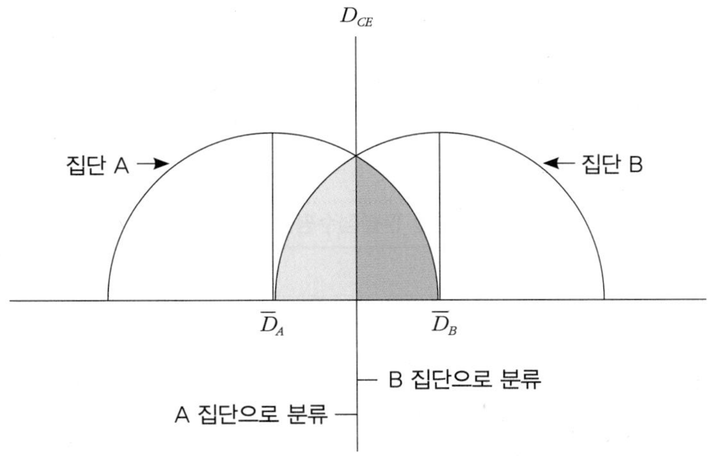

수를 계산한 다음 집단별로 평균(centroid)을 구할 필요는 없다. 대부분의 컴퓨터 프로그램은 판별점수들 뿐 아니라 집단별 평균을 알려주고 있기 때문에 조사자는 단순히 이러한 집단평균과 집단크기를 공식에 대입함으로써 최적경계점수를 구할 수 있다.

> ▸ marketingschool.com
> 집단들의 크기가 같지 않을 경우나 오분류의 비용이 다를 경우에 있어서 최적경계점수에 관한 설명은 마케팅스쿨 홈페이지를 참고하기 바랍니다.

〈도표 11-10〉에서 구매자 집단의 판별점수 평균은 2.306이며 비구매자 집단의 판별점수 평균이 –2.306이므로, 두 집단의 크기가 같은 경우의 공식에 의해 최적경계점수는 0이 됨을 알 수 있다.

물론 각 집단의 판별점수 평균은 판별함수 $D=-5.970+.564\times X_1+.134\times X_2+.424\times X_3$(조사자가 X_2를 유의적인 변수가 아니라고 판단할 경우에는 판별함수에서 제외할 수 있음)에 각 응답자의 구체적인 값들을 대입하여 구한 판별점수들을 집단별로 평균해도 구할 수 있다.

〈도표 11-10〉과 같이 예시에서의 최적 경계점수는 .0이므로 각 응답자의 독립변수 값들을 판별함수에 대입하여 계산한 판별점수가 .0보다 크면 구매자, 작으면 비구매자로 소속집단을 예측할 수 있다.

예를 들어, 조사자가 성능지각을 판별함수에 남겨두기로 결정했다면 비용지각이 9, 성능지각이 2, 스타일지각이 7인 응답자는 판별점수가 2.342가 되어 구매자로 예측된다. 이러한 방법으로 새로운 대상들(검증표본)의 판별점수를 구하고 그것을 최적 경계점수와 비교하여 그들의 소속집단을 예측한 것이 다음에 설명할 분류행렬이다.

| 도표 11-10 | 집단별 판별점수평균

	함 수
집단범주	1
구매자	2.306
비구매자	-2.306

표준화하지 않은 정준 판별함수가 집단 평균에 대해 계산되었습니다.

▸ marketingschool.com
Fisher의 선형판별함수에 관해서는 마케팅스쿨 홈페이지를 참고하기 바랍니다.

7 분류행렬의 작성

7-1 분류행렬의 작성이유

분류행렬의 유용성을 보다 명확히 이해하기 위해서는 회귀분석에 있어서 결정계수(r^2)의 개념을 생각하면 된다. 즉 통계적으로 유의적인 관계를 발견하였지만 단지 분산의 10%미만을 설명하는 조사결과(r^2=.10)를 자주 볼 수 있는데, 이때의 r^2=.10은 단순히 표본들이 크기 때문에 0이 아닌 것으로 나타난 경우가 많다.

회귀분석에 있어서 결정계수가 회귀식이 얼마나 많은 분산을 설명해 주는지를 보여주는 것과 마찬가지로, 판별분석에 있어서 예측정확도(hit-ratio)는 판별함수가 응답자들을 얼마나 잘 분류하였는가를 보여준다.

7-2 분류행렬의 작성

분류행렬을 사용하여 판별함수의 유용성을 평가하기 위해서는 분석에 들어가기 전에 전체표본을 분석표본과 검증표본으로 분할해야 한다.

이와 같이 전체표본을 분할하는 이유는 만일 판별함수를 계산하기 위해 사용한 표본들에 대해 다시 판별함수를 적용하여 소속집단을 예측한다면 예측정확도가 턱없이 높게 왜곡될 수 있기 때문이다.

즉 판별함수의 예측정확도는 판별함수를 도출하기 위해 사용한 표본이 아니라 다른 새로운 대상들의 소속집단을 예측함으로써 평가되어야 한다.

전체표본을 분석표본과 검증표본으로 나눌 때 조사자는 대체로 50 대 50의 비율을 채택하지만 간혹 60 대 40 또는 75 대 25의 비율로 나누기도 한다. 또한 각 표본으로 할당될 대상은 일반적으로 비례적 층화 표본추출에 의하여 선정된다. 예를 들어, 100명으로 구성된 전체표본에서 남여의 비율이 7 대 3이라면 각 표본에서도 남여의 비율이 7 대 3이 되도록 표본을 구성하는 것이 좋다.

이밖에도 전체표본은 분석표본과 검증표본으로 분할되기 위해 충분히 커야 하는데, 대체로 100은 넘어야 한다. 만일 전체표본의 크기가 작다면 – 표본분할을 거치지 않고 – 어쩔 수 없이 전체표본에 대해 판별함수를 개발하고 다시 전체표본에 대해 예측정확도를 평가할 수밖에 없다. 이러한 경우 이미 설명한 것처럼 판별함수의 예측정확도가 과대하게 왜곡되겠지만 아예 판별함수를 평가하지 않는 것보다는 나을 것이다.

표본분할이 끝나면 조사자는 우선 분석표본으로부터 판별함수를 도출한 후, 그것을 검증표본에 적용하여 대상별로 판별점수를 구하고, 최적 경계점수와 비교하여 소속집단을 예측한다.

이러한 검증표본의 소속집단 예측결과와 실제의 소속집단을 비교하면 〈도표 11–11〉과 같은 분류행렬을 작성할 수 있다. 여기서 행렬의 주대각선상의 값들은 실제의 소속집단을 올바르게 예측된 경우의 수를 나타내며, 주대각선 이외의 숫자들은 오분류를 나타낸다. 그리고 분류행렬의 아래에는 올바르게 분류된 비율(예측정확도, hit-ratio)이 표시되어 있다.

예시에서 실제의 구매자 5명중 3명은 핀별힘수에 의해서도 구매자로 올바르게 분류되었지만 나머지 2명은 비구매자로 오분류되었고, 실제의 비구매자 5명 중 3명은 판별함수에 의해서도 비구매자로 올바르게 분류되었지만 나머지 2명은 구매자로 오분류되었다.

따라서 전체 검증표본의 10명중 6명이 실제 소속집단과 일치하도록 소속집단이 예측되었으므로 예측정확도는 60.0%가 된다.

| 도표 11-11 | 검증표본에 대한 분류행렬[a,b]

표본분할				구매자	비구매자	전체
선택된 케이스 (a)	원래값	빈도	구매자	5	0	5
			비구매자	0	5	5
		%	구매자	100.0	.0	100.0
			비구매자	.0	100.0	100.0
선택되지 않은 케이스 (b)	원래값	빈도	구매자	3	2	5
			비구매자	2	3	5
		%	구매자	60.0	40.0	100.0
			비구매자	40.0	60.0	100.0

a 원래의 선택 집단 케이스 중 100.0%이(가) 올바로 분류되었습니다.

b 원래의 비선택 집단 케이스 중 60.0%이(가) 올바로 분류되었습니다.

7-3 예측정확도의 평가

이미 설명한 바와 같이 판별함수의 유용성은 분류행렬로부터 얻어지는 예측정확도로 평가될 수 있다. 이때 조사자는 어느 정도의 예측정확도를 수용가능한 것으로 간주할 것인지를 결정해야 하는데, 수용가능한 판별함수의 예측정확도는 다음 식에 의해 계산한다(proportional chance criterion).

$$C_{propotional} = p^2 + (1-p)^2$$

여기서 p = 집단 1의 상대적 구성비율

$1-p$ = 집단 2의 상대적 구성비율

따라서 동일한 대상 수로 구성된 두 집단에 대한 수용가능한 예측정확도는 50.0%[$\left(\frac{50}{100}\right)^2+\left(\frac{50}{100}\right)^2$]이며 판별함수가 최소한 50.0% 이상의 예측정확도를 보인다면 유용한 것으로 판단된다는 의미이다.

그러나 마케팅 실무에서는 대체로 상기 식에 의해 구한 값보다 판별함수가 25%이상의 예측정확도를 보이지 않는다면 해석을 포기하는 보수적인 입장을 취한다. 즉 상기 식에 의해 구한 값이 50%라면 62.5%, 30%라면 37.5%이상의 예측정확도를 보일 경우에만 판별함수를 해석하고 이용한다.

더욱이 이러한 기준은 판별함수의 예측정확도가 표본분할에 의한 검증표본에 대해 계산될 때에 한해 이용될 수 있을 뿐이며, 만일 판별함수를 도출하는 데 사용한 분석표본에 대해 예측정확도를 계산한다면 그 기준이 상당히 높아져야 할 것이다.

〈도표 11-11〉의 예측정확도 60%는 비록 실무적 기준(62.5%)에는 미치지 못해 아쉽지만 예시를 위해 판별함수를 해석하기로 한다.

8 판별함수의 해석

만일 판별함수가 통계적으로 유의성을 보이며, 예측정확도가 수용가능하다면 조사자는 판별함수의 해석에 들어가는데, 판별함수를 해석하기 위해 이용할 수 있는 근거는 세 가지이다.

8-1 표준화 판별계수

판별함수를 해석하기 위한 전통적인 접근방법은 판별함수를 구성하는 각 독립변수의 표준화 판별계수를 검토하는 것이다. 즉 **각 표준화 판별계수의 절대값은 판별함수에 대한 해당변수의 상대적인 기여를 나타내며, 부호는 변수가 정의 방향 또는 부의 방향으로 기여하는지**를 나타낸다.

이러한 표준화 판별계수들에 대한 해석은 회귀분석에서 Beta 계수들에 대한 해석과 유사하며 마찬가지의 비판에 당면하는데 예를 들어, 작은 계수는 해당변수가 거의 관계없거나 고도의 다중공선성으로 인해 관계 밖으로 밀려났다는 사실을 의미할 수도 있다. 판별계수의 또 다른 문제는 표본에 따라 대단히 불안정하다는 점이며, 따라서 판별함수는 반드시 검증표본에 의해 평가된 후 해석되어야 한다.

〈도표 11-12〉는 표준화 판별계수를 보여주는데, 승용차의 구매자와 비구매자를 판별하는 데 있어서는 비용지각과 스타일지각 모두가 구매자 집단의 방향으로 기여하며, 기여의 정도는 비용지각이 스타일지각에 비해 다소 크다

도표 11-12 각 독립변수의 표준화 판별계수

	함 수
	1
비용지각	.817
성능지각	.261
스타일	.577

는 사실을 알 수 있다. 성능지각도 구매자 집단의 방향으로 기여하지만 단변량 검증에서 그 유의성이 의심받고 있기 때문에 굳이 해석에 포함하지 않아도 된다.

8-2 판별 적재량

판별 적재량(discriminant loadings) 또는 구조 상관계수 행렬(structure correlations)은 각 독립변수와 판별함수 사이의 단순선형 상관계수를 나타내는데, **독립변수들이 판별함수와 공유하는 분산을 반영**하며 판별함수에 대한 각 독립변수의 상대적인 기여를 평가하는 데 있어서 요인분석의 요인적재량과 마찬가지로 해석될 수 있다.

각 독립변수의 판별력을 해석하는 데 있어서는 판별적재량이 대체로 표준화 판별계수보다 유효하다고 간주되지만, 이들 역시 표준화 판별계수와 마찬가지로 표본에 따라 불안정하므로 유의해야 한다.

〈도표 11-13〉은 이러한 판별 적재량을 보여주는데, 〈도표 11-12〉의 표준화 판별계수와 거의 유사한 해석을 암시한다.

▌도표 11-13▐ 각 독립변수의 판별적재량(구조행렬, 구조상관계수행렬)

	함 수
	1
비용지각	.718
스타일	.606
성능지각	.245

판별변수와 표준화 정준 판별함수 간의 집단-내 통합 상관행렬. 변수는 함수내 상관행렬의 절대값 크기순으로 정렬되어 있습니다.

8-3 partial F-값

단계적 방법을 사용하여 판별함수를 도출하는 하는 경우라면 판별함수에 포함된 독립변수들의 partial F-값을 근거로 그들의 상대적인 판별력을 해석할 수 있다. 예를 들어, 비용지각이 7.78, 스타일지각이 4.48의 F-값을 가진다면 비용지각이 스타일지각보다 판별력이 크다고 말할 수 있다.

SPSS : 단순 판별분석(simdis.sav) – 마케팅스쿨 홈페이지 참고

분석 / 분류분석 / 판별분석
집단변수(집단범주) 범위지정: 최소값(1) 최대값(2)
독립변수(비용지각, 성능지각, 스타일) 독립변수를 모두 진입(체크)
* 만일 단계선택법이면 방법: 방법(Wilks의 Lambda) 기준(F확률: .05–.10) 출력(단계요약)
선택변수(표본분할) 값설정(1)
통계량: 기술통계(평균, 일변량분산분석, Box의 M)
함수의 계수(Fisher의 방법, 비표준화) 행렬(집단내 상관행렬)
분류: 사전확률(모든 집단이 동일) 표시(요약표) 저장(예측소속집단)

SPSS : 단순 판별분석 – 분석결과 요약

집단통계량

집단범주		평균	표준편차	유효수(목록별)	
				가중되지 않음	가중됨
구매자	비용지각	8.00	1.58	5	5.000
	성능지각	6.60	2.07	5	5.000
	스타일	6.80	1.48	5	5.000
비구매자	비용지각	3.20	1.30	5	5.000
	성능지각	4.40	1.82	5	5.000
	스타일	3.00	1.22	5	5.000
합계	비용지각	5.60	2.88	10	10.000
	성능지각	5.50	2.17	10	10.000
	스타일	4.90	2.38	10	10.000

집단–내 통합행렬

		비용지각	성능지각	스타일
상관	비용지각	1.000	–.239	–.063
	성능지각	–.239	1.000	.311
	스타일	–.063	.311	1.000

집단평균의 동질성에 대한 검정

	Wilks 람다	F	자유도1	자유도2	유의확률
비용지각	.226	27.429	1	8	.001
성능지각	.715	3.184	1	8	.112
스타일	.291	19.514	1	8	.002

Box의 M의 검정결과

Box의 M		3.361
F	근사법	.325
	자유도1	6
	자유도2	463.698
	유의확률	.924

모집단 공분산행렬이 동일하다는 영가설을 검정합니다.

고유값

함수	고유값	분산의 %	누적 %	정준상관
1	6.645[a]	100.0	100.0	.932
a 첫 번째 1 정준 판별함수가 분석에 사용되었습니다.				

Wilks의 람다

함수의 검정	Wilks의 람다	카이제곱	자유도	유의확률
1	.131	13.222	3	.004

정준 판별함수 계수

	함수
	1
비용지각	.564
성능지각	.134
스타일	.424
(상수)	-5.970
표준화하지 않은 계수	

함수의 집단중심점

	함수
집단범주	1
구매자	2.306
비구매자	-2.306
표준화하지 않은 정준 판별함수가 집단 평균에 대해 계산되었습니다.	

분류함수 계수

	집단범주	
	구매자	비구매자
비용지각	4.598	1.998
성능지각	1.869	1.253
스타일	3.153	1.198
(상수)	-35.973	-8.442
Fisher의 선형 판별함수		

분류결과[a,b]

	집단범주	구매자	비구매자	예측소속집단		전체
선택된 케이스	원래값	빈도	구매자	5	0	5
			비구매자	0	5	5
		%	구매자	100.0	.0	100.0
			비구매자	.0	100.0	100.0
선택되지 않은 케이스	원래값	빈도	구매자	3	2	5
			비구매자	2	3	5
		%	구매자	60.0	40.0	100.0
			비구매자	40.0	60.0	100.0

a 원래의 선택 집단 케이스 중 100.0%이(가) 올바로 분류되었습니다.
b 원래의 비선택 집단 케이스 중 60.0%이(가) 올바로 분류되었습니다.

표준 정준 판별함수 계수

	함수
	1
비용지각	.817
성능지각	.261
스타일	.577

구조행렬

	함수
	1
비용지각	.718
스타일	.606
성능지각	.245

판별변수와 표준화 정준 판별함수 간의 집단-내 통합 상관행렬.
변수는 함수내 상관행렬의 절대값 크기순으로 정렬되어 있습니다.

① 우선 모집단 공분산행렬이 동일하다는 전제조건(귀무가설)에 대해 Box의 M 검증결과를 검토하면 유의 확률이 92.4%로 채택되어 결과검토를 계속한다.
② 집단평균의 동질성에 대한 검증(집단차이에 관한 다변량 검증) 결과를 보면 비용지각 차이에 관한 유의확률이 .1%, 스타일 차이에 관한 유의확률이 .2%로 귀무가설(집단평균이 동일하다)이 기각되며, 성능지각에 관한 유의확률이은 11.2%로 차이를 주장할 근거가 없다.
③ 집단통계량과 집단-내 통합행렬(전체 응답자에 걸쳐 변수간의 상관관계)을 보여준다.
④ 정준판별함수의 요약부분에서 단 한 개의 정준함수를 사용할 것인데, 그 함수의 유의확률(Wilks의 람다)은 .4%이며, 정준상관계수는 .932이다.

⑤ 정준판별함수 계수를 참고할 때 판별점수를 계산하기 위한 식은 Discriminant score= −5.970+.564×비용지각+.134×성능지각+.424×스타일이며, 함수의 집단중심점을 고려할 때 응답자의 판별함수가 2.306(구매자 집단)과 −2.306(비구매자 집단)에 가까운지에 따라 집단소속을 예측하게 된다.

⑥ 표준화 정준판별함수 계수는 집단소속을 예측하는데 각 독립변수가 미치는 상대적 영향력의 크기와 방향을 나타낸다. 즉 비용지각, 스타일, 성능지각의 순서로 구매자 집단에 속하는 방향으로 작용한다.

⑦ 구조행렬(Structure Matrix)이 보여주는 판별적재량(discriminant loadings 또는 structure correlations)은 각 독립변수와 판별함수 사이의 단순선형 상관계수를 나타내는데, 독립변수들이 판별함수와 공유하는 분산을 반영하며 판별함수에 대한 각 독립변수의 상대적인 기여를 평가함에 있어서 요인분석의 요인적재량과 마찬가지로 해석할 수 있다. 각 독립변수의 상대적 판별력을 해석하는 데 있어서는 이와같은 판별적재량이 표준화 판별계수보다 대체로 더욱 유효하다고 간주되고 있다.

⑧ 분석결과로 얻어진 판별함수는 새로운 응답자의 집단소속을 예측하기 위해 사용하는데, 분류통계량(분류행렬)을 보면 분석을 위해 사용된 응답자들에게 적용한 결과 100% 정확하게 집단소속을 재현하고 있으며, 분석에 사용되지 않은 새로운 응답자들(검증표본)에 대해서는 집단소속 예측의 정확도가 60%이다.

⑨ 집단소속은 각 집단에 대한 Fisher's 선형판별함수값을 구해 최대치 집단으로 예측할 수 있다.

제 12 장

다변량 분산분석

제 1 절 | 다변량 분산분석의 개요
제 2 절 | 다변량 분산분석의 적용

마케팅 전략의 효과는 다수의 성과측면에서 평가될 수 있으며, 각 성과측면들이 독립적이기보다는 오히려 그들 사이에 상관관계가 존재하는 경우가 보편적이다.

예를 들어, 마케팅 관리자는 판촉방법으로서 판매원의 적극적인 구매권유나 프레미엄의 제공을 고려하거나 또는 포장방법으로서 경제성 포장이나 편의성 포장을 고려하면서, 자신의 전략선택이 어떠한 효과를 야기할지에 관심을 가질 것이다.

그러나 마케팅 관리자가 어느 전략을 선택하든 전략의 효과를 상품유형별 매출액 또는 내점객과 구매고객의 수 등 다수의 성과측면에서 그들 사이의 상관관계까지 고려하여 동시적으로 평가하는 일은 올바른 의사결정을 위해 매우 바람직한 일이다.

이와 같이 종속변수가 두 개 이상의 계량적 변수이며, 독립변수가 범주변수인 조사과제를 다루기에 적합한 다변량 통계기법이 바로 다변량 분산분석이다. 즉 제9장에서 이미 설명한 단변량 분산분석은 각 종속변수들을 하나씩 분리하여 독립변수의 효과를 분석하는 것으로서, 마케팅 전략의 효과를 다수의 성과측면에서 평가해야 하는 경우 종속변수간의 상관관계를 무시하는데, 변수들 사이의 상관관계를 무시하는 일은 상당히 많은 정보를 상실케 할 수 있다.

이에 반해 다변량 분산분석은 단일값의 평균이 아니라 종속변수들의 평균벡터를 검토함으로써 다수의 종속변수에 대해 마케팅 전략이 미치는 효과를 동시적으로 다룰 수 있도록 허용한다.

따라서 본장에서는 다변량 분산분석의 특성, 수행목적, 주요 가정을 개관하고 다변량 분산분석을 수행하기 위한 자료의 준비로부터 효과 차이의 유의성 검증과 해석 및 활용에 이르는 실무적 과정을 살펴본다.

제 1 절 다변량 분산분석의 개요

1 다변량 분산분석의 특성

제9장에서 이미 설명한 바와 같이 단변량 분산분석(ANOVA)은 단 하나의 종속변수 상에서 집단평균들 사이의 차이를 검증하기 위한 통계기법이다. 이에 비해 다변량 분산분석은 다수의 종속변수를 동시에 다룸으로써 한 차원 상의 평균이 아니라 n-차원 상의 집단평균(centroid) 차이를 검증하기 위한 통계적 기법이다.

즉 다변량 분산분석에서는 종속변수가 집단마다의 단일의 평균이 아니라 평균벡타(mean vector)이므로 각 집단은 두 개 이상의 종속변수들에 관해 동시에 관찰된다.

따라서 독립변수가 하나인 다변량 분산분석(일원설계)에서 귀무가설은 **각 표본이 추출된 모집단들은 각 종속변수에 대해 동일한 평균들을 갖는다**는 명제이며, 이러한 가설은 결국 〈도표 12-1〉에서와 같이 종속변수들에 관한 평균벡터들의 동일성이다.

물론 이러한 종속변수들에 관한 평균벡타들의 비교는 각 모집단 내에서 산포도(분산-공분산 행렬)가 동일한 다변량 정규분포를 갖는다는 가정을 전제로 하는데, 이와 같이 산포도의 동일성을 가정하는 일은 단변량 분산분석에서 분산의 동질성을 가정하는 것과 마찬가지의 논리이다.

따라서 다변량 분산분석의 초점은 평균벡터들 사이에 '유의적인' 차이가 존재하는지의 여부를 밝히는 것이며, 결국 표본들이 종속변수들을 좌표로 하는

도표 12-1 다변량 분산분석의 귀무가설

$$H_0: \begin{bmatrix} U_{11} \\ U_{21} \\ \cdot \\ \cdot \\ \cdot \\ \cdot \\ U_{P1} \end{bmatrix} = \begin{bmatrix} U_{12} \\ U_{22} \\ \cdot \\ \cdot \\ \cdot \\ \cdot \\ U_{P2} \end{bmatrix} = \cdots = \begin{bmatrix} U_{1k} \\ U_{2k} \\ \cdot \\ \cdot \\ \cdot \\ \cdot \\ U_{Pk} \end{bmatrix}$$

여기서 U_{Pk} = 집단 k에 있어서 종속변수 p의 평균

공간에서 유의적으로 다른 위치를 차지하는지 여부에 대한 해답을 구하는 것이다.

〈도표 12-2〉는 단변량 분산분석이 하나의 종속변수 상에서 표본간 '유의적인' 차이의 여부를 검토하지만, 다변량 분산분석은 두 개의 종속변수 Y_1과 Y_2로 구성된 평균벡타가 표본간 '유의적인' 차이의 여부를 다룬 다는 점을 보여준다.

즉 단변량 분산분석에서는 Y_1축에서 a_1, a_2, a_3 사이의 차이(직선상)나 Y_2축에서 b_1, b_2, b_3 사이의 차이(직선상)를 다루는데 반해 다변량 분산분석에서는 a_1b_1, a_2b_2, a_3b_3 사이의 차이(사선상)를 다루기 때문에 종속변수간에 상관관계가 있다면 당연히 다변량 분산분석이 전반적인 효과에 대한 결론에 이르게 한다.

도표 12-2 **단변량 분산분석과 다변량 분산분석의 비교**

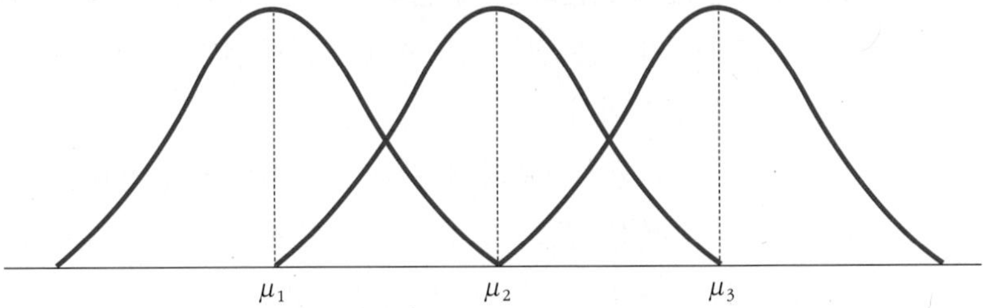

〈단변량 분산분석〉

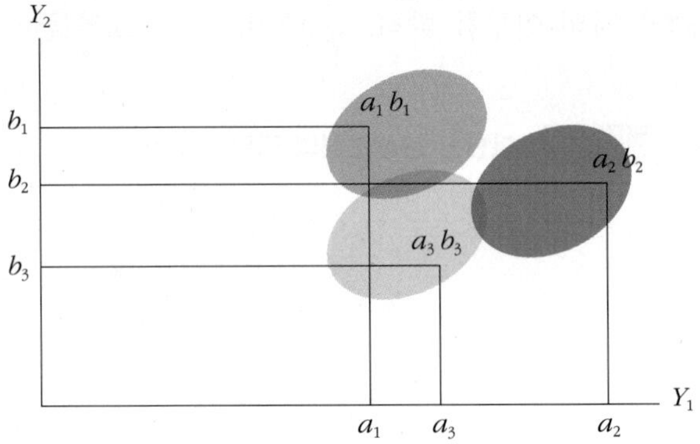

〈다변량 분산분석〉

2 다변량 분산분석의 수행 목적

다변량 분산분석은 단일의 종속변수 대신에 두 개 이상의 계량적인 종속변수에 대하여 독립적인 범주변수가 미치는 효과를 검토하기 위한 다변량 통계 기법이다.

물론 두 개 이상의 종속변수를 하나씩 분리하여 각 종속변수에 대해 단변량 분산분석을 적용할 수도 있지만, **동일한 응답자로부터 측정한 여러 종속변수의 값들은 대체로 독립적이기보다는 상관관계를 보이기 때문에 종속변수들의 관찰치들을 동시적으로 검증**하는 편이 바람직하다.

예를 들어, 조사자가 주의, 관심, 신뢰성과 같은 다수의 기준(종속변수)을 근거로 여러 광고물(독립변수)중 최선의 것을 결정하려고 한다고 가정하자. 이때 조사자는 물론 각 종속변수를 분리하여 단변량 분산분석을 적용할 수도 있으나, 이러한 접근방법은 종속변수들 사이의 상관관계를 무시하는 것이며, 변수들 사이의 상관관계를 무시하는 일은 상당한 정보를 상실케 한다.

따라서 동일한 응답자로부터 두 개 이상의 종속변수를 함께 측정하고 종속변수간 상관관계가 전혀 없다고 확신할 수 없을 경우, 한 번에 한 종속변수씩만 고려한다면 어떤 변수 상에서 우월한 광고물이 다른 변수 상에서는 열등하다는 상반되는 결론에 도달할 수 있으므로, 조사자는 '전반적으로' 최상의 광고물이 어느 것인지 결정하기가 곤란하다.

따라서 다변량 분산분석은 단변량 분석의 이러한 한계점을 극복하고 독립변수가 여러 종속변수들에 대해 미치는 동시적인 효과를 분석하기 위한 것이다. 즉 다변량 분산분석은 모든 종속변수들 사이의 상관관계를 고려하면서 동시적인 검증을 허용하며, 각 종속변수에 관한 개별적인 단변량 분산분석들이 상반되는 결론을 야기할 때 '전반적인' 효과를 검토하는 데 특히 유용하다.

3 다변량 분산분석의 주요 가정

단 하나의 종속변수가 존재하는 경우에 단변량 분산분석을 적용하기 위해서는 **표본들이 동일한 분산을 갖는 정규모집단들로부터 추출된 확률표본이다**는 가정이 충족되어야 하는데, 이와 유사한 가정이 다변량 분산분석에서도 필요하다.

그러나 다변량 분산분석에서는 다수의 종속변수를 다루므로 그들을 함께 고려한 결합분포(joint distribution)에 관해 분산 동질성을 가정해야 하므로 종속변수들은 각 집단 내에서 산포도(분산-공분산 행렬)가 동일한 다변량 정규분포(multivariate normal distribution)를 가져야 한다.

4 다변량 분산분석의 준비

단변량 분산분석의 모든 원리(실험설계와 가설검증)들은 근본적으로 다변량 분산분석에도 그대로 적용되는데, 다변량 분산분석은 두 개 이상의 종속변수들을 동시에 검증하면서 그들 사이의 상관관계도 밝혀준다.

더욱이 그것은 조사자로 하여금 의사결정을 위해 종속변수들에 대한 독립변수의 '전반적인' 효과를 판단하게 도와주며, 그러한 효과에 가장 많이 기여하는 독립변수를 확인해준다.

4-1 분석에 포함시킬 변수의 선정

다변량 분산분석이란 독립변수의 범주에 대해 두 개 이상 종속변수들의 평균벡터가 유의적인 차이를 보이는지의 여부를 결정하기 위한 통계기법이다.

예시를 위해 조사자가 판촉방법을 독립변수로 하여 판매원의 적극적인 구매권유와 프레미엄 제공이라는 두 가지 판촉방법이 **액상스프와 분말스프의 매출에 미치는 '전반적인' 효과를 분석하여 어느 판촉방법이 우월한지를 검토**한다고 가정하자.

따라서 이때의 마케팅 조사과제는 두 개의 종속변수 상에서 유의적으로 높은 평균벡터를 산출하는 판촉방법을 결정하려는 것이며, 귀무가설은 **적극적인 구매권유를 실시한 표본이 추출된 모집단과 프레미엄 제공을 실시한 표본이 추출된 모집단에 있어서 액상스프 매출과 분말스프 매출에 대한 평균벡터가 같다**는 명제이다.

4-2 분석에 포함시킬 변수들에 관한 관찰자료의 수집

다변량 분산분석을 준비하기 위한 두 번째 단계는 분석에 포함시킬 변수들에 관한 관찰자료를 수집하는 일이다. 관찰자료는 단순히 〈도표 12-3〉과 같이 독립변수로서 판촉방법의 유형이나 포장방법의 유형을 선택하고 종속변수로서 액상스프의 매출액과 분말스프의 매출액을 질문함으로써 수집할 수 있다.

| 도표 12-3 | 다변량 분산분석을 위한 자료수집 질문

Q1. 다음중 어떠한 판촉방법을 실시하고 있습니까?
(1) 판매원의 적극적인 구매권유 (2) 프리미엄의 제공

Q2. 다음중 어떠한 포장방법을 채택하고 있습니까?
(1) 경제성 포장 (2) 편의성 포장

Q3. 액상스프의 하루 매출액은 어느 정도입니까?( )

Q4. 분말스프의 하루 매출액은 어느 정도입니까?( )

한편 다변량 분산분석은 전형적으로 독립변수의 각 범주에 대해 동일한 수의 관찰치가 있는 경우에 적용되는데, 이러한 경우를 직교설계(orthogonal design)라고 한다. 물론 상이한 수의 관찰치가 있는 경우를 다루기 위한 특별한 절차가 있으나, 계산과정이 상당히 복잡해진다.

여기서는 판촉방법과 포장방법을 독립변수로 하여 그것들이 액상스프의 매출과 분말스프의 매출에 미치는 효과를 분석하기 위하여 〈도표 12-4〉와 같은 자료를 수집했다고 가정하자. 그러나 우선 예시를 간단히 하기 위해 판촉방법이라는 하나의 독립변수가 갖는 효과만을 분석하기로 한다.

| 도표 12-4 | 다변량 분산분석을 위한 자료

X_1	X_2	X_3	X_4
1	2	32	23
1	1	37	25
2	1	37	25
2	1	29	22
1	1	41	28
1	1	52	35
2	1	26	20
2	2	21	16
1	2	30	20
1	2	35	25
2	2	19	14
2	2	25	19

X_1=판촉방법(1=구매권유) (2=프리미엄)
X_2=포장방법(1=경제성 포장) (2=편의성 포장)
X_3=액상스프의 매출액
X_4=분말스프의 매출액

제2절 다변량 분산분석의 적용

1 종속변수에 대한 기술통계량

복잡하든 단순하든 모든 통계분석에서 첫 번째 단계는 개별변수들을 검토하는 일이다. 이러한 예비적인 검토는 각 변수의 분포에 관한 정보를 제공해주고 두드러지거나 예외적인 값들을 확인해준다.

물론 다변량 분석을 수행할 때에는 변수들의 특성을 개별적으로 검토하는 일만으로 충분하지 않기 때문에 변수들을 함께 고려한 결합분포(joint distribution)에 관한 정보도 검토하고 이를 근거로 예외적인 값들을 확인해 내야한다.

예를 들어, 170cm의 키는 예외적이지 않으며 또한 40kg의 체중도 예외적이지 않지만, 두 변수를 동시에 고려할 때 키가 170cm이면서 체중이 40kg인 사람은 대단히 예외적이므로 면밀한 검토가 필요하다.

〈도표 12-5〉는 다변량 분산분석의 결과로서 가장 먼저 볼 수 있는 것인데, 독립변수의 범주에 따른 종속변수들의 기술통계량이다.

┃도표 12-5┃ 집단별 종속변수들의 평균과 표준편차

	판촉방법	평 균	표준편차	N
액상매출	구매권유	37.83	7.94	6
	프리미엄	26.17	6.40	6
	합 계	32.00	9.18	12
분말매출	구매권유	26.00	5.14	6
	프리미엄	19.33	3.98	6
	합 계	22.67	5.60	12

2 종속변수간의 상관계수

만일 동일한 응답자에 대해 측정한 종속변수들이 상관관계를 갖고 있지 않다면 다변량 분산분석을 적용할 이유가 없으므로 조사자는 다변량 분산분석의 적용을 정당화하기 위해 우선 종속변수들의 상관계수를 검토해야 한다.

〈도표 12-6〉은 종속변수들 사이의 상관계수를 보여주는데, 액상스프 매출

| 도표 12-6 | 종속변수간의 상관계수 행렬

		분말매출	액상매출
분말매출	Pearson 상관계수	1.000	.990(**)
	유의확률(양쪽)	.	.000
	N	12	12
분말매출	Pearson 상관계수	.990(**)	1.000
	유의확률(양쪽)	.000	.
	N	12	12

** 상관계수는 .01 수준(양쪽)에서 유의합니다.

액과 분말스프 매출액 사이에는 매우 높은 정의 상관관계(.990)가 있음을 알 수 있다.

3 분산 동질성에 대한 검증

판촉방법에 따른 두 집단을 다루는 경우에 있어서는 두 개의 산포도(분산–공분산 행렬)가 있으며, 조사자는 그들의 동질성에 대한 검증을 통해 가정이 충족되는지 아닌지를 검토해야 한다.

즉 조사자는 행렬들의 동질성에 대한 다변량 검증으로서 Box의 M 검증에 의존해야 한다. 예시에서는 〈도표 12-7〉 같이 **액상스프 매출액과 분말스프 매출액을 함께 고려한 전반적인 매출액의 산포도(분산–공분산 행렬)가 두 표본이 추출된 모집단들에서 동일하다**는 귀무가설의 유의확률이 92.1%로 매우 크므로 귀무가설을 기각할 수 없고, 비로소 가정이 충족되었기 때문에 분석을 계속할 수 있다.

| 도표 12-7 | 분산동일성에 대한 다변량 검증[a]

Box의 *M*	.625
F	.163
자유도 1	3
자유도 2	18000.000
유의확률	.921

여러 집단에서 종속변수의 관측 공분산행렬이 동일한 귀무가설을 검정합니다.

a Design: 절편 + 판촉방법

4 다변량 유의성 검증

조사자는 우선 독립변수의 두 범주(구매권유와 프레미엄)에 따라 액상스프와 분말스프를 함께 고려한 전반적인 매출액이 유의적인 차이를 보이는지의 여부를 검증해야 하는데, 〈도표 12-8〉과 같은 여러 가지의 통계량을 이용할 수 있다.

Wilks의 람다는 다수의 종속변수가 존재하는 표본들의 경우에서 다변량 유의성을 검증하기 위한 가장 일반적인 통계량인데, 예시에서는 .043으로 유의확률이 작으므로 **두 집단 사이에 전반적인 매출액은 차이가 없다**는 귀무가설을 기각할 수 있다.

특히 Pillai의 트레이스는 가정일탈이 있을 때조차 그것에 근거한 유의확률은 상당히 정확하며 널리 이용된다.

| 도표 12-8 | 다변량 유의성 검증[a]

효 과		값	F	가설 자유도	오차 자유도	유의확률
절편	Pillai의 트레이스	.973	165.102[b]	2.000	9.000	.000
	Wilks의 람다	.027	165.102[b]	2.000	9.000	.000
	Hotelling의 트레이스	36.989	165.102[b]	2.000	9.000	.000
	Roy의 최대근	36.989	165.102[b]	2.000	9.000	.000
판촉방법	Pillai의 트레이스	.502	4.539[b]	2.000	9.000	.043
	Wilks의 람다	.498	4.539[b]	2.000	9.000	.043
	Hotelling의 트레이스	1.009	4.539[b]	2.000	9.000	.043
	Roy의 최대근	1.009	4.539[b]	2.000	9.000	.043

a Design: 절편 + 판촉방법

b 정확한 통계량

5 단변량 유의성 검증

단변량 검증의 결과는 〈도표 12-9〉와 같은데, **판촉방법에 따라 액상매출에 차이가 없다**는 귀무가설의 유의확률은 1.9%이며, **판촉방법에 따라 분말매출에 차이가 없다**는 귀무가설의 유의확률도 3.1%로서 매우 낮으므로 유의수준 5%에서 기각하고 '차이가 있다'고 주장할 수 있다.

| 도표 12-9 | 판촉방법에 따른 액상매출과 분말매출의 단변량 유의성 검증

소스	종속변수	제Ⅲ유형제곱합	자유도	평균제곱	F	유의확률
수정모형	액상매출	408.333[a]	1	408.333	7.858	.019
	분말매출	133.333[b]	1	133.333	6.309	.031
절편	액상매출	1288.000	1	12288.000	236.459	.000
	분말매출	6165.333	1	6165.333	291.735	.000
판촉방법	액상매출	4.8.333	1	408.333	7.858	.019
	분말매출	133.333	1	133.333	6.309	.031
오차	액상매출	519.667	10	51.967		
	분말매출	211.333	10	21.133		
합계	액상매출	13216.000	12			
	분말매출	6510.000	12			
수정합계	액상매출	928.000	11			
	분말매출	344.667	11			

a R제곱 = .440(수정된 R제곱 = .384)

b R제곱 = .387(수정된 R제곱 = .326)

6 종합결론

이상의 분석결과들을 종합하여 조사자는 〈도표 12-5〉를 참조하면서 "판매원의 적극적인 구매권유가 단순한 프레미엄 제공의 경우보다 전반적인 매출액이 많고(액상스프 매출액과 분말스프 매출액을 함께 고려하는 다변량 분산분석), 액상스프 매출액과 분말스프 매출액을 별도로 분리하여 검토할 경우에서도 판매원의 적극적인 구매권유가 효과적"(각 종속변수에 대한 단변량 분산분석)이라는 결론을 내릴 수 있다.

이러한 결론은 〈도표 12-10〉과 나타낼 수 있는데, 우선 판매원의 적극적인 구매권유의 경우 평균벡터(37.8, 26.0)와 프레미엄 제공의 경우 평균벡터(26.2 19.3)는 유의적인 차이를 보인다는 사실을 알 수 있고(다변량 유의성 검증), 액상스프 매출액만 고려하거나 분말스프 매출액만을 고려할 경우(단변량 유의성 검증)에도 각 판촉방법 사이의 유의적인 차이를 볼 수 있다.

도표 12-10 판촉방법의 주효과

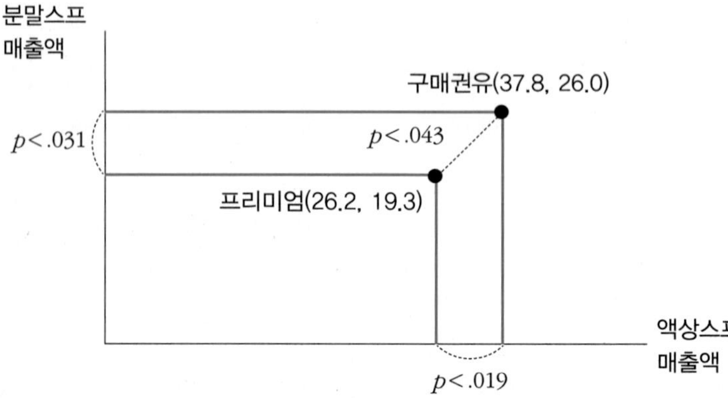

SPSS : 일원설계 다변량 분산분석(manova.sav) – 마케팅스쿨 홈페이지 참고

분석 / 일반선형모델 / 다변량

종속변수(액상매출, 분말매출) 모수요인(판촉방법)

모형(완전요인모형) 제곱합(제Ⅲ유형) 모형에 절편포함(체크)

옵션: 표시(기술통계량, 동질성 검증) 유의수준(.05)

SPSS : 일원설계 다변량 분산분석 – 분석결과 요약

개체-간 요인

		변수값 설명	N
판촉방법	1	구매권유	6
	2	프리미엄	6

기술통계량

	판촉방법	평균	표준편차	N
액상매출	구매권유	37.83	7.94	6
	프리미엄	26.17	6.40	6
	합계	32.00	9.18	12
분말매출	구매권유	26.00	5.14	6
	프리미엄	19.33	3.98	6
	합계	22.67	5.60	12

공분산행렬에 대한 Box의 동일성 검정[a]

Box의 M	.625
F	.163
자유도 1	3
자유도 2	18000.000
유의확률	.921

여러 집단에서 종속변수의 관측 공분산행렬이 동일한 영가설을 검정합니다.

a Design: 절편 + 판촉방법

다변량 검정[a]

효과		값	F	가설자유도	오차자유도	유의확률
절편	Pillai의 트레이스	.973	165.102[b]	2.000	9.000	.000
	Wilks의 람다	.027	165.102[b]	2.000	9.000	.000
	Hotelling의 트레이스	36.689	165.102[b]	2.000	9.000	.000
	Roy의 최대근	36.689	165.102[b]	2.000	9.000	.000
판촉방법	Pillai의 트레이스	.502	4.539[b]	2.000	9.000	.043
	Wilks의 람다	.498	4.539[b]	2.000	9.000	.043
	Hotelling의 트레이스	1.009	4.539[b]	2.000	9.000	.043
	Roy의 최대근	1.009	4.539[b]	2.000	9.000	.043

a Design: 절편 + 판촉방법

b 정확한 통계량

개체-간 효과 검정

소스	종속변수	제Ⅲ유형 제곱합	자유도	평균제곱	F	유의확률
수정모형	액상매출	408.333[a]	1	408.333	7.858	.019
	분말매출	133.333[b]	1	133.333	6.309	.031
절편	액상매출	12288.000	1	12288.000	236.459	.000
	분말매출	6165.333	1	6165.333	291.735	.000
판촉방법	액상매출	408.333	1	408.333	7.858	.019
	분말매출	133.333	1	133.333	6.309	.031
오차	액상매출	519.667	10	51.967		
	분말매출	211.333	10	21.133		
합계	액상매출	13216.000	12			
	분말매출	6510.000	12			
수정합계	액상매출	928.000	11			
	분말매출	344.667	11			

a R 제곱 = .440(수정된 R 제곱 = .384)

b R 제곱 = .387(수정된 R 제곱 = .326)

① 공분산행렬에 대한 Box의 동일성 검정(분산동일성에 대한 다변량 검증)에 따르면 유의확률이 92.1%로서 동질적이다.
② 다변량 검정(Pillais, Hotellings, Wilks', Roy's)에 따르면 유의확률이 4.3%로 판촉방법에 따라 전반적인 매출액(액상매출+분말매출)에 유의적이 차이가 있음을 알 수 있다.
③ 오차분산의 동일성에 대한 Levene의 검정결과에 따르면 두 판촉집단에서 분말매출이 동질적이고(유의확률=68.5%), 액상매출도 동질적이다(유의확률=64.2%).
④ 개체-간 효과검정 결과(일변량 검증결과)에 따르면 판촉방법에 따라 분말매출에 차이가 없다는 가설은 기각되며(3.1%), 액상매출에 차이가 없다는 가설도 기각된다(1.9%).

제 13 장

요인분석

제 1 절 | 요인분석의 개요

제 2 절 | 요인분석의 적용

요인분석은 어떤 변수집합에 대해 그 근저에 있는 공통적 차원들을 확인함으로써 자료의 축소(data reduction)와 요약(summarization)을 기본적인 목적으로 하는 다변량 통계기법들을 총칭하는 말이다. 요인분석에서 기본적인 접근방법은 고도의 상관관계를 갖는 변수들이 하나의 공통적인 개념을 구성한다는 논리를 바탕으로 하며, 요인분석은 상관관계를 갖는 변수들을 새로운 합성변수(요인)들로 결합한다.

예를 들어, 마케팅 관리자가 많은 신상품 아이디어 중에서 어느 것을 선정하여 상품화할 것인지를 결정해야 한다면 개발비, 생산에 소요되는 고정원가와 변동원가, 잠재적 수요의 크기, 가격탄력성, 손익분기점, 특허 가능성, 이익전망, 기존상품에 대한 수요잠식 가능성, 수요의 계절성 등 수많은 측면에서 아이디어들을 평가해야 할 것이다. 더욱이 각 변수는 상품화 의사결정에 중요하지만 어떤 변수도 그 자체만으로는 신상품 아이디어를 평가하기 위한 충분한 근거가 되지 못한다.

따라서 마케팅 관리자에게 필요한 것은 상품화 가치에 관해 본래변수들이 갖고 있는 의미를 충분히 반영해 줄 수 있는 보다 적은 수의 합성변수이며, 그러한 합성변수(요인)를 도출하기 위한 통계적 방법이 바로 요인분석인 것이다.

따라서 본장에서는 요인분석의 특성, 수행목적, 주요 가정과 제한점을 개관하고 요인분석을 수행하기 위한 자료수집으로부터 분석결과의 해석 및 활용에 이르는 실무적 과정을 살펴본다.

제 1 절 요인분석의 개요

1 요인분석의 특성

요인분석은 많은 수의 변수들을 그들 사이의 상관관계를 분석하여 각 변수의 내재적 의미를 포괄하는 공통적인 합성변수로 요약하려는 것이다. 이때 합성변수를 요인(factor) 또는 성분, 인자라고 부르며 변수의 내재적 의미란 어떤 마케팅 현상이나 대상물을 묘사하고 구분하는 데 있어서 각 변수가 갖고 있는 의미이다.

예를 들어, 소비자들의 특성은 키, 체중, 나이, 교육수준, 소득, 가족수, 주거형태 등의 많은 변수로 묘사될 수 있는데 이러한 변수들은 각 변수가 갖는 내재적 의미의 공통성을 근거로 하여 외모나 생활력, 미래성 등 보다 적은 수의 합성변수로 요약될 수 있다.

이러한 개념을 쉽게 설명하기 위해 조사자가 본래의 정보를 가능한 한 최대로 보존하면서 키와 체중이라는 두 변수를 하나의 합성변수(요인)로 요약한다고 가정하자. 아마도 키와 체중이라는 본래의 두 변수는 각 변수의 내재적 의미를 유지하면서 '체격'이라는 전반적인 측정치로 대체될 수 있을 것이다.

즉 〈도표 13-1〉은 응답자 10명에 대한 신장과 체중의 산포도(scatter diagram)인데, 만일 신장과 체중이 완전한 상관관계를 갖는다면 10개의 점은 하나의 직선을 이룰 것이며, 10명의 응답자들은 체중이나 신장 모두에서 동일한 서열을 점유할 것이다. 그러나 〈도표 13-1〉에서는 그렇지 않다. C는 제일

도표 13-1 신장 및 체중의 합성변수(체격)

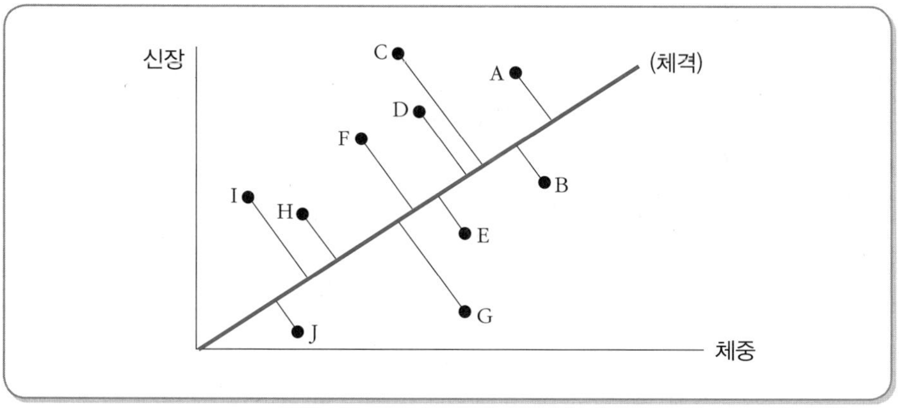

크지만 체중은 여섯 번째이고, I는 가장 가볍지만 신장은 여섯 번째이다.

여기서 조사자는 – 최소자승의 기준을 근거로 – 각 점들의 산포도를 극소화시킬 직선을 결정할 수 있는데, 그러한 직선은 두 변수가 결합된 합성변수(요인)를 나타낸다. 이러한 합성변수는 본래 두 변수의 내재적 의미를 고려하여 성격상 체격이라고 간주하는 것이 합당하며, **각 개인으로부터 직선에 대한 수직교점이 원점으로부터 떨어진 거리**가 그의 체격을 나타낸다. 즉 체격이라는 새로운 합성변수 상에서 A의 값이 가장 크고 그 다음 B, C, D, E, F, G, H, I, J의 순서가 된다.

여기서는 요인분석의 다양한 기법 중에서 주성분 분석법(principal components analysis)을 검토할 것인데, '주성분 분석법'에서 모든 변수들은 간격척도 이상으로 가정되며 분석으로부터 추출된 요인은 다음과 같은 선형결합식으로 표현된다.

$$F = a_1X_1 + a_2X_2 + \cdots + a_nX_n$$

즉 요인을 구성하는 데 있어서 본래 변수들이 똑같이 중요하지는 않으며, 요인이 반영하는 전반적인 의미에 따라 본래 변수들이 그것에 기여하는 정도가 다르기 때문에 요인은 결국 본래 변수들에게 가중치를 부여한 선형결합의 형태를 취한다.

더욱이 본래 변수들의 선형결합으로 이루어진 요인은 보통의 변수들과 마찬가지로 다른 분석에 투입자료로 사용될 수 있으며, 이들은 본래 변수들에 비해 적은 수이므로 매우 효과적으로 관리 활용될 수 있다.

2 요인분석의 수행 목적

요인분석의 일반적인 목적은 **많은 수의 본래 변수(original variables)들이 갖고 있는 내재적 의미를 가급적 보존하면서 그들을 보다 적은 수의 새로운 합성변수(요인)로 요약하기 위한 선형결합식**을 찾아내는 것인데, 구체적으로는 다음과 같은 세 가지 기능을 수행한다.

첫째, 많은 수의 본래 변수들이 갖고 있는 내재적 의미를 최대한 보존하면서 그들을 보다 적은 수의 합성변수(요인)로 요약하기 위한 선형결합식을 상술한다. 이러한 형태의 요인분석을 R-type 요인분석이라고 한다.

둘째, 많은 수의 본래 변수들로부터 추후에 수행할 회귀분석이나 상관분석,

판별분석 등에 포함시킬 보다 적절한 변수를 선별해 준다.

셋째, 이러한 합성변수들은 다중공선성이 제거되어 상호독립적이므로 추후에 수행할 회귀분석이나 상관분석, 판별분석 등을 위하여 독립변수로서 동시에 이용될 수 있다. 또한 선형결합식을 통해 변수의 수를 감소시키므로 전체 자료를 축소시켜 분석결과의 해석과 관리를 용이하게 한다.

따라서 조사자는 조사목적에 따라 **요인해석만으로 분석을 종결하거나 요인점수들을 계산하여 다른 통계분석의 투입자료로 활용**할 수 있다. 즉 조사목적이 단순히 변수들을 확인하는 것이라면(첫 번째 목적), 단지 요인 적재량을 추정하는 일만으로도 충분하다.

그러나 조사목적이 다른 통계기법에 투입할 적절한 변수들을 선별해 내는 것이라면(두 번째 목적) 특정한 요인 상에서 중요한 변수들을 확인하기 위해 요인 적재량들을 비교해야 할 것이다.

또한 조사목적이 본래의 변수집합을 대체하여 이어지는 통계분석에 포함시킬 완전히 새로운 소수의 변수들을 창출하여 전체 자료를 축소하는 것이라면(세 번째 목적) 각 요인들에 대해 성분점수(요인점수)를 계산하여 회귀분석이나 판별분석, 상관분석에서 새로운 투입자료로 활용한다.

▸ marketingschool.com

R-type 요인분석과 Q-type 요인분석에 관해서는 마케팅스쿨 홈페이지를 참고하기 바랍니다.

3 요인분석의 주요 가정과 제한점

요인분석을 적용하는 데 가장 기본적인 가정은 변수들의 내재적 의미 사이에 공통성이 존재하며 분석에 포함된 변수들이 합동으로 그러한 요인을 충분히 표현해야 한다는 점이다. 이러한 가정은 결국 변수들의 목록이 완전해야 함을 의미하는데, 간혹 변수의 목록 자체가 처음부터 미흡하여 쓸모없는 결과를 산출하기도 한다.

또한 요인분석을 적용하기 위한 본래 변수들은 일반적으로 계량적으로 측정된 것으로 가정되지만 – 다중회귀분석에서와 마찬가지로 – 0과 1의 값만을 취하는 가변수를 사용하여 명목변수의 범주를 나타낼 수 있다.

한편 요인분석은 요인 수의 결정, 축 회전의 선택, 요인의 해석 등이 모두 대단히 주관적이라는 한계점을 갖고 있으며, 요인분석 결과에 대해 통계적 유의성을 검증할 방법이 마땅치 않기 때문에 표본을 분할하여 요인분석을 적용할 때 동일한 요인이 산출될 경우에나 그러한 결과가 우연히 나타나지 않은 것이라는 확신할 수 있다.

4 요인분석의 준비

요인분석을 수행하기 위한 출발점은 다른 통계기법에서와 마찬가지로 조사과제인데, 구체적으로 요인분석을 준비하기 위한 절차를 세 단계로 구분하여 살펴보자.

4-1 분석에 포함시킬 변수의 선정

요인분석을 적용하기 위해 조사자는 우선 조사목적을 염두에 두고 분석에 포함시킬 변수들을 선정하는데, 적절하게 측정될 수 있다면 조사과제에 관련되는 어떠한 변수도 포함시킬 수 있다. 요인분석을 적용할 본래 변수들은 일반적으로 계량적으로 측정되어야 하지만(간격척도와 비율척도), 필요하다면 비계량적인 현상을 나타내기 위해서 0과 1의 값만을 취하는 가변수를 사용할 수 있다.

예시를 위해 조사자가 체중, 신장, 교육수준, 연령, 자녀 수, 가족 수, 지능지수 등 7개의 변수들 사이에 존재하는 공통적인 의미가 무엇이며, 그러한 공통적 의미를 갖는 합성변수(요인)들이 본래 변수들과 어떻게 연관되는지 분석한다고 가정하자.

4-2 일반적인 모델의 상술

요인분석을 수행하기 위한 선형결합식의 일반형태는 이미 설명한 바와 같으며, 만일 조사자가 7개의 변수들에 대해 공통적 의미를 갖는 합성변수들을 도출하고자 한다면 선형결합식의 일반형태는 다음과 같다. 결국 요인분석이란 이러한 선형결합식들의 계수들을 구하는 절차이다.

$$F_1 = a_{11}X_1 + a_{12}X_2 + a_{13}X_3 + a_{14}X_4 + a_{15}X_5 + a_{16}X_6 + a_{17}X_7$$
$$F_2 = a_{21}X_1 + a_{22}X_2 + a_{23}X_3 + a_{24}X_4 + a_{25}X_5 + a_{26}X_6 + a_{27}X_7$$
$$F_3 = a_{31}X_1 + a_{32}X_2 + a_{33}X_3 + a_{34}X_4 + a_{35}X_5 + a_{36}X_6 + a_{37}X_7$$
$$F_4 = a_{41}X_1 + a_{42}X_2 + a_{43}X_3 + a_{44}X_4 + a_{45}X_5 + a_{46}X_6 + a_{47}X_7$$

$$F_5 = a_{51}X_1 + a_{52}X_2 + a_{53}X_3 + a_{54}X_4 + a_{55}X_5 + a_{56}X_6 + a_{57}X_7$$
$$F_6 = a_{61}X_1 + a_{62}X_2 + a_{63}X_3 + a_{64}X_4 + a_{65}X_5 + a_{66}X_6 + a_{67}X_7$$
$$F_7 = a_{71}X_1 + a_{72}X_2 + a_{73}X_3 + a_{74}X_4 + a_{75}X_5 + a_{76}X_6 + a_{77}X_7$$

(추출될 수 있는 선형결합식의 최대수는 본래변수의 수이다)

4-3 요인분석에 포함시킬 변수들에 관한 관찰자료의 수집

요인분석을 준비하기 위한 세 번째 단계는 분석에 포함시킬 변수들에 관해 관찰자료를 수집하는 일이다. 요인분석을 적용하기 위한 **표본의 크기는 일반적으로 100개 이상이 바람직하며, 대체로 분석될 본래 변수 수의 5배의 관찰**이 있어야 된다.

물론 이러한 기준은 강제적인 것이 아니며, 조사자는 간혹 분석될 본래 변수의 두 배의 관찰만을 갖고도 요인분석을 실시해야 할 상황에 당면하는데, 단지 표본크기가 작을 때에는 조사 발견점을 해석하는 데 유의해야 한다.

여기서는 예시를 위해 14명에 대한 체중, 신장, 교육수준, 연령, 자녀 수, 가족 수, 지능지수 등을 〈도표 13-2〉와 같이 수집했다고 가정하자. 물론 요인분석의 투입자료를 수집하기 위해서는 의미차별화나 다양한 평점척도(5점 척도, 7점 척도 등)를 사용하거나 범주를 나타내기 위해 가변수를 사용할 수 있다.

▎도표 13-2 ▎ 요인분석을 위한 자료

X_1	X_2	X_3	X_4	X_5	X_6	X_7
67	155	12	27	0	2	102
69	175	11	35	3	6	92
71	170	14	32	1	3	111
70	160	16	25	0	1	115
72	180	12	36	2	4	108
69	170	11	41	3	5	90
74	195	13	30	1	2	114
68	160	16	32	1	3	118
70	175	12	45	4	6	121
71	180	13	24	0	2	92
66	145	10	39	2	4	100
75	210	16	26	0	1	109
70	160	12	31	0	3	102
71	175	13	43	3	5	112

X_1=체중 X_2=신장 X_3=교육수준 X_4=연령 X_5=자녀 수 X_6=가족수 X_7=지능지수

제2절 요인분석의 적용

1 기술통계량 및 상관계수 행렬의 도출

요인분석의 적용에 있어서 조사자가 제일 먼저 할 일은 변수들 사이의 상관계수를 구하는 것인데, 〈도표 13-3〉은 각 본래 변수의 기술통계량과 변수간 상관계수를 보여준다.

| 도표 13-3 | 본래변수의 기술통계량과 상관계수

	평 균	표준편차	분석수
체 중	70.21	2.46	14
신 장	172.14	16.61	14
교육수준	12.93	1.94	14
연 령	33.29	6.80	14
자녀수	1.43	1.40	14
가족수	3.36	1.69	14
지능지수	106.14	10.01	14

| 상관계수행렬 |

		체 중	신 장	교육수준	연 령	자녀수	가족수	지능지수
상관계수	체 중	1.000	.922	.440	-.257	-.186	-.335	.280
	신 장	.922	1.000	.327	-.173	-.026	-.180	.125
	교육수준	.440	.327	1.000	-.547	-.527	-.648	.579
	연 령	-.257	-.173	-.547	1.000	.933	.893	.087
	자녀수	-.186	-.026	-.527	.933	1.000	.938	.012
	가족수	-.335	-.180	-.648	.893	.938	1.000	-.162
	지능지수	.280	.125	.579	.087	.012	-.162	1.000
유의확률(한쪽)	체 중		.000	.058	.187	.263	.121	.166
	신 장	.000		.127	.277	.465	.269	.335
	교육수준	.058	.127		.022	.027	.006	.015
	연 령	.187	.277	.022		.000	.000	.383
	자녀수	.263	.465	.027	.000		.000	.484
	가족수	.121	.269	.006	.000	.000		.290
	지능지수	.166	.335	.015	.383	.484	.290	

2 요인추출 방법의 선택

조사자가 요인분석의 해를 얻기 위해 적용할 수 있는 요인추출 방법에는 다양한 형태가 있지만 주성분 분석법이 가장 널리 이용된다.

즉 조사자가 근본적으로 본래 변수들 내의 분산(정보)을 최대한으로 설명하기 위해 필요한 요인의 수를 최소화하는 데 관심을 갖고 있거나 또는 전체 분산 중에서 공통분산(한 변수의 분산중 분석에 포함된 다른 모든 변수들과 공유되는 분산)이 크다고 생각한다면 주성분 분석법이 적합하다.

주성분 분석법을 선택하여 〈도표 13-2〉의 자료를 요인분석했을 때, **각 변수의 전체 분산중('초기'라고 표시됨) 추출된 요인들이 설명해 주는 비율('추출'이라고 표시됨)**을 공통성(communality)이라고 하는데, 〈도표 13-4〉와 같다. 이러한 공통성이 85% 이상이 바람직하며, 50%에 도달하지 않는 변수는 분석에서 제거하거나 분석하더라도 해석에서 제외해야 한다.

| 도표 13-4 | 요인분석의 초기통계량(주요인분석법)

	초 기	추 출
체 중	1.000	.961
신 장	1.000	.977
교육수준	1.000	.860
연 령	1.000	.956
자녀수	1.000	.968
가족수	1.000	.948
지능지수	1.000	.949

추출방법 : 주성분 분석

3 추출될 요인 수에 관한 기준

요인분석은 각 요인의 설명력 크기 순으로 최대 본래 변수의 수만큼 요인들을 추출해 준다. 따라서 조사자는 몇 개의 요인을 추출할 것인지 결정해야 하는데, 시행착오를 통해 최선의 요인 수를 결정할 수 있으나 다음과 같은 계량적인 기준을 참고할 수 있다.

3-1 고유값

추출할 요인 수를 결정하기 위해 가장 보편적으로 이용되는 기준은 고유값(eigenvalue, latent root)으로서, **각 요인이 유의적인 것으로 해석되기 위해서는 적어도 한 변수의 분산(1)은 설명**해야 한다는 것이다.

그러나 이러한 접근방법은 본래 변수의 수가 20내지 50일 때 가장 신뢰할 수 있으며, 변수의 수가 20미만일 경우에는 다소 적은 수의 요인을 추출하고 50을 넘을 경우에는 지나치게 많은 요인을 추출하는 경향이 있다.

〈도표 13-5〉를 참조하면 주성분 분석법에서 고유값이 1보다 큰 처음 세 요인을 추출하는 것이 바람직하며 이들 세 요인은 전체 분산의 94.56%를 설명해준다.

▌도표 13-5▐ 각 요인의 고유값

	초기 고유값			추출 제곱한 적재값			회전 제곱한 적재값		
성 분	전 체	%분산	%누적	전 체	%분산	%누적	전 체	%분산	%누적
1	3.610	51.577	51.577	3.610	51.577	51.577	3.129	44.702	44.702
2	1.851	26.448	78.025	1.851	26.448	78.025	1.981	28.306	73.009
3	1.157	16.530	94.555	1.157	16.530	94.555	1.508	21.546	94.555
4	.232	3.321	97.876						
5	7.296E-02	1.042	98.918						
6	5.300E-02	.757	99.675						
7	2.274E-02	.325	100.000						

추출방법: 주성분 분석

3-2 임의기준

임의기준(a priori criterion)은 조사자가 요인분석을 수행하기에 앞서서 '적절하다고 판단되는 요인 수'를 결정하는 것이다. 이러한 접근방법은 조사자가 추출될 요인 수에 관한 이론이나 가설을 검증할 때 유용하며, 또한 다른 조사자의 연구를 복제하면서 동일한 수의 요인을 추출할 경우에도 적합하다.

3-3 누적 분산비율

누적 분산비율의 기준(percentage of variance criterion)은 요인들이 설명

해주는 분산의 누적비율이 일정한 수준에 이르도록 추출할 요인수를 결정하는 것이다.

물론 바람직한 누적 분산비율에 관한 절대적인 기준은 없으나 자연과학 분야에서는 추출된 요인들이 설명하는 누적 분산비율이 95%이상에 이르거나 또는 마지막 요인이 전체 분산의 5%미만을 설명하게 될 때까지 요인추출을 계속한다.

그러나 사회과학 분야에서는 전체 분산의 60%(간혹 그 이하라도)를 설명하는 수준에서 요인의 수를 결정하는 일이 보편적이다.

3-4 스크리 검증

스크리 검증(scree test)은 〈도표 13-6〉에서처럼 각 요인의 고유값을 추출 순서에 따라 도식하고 각 고유값들을 연결한 꺾은금 그래프를 검토하여 추출할 요인수를 결정하는 것이다. 그러한 그래프는 대체로 첫 번째 요인으로부터 시작하여 급격히 하강하기 시작하다가 점차 수평에 가까워지는데, 이때 처음으로 수평으로 펴지기 시작하는 점(4개)이 도출될 요인의 최대수로 간주된다.

일반적으로 스크리 검증은 고유값 기준에서보다(3개) 하나 많은 요인들을 추출하도록 권유하는 경향이 있다.

스크리 검증의 논리는 각 요인이 설명하는 분산중 본래 변수들의 공통분산(common variance)보다 특정한 변수에 관련된 분산(unique variance)이 차지하는 비율이 크다면 그러한 요인은 유의적이지 않다는 점이다.

즉 주성분 분석법으로 초기에 추출되는 요인들은 본래 변수들의 공통분산

도표 13-6 스크리 검증

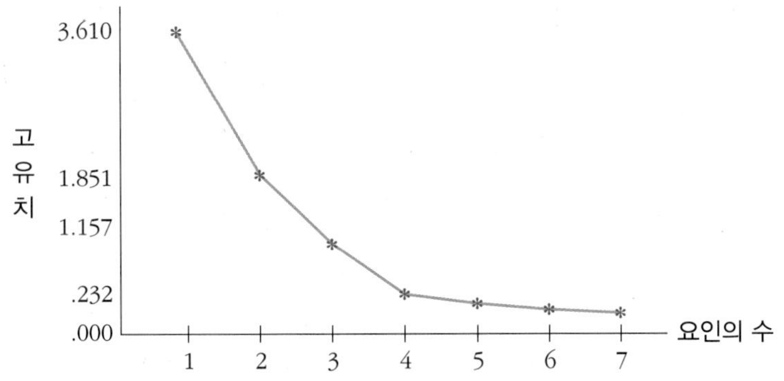

을 주로 설명하지만 차후에 추출되는 요인일수록 공통분산보다는 특정한 변수에 관련된 분산을 설명하는 비율이 커진다. 따라서 〈도표 13-6〉에서 다섯 번째 요인부터는 특정한 변수에 관련된 분산의 비율이 지나치게 크므로 이러한 요인들은 받아들일 수 없다.

실무에서 조사자는 이상의 여러 가지 기준을 동시에 고려하여 추출할 요인 수를 결정하며, 결국 요인들에게 어떤 의미를 부여하거나 변수들의 내재적 의미를 충분히 포괄할 수 있는지의 여부가 실제적인 기준이 될 수 있다.

이상과 같은 기준들을 동시에 고려하여 예시에서는 처음 세 개의 요인만을 추출해보자.

4 요인들의 추출

요인분석에 있어서 조사자는 요인을 추출할 때 각 요인들 사이의 관계에 관해 직교요인 해법(orthogonal factor solution)과 사교요인 해법(oblique factor solution) 사이의 선택이 가능하다.

직교요인 해법에서는 요인 축들이 직각(90도)을 유지하도록 추출됨으로써 각 요인이 나머지 요인들과 독립적이며(요인들 사이에 상관관계가 없음), 수학적으로 다루기가 용이하다. 특히 조사자가 단순히 본래 변수의 수를 줄이거나 또는 다른 분석에 사용하기 위해 많은 수의 변수를 적은 수의 독립적인 변수로 줄이는 것이 목적이라면 직교요인 해법이 적절하다.

> ▸ marketingschool.com
> 직교요인 해법(orthogonal factor solution)과 사교요인 해법(oblique factor solution) 사이의 비교는 마케팅스쿨 홈페이지를 참고하기 바랍니다.

〈도표 13-7〉은 〈도표 13-2〉의 자료로부터 주성분 분석법으로 초기 요인(initial unrotated factor)들을 추출한 결과를 보여준다.

| 도표 13-7 | 초기 성분행렬[a]

	성분		
	1	2	3
가족수	.926	.300	−1.953E−02
연 령	.867	.411	.187
자녀수	.849	.492	5.883E−02
교육수준	−.803	.185	.426
신 장	−.453	.759	−.443
체 중	−.590	.722	−.303
지능지수	−.288	.467	.805

요인추출 방법: 주성분 분석

a 추출된 3 성분

이러한 요인들의 초기 성분행렬(initial unrotated factor matrix)을 검토함으로써 조사자는 본래 변수들에 대해 자료축소의 가능성을 발견할 수 있게 된다(물론 요인 수에 관한 최종결정은 성분행렬이 회전되고 요인들이 해석된 후에 조정될 수 있음).

조사자가 직교요인 해법을 선택했다면 초기 성분행렬에서 첫 번째 요인은 본래자료 내의 분산을 단독으로 가장 많이 설명하는 것으로 간주되며, 두 번째 이후의 요인들은 본래자료로부터 앞의 요인(들)의 효과가 제거된 후 나머지 분산을 가장 많이 설명하는 변수들의 선형결합이라고 정의할 수 있다(요인간 직교의 조건).

〈도표 13-7〉에서 성분행렬 내의 숫자들은 요인 적재량(factor loadings)이라고 하는데, 요인 적재량이란 **요인들과 본래 변수들 사이의 상관계수**이다. 예를 들어, 체중과 요인1 사이의 상관계수는 −.590이다.

한편 7개의 본래 변수 각각은 14명의 응답자의 변이를 반영하는 분산을 갖고 있는데, **각 변수의 분산중 '추출된 세 요인에 의해 설명되는 양'**을 그 변수의 공통성이라고 하며, 각 변수의 요인 적재량들을 제곱하여 합산한 값이다. 예를 들어, 가족 수의 공통성은 다음 식에 의해 .948이다.

$$\text{가족 수의 공통성} = (.926)^2 + (.300)^2 + (-.020)^2 = .948$$

이러한 공통성은 요인(들)에 의해 다른 변수들과 공유하는 해당변수의 분산비율이다. 각 변수에 대해 공통성을 계산해 보면 교육수준(.860)을 제외한 모든 변수의 공통성이 크기 때문에 세 요인에 의해 그러한 변수들의 변이가 거의 완전하게 설명된다고 말할 수 있다.

또한 설명된 분산의 비율(percentage−of−variance explained)이란 **각 요인이 본래 변수들의 전체 분산을 얼마나 많이 설명하고 있는지** 보여주는데, 각 요인에 대한 본래 변수들의 요인 적재량을 제곱하여 합산한 후(요인의 고유값), 본래 변수의 수(변수마다 분산이 1)로 나눈 값이다.

예를 들어, 첫 번째 요인이 설명하는 분산의 비율은 다음 식에 의하여 51.577%이다.

첫 번째 요인이 설명하는 분산비율

$$= \frac{[(.926)^2+(.867)^2+(.849)^2+(-.803)^2+(-.453)^2+(-.590)^2+(-.288)^2]}{7}$$

$$= .51577$$

같은 방법으로 계산할 때 7개 변수의 전체 분산중 두 번째 요인은 26.448%, 세 번째 요인은 16.530%를 설명하여 세 개의 요인은 함께 전체 분산의 94.555%를 설명한다.

또한 이미 설명한 바와 같이 각 변수의 공통성도 85%를 상회하므로 이들 세 요인은 7개 변수의 근저에 있는 공통적인 의미를 잘 요약하는 것으로 판단할 수 있다.

이와 같은 초기 성분행렬을 구한 것만으로도 자료축소의 목표는 달성되었지만, 조사자는 이러한 성분행렬이 본래 변수들에 관해 충분한 정보를 제공하는지 아닌지를 검토해야 한다.

5 요인들의 회전

〈도표 13−7〉에서는 어느 변수도 첫 번째 요인 상에서 0에 가까운 적재량을 갖고 있거나 다른 변수에 비해 뚜렷이 큰 적재량을 갖고 있지 않는데 − 다른 요인에 대해서도 요인 적재량의 크기들이 혼합되어 있으므로 − 각 요인이 어떠한 공통적 의미를 갖는지 판단하기가 애매하다.

이러한 일은 초기 성분행렬에서 보편적으로 나타나는 현상인데, 조사자는 요인들의 애매성을 감소시키고 보다 단순하고 이론적으로 의미있는 성분행렬을 구하기 위해 요인 축들을 회전시킬 수 있다.

이미 설명한 바와 같이 요인분석은 중요성(설명하는 분산의 비율)의 순서에 따라 요인들을 추출한다. 따라서 첫 번째 요인은 거의 모든 변수들이 유의적으로 연관되는 일반적인 요인의 성격을 띠며, 분산의 최대량을 설명한다. 두 번째 이후의 요인들은 분산의 나머지 양을 근거로 하며, 각각은 점차 적은 양의 분산을 설명하게 된다.

따라서 초기 성분행렬을 회전시키는 일은 궁극적으로 보다 단순하고 이론적으로 의미있는 성분행렬을 얻기 위해 선순위의 요인들로부터 차순위의 요인들로 분산을 재분배하는 기능을 수행한다.

요인회전의 개념을 설명하기 위해 2-차원 요인도식에 다섯 개의 변수가 묘사되어 있는 〈도표 13-8〉을 검토하자. 수평축은 요인 I, 수직축은 요인 II를 나타내며 축들은 요인 적재량들을 나타내기 위해 원점을 0으로 하고 ±1.0까지 눈금이 표시되어 있다.

변수들은 V_1부터 V_5까지로 표시되고 있는데 예를 들어, V_2는 미회전 요인I과 미회전 요인 II에 대해 +.7과 +.6의 요인 적재량을 가진다. 〈도표 13-9〉의 미회전 요인 적재량을 보면 미회전 요인I에는 모든 변수들이 대단히 높게 부하된 반면에 미회전 요인II에는 V_1과 V_2는 정의 방향으로 매우 높게, V_3과 V_4는 부의 방향으로 매우 낮게, V_5는 부의 방향으로 중간정도 부하되어 있음을 알 수 있다.

도표 13-8 직교회전의 예시

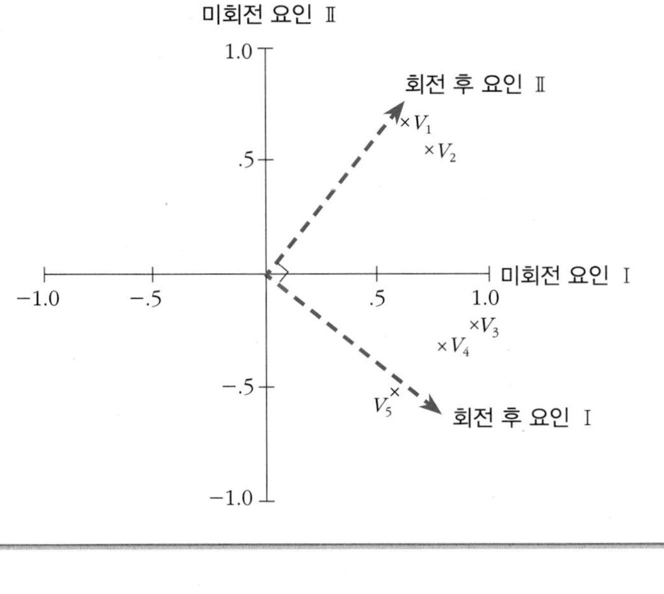

| 도표 13-9 | 미회전 요인적재량과 회전후 요인적재량

변 수	미회전 요인적재량		회전후 요인적재량	
	요인 I	요인 II	요인 I	요인 II
V_1	.60	.70	.03	.94
V_2	.70	.60	.20	.90
V_3	.90	−.25	.95	.50
V_4	.75	−.30	.70	.25
V_5	.60	−.50	.70	−.13

〈도표 13-8〉을 시각적으로 검토해 보아도 본래 변수들이 V_1, V_2로 구성되는 집단과 V_3, V_4, V_5로 구성되는 집단으로 분리되는 것을 알 수 있다. 즉 미회전 요인 적재량을 검토해서는 그러한 패턴이 아주 명확하게 인식되지 않지만, 〈도표 13-8〉에서처럼 요인들의 참조축(reference axis)들을 – 90도를 유지하면서 – 원점을 중심으로 시계방향으로 회전시킨다면 완전히 다르지만 해석하기가 용이한 요인 적재량의 패턴을 얻을 수 있다. 이와 같이 90도를 유지하면서 요인들의 축을 회전시키는 것을 직교회전이라고 한다.

즉 요인 축들을 회전시킨 후 V_3, V_4, V_5가 요인 I에 매우 높게 V_1, V_2가 요인 II에 매우 높게 부하되었음을 알 수 있으며 비록 변수들의 상대적인 위치는 그대로 있으나 변수들이 특성별로 보다 명백하게 묶여짐을 볼 수 있다.

직교회전의 방법에는 여러 가지가 있으나, 대부분의 컴퓨터 프로그램이

| 도표 13-10 | VARIMAX 회전에 의한 성분행렬[a]

	성 분		
	1	2	3
자녀수	.983	−3.855E−03	−3.420E−02
연 령	.968	−.129	4.099E−02
가족수	.943	−.138	−.200
신 장	−3.855E−02	.987	4.828E−02
체 중	−.163	.946	.199
지능지수	6.700E−02	8.500E−02	.968
교육수준	−.552	.264	.697

요인추출 방법 : 주성분 분석
회전방법 : Kaiser 정규화가 있는 베리멕스

a 4 반복계산에서 요인회전이 수렴되었습니다

VARIMAX 회전방법을 포함하고 있으며 가장 보편적으로 이용된다. 〈도표 13-10〉은 〈도표 13-7〉의 초기 성분행렬을 VARIMAX 방법으로 회전시킨 결과이다.

6 요인 적재량들의 유의성에 관한 기준

추출된 요인들이 반영하는 의미를 해석하기 위해서는 각 요인과 상대적으로 강하게 연관된 본래 변수들을 확인해야 하는데, 조사자는 다음과 같은 기준에 의해 각 요인에서 유의적인 요인 적재량을 갖는 변수들을 선정할 수 있다.

6-1 요인 적재량의 절대값

요인 적재량의 유의성을 결정하기 위한 가장 보편적인 기준은 요인 적재량의 절대값이 .50보다 클 때 매우 유의적, .40보다 클 때 유의적, .30보다 클 때 유의적인 편이라고 간주하는 것이다. **즉 요인 적재량의 절대값이 클수록 그러한 본래 변수는 요인을 해석하는 데 중요**하다는 뜻이며 이러한 기준은 표본의 크기가 50개 이상일 때 유용하다.

6-2 표본의 크기

요인 적재량의 유의성에 관한 다른 기준은 표본의 크기를 고려하는 것인데, 표본의 크기가 클수록 완화된다. 예를 들어, 표본의 크기가 300일 때 절대값이 .11보다 크면 유의수준 5%에서 유의적이라고 인정한다. 단지, 요인분석에서는 오차의 크기를 평가하기가 곤란하므로 1%의 유의수준을 채택하는 편이 안전하다.

	표본의 크기 = 100	표본의 크기 = 200	표본의 크기 = 300
유의수준 5%	±.19	±.14	±.11
유의수준 1%	±.26	±.18	±.15

6-3 표본의 크기 · 변수의 수 · 요인의 순서

앞의 두 가지 기준의 단점은 본래 변수들의 수나 해석하려는 구체적인 요인의 순서를 고려하지 않는다는 점이다. 즉 차후의 추출된 요인에는 공통분산이 상대적으로 적게 포함되므로, 조사자가 첫 번째 요인으로부터 차후의 요인들로 옮겨감에 따라 요인부하가 유의적인 것으로 간주되기 위한 기준은 상향 조정되어야 한다. 또한 본래 변수들의 수가 증가함에 따라 요인부하가 유의적인 것으로 간주되기 위한 기준은 하향 조정되어야 한다.

즉 요인부하들이 유의적인 것으로 간주되기 위한 기준은 표본의 크기가 크거나, 분석되고 있는 본래 변수의 수가 많을수록 낮아지며 후순위의 요인일수록 높아진다.

	표본의 크기 = 50		표본의 크기 = 100	
	20개 변수	50개 변수	20개 변수	50개 변수
5번째 요인	±.292	±.267	±.216	±.202
10번째 요인	±.353	±.274	±.261	±.214

7 성분행렬의 해석

성분행렬은 다음과 같은 절차를 따라 해석된다.

첫째, 성분행렬을 검토한다. 각 열의 숫자들은 해당 요인에 대한 각 변수의 요인 적재량을 나타낸다. 〈도표 13-10〉과 같은 분석결과에서는 왼편으로부터 오른편으로 요인 I, II, III 등으로 요인들이 표시되며 변수들은 변수명으로 확인할 수 있다.

둘째, 조사자는 첫 번째 요인의 첫 번째 변수로부터 시작하여 그 변수가 어느 요인 상에서 유의적인 요인 적재량을 갖는지를 알기 위해 왼편에서 오른편으로 수평적으로 옮겨가며, 유의적인 요인 적재량마다 밑줄을 친다.

그 다음 두 번째 변수로가서 그 변수가 어느 요인 상에서 유의적인 요인 적재량을 갖는지 검토하기 위해 수평적으로 옮겨가며, 유의적인 요인 적재량에 밑줄을 긋는 등 나머지 모든 변수들에 대해서 동일한 절차를 계속한다.

만일 각 변수가 한 요인 상에서만 유의적인 적재량을 가진다면 요인들의 의미를 해석하기에 편할 것이다. 그러나 실제로는 여러 요인에 걸쳐 다수의 유의적인 적재량을 갖는 변수들이 나타나기 마련인데, 그러한 변수들은 그것이 유의적인 적재량을 갖는 여러 요인을 해석(명칭부여)할 때마다 고려되어야 하므로 요인의 해석을 애매하게 만들 수 있다.

따라서 조사자는 각 행에서 유의적인 적재량의 수를 최대한 줄이려고 노력해야 하며, 그런 이유에서 요인 축들도 회전시키는 것이다.

셋째, 일단 모든 변수에 대해서 유의적인 적재량을 갖는 요인들을 확인하여 밑줄을 긋고 나면 어느 요인 상에도 유의적으로 적재되지 않은(밑줄이 전혀 그어지지 않은) 변수들을 발견할 때가 있다.

이러한 변수가 발견될 때 조사자는 사실 그대로 요인을 해석하고 유의적인 적재량을 갖지 않는 변수들을 단순히 무시하거나 – 조사에 대한 그 변수의 전반적인 기여와 공통성이 작다면 – 그러한 변수들을 제거하고 요인분석을 처음부터 다시 적용할 수도 있다.

넷째, 각 요인 상에서 큰 적재량을 갖는 변수는 결국 그러한 요인이 반영하는 공통적 의미에 많이 기여하는 것으로 간주되므로 그 요인의 명칭을 결정하는데 다른 변수보다 많은 영향을 미친다.

따라서 조사자는 특정한 요인에 대해 밑줄 쳐진 변수들을 검토하여 적재량이 큰 변수에 초점을 두면서 요인의 명칭을 결정한다. 이러한 명칭은 컴퓨터 프로그램에 의해 부여되는 것이 아니라 **특정한 요인이 반영하고 있는 공통적인 의미를 함축하도록 조사자가 주관적으로 적절하게 결정**하는 것이다.

만일 명칭을 부여하기 곤란하다면 '정의되지 않음'(undefined)이라는 명칭을 사용할 수 있으며, 이러한 경우 조사자는 의미가 명확한 요인들만을 해석하고 정의되지 않거나 의미가 별로 없는 요인들을 무시할 수 있다. 물론 조사자는 이러한 요인들이 도출되었으나 정의할 수 없었고 의미있는 관계를 나타내는 요인들만 해석되었다는 사실을 분석결과를 논의할 때 밝혀야 한다.

예시에서 첫 번째 요인은 자녀 수, 연령, 가족 수라는 변수들의 공통적 의미를 잘 요약하므로 '가정에 대한 부담'이라는 명칭이 어울릴 것이며 두 번째 요인은 체중과 신장의 공통적 의미를 반영하므로 '신체적 능력'이라는 명칭이 부합된다. 또한 세 번째 요인은 지능지수와 교육수준을 요약하므로 '정신적 능력'이라는 명칭이 적합하다고 판단할 수 있다.

8 성분점수의 계산

조사자는 본래 변수들을 보다 적은 수의 합성변수(요인이나 성분)로 요약하는 데 그치지 않고 그러한 요인을 추후에 이어지는 다른 분석에 투입자료로 이용할 수 있다.

이때 새로운 투입자료를 작성하기 위해서는 본래 변수들의 선형결합식으로 계산되는 성분점수를 구해야 하는데, 〈도표 13-11〉은 성분점수를 계산하기 위한 선형결합식(성분점수식)의 계수를 보여준다.

| 도표 13-11 | 성분점수의 계수행렬

	성 분		
	1	2	3
체 중	.036	.495	−.027
신 장	.068	.554	−.137
교육수준	−.105	−.011	.429
연 령	.334	−.006	.148
자녀수	.342	.084	.070
가족수	.300	.028	−.035
지능지수	.125	−.112	.725

요인추출 방법 : 주성분 분석
회전방법 : Kaiser 정규화가 있는 베리멕스
요인점수

예를 들어, 각 요인 상의 점수를 계산하기 위한 성분점수식은 다음과 같이 나타낼 수 있다. 단, **성분점수를 계산하기 위한 식에서 본래 변수는 표준화된 값으로 대입**해야 한다.

가정에 대한 부담 지수 = .036 × 체중 + .068 × 신장 − .105 × 교육수준 + .334 × 연령 + .342 × 자녀수 + .300 × 가족수 + .125 × 지능지수

신체적 능력 지수 = .495 × 체중 + .554 × 신장 − .011 × 교육수준 − .006 × 연령 + .084 × 자녀수 + .028 × 가족수 − .112 × 지능지수

정신적 능력 지수 = −.027 × 체중 − .137 × 신장 + .429 × 교육수준 + .148 × 연령 + .070 × 자녀수 − .035 × 가족수 + .725 × 지능지수

즉 조사자는 응답자들의 본래 변수 상의 관찰치들을 일단 표준화시킨 후, 표준화된 변수값들을 위와 같은 성분점수식에 대입함으로써 각 응답자의 일곱 가지 변수 상의 특성을 '가정에 대한 부담', '신체적 능력', '정신적 능력'이라는 세 요인 상의 특성으로 요약할 수 있으며, 이러한 세 요인 상의 점수들은 추후에 이어지는 군집분석, 회귀분석, 판별분석 등 다른 분석에 투입자료로 이용될 수 있다.

SPSS : 요인분석(factor.sav) – 마케팅스쿨 홈페이지 참고

분석 / 차원감소 / 요인분석
변수(모두)
기술통계: 통계량(일변량기술통계, 초기해법) 상관행렬(상관계수, 유의수준)
요인추출: (주성분) 분석(상관행렬) 표시(회전하지 않은 요인해법, 스크리 도표) 추출: 고유값(1)
요인회전: 방법(베리맥스) 표시(회전해법, 적재값도표)
요인점수: 변수로저장(방법: 회귀분석), 요인점수 계수행렬출력(체크)
옵션: (크기순 정렬)

SPSS : 요인분석 – 분석결과 요약

기술통계량

	평균	표준편차	분석수
체중	70.21	2.46	14
신장	172.14	16.61	14
교육수준	12.93	1.94	14
연령	33.29	6.80	14
자녀수	1.43	1.40	14
가족수	3.36	1.69	14
지능지수	106.14	10.01	14

상관행렬

		체중	신장	교육수준	연령	자녀수	가족수	지능지수
상관계수	체중	1.000	.922	.440	−.257	−.186	−.335	.280
	신장	.922	1.000	.327	−.173	−.026	−.180	.125
	교육수준	.440	.327	1.000	−.547	−.527	−.648	.579
	연령	−.257	−.173	9.547	1.000	.933	.893	.087
	자녀수	−.186	−.026	−.527	.933	1.000	.938	.012
	가족수	−.335	−.180	−.648	.893	.938	1.000	−.162
	지능지수	.280	.125	.579	.087	.012	−.162	1.000
유의확률 (한쪽)	체중		.000	.058	.187	.263	.121	.166
	신징	.000		.127	.277	.465	.269	.335
	교육수준	.058	.127		.022	.027	.006	.015
	연령	.187	.277	.022		.000	.000	.383
	자녀수	.263	.465	.027	.000		.000	.484
	가족수	.121	.269	.006	.000	.000		.290
	지능지수	.166	.335	.015	.383	.484	.290	

공통성

	초기	추출
체중	1.000	.961
신장	1.000	.977
교육수준	1.000	.860
연령	1.000	.956
자녀수	1.000	.968
가족수	1.000	.948
지능지수	1.000	.949
추출방법: 주성분 분석		

설명된 총분산

	초기 고유값			추출 제곱값 적재값			회전 제곱값 적재값		
성분	전체	%분산	%누적	전체	%분산	%누적	전체	%분산	%누적
1	3.610	51.577	51.577	3.610	51.577	51.577	3.129	44.702	44.702
2	1.851	26.448	78.025	1.851	26.448	78.025	1.981	28.306	73.009
3	1.157	16.530	94.555	1.157	16.530	94.555	1.508	28.546	94.555
4	.232	3.321	97.876						
5	7.296E-02	1.042	98.918						
6	5.300E-02	.757	99.675						
7	2.274E-02	.325	100.000						
추출방법: 주성분 분석									

성분행렬[a]

	성분		
	1	2	3
가족수	.926	.300	−1.953E−02
연령	.867	.411	.187
자녀수	.849	.492	5.883E−02
교육수준	−.803	.185	.426
신장	−.453	.759	−.443
체중	−.590	.722	−.303
지능지수	−.288	.467	.805
요인추출방법: 주성분 분석			
a 추출된 3성분			

회전된 성분행렬[a]

	성분		
	1	2	3
자녀수	.983	3.037E-02	-3.420E-02
연령	.968	-.129	4.099E-02
가족수	.943	-.138	-.200
신장	-3.855E-02	.987	4.828E-02
체중	-.163	.946	.199
지능지수	6.700E-02	8.520E-02	.968
교육수준	-.522	.264	.697

요인추출방법: 주성분 분석.
회전방법: Kaiser 정규화가 있는 베리맥스
a 4 반복계산에서 요인회전이 수렴되었습니다.

성분 변환행렬

성분	1	2	3
1	.854	-.410	-.320
2	.512	.771	.379
3	.092	-.488	.868

요인추출방법: 주성분 분석
회전방법: Kaiser 정규화가 있는 베리맥스

성분점수 계수행렬

	1	2	3
체중	.036	.495	-.027
신장	.068	.554	-.137
교육수준	-.105	-.011	.429
연령	.331	-.006	.148
자녀수	.342	.084	.070
가족수	.300	.028	-.035
지능지수	.125	-.112	.725

요인추출방법: 주성분 분석
회전방법: Kaiser 정규화가 있는 베리맥스
요인점수

성분점수 공분산행렬

성분	1	2	3
1	1.000	.000	.000
2	.000	1.000	.000
3	.000	.000	1.000

요인추출방법: 주성분 분석
회전방법: Kaiser 정규화가 있는 베리맥스
요인점수

① 기술통계량과 상관계수를 볼 수 있으며, 공통성(communality)에는 추출된 요인들이 각 변수에 대해 갖는 설명력을 보여준다.

② 고유값이 1보다 큰 요인으로서 3개를 추출함으로써 전체분산의 94.56%를 설명할 수 있음을 알 수 있다.(결국 ①항의 각 변수에 대한 요인들이 평균 설명력).

③ 성분행렬(초기 미회전 직교요인행렬)은 해석하기 곤란하기 때문에 해석이 용이하도록 회전시키면 회전된 성분행렬(VARIMAX 회전에 의한 요인행렬)이 되는데, 각 요인의 성격을 규명하고 요인명칭을 부여하는 데 활용된다.

④ 성분변환행렬은 회전된 성분행렬의 적재량을 계산하기 위한 계수들.

⑤ 성분점수 계수행렬(요인점수 계수행렬)은 응답자에 대한 요인점수를 계산하기 위한 요인식을 구성한다.

제 14 장

군집분석

제 1 절 | 군집분석의 개요
제 2 절 | 군집분석의 적용

모든 과학분야에서 유사한 대상들을 범주화하는 일은 매우 보편적이며 필수적이다. 예를 들어, 식물학자는 나무들을, 역사학자는 사건들을, 화학자는 현상들을 유사한 것들끼리 분류하고 범주화한다.

따라서 마케팅이 과학적인 접근방법을 채택해 감에 따라 대상들을 범주화하기 위한 절차를 필요로 하는 것은 당연한 일인 것이며, 실제로 마케팅에서 범주화를 적용하는 예는 시장 세분화를 비롯하여 수없이 많다.

즉 마케팅에서는 잠재고객이나 상품, 자극들을 어떤 구체적인 특성과 관련하여 내부적으로 유사하고 외부적의 상이한 집단으로 나누어야 하는 문제가 빈번히 발생한다.

마케팅 관리자가 갖고 있는 가장 기본적인 조사목적 중의 하나는 유망한 세분시장들을 확인하여 각 세분시장에 적합한 마케팅 믹스를 제공하려는 것인데, 이는 고객들을 – 대체로 그들이 희구하는 상품효익이나 라이프 스타일 등 이른바 세분화 변수들을 근거로 하여 – 범주화할 필요성을 야기한다.

또한 마케팅 관리자는 상품이나 상표들을 범주화하여 유사한(경쟁관계에 있는) 상표들을 결정할 수 있으며, 만일 어떤 상품들이 사용률을 근거로 범주화될 수 있다면 연계판매(tie–in promotion)의 전략을 고려할 수 있을 것이다.

한편 마케팅 실험을 실시하기 위해서는 유사한 대상들을 실험집단과 통제집단에 할당해야 하므로 시험대상을 선정하기 위한 선행단계로서도 이러한 범주화가 필요하다. 따라서 본장에서는 군집분석의 특징과 목적, 주요 가정과 제한점, 적용을 위한 준비절차를 개관한 후, 자료수집으로부터 대상들을 범주화해 나가는 실무적 과정을 살펴본다.

제 1 절 군집분석의 개요

1 군집분석의 특성

군집분석은 다수의 대상들을 구체적인 특성상 유사성을 근거로 수개의 집단으로 분류하기 위한 통계기법이다. 시장세분화의 예에서 보더라도 소비자들은 인구통계적 변수 및 사회경제적 변수로부터 심리적 변수 또는 행동적 변수에 이르기까지 수많은 변수로 묘사될 수 있으며, 그러한 많은 변수 상의 특성들이 그들의 구매행동에 영향을 미치므로 하나의 변수만을 근거로 하여 소비자들을 분류하는 일은 유용하지 못하다.

예를 들어, 소득이라는 변수만을 갖고 소비자들을 범주화한다면 몇 만원 이상 – 몇 만원 미만, 몇 만원 이상 – 몇 만원 미만 …등의 기준이 사용될 것이지만, 소득 이외의 많은 다른 변수들이 구매행동에 영향을 미칠 것이므로 그러한 범주화는 큰 의미를 갖지 못한다.

또한 두 개의 변수를 근거로 할 경우에도 단지 교차요약표와 유사한 결과를 산출할 뿐이고 마찬가지의 문제에 당면하게 된다.

따라서 조사자는 각 대상들에 대해 더 많은 수의 다차원적인 특성을 근거로 그들의 자연적 군집(natural groupings)을 확인해 내야하는 문제에 당면하는데, 이러한 문제를 해결하기 위해 적용할 수 있는 통계기법이 군집분석이다.

군집분석에서 조사자는 **대상들 사이의 유사성의 정도를 그들 사이의 거리로 측정하며, 거리가 짧을수록 유사한 대상으로 간주하여 하나의 군집으로 통합**한다. 각 대상은 그들을 묘사하는 변수의 수에 해당하는 n–차원의 공간 상에서 독특한 위치를 차지할 것이므로 수학적인 공식에 의해 대상들 사이의 거리를 계산할 수 있다. 물론 거리를 계산하기 위한 방법에는 여러 가지가 있으나 유사성의 정도를 두 대상 사이의 거리로 측정한다는 개념에는 차이가 없다.

또한 각 군집에 속하는 대상들의 변수 값들을 평균함으로써 다시 n–차원의 공간 상에 집단들의 평균적인 위치들을 설정하고, 집단들이 각 변수 상에서 유의적인 차이를 보이는지 아닌지를 검토(분산분석)할 수 있다.

한편 판별분석은 대상들의 집단소속을 판별하여 유사한 집단으로 분류한다는 점에서는 군집분석과 유사하지만, 판별분석은 **사전에 집단이 정의되어 있는 상태**에서 각 집단의 특성을 독립변수들로 설명하고(함수적 방법) 판별력이 강한 변수를 확인하는 것을 주목적으로 하며, 부수적으로 이미 정의되어 있는 집단의 구성원과 유사한 특성을 갖는 새로운 대상을 그 집단으로 분류하기 위한 방법이다.

이에 반해 군집분석은 **사전에 집단이 명확하게 정의되어 있지 않은 상태**에서 대상들이 갖고 있는 특성들 사이의 유사성을 근거로 자연적인 군집들로 분류하기 위한 방법이다. 따라서 사전에 집단들이 정의되어 있지 않은 경우라면 당연히 군집분석을 사용해야 한다.

2 군집분석의 수행 목적

군집분석을 실시하는 첫 번째 목적은 **사전에 집단들이 정의되어 있지 않은 상태에서 많은 대상들을 그들의 다차원적인 특성을 근거로 유사한 대상들로 구성되는 군집**을 도출해 내는 것이다.

대상들을 유사한 집단으로 묶어내는 일은 시장세분화에서 가장 보편적으로 적용되며, 경쟁관계를 분석하기 위해 유사한 상품들을 군집화해야 하는 경우나 마케팅 실험에 이용할 동질적인 시험단위들을 선정해야 하는 경우에도 널리 적용된다.

군집분석의 두 번째 목적은 군집 수에 따라 각 군집에 포함될 대상들을 밝혀주며, 각 군집에 대해 변수들의 평균값을 계산함으로써 군집의 특성을 결정해 준다.

그리고 군집분석의 세 번째 목적은 군집들 사이에서 유의적인 차이를 보이는 변수(들)를 밝히는 것이다.

3 군집분석의 주요 가정

군집분석을 수행할 때에는 크게 두 가지 가정을 염두에 두어야 한다. 첫째는 군집화의 근거로 사용한 변수들이 대상들 사이의 유사성을 타당성 있게 측정해야 한다는 점이며, 둘째는 대상들을 군집으로 분류하는 일이 이론적으로 정당화되어야 한다는 점이다.

이밖에도 우리가 사용하고 있는 군집분석은 아직도 그 결과를 평가할 통계적 검증이 충분히 개발되어 있지 않다는 한계점을 갖고 있다.

물론 조사자는 군집화의 기준치, 분석결과의 합당함, 자연적인 계층의 발견(계층적 방법에 의존하지 않을 때), 표본분할에 의한 신뢰성 검증 등을 통해서 유용한 정보를 얻을 수 있지만 여전히 어떠한 대상들이 매우 유사하고 어떠한 대상들을 분류하기가 곤란한지는 정확하게 알기 어렵다.

4 군집분석의 준비

4-1 분석에 포함시킬 대상과 변수의 선정

군집분석이란 대상들이 갖고 있는 다차원적 특성의 유사성을 근거로 그들을 군집으로 분류하기 위한 통계기법이다. 따라서 조사자는 다수의 군집으로 분류하려는 대상들을 먼저 정의해야 할 것인데, 대상은 소비자나 잠재고객, 상품, 광고물 등이 될 수 있다.

그러나 대상들은 대단히 많은 변수들로 묘사될 수 있기 때문에 조사의 효율성과 결과의 해석을 생각해서라도 조사자는 조사목적에 부합되는 중요한 특성들만을 선정해야 한다.

예시를 위해 조사자가 시판중인 15가지의 음료(분석대상)를 갈증해소와 피로회복이라는 측면에서 유사한 것끼리 군집화한다고 가정하자. 따라서 이때의 마케팅 조사과제는 갈증해소와 피로회복이라는 두 가지 특성 상에서 유사한 음료들을 군집으로 묶어내는 것이다.

4-2 분석에 포함시킬 변수들에 관한 관찰자료의 수집

군집분석을 준비하기 위한 두 번째 단계는 분석에 포함시킬 각 대상별로 변수들에 관한 관찰자료를 수집하는 일이다. 관찰자료는 이미 대상들을 분류하기 위해 사용하기로 결정한 특성들에 대해 단순히 〈도표 14-1〉과 같은 질문을 적용하여 수집될 수 있다.

〈도표 14-1〉의 질문들을 통해 수집된 관찰자료는 개별 응답자에 대해서, 또는 평균적 응답으로 통합하여 응답자 집단에 대해서 분석될 수 있는데 조사자는 군집분석을 적용하기 위해 관찰자료를 우선 표준화시켜야 한다. 〈도표 14-2〉는 25명의 응답자들로부터 수집한 자료를 통합(평균)한 후, 표준화시킨 결과이다.

| 도표 14-1 | 군집분석을 위한 자료수집 질문

Q1. 다음의 A–O 각 음료가 갈증해소에 도움이 된다고 생각하시는 정도를 1부터 7까지의 숫자로 답하여 주시기 바랍니다.

전혀 도움이 되지 않음 (1) ———————————— (7) 절대적으로 도움이 됨

A	B	C	D	E	F	G	H	I	J	K	L	M	N	O

Q2. 다음의 A–O 각 음료가 피로회복에 도움이 된다고 생각하시는 정도를 1부터 7까지의 숫자로 답하여 주시기 바랍니다.

전혀 도움이 되지 않음 (1) ———————————— (7) 절대적으로 도움이 됨

A	B	C	D	E	F	G	H	I	J	K	L	M	N	O

| 도표 14-2 | 군집분석을 위한 표준화된 음료특성자료

음료	X_1	X_2
A	2.50	2.50
B	−2.00	−2.25
C	3.00	2.00
D	2.50	1.75
E	.25	1.00
F	−1.50	−1.75
G	2.25	2.00
H	−2.00	−1.50
I	−.25	.50
J	.25	−.50
K	.50	.50
L	−2.50	−2.00
M	−2.50	−2.50
N	.25	.25
O	−.25	−.25

X_1=갈증해소의 정도　X_2=피로회복의 정도

제2절 군집분석의 적용

1 대상들의 도식적 표현

〈도표 14-2〉는 15개의 음료를 갈증해소와 피로회복이라는 두 개의 특성변수로 묘사하고 있는데, 각 음료의 특성치를 좌표로 하여 그림으로 나타내면 비록 정확하지는 않지만 군집분석을 통해 얻게 될 군집에 대한 통찰을 얻을 수 있다.

즉 〈도표 14-3〉은 음료특성을 2차원의 도식으로 나타낸 것이며, 대략 15개의 음료가 세 군집으로 나뉘어짐을 알 수 있다.

도표 14-3 갈증해소와 피로회복 특성에 따른 음료의 2차원도식

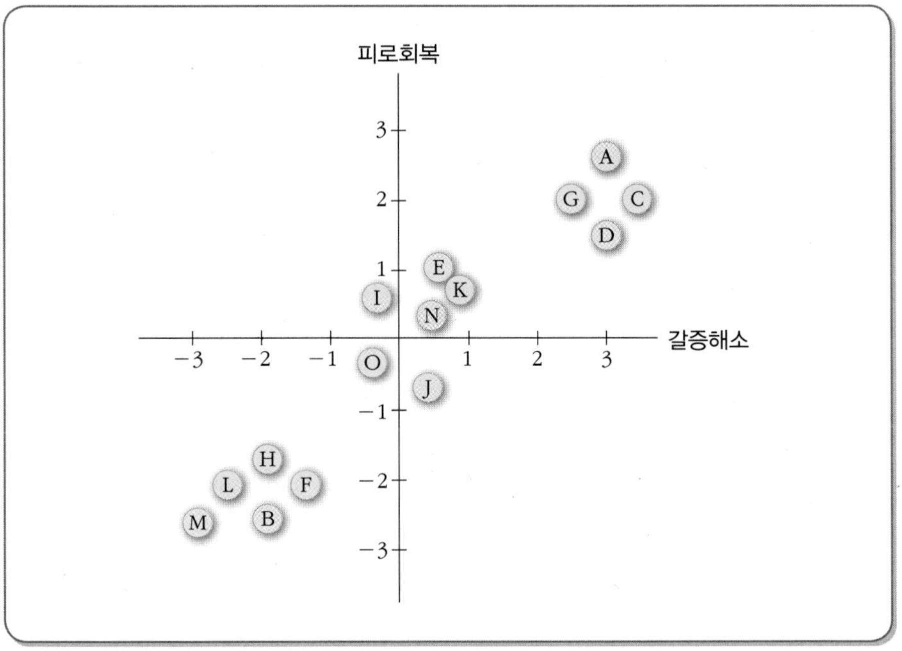

2 대상간의 유사성 측정

〈도표 14-3〉과 같은 도식적 표현을 눈으로 검토하는 일은 대상 분류에 대한 개략적인 통찰을 제공해 줄 수는 있으나, 정확하지 않을 뿐 아니라 대상들의 특성이 세 개 이상의 변수로 측정될 경우에는 적합하지 않다.

따라서 조사자는 대상간 유사성을 객관적으로 측정해야 하는데, 군집분석에서 유사성을 측정하기 위해서는 대체로 **대상간 거리를 계산하고 거리가 짧을수록 유사한 대상**으로 판단한다.

물론 대상간 거리를 계산하기 위한 식에는 여러 가지가 있지만, 유클리디안 거리 제곱(squared Euclidian distance)이 가장 널리 이용되며, k개의 특성변수 상에서 대상 i와 j사이의 유클리디안 거리 제곱은 다음 식에 의해 계산된다.

$$D_{ij} = \sum^{k} (\chi_{ik} - \chi_{jk})^2$$

| 도표 14-4 | 음료짝 사이의 거리

	유클리디안 거리 제곱														
케이스	A	B	C	D	E	F	G	H	I	J	K	L	M	N	O
A		42.813	.500	.563	7.313	34.063	.313	36.250	11.563	14.063	8.000	45.250	50.000	10.125	15.125
B	42.813		43.063	36.250	15.625	.500	36.125	.563	10.625	8.125	13.813	.313	.313	11.313	7.063
C	.500	43.063		.313	8.563	34.313	.563	37.250	12.813	13.813	8.500	46.250	50.500	10.625	15.625
D	.563	36.250	.313		5.625	28.250	.125	30.813	9.125	10.125	5.563	39.063	43.063	7.313	11.563
E	7.313	15.625	8.563	5.625		10.625	5.000	11.313	.500	2.250	.313	16.563	19.813	.563	1.813
F	34.063	.500	34.313	28.250	10.625		28.125	.313	6.625	4.625	9.063	1.063	1.563	7.063	3.813
G	.313	36.125	.563	.125	5.000	28.125		30.313	8.500	10.250	5.313	38.563	42.813	7.063	11.313
H	36.250	.563	37.250	30.813	11.313	.313	30.313		7.063	6.063	10.250	.500	1.250	8.125	4.625
I	11.563	10.625	12.813	9.125	.500	6.625	8.500	7.063		1.250	.563	11.313	14.063	.313	.563
J	14.063	8.125	13.813	10.125	2.250	4.625	10.250	6.063	1.250		1.063	9.813	11.563	.563	.313
K	8.000	13.813	8.500	.563	.313	9.063	5.313	10.250	.563	1.063		15.250	18.000	.125	1.125
L	45.250	.313	46.250	39.063	16.563	1.063	38.563	.500	11.313	9.813	15.250		.250	12.625	8.125
M	50.000	.313	50.500	43.063	19.813	1.563	42.813	1.250	14.063	11.563	18.000	.250		15.125	10.125
N	10.125	11.313	10.625	7.313	.563	7.063	7.063	8.125	.313	.563	.125	12.625	15.125		.500
O	15.125	7.063	15.625	11.563	1.813	3.813	11.313	4.625	.563	.313	1.125	8.125	10.125	.500	

이것은 상이성 행렬입니다

예를 들어, A음료와 C음료 사이의 유클리안 거리 제곱은 다음과 같이 계산된다.

$$D_{AC} = (\chi_{A1} - \chi_{C1})^2 + (\chi_{A2} - \chi_{C2})^2 = (2.5 - 3.0)^2 + (2.5 - 2.0)^2 = .50$$

마찬가지의 방법으로 모든 음료짝 사이의 거리들을 계산하면 〈도표 14-4〉와 같은 근접성 행렬을 얻을 수 있다. 여기서 유의해야 할 사항은 첫째, 대상간의 거리는 유사성에 대한 반대의 측정치이므로 거리가 멀수록 유사성은 적고 거리가 가까울수록 유사성이 많은 것이다. 따라서 거리가 가까운 대상들끼리 같은 군집을 형성한다.

둘째, 대상의 수가 n개일 때 거리의 계산은 $n(n-1)/2$번 행해져야 한다.

3 군집화 방법과 통합기준

군집화 방법 중에서 가장 보편적으로 이용되는 군집통합 방법(linkage method)은 계층적 군집화라고도 하는데, 각 대상을 독립된 군집으로 간주하여 처음에는 가장 유사한 대상짝만을 한 군집으로 분리하고, 그 다음 일정한 거리기준 내에서 가까운 대상들을 덧붙여 나가되 유사성 거리기준을 순차적으로 넓혀 군집의 크기는 확대하고 군집 수는 줄여 나가는 방식이다.

유사성 거리기준을 적용하는 방식은 단순통합 기준과 완전통합 기준으로 나눌 수 있다.

> ▸ marketingschool.com
> 군집통합 방법 이외의 군집분리 방법과 Q-type 요인분석 등의 군집화 방법에 대해서는 마케팅스쿨 홈페이지를 참고하기 바랍니다.

3-1 단순통합 기준

단순통합 기준(simple linkage)은 **가장 가까운 항목 기준**이라고도 하는데, 우선 각 음료짝을 거리가 가까운 순(유사성이 큰 순)으로 〈도표 14-5〉와 같이 배열한 후, 일정한 유사성 거리기준 내에 들어오는 음료를 포함한 음료짝을 동일한 군집으로 묶어 나간다.

예를 들어, 〈도표 14-5〉에서 유사성이 가장 큰 짝은 .125의 거리에 있는 K와 N, D와 G로서 각각 한 군집을 이룬다. 마찬가지로 .250의 거리보다 가까운

| 도표 14-5 | 거리기준에 따른 유사성의 정도

거리기준	음료짝
.125	KN, DG
.250	LM
.313	AG, BL, BM, CD, EK, FH, IN, JO
.500	AC, BF, EI, HL, NO
.563	AD, IK, IO, JN, BH, CG, EN
1.063	FL, JK
1.125	KO
1.250	HM, IJ
1.563	FM
1.813	EO
2.250	EJ
3.813	FO

대상들을 한 군집으로 할 때 L과 M도 한 군집을 이룬다.

만일 유사성의 거리기준을 .313까지 확대한다면 AG, CD는 이미 형성된 DG와 같은 군집을 이루며, BL과 BM은 LM과, EK와 IN은 KN과 같은 군집을 이루게 되어 FH와 JO만이 별도의 군집을 형성하게 된다. 따라서 유사성의 거리기준을 .313으로 할 때 군집을 다음과 같이 형성된다.

집군 1	집군 2	집군 3	집군 4	집군 5
A	B	E	F	J
C	L	I	H	O
D	M	K		
G		N		

여기서 군집의 수를 줄이고 더 큰 군집을 형성할 필요가 있다면 다시 유사성의 거리기준을 .500으로 완화시켜야 한다. 이때에는 AC나 EI가 이미 다른 음료들과 군집을 형성하고 있으므로 관계가 없고, BF사이의 거리가 .500(또한 HL 사이의 거리도 .500)이므로 군집2와 군집4가 하나로 통합된다. 또한 NO로 인해 군집3과 군집5가 통합된다.

이와 같이 단순통합 기준에서는 각 군집의 한 구성원과 다른 군집의 한 구성원 사이의 거리가 일정한 유사성의 거리기준 내에 들어오면 같은 군집으로 결합되기 때문에 결국 다른 구성원들 사이의 거리는 훨씬 멀어질 수 있다. 따라서 단순통합 기준은 길쭉한 형태의 군집을 형성한다.

결론적으로 15개 음료들의 자연적인 군집은 무엇인가? 그것은 조사자가 임의로 규정하고 있는 유사성의 거리기준에 따라 달라진다. 즉

i) 유사성의 거리기준을 .313으로 규정할 때
군집1 -- ACDG
군집2 -- BLM
군집3 -- EIKN
군집4 -- FH
군집5 -- JO

ii) 유사성의 거리기준을 .500으로 규정할 때
군집1 -- ACDG
군집2 -- BFHLM
군집3 -- EIJKNO

iii) 유사성의 거리기준을 3.813으로 규정할 때
군집1 -- ACDG
군집2 -- BEFHIJKLMNO

3-2 완전통합 기준

완전통합 기준(complete linkage)은 **가장 먼 항목 기준**이라고도 하는데, 군집의 한 구성원과 다른 군집의 한 구성원 사이의 거리가 일정한 유사성 거리기준 내에 들어올 때(단순통합 기준)가 아니라 모든 구성원들 상호간의 거리가 일정한 기준 내에 들어올 때만 같은 군집으로 통합한다. 따라서 완전통합 기준은 밀집된 군집을 산출한다.

예를 들어, 유사성의 거리기준을 .250으로 할 때 KN, DG, LM의 세 군집이 형성된다. 다시 유사성의 거리기준을 .313으로 완화한다면 어떻게 되겠는가? 단순통합 기준에서는 AG는 DG와 같은 군집을 이룰 수 있었지만 완전통합 기준에 있어서는 A와 D사이의 거리가 .563으로 .313의 기준 내에 들어오지 못하므로 A가 DG와 같은 군집으로 결합될 수 없고 별도의 A군집으로 남아있게 된다.

BL의 경우는 B와 M 사이의 거리도 .313이므로 ML과 한 군집을 형성하며, 또한 FH와 JO는 각각 별도의 군집을 형성한다.

DC는 C와 G 사이의 거리가 .563이므로 DG군집에 결합되지 못하고 별도의 C군집을 형성하며, EK는 E와 N 사이의 거리가 .563이므로 KN군집에 결합되지 못하고 별도의 E군집을 형성한다. 마찬가지로 IN은 I와 K 사이의 거리가 .563이므로 KN군집에 결합되지 못하고 별도의 I군집을 형성한다.

이와 같이 유사성의 거리기준을 .313으로 할 때 완전통합 기준에 따라 형성되는 군집은 다음과 같다.

군집 1 : KN
군집 2 : DG
군집 3 : BLM
군집 4 : FH
군집 5 : JO
군집 6 : A
군집 7 : C
군집 8 : E
군집 9 : I

따라서 군집의 수를 줄이고 보다 큰 군집을 형성하기 위해서는 – 단순통합기준에 따를 경우보다 – 유사성의 거리기준을 대폭적으로 완화할 필요가 있다.

앞에서 설명한 방법에 따라 유사성의 거리기준을 완화시켜 나간다면 조사자는 결국 15개의 음료들을 원하는 수만큼의 군집으로 분류할 수 있을 것인데, 각 군집 수에 따른 음료들의 집군화 결과는 〈도표 14-6〉과 같다.

이러한 완전통합기준에 따라 음료들이 군집으로 결합되어 가는 과정은 〈도표 14-7〉과 같은 수직 고드름 도표나 〈도표 14-8〉과 같은 덴드로그램으로 나타낼 수 있다.

| 도표 14-6 | 완전통합기준에 의한 음료의 소속군집

케이스	4 군집	3 군집	2 군집
A	1	1	1
B	2	2	2
C	1	1	1
D	1	1	1
E	3	3	1
F	2	2	2
G	1	1	1
H	2	2	2
I	3	3	1
J	4	3	1
K	3	3	1
L	2	2	2
M	2	2	2
N	3	3	1
O	4	3	1

| 도표 14-7 | 완전통합기준에 의한 군집화 과정(Icicle Plot)

	케이스																												
군집의 수	H		F		M		L		B		O		J		N		K		I		E		G		D		C		A
2	×	×	×	×	×	×	×	×	×		×	×	×	×	×	×	×	×	×	×	×	×	×	×	×	×	×	×	×
3	×	×	×	×	×	×	×	×	×		×	×	×	×	×	×	×	×	×	×	×		×	×	×	×	×	×	×
4	×	×	×	×	×	×	×	×	×		×	×	×		×	×	×	×	×	×	×		×	×	×	×	×	×	×

도표 14-8 완전통합기준에 의한 군집화과정(Dendrogram)

HIERACHICAL CLUSTER ANALYSIS
Dendrogram using Complete Linkage

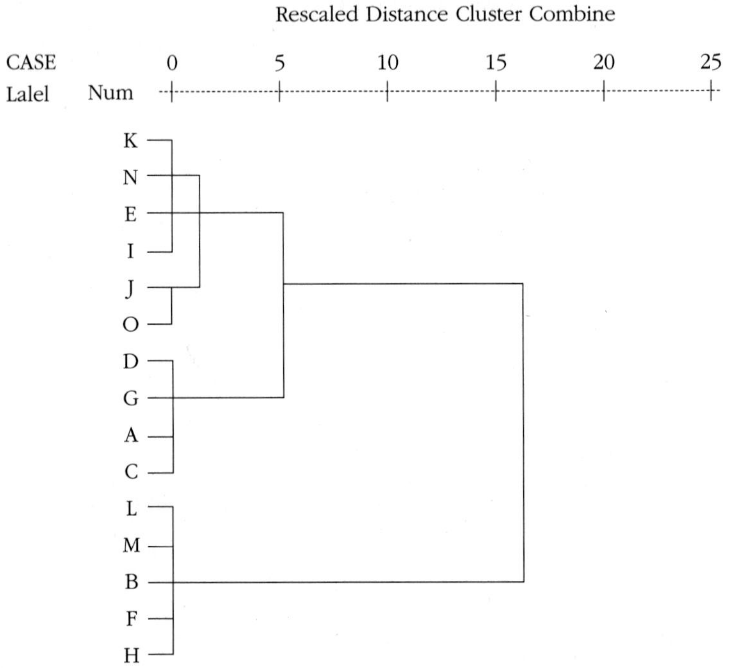

SPSS : 계층적 군집분석(cluster.sav) – 마케팅스쿨 홈페이지 참고

분석 / 분류분석 / 계층적 군집분석

변수(갈증해소, 피로회복)　케이스설명 기준변수(음료이름)　수평누적(케이스)
표시(통계량, 도표)　통계량(근접행렬)　소속군집: 해법범위(2–4)
도표: 덴드로그램(체크)　고드름: 군집범위지정(2–4.1)　방향(수직)
방법: 군집방법: 가장 먼 항목 값변환(표준화=지정안함) *이미 표준화된 자료라서 불필요
저장: 소속군집: 해법범위(2–4)

SPSS : 계층적 군집분석 – 분석결과 요약

근접성 행렬

	제곱 유클리디안 거리														
케이스	A	B	C	D	E	F	G	H	I	J	K	L	M	N	O
A		42.813	.500	.563	7.313	34.063	.313	36.250	11.563	14.063	8.000	45.250	50.000	10.125	15.125
B	42.813		43.063	36.250	15.625	.500	36.125	.563	10.625	8.125	13.813	.313	.313	11.313	7.063
C	.500	43.063		.313	8.563	34.313	.563	37.250	12.813	13.813	8.500	46.250	50.500	10.625	15.625
D	.563	36.250	.313		5.625	28.250	.125	30.813	9.125	10.125	5.563	39.063	43.063	7.313	11.563
E	7.313	15.625	8.563	5.625		10.625	5.000	11.313	.500	2.250	.313	16.563	19.813	.563	1.813
F	34.063	.500	34.313	28.250	10.625		28.125	.313	6.625	4.625	9.063	1.063	1.563	7.063	3.813
G	.313	36.125	.563	.125	5.000	28.125		30.313	8.500	10.250	5.313	38.563	42.813	7.063	11.313
H	36.250	.563	37.250	30.813	11.313	.313	30.313		7.063	6.063	10.250	.500	1.250	8.125	4.625
I	11.563	10.625	12.813	9.125	.500	6.625	8.500	7.063		1.250	.563	11.313	14.063	.313	.563
J	14.063	8.125	13.813	10.125	2.250	4.625	10.250	6.063	1.250		1.063	9.813	11.563	.563	.313
K	8.000	13.813	8.500	.563	.313	9.063	5.313	10.250	.563	1.063		15.250	18.000	.125	1.125
L	45.250	.313	46.250	39.063	16.563	1.063	38.563	.500	11.313	9.813	15.250		.250	12.625	8.125
M	50.000	.313	50.500	43.063	19.813	1.563	42.813	1.250	14.063	11.563	18.000	.250		15.125	10.125
N	10.125	11.313	10.625	7.313	.563	7.063	7.063	8.125	.313	.563	.125	12.625	15.125		.500
O	15.125	7.063	15.625	11.563	1.813	3.813	11.313	4.625	.563	.313	1.125	8.125	10.125	.500	

이것은 상이성 행렬입니다

최장 연결법 소속군집

케이스	4군집	3군집	2군집
A	1	1	1
B	2	2	2
C	1	1	1
D	1	1	1
E	3	3	1
F	2	2	2
G	1	1	1
H	2	2	2
I	3	3	1
J	4	3	1
K	3	3	1
L	2	2	2
M	2	2	2
N	3	3	1
O	4	3	1

수직 고드름 도표

	케이스																												
군집의 수	H		F		M		L		B		O		J		N		K		I		E		G		D		C		A
2	×	×	×	×	×	×	×	×	×		×	×	×	×	×	×	×	×	×	×	×	×	×	×	×	×	×	×	×
3	×	×	×	×	×	×	×	×	×		×	×	×	×	×	×	×	×	×	×	×		×	×	×	×	×	×	×
4	×	×	×	×	×	×	×	×	×		×	×	×		×	×	×	×	×	×	×		×	×	×	×	×	×	×

덴드로그램

HIERACHICAL CLUSTER ANALYSIS
Dendrogram using Complete Linkage

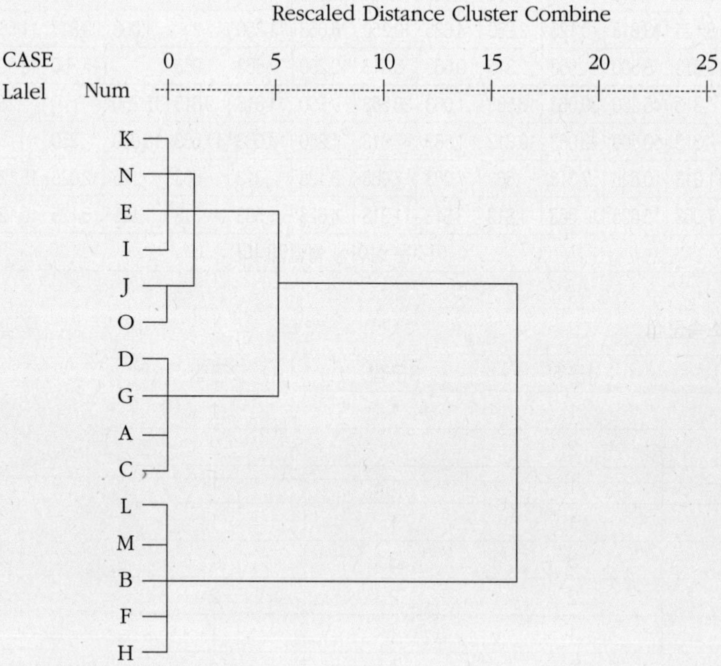

① 근접성 행렬이라는 이름으로 제곱유클리디언 거리가 나타나는데, 사실은 상이성의 정도를 의미한다.

② 소속군집은 지정한 군집방법(가장 먼 항목)에 의한 대상들이 속하는 군집을 원하는 수만큼의 군집으로 나누어 보여준다.

③ 수직고드름 도표와 덴드로그램을 참고하면 전체적인 군집화의 내용을 검토할 수 있다.

④ 새로운 변수로 저장된 군집 정보를 이용하여 빈도분석, 다른 변수에 대한 분산분석 등을 할 수 있다.

이상과 같이 음료들을 군집화한 후에는 각 군집에 속하는 음료들의 평균적인 특성을 비교할 수 있는데, 〈도표 14-9〉는 15개의 음료를 세 군집으로 나누었을 때 각 군집의 평균적 특성을 보여주며, 비계층적 군집분석(*k*평균 군집분석)을 실행하면 음료들의 군집소속, 군집간의 거리, 군집별 특성의 유의성 검증결과도 보여준다.

| 도표 14-9 | 군집별 평균적 특성(최종 군집중심)

	군 집		
	1	2	3
갈증해소	2.56	-2.10	.13
피로회곱	2.06	-2.00	.25

▸ marketingschool.com

비계층적 군집분석(*k*평균 군집분석)에 관련된 내용은 마케팅스쿨 홈페이지를 참고하기 바랍니다.

SPSS : 비계층적 군집분석(cluster.sav) - 마케팅스쿨 홈페이지 참고

통계분석 / 분류분석 / k평균군집분석 ***– 이른바 비계층적 군집분석***

변수(갈증해소, 피로회복) 케이스설명 기준변수(음료이름) 군집의 수(3)

방법(반복계산 및 분류하기) 저장: 소속군집, 군집중심으로부터의 거리

옵션: 통계량: 군집중심 초기값, 분산분석표, 각 케이스의 군집정보

SPSS : 비계층적 군집분석 - 분석 결과 요약

소속군집

음료이름	군집	거리
A	1	.442
B	2	.269
C	1	.442
D	1	.319
E	3	.760
F	2	.650
G	1	.319
H	2	.510
I	3	.451
J	3	.760

K	3	.451
L	2	.400
M	2	.640
N	3	.125
O	3	.625

최종 군집중심

	군집		
	1	2	3
갈증해소	2.56	−2.10	.13
피로회복	2.06	−2.00	.25

최종 군집중심 거리

군집	1	2	3
1		6.184	3.038
2	6.184		3.164
3	3.038	3.164	

분산분석

	군집		오차		F	유의확률
	평균제곱	자유도	평균제곱	자유도		
갈증해소	24.196	2	.122	12	198.111	.000
피로회복	18.693	2	.202	12	92.622	.000

다른군집의 여러 케이스 간 차이를 최대화하기 위해 군집을 선택했으므로 F 검정은 기술통계를 목적으로만 사용되어야 합니다. 이 경우 관측유의수준은 수정되지 않으므로 군집평균이 동일하다는 가설을 검정하는 것으로 해석될 수 없습니다.

① 계층적 군집분석에서는 사전에 군집의 수를 지정할 수 있으나 비계층적 군집분석에서는 반드시 사전에 군집의 수를 단일의 수치로 지정해야 하며, 이 경우에는 각 군집의 중심과 차이의 유의성을 보여주는 장점이 있다.

제 15 장

다차원 척도화

제 1 절 | 다차원 척도화의 개요
제 2 절 | 다차원 척도화의 적용

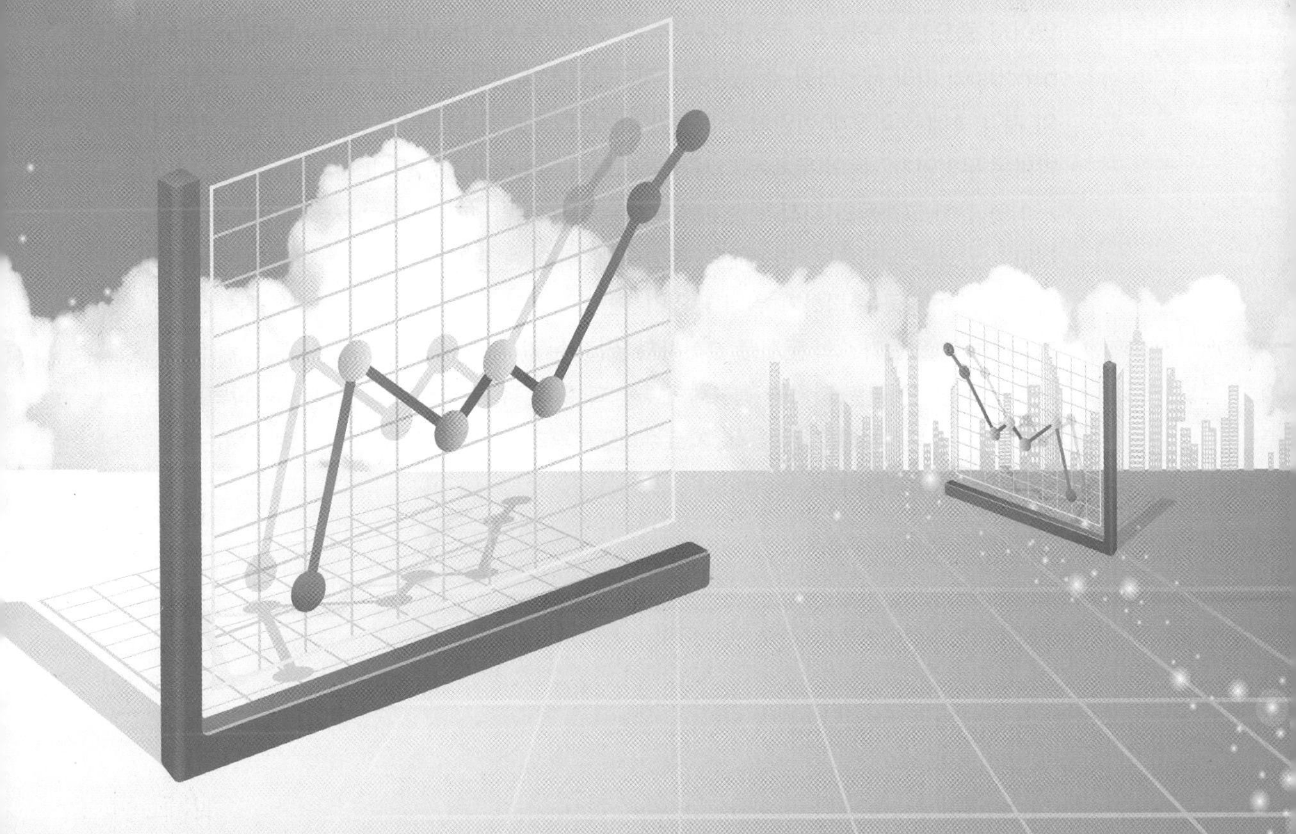

마케팅 관리자는 고객들이 자사의 상품을 어떻게 지각하고 있는지를 알아야 한다. 만일 그가 "자신의 상품이 고객들의 마음속에서 어떠한 모습으로 그려지고 있는지"(상품 포지션)를 모른다면 앞으로 나아갈 방향도 알 수 없을 것이기 때문에 상품의 현재 포지션을 파악하는 일은 올바른 마케팅 의사결정을 위해 대단히 중요하다.

즉 마케팅에서는 여러 대상들에 대한 고객의 지각과 선호를 공간에 나타내야 하는 문제가 자주 등장하는데, 그러한 문제들은 다차원 척도화(MDS, multidimensional scaling)라는 통계기법을 통해 해결될 수 있다.

예를 들어, 청량음료의 상표들을 유사성에 따라 어떻게 집단화할 수 있으며, 그들 사이의 경쟁구조는 어떠한가? 고객들이 호텔이나 화장품을 차별화하여 구분하는 데 있어서 중요한 속성들은 무엇인가? 주택 구매자들은 그들이 희구하는 효익(sought benefits)에 따라 세분화될 수 있는가? 객관적으로 측정한 승용차의 성능특성이 고객들의 지각 속에서 어떻게 반영되고 있는가? 백화점의 고객 유인력을 강화하기 위한 전략 방향은 무엇인가? 등의 문제는 다차원 척도화의 전형적인 과제들이다.

이와 같이 고객들의 지각과 선호의 문제는 모든 산업, 모든 상품과 서비스 분야에 존재하고 있으며 정치후보, 영화배우, 종교단체, 학교, 병원, 리조트 시설, 국가도 효과적인 마케팅 전략을 수립하기 위해 당연히 "현재의 고객, 유권자들이 선택대상들을 어떻게 지각하고 있는가?"의 문제를 고려하지 않을 수 없다.

따라서 본장에서는 다차원 척도화의 특징과 목적, 주요 가정과 제한점, 접근방법, 적용을 위한 준비절차를 개관한 후, 자료수집으로부터 지각지도를 작성하고 해석하는 실무적 과정을 살펴본다.

제 1 절 다차원 척도화의 개요

1 다차원 척도화의 특성

이제까지 살펴본 모든 다변량 기법들은 분석에 사용할 다수의 변수들을 먼저 규정해야 했다. 다중 회귀분석과 판별분석은 물론이고 요인분석과 집군분석에서도 기법을 적용하기 위한 어떤 변수들을 갖고 시작했고 이러한 현상은 너무도 당연하고 논리적인 것으로 여겨지기 때문에 그 반대의 경우는 마치 불가능한 것처럼 생각하기 쉽지만, 바로 다차원 척도화가 그러한 접근방법이다.

즉 다차원 척도화란 **전반적인 지각이나 전반적인 선호라는 단일변수에 대한 응답자료로부터 – 응답자의 구체적인 언급 없이도 – 그러한 지각과 선호를 야기하는 근저의 변수들을 확인시켜 주는 통계기법**들을 총칭한다.

결국 다차원 척도화는 단일차원으로 표현된 대상들 사이의 관계를 다차원적 표현으로 변환시켜 전반적인 지각과 선호의 근거를 밝히고 대상들 사이의 상대적 위치를 결정해 준다.

한편 모든 마케팅 현상은 객관적 차원뿐 아니라 주관적인 지각차원들을 갖는다고 간주된다. 예를 들어, K사의 오디오 시스템은 두 색상의 컴비네이션, 10W의 출력, 리모트 콘트롤이라는 객관적인 차원으로 묘사될 수 있지만, 고객들은 동일한 오디오 시스템을 "참신하다고 느껴지는 디자인", "젊은 부부에게 적합한 모델" 등의 전혀 다른 차원에서 주관적으로 지각할 수 있다.

이와 같이 객관적 차원에서 동일한 물리적 특성을 가질지라도 주관적인 지각차원에서 다르게 지각된다면 그에 대한 고객의 반응도 완전히 달라질 것이며, 이러한 현상에 관한 인식은 마케팅 관리자에게 매우 중요하다.

객관적 차원과 주관적 지각차원은 다음과 같은 두 가지 중요한 특징을 갖고 있다.

첫째, 고객이 실제로 대상을 지각하는 차원들은 조사자가 사전에 가정하는 객관적 차원과 일치하지 않거나 심지어 그들을 포함하지 않을 수도 있다.

둘째, 객관적 차원과 고객의 주관적 지각차원이 동일할 경우에도 지각차원상의 판단은 서로 영향을 미칠 수 있다(독립적이 아님). 예를 들어, 두 가지 청량음료가 동일한 양의 설탕을 함유하고 있지만, 고객은 – 첫 번째 음료가 "과일향"을 더 많이 포함하고 있기 때문에 – 두 번째 음료보다 더 달라고 지각할 수 있다. 즉 고객들은 객관적 차원과 매우 다른 차원에서 대상들을 지각할 수 있으며, 전반적인 지각이나 선호의 근거들을 정확하게 알고 있지도 못하다.

따라서 응답자로부터 단일차원적 자료만을 수집히는 다차원 척도화의 접근방법은 첫째, 조사자가 응답자들의 지각차원에 대해 제한을 두거나 자신의 관점을 개입시키지 않는다는 점과 둘째, 응답자가 자신의 의사결정과정을 분명히 밝히거나 합리화시키려고 노력할 필요가 없다는 등의 두 가지 큰 이점을 갖는다. 즉 다차원 척도화는 규범적인 배경에서 탈피하여 기술적인 자료만을 분석의 근거로 삼는다.

2 다차원 척도화의 수행 목적

조사자는 기본적으로 다음과 같은 네 가지의 문제를 다루기 위해 다차원 척도화를 이용할 수 있다.

첫째, 다차원 척도화는 **대상들에 대한 전반적인 지각이나 선호라는 단일차원적 자료로부터 그러한 판단의 근거가 되는 차원**들을 밝혀준다.

둘째, 이러한 평가차원 상에서 대상들을 좌표로 나타낸다. 각 대상은 응답자의 전반적인 판단을 근거로 다수의 차원 상에서 독특한 위치를 차지하도록 배치되는데, 이를 지각지도(perceptual map, 또는 지각공간 perceptual space)라고 한다. 일단 지각지도에 모든 대상을 배치하고 나면 조사자는 대상간 유사성의 정도와 경쟁구조를 쉽게 파악할 수 있다.

셋째, 응답자가 제공한 단일차원적 자료에 대한 다차원적 모델의 적합정도를 측정한다. 지각지도의 적합정도는 스트레스(stress)라는 지수로 측정되는데, 그러한 지수는 조사자가 다차원 척도화를 통해 도출한 모델의 유용성을 나타낸다.

넷째, **도출된 차원들의 의미를 결정함으로써 각 대상에 대한 응답자들 사이의 지각차이를 해석**해 준다.

3 다차원 척도화의 주요 가정과 제한점

다차원 척도화를 적용하여 대상들의 지각지도를 작성하는 일은 다음과 같은 가정을 전제로 한다.

첫째, 대부분 사람들은 인지능력의 제한 때문에 적은 수의 차원에 따라 대상들을 지각하며, 더욱이 모든 응답자들이 동일한 차원에서 대상들을 지각하지 않는다.

예를 들어, 승용차을 평가할 때 일부 사람들을 순간 가속력을 전혀 고려하지 않는데 반해 다른 사람들은 순간 가속력의 측면에서 대상들을 지각하고 평가할 수 있다.

그러나 다차원 척도화를 적용하는 데 있어서는 **모든 응답자들이 동일한 차원에서 대상들을 지각**한다고 가정한다.

둘째, 모든 응답자들이 동일한 차원에서 대상들을 지각한다 해도 각 차원에 부여하는 중요도가 다를 것이다. 예를 들어, 어떤 응답자는 청량음료의 탄산함유가 대단히 중요하다고 여기는 반면에 다른 응답자는 전혀 중요하지 않다고 여길 수 있다. 그러나 다차원 척도화는 **모든 응답자들이 한 지각차원에 대해 부여하는 중요도가 같다**고 간주한다.

셋째, 각 응답자는 항상 대상들을 동일한 차원에서 지각하지 않으며, 응답자들의 지각도 시간이 지남에 따라 변할 것인데, 다차원 척도화는 특정한 시점의 지각만을 다룬다.

그러나 이러한 가정들이 암시하는 약점에도 불구하고 다차원 척도화는 대상들에 대한 전반적인 유사성 지각이나 선호의 근저에 있는 관계들을 공간적으로 나타내기 위해 적용할 수 있는 유용한 통계기법이다.

한편 선호자료로부터 응답자의 이상점을 도출하는 과정에서는 다음과 같은 가정을 포함한다.

첫째, **모든 응답자는 동일한 차원에서 이상점을 정의하며, 각 차원에 부여하는 중요도가 동일**하다.

둘째, 응답자별 이상점은 각 차원을 독특하게 결합한다. 예를 들어, 두 응답자가 모두 이상적 청량음료를 향기라는 차원에서 정의하지만 한 사람은 강한 향기를 선호하는데 반해, 다른 사람은 약한 향기를 선호할 수 있다.

다차원 척도화가 중요한 마케팅 문제를 다루어주지만, 타당성 있는 결과를 산출하기 위해서 조사자는 이상과 같은 가정들을 고려하면서도 다차원 척도화를 적용하는 데 있어서 다음과 같은 문제점에 유의해야 한다.

첫째, 다차원 척도화를 위한 자료수집방법과 알고리즘은 다양하게 개발되어 있으며, 선택에 따라서는 결과가 다소 다르게 나타난다. 따라서 조사자는 컴퓨터 프로그램을 이용하는 데 있어서도 그에 따른 원리와 옵션들을 면밀히 검토해야 한다.

둘째, 유사성 지각 및 선호에 관한 개인별 자료를 통합하여 다차원 척도화를 적용하거나 도출된 이상점들을 평균하는 일은 개별적인 응답자에게 독특한 의미를 갖지 못하므로 그러한 통합은 동질적인 세분시장별로 수행되어야 하며, 결과의 해석에 있어서도 유의해야 한다.

셋째, 평가대상이 지나치게 적을 때 다차원 척도화는 신뢰도가 떨어지는 반면에 대상이 많다면 응답자의 판단이 곤란하므로 대체로 7-8개 정도의 대상이 적당하다. 또한 평가대상들은 전형적으로 조사자에 의해 규정되는데, 몇 개의 대상을 추가하거나 배제한다면 전혀 다른 지각지도가 얻어질 수 있음에 유의해야 한다.

넷째, 구매결정은 전반적인 상황이 아니라 '구체적인 구매 시나리오' 상에서 이루어지므로 전반적인 유사성 지각이나 선호자료는 해석 상의 문제가 있다. 그러나 시나리오가 구체적일수록 해석이 더욱 분명해지는 반면에 다른 상황에 일반화할 수 없으므로 유용성이 제한된다.

다섯째, 다차원 척도화는 자료를 묘사할 뿐이며 가설을 검증하지는 않는다.

4 다차원 척도화의 접근방법

4-1 투입자료의 측정수준

① 비계량적 다차원 척도화

비계량적 다차원 척도화는 **서열척도로 측정한 자료를 투입자료로 사용하여 대상들 사이의 거리를 간격척도 이상으로 전환**시키고 각 대상을 계량적 공간에 나타내 준다.

n-차원의 공간에서 각 대상의 위치를 결정하기 위한 통계적 기준은 모든 대상들 사이에서 추정된 거리들의 서열순위가 본래의 유사성 서열순위를 가장 잘 재생하도록 하는 것이다.

대상간 유사성 서열순위는 (대상의 수－1) 차원의 공간에서 완벽하게 나타낼 수 있지만, 차원의 수를 줄이면 '불일치'가 발생한다. 이때 다차원 척도화는 **수용가능한 '불일치'만을 야기하는 '최소한의 차원수'(minimum dimensionality)를 발견**함으로써 본래의 유사성 서열순위를 가능한 한 유지하면서 대상들의 위치를 (대상의 수－1)보다 적은 최소차원의 공간에 독특한 좌표로 묘사해 준다.

따라서 다차원 척도화는 1차원부터 (대상의 수－1)차원에 이르는 공간별로 두 서열순위집합(투입자료의 유사성 서열순위와 공간에 표현된 거리의 서열순위) 사이의 '불일치'(스트레스 지수)도 계산해 준다. 예를 들어, 다섯 상표의 운동화에 대해 서로간의 유사성을 측정한다면 10개의 상표짝에 대한 서열자료를 구할 수 있다. 그 다음 조사자는 2차원공간에 임의로 다섯 개의 점을 표시하고 그들 사이의 거리가 10개의 상표짝에 대한 서열자료와 최대한으로 일치할 때까지 다섯 점들을 이동시킬 수 있는데, 상표들의 최종적인 좌표는 본래 유사성의 서열순위와 거의 일치하는 거리(monotone distances)들을 반영한다.

대상들의 좌표에 대해 조사자는 각 차원에 상수를 더할 수 있으며, 축들을 회전시키거나 본래의 윤곽(모든 대상의 위치)을 대칭이동시킬 수 있고, '일관된 서열순위' 관계를 변경시키지 않으면서 차원들의 척도를 일률적으로 늘리거나 압축할 수 있다.

여기서 중요한 기준은 대상들 사이의 거리들이 본래 유사성의 서열순위와 '일관된 관계'를 보존하는 일이다.

② 계량적 다차원 척도화

계량적 다차원 척도화는 **유사성 지각과 선호를 간격척도 이상으로 측정**하여 투입자료로 사용하며, 결과는 비계량적 기법에서와 마찬가지로 대상들을 계량적 공간에 나타내는 일이다.

단지 계량적 다차원 척도화는 두 서열순위집합 사이의 '일관된 서열순위' 관계만을 추구하기보다는 투입자료의 계량성까지 그대로 유지하여 결과에 반영한다.

그러나 투입자료의 형태만이 다를 뿐이며, 기본적인 원리와 절차가 비계량적 다차원 기법들에서와 동일하다. 오히려 비계량적 기법이 투입자료를 수집하기가 용이할 뿐 아니라 계량적 기법이 산출하는 것과 거의 유사한 결과를 보여주므로 비계량적 기법들이 널리 사용된다.

4-2 유사성자료에 대한 취급

유사성 자료는 **대상들 사이에서 응답자가 지각하는 심리적 거리의 측정치**들인데, 이를 근거로 다차원 척도화는 n-차원의 공간에 대상들의 상대적인 위치를 나타낸다. 이때 조사자는 **대상들의 위치윤곽을 응답자별로 산출하거나(응답자 수만큼의 지각지도) 통합과정을 통해 응답자 집단별로 산출할 수 있다(집단 수만큼의 지각지도)**.

이때 통합과정은 응답자들의 자료에 다차원 척도화를 적용하기 이전 또는 이후에 이루어질 수 있다. 즉 조사자는 다차원 척도화에 앞서서 응답자들의 판단을 군집분석 함으로써 수개의 '평균적' 또는 '대표적' 응답자들을 발견해 내거나 단순히 자료를 통합(pooling)하여 평균적인 응답을 구할 수 있다.

그러나 후자의 방법은 모든 응답자들에 걸쳐 지각차원이 동일하며 각 차원의 중요도가 동일하다고 가정하는 것이므로 신중하게 선택되어야 한다.

한편 조사자는 통합과정의 한 방법으로서 다차원 척도화가 산출한 개인별 지각지도들을 집군분석함으로써 지각의 공통성을 갖는 응답자 집단을 결정할 수도 있다.

4-3 선호자료에 대한 취급

선호자료의 내부적 분석은 **응답자들의 유사성 지각에 차이가 없다고 가정하고 선호자료만을 이용하여 대상들과 응답자의 이상점**을 결합공간(joint-space, 유사성 지각과 선호 양자의 공통적 지도작성)에 나타내는 것이다. 여기서 결합공간이란 지각공간(대상들이 얼마나 유사한가?)과 평가공간(어느 대상을 선호하는가?)의 결합을 의미한다.

이에 반해 선호자료의 외부적 분석은 **선호자료로부터 도출한 이상점들을 동일한 응답자들로부터 얻어진 유사성 자료로부터 도출한 대상들의 공간에 접합**시키는 일이다.

즉 조사자는 우선 유사성 자료에 다차원 척도화를 적용하여 대상들을 공간에 배치한 다음에 – 지각지도들의 공통성을 근거로 형성된 세분시장에 대해서든 개인적이든 – 응답자별 선호자료를 접합시키는데, 대부분 경우에서 외부적 분석이 내부적 분석에 비해 우월하다.

5 다차원 척도화의 준비

응답자들로부터 대상에 대한 개별적인 지각자료를 수집하기 위한 절차는 대단히 다양하지만 자료의 형태는 일반적으로 유사성 자료와 선호자료로 구분된다. 이러한 자료들은 대상들의 유사성이나 대상들에 대한 선호정도를 판단하는 데 있어서 응답자들이 사용하는 지각차원들을 도출하기 위한 다차원 척도화의 투입자료가 된다.

결국 유사성 또는 선호에 관한 자료를 수집하기 위한 절차들은 모두 응답자들의 판단을 나타내는 일련의 단일차원적 반응들을 얻기 위한 것이며, 그러한 응답들은 다차원 척도화를 통해 이러한 판단들을 야기하는 근저의 다차원적 요인을 정의해준다.

5-1 대상들 사이의 유사성 자료의 수집

유사성 자료(similarities data)는 *n*개의 대상을 제시하고 응답자로 하여금 각 대상들 사이의 유사성을 직접적으로 평가하도록 요구하거나, 또는 여러 속성 상에서 각 대상들을 평가하도록 하여 대상들 사이의 유사성을 간접적으로 계산하여 구할 수 있다. 유사성 자료를 수집하기 위한 방법으로는 다음의 네 가지 방법이 널리 이용된다.

① 삼자비교

삼자비교(comparisons among triads)는 *n*개의 대상중 3개씩을 선정하여 응답자에게 제시하고 가장 유사한 대상의 짝과 가장 덜 유사한 대상의 짝을 선택하도록 요구하는 것인데, 〈도표 15-1〉과 같은 질문을 사용할 수 있다.

물론 조사자는 유사성을 비교하기 위한 근거로서 특정한 속성을 규정하거나 또는 전반적인 유사성을 비교하기 위해 모든 속성들을 고려하도록 요구할 수도 있다.

▌도표 15-1▐ 유사성 자료를 수집하기위한 질문(삼자비교)

▸ 다음 세 상표로 구성된 각 집단에 있어서 어느 두 품목이 가장 유사하다고 생각하십니까? 또한 두 품목이 가장 덜 유사하다고 생각하십니까?

a) 상표 A, 상표 B, 상표 C
- 가장 유사한 두 품목(,) 가장 덜 유사한 두 품목(,)

b) 상표 A, 상표 B, 상표 D
- 가장 유사한 두 품목(,) 가장 덜 유사한 두 품목(,)

c) 상표 C, 상표 D, 상표 E
- 가장 유사한 두 품목(,) 가장 덜 유사한 두 품목(,)

여기서 *n*개의 대상으로부터 3개씩을 선정하여 구성한 집단의 수는 $n!/(n-3)!\ 3!$이므로 전체대상이 많아질수록 응답자가 검토해야 할 집단의 수가 기하급수적으로 증가한다.

② 참조점에 대한 비교

참조점에 대한 비교(comparison against an anchor point)는 우선 한 대상을 참조점으로 선정하고 그것에 대한 유사성에 따라 나머지 대상들에게 서열순위를 부여하는 것인데, 〈도표 15-2〉 같은 질문을 사용할 수 있다. 물론 이러한 과정은 전체대상이 한번씩 참조점의 역할을 하도록 순차적으로 진행된다.

| 도표 15-2 | 유사성 자료를 수집하기 위한 질문(참조점에 대한 비교)

▸ 다음 각 참조점에 대해 나머지 상표들이 유사하다고 느껴지는 정도를 서열순위로 나타내 주시기 바랍니다(가장 유사한 경우가 1).

	(평가대상)			
	A	B	C	D
참조점 A	–			
참조점 B		–		
참조점 C			–	
참조점 D				–

따라서 다음과 같은 예는 14명의 응답자들로부터 수집한 개별자료를 통합한 결과인데, 행1은 A(참조점)에 대해 C보다 B가 유사함을 나타내고 행3은 C(참조점)에 대해 A보다 B가 유사함을 나타낸다. 물론 행들간의 비교는 자료에서 전혀 암시되어 있지 않다.

	(평가대상)		
	A	B	C
참조점 A	–	1	2
참조점 B	1	–	2
참조점 C	2	1	–

③ 유사성에 따른 대상 짝의 서열

유사성에 따른 대상 짝의 서열(ranking of paired items according to similarity)은 전체대상으로부터 2개씩 뽑아 비교짝들을 만들고 짝을 이룬 대상 사이의 유사성에 따라 서열순위를 부여하는 것인데, 〈도표 15-3〉과 같은 질문을 사용할 수 있다.

❙ 도표 15-3 ❙ 유사성 자료를 수집하기 위한 질문(대상간 유사성의 서열)

▸ 다음의 대상짝들에 대해 그것을 구성하는 상표들이 유사하다고 느껴지는 정도를 서열순위로 나타내 주시기 바랍니다(가장 유사한 경우가 1).

AB	AC	AD	AE	BC	BD	BE	CD	CE	DE

한편 다수의 응답자들로부터 유사성 자료를 수집하여 통합할 경우라면 - 대상 짝들의 유사성을 서열순위로 나타내도록 하는 대신에(가감산이 불가능하기 때문임) - 유사성의 정도를 7점 척도(간격척도)에 나타내도록 한 후, 각 짝에 대한 유사성 평점을 평균하여 그 값을 근거로 유사성의 서열을 도출한다. 물론 유사성 평점의 평균(또는 상관계수행렬)으로부터 직접 지각지도를 작성할 수도 있다.

〈도표 15-4〉는 50명의 응답자에게 각 대상 짝의 유사성을 7점 척도 상에 나타내도록 한 후, 평균하여 유사성의 서열을 도출한 것인데, D와 A가 가장 유사하고 E와 C가 가장 덜 유사함을 보여준다.

❙ 도표 15-4 ❙ 다차원 척도화를 위한 유사성 서열자료

	A	B	C	D	E
A	–				
B	3	–			
C	8	4			
D	1	2	7	–	
E	5	9	10	6	–

④ 유사성에 대한 간접 측정치

조사자는 유사성의 정도를 간접적으로 도출하기 위해 적절한 속성들을 선정하고 응답자로 하여금 의미차별화 척도 상에서 각 대상을 평가하도록 요구한 다음, 대상들 사이의 거리를 계산할 수 있다. 이때 조사자는 〈도표 15-5〉와 같은 질문을 사용할 수 있다.

▌도표 15-5▌ 유사성자료를 수집하기 위한 질문(간접적인 측정)

			A	B	C	D	E
탄산함유가 적다	1 2 3 4 5	탄산함유가 많다					
단맛이 약하다	1 2 3 4 5	단맛이 강하다					
과일향이 약하다	1 2 3 4 5	과일향이 강하다					
영양이 적다	1 2 3 4 5	영양이 많다					

5-2 대상들에 대한 선호자료의 수집

선호자료를 수집하기 위해 가장 보편적으로 이용되는 방법은 각 대상들에 대한 선호서열을 밝히도록 요구하는 것인데, 〈도표 15-6〉과 같은 질문을 사용할 수 있다.

즉 조사자는 응답자로 하여금 그가 가장 선호하는 대상에 1을 부여하고 나머지 대상들에게도 선호서열순위를 부여하도록 요구한다. 물론 조사자는 응답자들로 하여금 10점 척도 상에서 각 대상에 대한 선호의 정도를 나타내도록 한 후, 통합함으로써 응답자들의 평균적인 선호자료를 수집할 수도 있다.

▌도표 15-6▌ 선호자료를 수집하기 위한 질문

▸ 다음 각 상표에 대해 선호하는 정도를 서열순위로 나타내 주시기 바랍니다(가장 선호하는 경우가 1).

A	B	C	D	E

따라서 〈도표 15-7〉에서 갑은 B를 가장 선호하면서 E를 가장 덜 선호함을 알 수 있다. 그러나 〈도표 15-7〉과 같은 자료에서 응답자들 사이의 비교는 의미를 갖지 않는다. 예를 들어, 을이 B를 E보다 선호한다고는 말할 수 있으나, 응답자들에 걸쳐 비교할 명확한 근거가 없으므로 을이 B를 선호하는 것보다 병이 B를 더 또는 덜 선호하는지는 말할 수 없다.

| 도표 15-7 | 다차원 척도화를 위한 선호 서열자료

	A	B	C	D	E
갑	3	1	4	2	5
을	2	3	5	1	4
병	1	4	5	2	3
정	2	1	5	3	4

한편 조사자는 가장 선호하는 속성결합을 질문함으로써 응답자들의 '이상적인' 대상을 공간적으로 표현할 수 있는데, 이러한 이상점의 상대적 위치도 결국 다른 대상들에 대한 응답자의 상대적인 선호도를 정의하는 것이다.

이상점의 공간적 위치와 관련된 속성들의 크기(현저성, saliences)는 10점 척도와 같은 명시적 척도나 어떤 참조점(anchor point)으로부터의 거리를 나타내는 척도 상에서 평가함으로써 결정할 수 있다.

즉 조사자는 여러 속성 상에서 이상적 자극을 10점 척도로 나타내도록 응답자들에게 요구하거나 유사성 자료를 수집하기 위해 사용한 대상들 속에 이상적 대상을 포함하도록 요구함으로써 이상점을 결정하는 각 속성의 크기를 파악할 수 있다.

그러나 무엇인가에 관해 '이상적인 것'을 개념화하도록 요구할 때 응답자들은 전형적으로 각 속성 상의 극단에서 '이상적인 것'을 개념화하거나 또는 자신이 경험했던 대상 중에서 가장 선호하는 것과 유사하게 개념화하는 경향이 있으므로 이러한 선호자료의 수집방법이 안고 있는 문제점은 응답자가 이상점을 개념화할 수 있는 능력과, 각 대상에 대한 선호평가를 하는 데 있어서 참조의 틀(frame of reference)을 일정하게 유지할 수 있는 능력과 관련된다.

더욱이 이상점이 실제로 시장에 존재하지 않을 경우 대부분 응답자들은 그러한 상품을 상정하기가 곤란하므로 많은 신상품 조사에서 시제품 시험(prototype test)이 효과적이다.

또한 응답자가 수동적 관찰자의 역할을 수행하는 유사성 자료에서보다 능동적 평가자의 역할을 수행하는 선호자료에 있어서는 참조의 틀이 불안정한 경향이 있는데, 그들은 지각차원들에 대한 가중치를 서로 다르게 부여하거나 심지어는 다른 차원들을 사용하기도 한다.

제2절 다차원 척도화의 적용

다차원 척도화를 적용하여 대상들의 지각지도를 작성하는 일은 대상들 사이의 유사성의 정도를 밝혀주거나 여러 대상들에 대한 상대적 선호도 또는 양자 모두를 밝혀줄 수 있다.

조사자는 우선 **유사성 자료만을 이용하는 지각지도를 작성**하는데, 응답자들로 하여금 분말세제의 경쟁상표들 또는 다양한 유통점포들, 경쟁적인 정치후보들과 같은 지각대상들의 유사성을 비교하도록 요구한다.

그 다음 각 지각대상에 대한 선호도를 조사하여 **선호자료만을 근거로 한 지각지도를 작성하거나(선호자료의 내부적 분석) 유사성 자료와 선호자료를 결합공간에 나타내기 위한 분석(선호자료의 외부적 분석)을 수행**한다.

그러나 유사성 자료 및 선호자료와 관련하여 등장하는 조사설계의 문제들은 어떤 대상들을 비교해야 하는가? 대상들을 실물, 명칭만, 기술적 묘사중 어떻게 제시해야 하는가? 전반적 응답 또는 각 속성별로 응답을 구해야 하는가? 만일 각 속성별로 응답을 구한다면 응답자와 조사자중 누가 어떤 방법으로 속성을 선정할 것인가? 구체적인 시나리오에 따라 응답을 구해야 하는가? 만일 그렇다면 어떤 시나리오 배경에서 구할 것인가? 등이 중요하다.

이와 같은 문제들은 결국 조사목적과 관련되며, 분석결과들은 단지 구체적인 설계가 조사목적과 밀접하게 관련될 때에만 적합할 것이다.

1 유사성 자료를 근거로 한 지각지도의 작성

1-1 초기윤곽의 도출

전형적인 다차원 척도화는 제일 먼저 지정된 수의 차원 상에서 조사자가 과거자료를 근거로 제공하는 초기윤곽(initial configuration)이나 혹은 컴퓨터 프로그램에 의한 사전처리절차가 제공하는 초기윤곽을 필요로 한다.

즉 조사자는 초기윤곽으로서 〈도표 15-4〉와 같이 유사성의 서열을 부여받은 여섯 개의 대상을 단일차원에 배치하는데, 〈도표 15-8〉에서처럼 가장 거리가 먼 E와 C를 각각 .0과 1.0이라는 양극점으로 하고, 나머지 대상들을 개략적으로 구한 상대적인 유사성에 따라 그 사이에 배치할 수 있다.

도표 15-8 단일차원 상의 초기윤곽

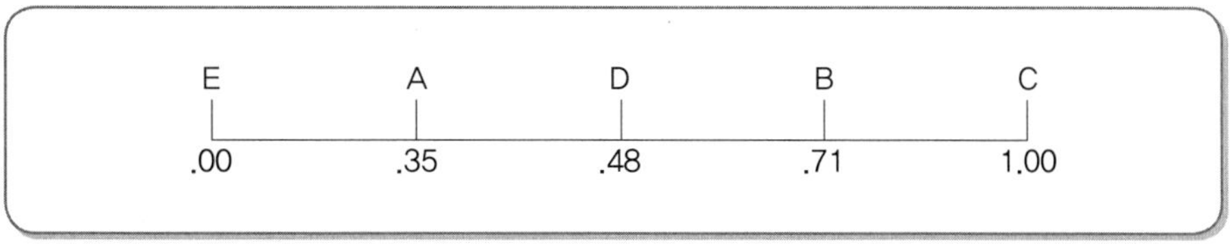

다차원 척도화가 도출한 윤곽과 투입자료 사이에는 대체로 완전한 일치를 거의 찾아보기 힘든데, 불일치의 정도는 스트레스(stress)라는 지수로 나타낼 수 있다. 즉 Kruskal은 투입자료에 대한 '도출된 윤곽'의 적합도를 평가하기 위해 다음과 같은 원리를 근거로 스트레스 지수를 제안하였다.

① 도출된 윤곽을 근거로 대상들 사이의 거리를 계산한다.
② 본래 투입자료의 서열순위로 암시되는 대상들 사이의 거리를 계산한다.
③ 첫 번째 단계에서 구한 거리의 서열순위가 두 번째 단계에서 구한 거리의 서열순위와 불일치하는 경우의 수를 계산한다.

즉 모든 다차원 척도화의 결과는 스트레스 지수로 측정되는 적합도의 개념을 근거로 평가되는데, 〈도표 15-9〉에서와 같이 스트레스 지수가 작을수록 잘 적합된 것이며 그 만큼 지각지도가 만족스러운 것이다.

도표 15-9 스트레스 지수의 의미

	스트레스
나쁨	20%
보통임	10%
좋은 편임	5%
아주 좋음	2–.5%
완벽함	0%

〈도표 15-8〉의 초기윤곽에 있어서 대상간 거리를 본래의 유사성 서열과 비교하면 〈도표 15-10〉에서처럼 B와 A, E와 A, C와 B 등(*표) 세 개의 불일치가 발견된다. 이때 조사자는 불일치의 수를 감소시키고 대상들 사이의 거리가 본래의 유사성 서열을 보다 잘 반영할 수 있도록 이미 구한 윤곽을 어떻게 변경시킬 것인지를 결정해야 한다.

| 도표 15-10 | 도출된 거리와 본래 유사성 서열의 비교

	A	B	C	D	E
A	.00				
B	.36(5)*	.00			
C	.65(8)	.29(3)*	.00		
D	.13(1)	.23(2)	.52(7)	.00	
E	.35(4)*	.71(9)	1.00(10)	.48(6)	.00

1-2 윤곽의 변경

다차원 척도화가 도출한 대상간 거리가 본래의 유사성 서열을 보다 잘 반영하도록 하기 위해 조사자는 현재의 차원에서 대상들의 위치를 이동시키거나 새로운 차원을 추가할 수 있는데, 다차원 척도화는 전형적으로 차원의 수를 그대로 유지한 채 대상들의 위치를 이동시키는 방법을 따른다.

예를 들어, 〈도표 15-8〉에서는 단지 B의 값을 .67으로 변경함으로써 새로운 (두 번째) 차원을 추가하지 않고도 완전한 일치(접합)를 구할 수 있으며, 또한 A의 값을 .43로 변경해도 마찬가지로 완전한 일치를 구할 수 있다.

그러나 여섯 번째 대상으로써 F를 추가하여 분석한다면 대상들 사이의 거리가 충족시켜야 할 본래의 유사성 서열이 10개에서 15개로 5개나 증가하여 지각지도를 작성하는 데 제약이 많아지고 불일치가 늘어날 것이다.

만일 8개의 대상을 분석한다면 서열의 전체수는 28개가 되는데, 이와 같이 분석대상이 증가함에 따라 충족시켜야 할 유사성 서열의 수[$n(n-1)/2$]가 급속히 증가하는 현상은 다차원척도화가 비계량적 투입자료만 갖고도 계량적 지각지도를 작성을 할 수 있는 근거가 된다.

만일 스트레스 지수가 조사자가 사전에 지정한 기준보다 크다면 만족할만한 스트레스 지수에 도달할 때까지 반복적으로 윤곽을 변경(iteration)하는데, 일단 만족할만한 스트레스 지수에 도달하면 대상들의 윤곽을 확정한다.

한편 본래의 유사성 서열을 보다 잘 반영해 주도록 하기 위해 새로운 차원을 추가할 것인지 아닌지는 그러한 일이 적합도를 얼마나 많이 개선할 것인지와 결과를 해석하고 활용하기에 얼마나 어려움이 따를 것인지에 달려 있다.

첫 번째 고려사항은 불일치의 정도를 나타내는 스트레스라는 지수를 평가함으로써 해결될 수 있지만 아직까지 적절한 통계적 검증은 개발되어 있지 않다.

또한 해석과 활용상의 어려움은 2차원을 넘어서면서 급격히 증가하여 3차원 이상의 도식은 3차원 모델이나 2차원씩을 포함한 3개의 지각지도를 필요로 하며, 4차원 이상에서는 이러한 문제가 대단히 심각해진다.

1-3 최종윤곽의 결정

〈도표 15-11〉은 각 대상간의 유사성 자료를 컴퓨터 프로그램에 의해 최종적으로 수정한 것으로 본래 서열자료와 완벽하게 일치됨을 보여주는데, 이를 근거로 2차원 공간의 좌표로 각 대상들을 나타내면 〈도표 15-12〉와 같다.

▌도표 15-11▐ 최종적인 유사성 자료의 재현

	A	B	C	D	E
A	.000				
B	1.535	.000			
C	2.760	1.728	.000		
D	.393	1.142	2.441	.000	
E	1.926	3.090	3.411	2.2175	.000

▌도표 15-12▐ 각 대상의 2차원 좌표

A	.5946	.6437
B	−.9392	.5966
C	−1.6336	−.9857
D	.2023	.6233
E	1.7759	−.8778

결국 이러한 좌표들을 시각적으로 보여주는 〈도표 15-13〉의 지각지도는 다섯 대상에 대한 10개의 유사성 서열을 근거로 하여 각 대상의 상대적 위치를 최종적으로 결정한 것(final configuration)인데, 축들에 대한 명칭부여는 – 요인분석에서와 같이 – 주관적으로 이루어진다.

따라서 조사자는 축들의 명칭을 부여하기 위해 유사성에 관한 자료를 수집할 때 조사중인 대상들에 관한 추가적인 질문을 가미함으로써 응답자들로 하여금 유사성 판단에 관련된 속성들을 밝히도록 요구하거나, 조사자가 규정한 속성 상에서 유사성을 판단하도록 요구해야 한다.

또 다른 방법으로는 지각지도를 응답자에게 보여주고 축들에 명칭을 부여하도록 요구할 수도 있다. 〈도표 15-13〉에서는 일단 수평축이 육질에 대한

도표 15-13 대상들의 지각지도

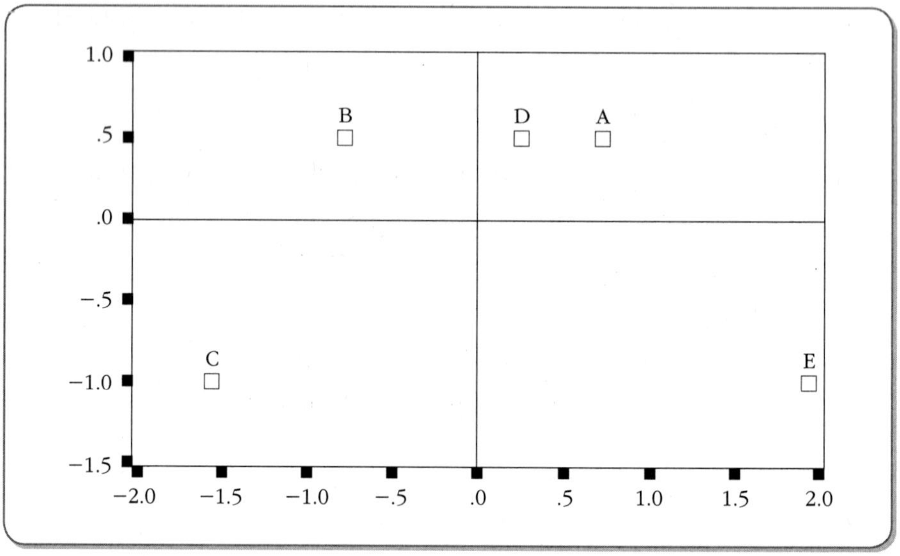

지각을 나타내며, 수직축이 영양에 대한 지각을 나타낸다고 가정하자.

〈도표 15-8〉에서 다섯 대상의 서열적 배치는 〈도표 15-13〉의 수평축 상의 서열적 배치와 완전히 일치하는데(역순이라도 무관함), 〈도표 15-8〉의 단일축은 영양함량과 육질이라는 두 가지 특성을 복합한 전반적인 지각이므로 그러한 전반적인 유사성 지각이 주로 육질을 근거로 하고 있음을 추론할 수 있다.

또한 B, D, A가 모두 영양 상에서 유사하게 지각되며, C와 E도 영양 상에서 유사하게 지각되지만 이들은 모두 육질 상에서는 매우 다르게 지각됨을 알 수 있다.

간혹 축에 대한 해석이 애매할 경우가 있는데, 그러한 일은 대체로 대상 짝의 유사성을 평가하기 위해 사용한 근거가 명목척도임에도 불구하고 계량적이라고 가정할 때 일어난다. 즉 진정으로 명목척도인 변수들은 근접(closeness)이라는 개념을 갖고 있지 않으므로 다차원 척도화를 통해 의미있는 공간배치를 산출할 방도가 없다.

2 선호자료만을 근거로 한 지각지도의 작성

조사자는 〈도표 15-7〉과 같은 선호자료만을 이용하여 각 대상들과 응답자의 선호를 지각지도에 나타낼 수 있다(선호자료의 내부적 분석). 즉 조사자는 응답자들로 하여금 각 대상들을 쌍대비교로 판단하도록 요구하거나 선호서열을 부여하도록 요구함으로써 선호자료를 수집하여 지각지도에 대상들과 응답자별 이상점을 나타낼 수 있다.

이러한 목적에 적합한 프로그램은 MDPREF(Multidimensional Preference Scaling)로서 각 대상의 좌표와 각 응답자의 선호벡터를 보여주는 결합공간을 산출해 준다.

▸ marketingschool.com
MDPREF(Multidimenstional Preference Scaling) 프로그램을 활용하기 위한 방법과 활용사례는 마케팅스쿨 홈페이지를 참고하기 바랍니다.

3 유사성과 선호자료를 이용한 지각지도의 작성

유사성 자료와 선호자료 모두를 사용하여 지각지도를 작성하는 일(선호자료의 외부적 분석)도 선호자료만을 이용하는 경우처럼 각 대상의 좌표와 각 응답자의 이상점과 선호벡터를 보여준다.

이러한 절차는 자료를 수집하고 결합공간을 도출하는 과정에서 각각 두 가지의 일을 필요로 한다.

즉 첫 번째 단계는 단지 유사성 자료만을 고려하여 단순히 유사성의 지각지도만을 작성한다. 그리고 두 번째 단계는 선호자료를 대상들의 유사성 지각지도에 관련시키는 것인데, 선호자료의 배치는 이상점으로든 또는 선호벡터로든 가능하다.

▸ marketingschool.com
선호자료의 외부적 분석에 적합한 프로그램은 PREFMAP(Preference Mapping)인데, 그 활용방법과 활용사례는 마케팅스쿨 홈페이지를 참고하기 바랍니다.

선호벡터(preference vector)는 속성들 사이의 호환적 관계와 선호방향(각 속성이 어느 정도 많거나 적은 것이 선호되는지)을 상술해 주는데, 선호벡터에 대한 각 대상의 수직교점(projection)이 원점으로부터 떨어진 거리는 선호의 정도를 나타낸다.

이에 반해 이상점(ideal point)은 응답자가 가장 선호하는 속성결합을 특정한 좌표로서 나타내며, 대상들에 대한 선호정도는 이러한 이상점에 대한 근접

정도로 평가된다(가장 가까운 것이 최선의 것).

번서 〈도표 15-14〉는 선호가 벡터에 의해 표현되는 경우를 보여준다. 즉 충치예방과 미백효과에 관련하여 다섯 상표의 치약을 공간에 나타낸 것인데, 두 가지 특징 모두가 바람직하므로 두 차원에서 경쟁자보다 열등한 상표는 고려의 가치조차 없는 것이다. 따라서 이러한 두 차원만을 사용할 때 상표 J는 상표 W보다 열등하다.

한편 〈도표 15-14〉는 갑과 을 두 사람의 선호벡터들도 보여주고 있다. 즉 갑의 선호벡터(I′)는 주로 충치예방에 대한 관심을 반영하는데, 각 상표에 대한 선호는 각 상표로부터 선호벡터에 대한 수직교점과 원점과의 거리로 측정된다. 따라서 갑은 상표 K를 가장 선호하며 선호정도는 선호벡터에 대한 상표 K의 수직교점인 K′와 원점간의 거리로 측정된다(선호벡터로부터 대상위치까지의 거리는 문제가 되지 않기 때문에 상표 C, W, J는 모두 상표 K에 비해 선호벡터에 더욱 가깝지만 K보다 선호되지는 않는다).

을은 그의 선호벡터(I″)가 미백효과의 차원방향으로 약간 기울어 있기 때문에 미백효과에 다소 많은 가중치를 주고 있으나 거의 두 가지 특성에 동등한 관심을 갖고 있다. 을은 상표 C를 가장 선호하며, 상표 V는 미백효과 면에서는 매우 높지만 – 충치예방 면에서 매우 열등하므로 – 상표 K, W보다 덜 선호되고 있음을 알 수 있다. 아마도 상표 V는 을의 선호벡터가 미백효과에 더욱 많은 가중치를 부여할 때에만 선호도가 개선될 수 있을 것이다.

도표 15-14 대상과 선호벡터의 예시

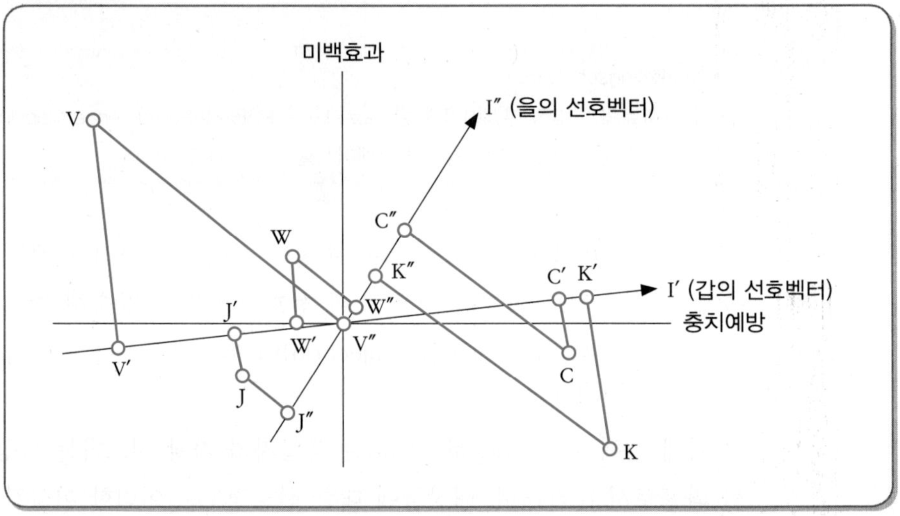

도표 15-15 결합공간 상의 이상점과 대상의 해석

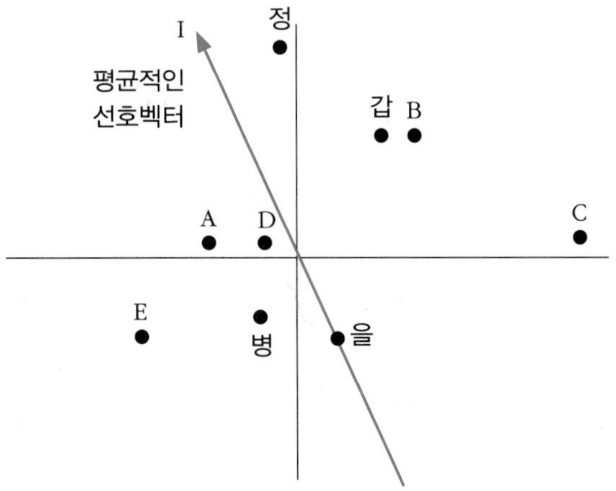

한편 〈도표 15-15〉는 유사성 자료 〈도표 15-4〉로부터 도출한 〈도표 15-13〉의 지각지도에 각 응답자들의 선호자료를 접합시켜 이상점을 나타낸 것이다.

이미 설명한 바와 같이 선호자료를 이상점으로 나타냈을 때, 각 상표에 대한 선호의 정도는 그것과 이상점 사이의 거리로 측정되는데, 병의 경우 다차원 척도화가 도출한 공간에서 이상점과 각 대상간의 거리가 DAEBC의 순위를 보임으로써 본래의 선호서열순위와 하나의 순서가 바뀌는 차이를 보일 뿐이며 나머지 세 응답자에 대해서는 대체로 일치를 보이고 있다(갑은 BDCAE의 순으로 하나만 바뀌고, 을은 DABEC의 순으로 완벽, 정은 BADEC의 순으로 완벽하게 이상점과의 거리가 가깝다).

한편 응답자들의 '평균적인 선호벡타'는 〈도표 15-15〉에서 I 로 표시되어 있다. 각 상표에 대한 선호의 정도는 각 상표로부터 선호벡타에 대한 수직교점과 원점간의 거리가 멀수록 더욱 선호하는 것이므로 이러한 응답자들은 평균적으로 ABDEC의 순으로 대상들을 선호한다는 결론을 내릴 수 있다.

4 차원들의 명칭부여 (의미결정)

요인분석에서 잠시 살펴본 바와 같이 근저에 있는 공통적 차원들의 명칭을 결정하는 일은 쉽지 않으며, 대단히 주관적이다. 다차원 척도화는 각 차원에 명칭을 부여하기 위한 절차를 포함하고 있지 않으므로 조사자는 다음과 같은 방법으로 각 차원의 명칭(의미)을 결정할 수 있다.

첫째, 응답자들에게 지각지도를 검토시켜 각 차원이 갖는 의미를 주관적으로 해석하도록 요구할 수 있다.

둘째, 유사성 또는 선호자료가 직접적으로 얻어진다면 응답자들에게 – 유사성 또는 선호도를 나타낸 다음 – 이러한 평가를 내리는 데 있어서 가장 심각하게 고려한 특성을 밝히도록 요구할 수 있다. 조사자는 이러한 특성들을 고려함으로써 지각지도 내에 투사된 관계들을 해석할 수 있다.

셋째, 응답자들에게 사전에 규정한 기준(통상 객관적 차원)들에 따라 대상들을 평가하도록 요구한 후, 조사자가 스스로 지각차원을 유추한다. 즉 각 대상에 대한 응답자의 평가들은 차원들에 명칭을 부여하기 위한 차원별로 대상간 거리들과 비교될 수 있다.

SPSS : 다차원 척도화(mds.sav) – 마케팅스쿨 홈페이지 참고

분석 / 척도 / 다차원 척도법(ALSCAL)

변수(a, b, c, d, e) 거리: 데이터 자체 행렬모양(정방대칭형)

모형: 측정수준(순서)　차원(최소값: 2 최대값: 2)

옵션: 출력(집단도표, 데이터 행렬, 모형 및 옵션요약)

또는 (mds2.sav)에 대해 동일한 명령을 적용

SPSS : 다차원 척도화 – 분석결과 요약

Raw (unscaled) Data for Subject 1

	1	2	3	4	5
1	.000				
2	3.000	.000			
3	8.000	4.000	.000		
4	1.000	2.000	7.000	.000	
5	5.000	9.000	10.000	6.000	.000

Young's S–stress formula 1 is used

Iteration　S–stress　Improvement

1　.00000

Iterations stopped because S–stress is less than .005000

Stress and squared correlation (RSQ) in distances

RSQ values are the proportion of variance of the scaled data (disparities) in the partition (row, matrix, or entire date) which is accounted for by their corresponding distances.

Stress values are Kruskal's stress formula 1.

For matrix

Stress = .00000 RSQ = 1.00000

Configuration derived in 2 dimensions

Stimulus Coordinates

Dimension

Stimulus Number	Stimulus Name	1	2
1	A	.5946	.6437
2	B	−.9392	.5966
3	C	−1.6336	−.9857
4	D	.2030	.6233
5	E	1.7759	−.8778

Optimally scaled data (disparities) for subject 1

	1	2	3	4	5
1	.000				
2	1.535	.000			
3	2.761	1.728	.000		
4	.393	1.142	2.411	.000	
5	1.926	3.090	3.411	2.175	.000

유도된 자극의 위치

유클리디안 거리모양

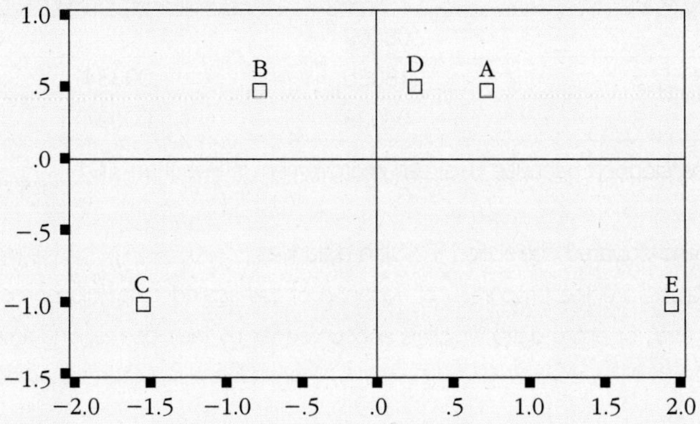

SPSS : 다차원 척도화 분석결과 요약(mds2.sav의 경우) - 3명의 응답자

Raw (unscaled) Data for Subject 1

	1	2	3	4	5
1	.000				
2	3.000	.000			
3	8.000	4.000	.000		
4	1.000	2.000	7.000	.000	
5	5.000	9.000	10.000	6.000	.000

Raw (unscaled) Data for Subject 2

	1	2	3	4	5
1	.000				
2	2.000	.000			
3	9.000	5.000	.000		
4	1.000	3.000	6.000	.000	
5	4.000	8.000	10.000	7.000	.000

Raw (unscaled) Data for Subject 3

	1	2	3	4	5
1	.000				
2	2.000	.000			
3	10.000	5.000	.000		
4	4.000	1.000	6.000	.000	
5	3.000	9.000	8.000	7.000	.000

Iteration history for the 2 dimensional solution (in squared distances)
Young's S-stress formula 1 is used

Iteration	S-stress	Improvement
1	.08469	
2	.18035	.00334
3	.08038	.00097

Iterations stopped because S-stress improvement is less than .001

Stress and squared correlation (RSQ) in distances
RSQ values are the proportion of variance of the scaled data (disparities) in the partition (row, matrix, or entire date) which is accounted for by their corresponding distances.

Stress values are Kruskal's stress formula 1.

Matrix	Stress	RSQ
1	.031	.992
2	.093	.932
3	.096	.927

Averaged (rms) overmatrices

Stress = .07897 RSQ = .95040

Configuration derived in 2 dimensions

Stimulus Coordinates

Dimension

Stimulus	Stimulus	1	2
Number	Name		
1	A	.8841	.6533
2	B	−.7609	.8407
3	C	−1.6117	−1.0264
4	D	−.0639	.5820
5	E	1.5525	−1.0497

Optimally scaled data (disparities) for subject 1

	1	2	3	4	5
1	.000				
2	1.656	.000			
3	2.998	1.944	.000		
4	.853	.853	2.265	.000	
5	1.944	2.998	3.164	2.265	.000

Optimally scaled data (disparities) for subject 2

	1	2	3	4	5
1	.000				
2	1.283	.000			
3	3.008	2.052	.000		
4	.951	1.283	2.232	.000	
5	1.829	2.988	3.164	2.297	.000

Optimally scaled data (disparities) for subject 3

	1	2	3	4	5
1	.000				
2	1.527	.000			
3	3.054	2.052	.000		
4	1.527	.743	2.232	.000	
5	1.527	3.054	3.054	2.297	.000

유도된 자극의 위치
유클리디안 거리모양

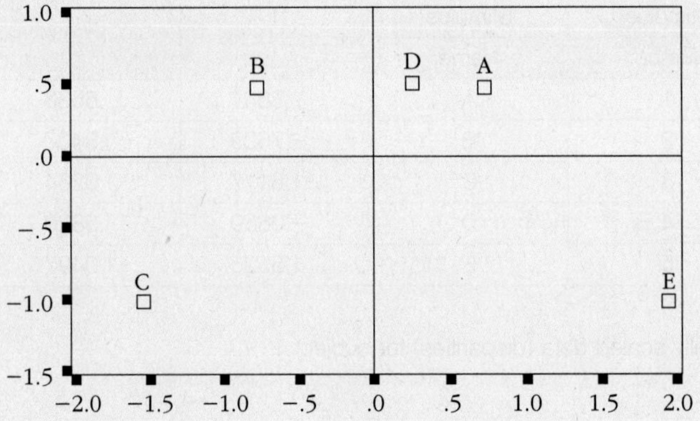

제 16 장

비계량 자료의 차이 분석

제 1 절 | 명목자료의 분석

제 2 절 | 서열자료의 분석

일반적으로 비모수 통계검증(nonparametric tests)이라는 용어는 t–검증, z–검증, F–검증과 같은 통계적 검증기법과 구분하기 위하여 사용되는데, 후자는 간혹 모수검증(parametric tests)이라고 하며 전형적으로 분포특성을 비롯하여 많은 가정을 전제로 한다.

그러나 비모수 통계검증에서도 조사자는 모집단 모수에 관한 정보를 얻으려고 하기 때문에 '비모수'라는 단어는 오해를 야기할 소지가 있다. 예를 들어, 중심경향에 대한 측정치로서 산술평균 대신에 중위수를 구할지라도 조사자는 여전히 모집단 특성치인 모수에 관심을 갖는 것이다.

즉 비모수 통계검증은 모집단 분포특성에 관하여 최소한의 가정만을 가질 뿐이지 역시 모집단 모수에 관한 판단을 도출하려는 것이므로 오히려 '모집단 분포특성에 제약을 받지 않는' 통계적 검증(distribution–free statistical test)이라는 명칭이 정확하다.

따라서 비모수 통계검증들은 일반적으로 일컫는 모수 통계검증에서 모집단 분포특성에 관한 가정이 충족되지 않을 때 적용할 수 있으며, 대체로 명목척도와 서열척도로 측정된 비계량적 자료를 분석하는 데 적합하다.

또한 계량적 자료에 대해서도 측정척도의 수준을 명목척도나 서열척도로 낮게 변환시켜 개략적인 분석을 하는 데에도 적용할 수 있다. 그러나 이와 같이 측정척도의 수준을 낮추는 일은 관찰자료 속에 포함되어 있는 많은 정보의 상실을 의미하므로 유의해야 한다.

본장에서는 비계량적 자료의 차이(differences between populations)를 검증하기 위한 기법을 명목자료와 서열자료에 대한 적용 예를 통해 살펴보기로 한다.

제 1 절 명목자료의 분석

1 χ^2 Goodness-of-Fit Test

마케팅에서는 **관찰된 도수의 분포가 어떤 기대되는(이론적인) 도수의 분포와 일치하는지 아닌지를 결정**해야 하는 문제가 자주 발생한다. 예를 들어, 승용차의 수요패턴은 생산 및 판매계획을 수립하는 데에 매우 중요한 의미를 가지므로 승용차 제조업체는 내년도에도 과거와 같은 수요패턴이 그대로 유지될 것인지에 관심을 가질 수 있다.

이때 조사자는 시험 마케팅을 실시해야 하는데, 3개월간에 걸친 시험 마케팅의 결과 전체 160대를 판매했으며 그중 대형이 75대, 중형이 30대, 소형이 55대를 차지했다고 가정하자. 만일 기업의 과거 판매실적이 대형, 중형, 소형별로 3:2:3이었다고 한다면 이러한 시험 마케팅의 결과는 승용차 수요패턴에 있어서 어떠한 변화를 암시하는 것이라고 말할 수 있겠는가?

이러한 단일표본의 경우에 대해서는 χ^2 Goodness-of-Fit Test가 적합하며, 귀무가설은 **과거실적을 근거로 한 기대도수와 표본조사에서 얻은 관찰도수 사이에는 유의적인 차이가 없다**(수요패턴에 변화가 없다)는 명제이다.

χ^2 Goodness-of-Fit Test를 적용하기 위해서는 우선 관련된 변수를 k개의 상호배타적인 범주(예시에서는 3)로 나누고, 과거의 수요패턴에 변화가 없다(귀무가설)고 가정할 때 각 범주에 속해야 하는 기대도수를 계산하여 각 범주에 들어가는 표본조사의 관찰도수와 비교해야 한다. 이때 사용되는 검증통계량 χ^2는 다음 식에 의해 계산된다.

$$\chi^2 = \sum_{i=1}^{k} \frac{(O_i - E_i)^2}{E_i}$$

여기서 O_i = i째 범주에 속하는 관찰도수

E_i = i째 범주에 속하는 기대도수(이론도수)

각 범주에 속하는 기대도수는 수요패턴에 변화가 없다는 귀무가설로부터 구해지므로 160대를 3:2:3으로 배분한 값이 된다. 따라서 $E_1=60$, $E_2=40$, $E_3=60$이며, 예시에서 계산된 검증 통계량 χ^2－값(χ^2_T)은 6.667이 된다.

$$\chi^2 = \frac{(75-60)^2}{60} + \frac{(30-40)^2}{40} + \frac{(55-60)^2}{60} = 6.667$$

χ^2–분포는 자유도 v에 의해 결정되는 통계분포인데, 예시에서 자유도는 2($v=k-1$)가 되며, 조사자가 유의수준을 5%($\alpha=.05$)로 정한다면 임계 통계량 χ^2–값(χ^2_C)은 5.99가 된다. $\chi^2_T > \chi^2_C$이므로 새로운 승용차 모델에 대한 내년도의 수요패턴도 역시 3:2:3일 것이라는 귀무가설은 기각된다. 즉 내년도에는 승용차 모델에 관한 한 올해와는 다른 수요패턴을 보일 것이다.

χ^2–분포는 예시에서처럼 k개의 모집단 비율(즉 π_1, π_2, ⋯ π_n)에 관한 귀무가설을 검증하기 위해 사용되기도 하지만, **모집단 분포가 어떤 특정한 형태를 갖고 있는지 아닌지**를 결정하기 위해서도 사용될 수 있다.

예를 들어, 표본의 분포가 정규분포로부터 나왔는지를 알아보기 위해서는 우선 표본의 도수분포표를 작성하여 각 간격에 속하는 도수를 Goodness-of-Fit Test에서의 각 범주에 속하는 관찰도수로 취급하고, 진정으로 표본이 평균 μ, 분산σ^2의 정규분포로부터 추출되었을 경우 각 간격에 속할 이론적인 도수를 바로 기대도수로 삼는다. 이때 모집단의 평균과 분산을 알 수 없다면 표본의 평균과 분산으로부터 추정될 수 있는데, 이 경우 자유도는 줄어들게 되지만 기본적인 검증절차는 동일하다.

SPSS : Goodness-of-Fit Test(goodness.sav) – 마케팅스쿨 홈페이지 참고

분석 / 비모수검증 / 레거시 대화상자 / 카이제곱검정

검정변수(차종) 기대값: 3(추가)2(추가)3(추가)

또는 (goodnessw.sav)에 대해

데이터/가중케이스

가중케이스지정 빈도변수(판매대수)

분석 / 비모수검증 / 레거시 대화상자 / 카이제곱검정

검정변수(차종) 기대값: 2(추가)3(추가)3(추가)

SPSS : Goodness-of-Fit Test – 분석결과 요약

선택차종

	관측수	기대빈도	잔차
대형	75	60.0	15.0
중형	30	40.0	−10.0
소형	55	60.0	−5.0
합계	160		

검증 통계량

	선택차종
카이제곱	6.667[a]
자유도	2
근사 유의확률	.036

a 0 셀 (.0%)은(는) 5보다 작은 기대빈도를 가집니다.
최소 셀 기대빈도는 40.0입니다.

2 Contingency Table χ^2 Test

χ^2 Goodness-of-Fit Test는 단 하나의 변수만이 포함되는 여건에 적합하지만, Contingency Table χ^2 Test는 교차분석표(cross-table)에서 두 변수들 사이의 관계를 검증한다. 즉 조사자는 도수를 나타내는 하나의 명목자료와 그것과 비교될 다른 자료(또는 기준) 사이에 통계적 연관성이 존재하는지 아닌지를 결정하기 위해 Contingency Table χ^2 Test를 이용한다.

그러나 이 분석은 명목자료를 다루므로 엄밀하게 말해 상관관계는 아니고(방향을 언급하지 않음), 한 변수로부터 다른 변수를 예측할 수 있는 가능성을 검토하는 것이다.

대부분의 과학적인 접근방법에서 조사자는 우선 **변수들 사이에 어떠한 차이나 관계도 없다**(특별한 증거를 갖고 있지 않은 상태에서 보수적인 입장)라는 귀무가설을 검증한다.

예를 들어, 가족수와 통조림 소비량 사이에 연관성을 생각할 때 조사자는 아마도 가족수가 많을수록 통조림 소비량이 클 것으로 예상할 것이다. 그러나 이러한 문제를 규명하기 위해서는 가족수라는 변수와 통조림 소비량이라는 변수 사이에 연관성이 있는지 아닌지를 우선 검토해야 한다.

예시를 위해 200명으로 구성된 표본으로부터 가족수와 통조림 소비량에 관한 자료를 수집하여 〈도표 16-1〉과 같은 교차분석표를 얻었다고 가정하자.

| 도표 16-1 | 가족수와 통조림 소비량의 교차분석표

가족수	통조림 소비량			계
	250g 미만	250~500g	500g 이상	
1~2명	5	15	30	50
3~4명	20	45	25	90
5명 이상	25	25	10	60
계	50	85	65	200

Contingency Table χ^2 Test에서 귀무가설은 **두 변수가 독립적이다**는 명제이며, 대립가설은 **두 변수 사이에 어떠한 연관성이 있다**는 명제이다. Contingency Table χ^2 Test의 검증 통계량을 계산하기 위해서는 우선 각 셀에 속할 기대도수를 계산해야 하는데, 기대도수란 이미 설명한 바와 같이 귀무가설이 진실이라고 가정함으로써 계산할 수 있다.

즉 가족수와 통조림 소비량 사이에 어떠한 관계도 없다면 각 행의 합계는 각 열의 합계에 비례하여 각 셀에 분포될 것이다. 따라서 각 셀에 해당하는 기대도수는 다음 식에 의하여 계산하며, 그 결과는 〈도표 16-2〉와 같다.

| 도표 16-2 | 교차분석표의 기대도수

가족수	통조림 소비량			계
	250g 미만	250~500g	500g 이상	
1~2명	12.50	21.25	16.25	50
3~4명	22.50	38.25	29.25	90
5명 이상	15.00	25.50	19.50	60
계	50	85	65	200

$$E_{ij} = E_i \times \frac{E_j}{n}$$

여기서 $E_i = i$째 행의 합계

$E_j = j$째 열의 합계

$n =$ 표본의 크기

그 다음 각 셀의 관찰도수를 해당하는 셀의 기대도수와 비교하여 다음과 같은 식에 의하여 검증 통계량 χ^2를 계산하면 31.36이 된다.

$$\chi^2 = \sum_{i=1}^{r}\sum_{j=1}^{c}\frac{(O_{ij}-E_{ij})^2}{E_{ij}}$$

여기서 O_{ij} = i째 행 j째 열에 해당하는 셀의 관찰도수
E_{ij} = i째 행 j째 열에 해당하는 셀의 기대도수
r = 행의 수
c = 열의 수

예시에서

$$\chi^2 = \frac{(5-12.50)^2}{12.50}+\frac{(15-21.25)^2}{21.25}+\frac{(30-16.25)^2}{16.25}+\frac{(20-22.50)^2}{22.50}+$$
$$\frac{(45-38.25)^2}{38.25}+\frac{(25-29.25)^2}{29.25}+\frac{(25-15.00)^2}{15.00}+\frac{(25-25.50)^2}{25.50}+$$
$$\frac{(10-19.50)^2}{19.50}=31.36$$

Contingency Table χ^2 Test를 수행하기 위하여 임계 통계량 χ^2_C를 찾으려면 자유도를 알아야 하는데, 여기서 자유도란 **제약식이나 가정을 변화시키지 않고 자유로이 변경될 수 있는 관찰의 수**를 말한다.

예시에서는 행의 합계가 결정되어 있으므로 각 행에 대해 $(c-1)$개의 값만이 자유로이 결정될 수 있고 나머지 하나는 저절로 고정된다. 또한 열의 합계가 결정되어 있으므로 각 열에 대해 $(r-1)$개의 값만이 자유로이 결정될 수 있고 나머지 하나는 저절로 고정된다.

따라서 2원 교차분석표(두 개의 변수를 다루는 교차요약표)에 대한 자유도는 다음과 같이 계산할 수 있으며, 예시의 자유도 4가 된다.

$$v = (r-1)(c-1)$$

예시에서 조사자가 유의수준을 10%(α=.10)으로 정한다면 임계 통계량 χ^2-값(χ^2_C)은 7.78인데, 표본에서 계산된 검증 통계량 χ^2-값(χ^2_T)은 31.36으로써 $\chi^2_T>\chi^2_C$이므로 두 변수가 독립적이라는 귀무가설을 기각하고 가족수와 통조림 소비량 사이에 연관성이 존재한다고 결론을 내린다.

즉 **두 변수가 독립적이다**는 귀무가설 하에서 계산된 기대도수와 표본조사의 관찰도수 사이에는 무작위 오차의 탓으로 돌리기에는 너무나 큰 차이가 있기 때문에 두 변수는 독립적이지 않고, 연관성을 갖는다고 말할 수 있다.

다시 교차분석표를 살펴보면 가족수 1~2명의 범주에서는 500g을 소비하는 가계의 수가 기대도수에 비해 월등히 많은데, 이러한 현상은 가족수 3~4명의 범주에서 250~500g을 소비하는 가계의 수, 가족수 5명이상인 범주에서 250g미만을 소비하는 가계의 수에서도 나타난다.

이와 같이 행을 독립변수로 삼고 각 열의 빈도를 검토할 때에는 행비율을 계산하고 귀무가설도 **가족수(독립변수)에 따라 통조림 소비량(종속변수)에는 차이가 없다**고 설정한다.

또한 250g미만을 소비하는 범주에서는 가족수가 5명이상인 가계가 월등히 많은데, 이러한 현상은 250~500g을 소비하는 범주에서 가족수가 3~4명인 가계의 수, 500g이상을 소비하는 범주에서 가족수가 1~2명인 가계의 수에서도 나타난다.

이와 같이 열을 독립변수로 삼고 각 행의 빈도를 검토할 때에는 열비율을 계산하고 귀무가설도 **통조림 소비량(독립변수)에 따라 가족수(종속변수)에는 차이가 없다**고 설정한다.

유의적인 관계(차이)를 발견한 다음 행비율과 열비율을 검토하고 나면, 조사자는 가족수와 통조림의 소비량 사이에는 역방향의 관계가 있다고 결론을 내릴 수 있게 된다.

그러나 이러한 검증은 단지 두 변수 사이에 유의적인 연관성의 유무에 대해서만 말해 줄 뿐이며, 이러한 연관성의 정도를 알려주지는 않음에 유의해야 한다. 연관성의 정도는 나중에 설명할 Contingency Coefficient 등의 계산을 통해서나 알 수 있다.

한편 자유도가 1일 경우에는 χ^2-값을 다음과 같은 식에 의해 계산함으로써 조정해야 하는데, $-1/2$부분은 이산적인 범주변수에 대해 연속적인 χ^2-분포를 사용하는 데 따른 수정항(Yate's correction for continuity)이다.

$$\chi^2 = \sum_{i=1}^{k} \frac{(|O_i - E_i| - \frac{1}{2})^2}{E_i}$$

χ^2-검증은 마케팅 조사에서 대단히 널리 이용되고 있으나, 다음과 같은 가정을 전제하므로, 조사자가 χ^2-검증을 이용하여 자료를 분석할 때에는 이러한

가정들이 충족되도록 유의해야 한다.

첫째, χ^2－검증은 도수를 다룬다. 따라서 다른 척도로 측정된 값은 각 셀에 속하는 도수로 전환되어야 한다.

둘째, χ^2－검증과 같은 비모수 기법들은 자료분포의 특성에 관한 어떠한 가정도 없지만 그 적용에는 제한이 있다. 즉 이산적 변수에 대해 연속적인 분포를 적용하므로 여러 셀의 기대도수가 대단히 적으면 관찰자료로부터 계산되는 χ^2－값이 과대하게 계산된다.

따라서 자유도가 2이상이라면 기대도수가 5미만인 셀의 수가 전체 셀의 20% 미만이어야 하며, 어떠한 셀의 도수도 0이 아니어야 한다. 도수가 0이라서 비어 있는 셀을 결측칸이라고 하는데 '임의의 결측칸'은 표본의 크기를 늘리거나 자료의 의미를 보존하면서 셀들을 통합하여 해결하며, － 자궁암에 걸린 남성과 같이 － 표본의 크기를 아무리 늘려도 채워지지 않는 '고정된 결측칸'은 그 수만큼 자유도에서 뺀다.

셋째, 응답자당 다수응답(multiple answers)의 경우에는 적용될 수 없다.

넷째, 각 관찰은 독립적이어야 한다. 따라서 사전사후시험에 있어서 동일한 응답자에 대한 관찰에는 적용할 수 없다.

SPSS : 교차분석(crosstab.sav) – 마케팅스쿨 홈페이지 참고

분석 / 기술통계량 / 교차분석

행(가족수) 열(통조림) *레이어는 3변수 이상일 때만

통계량: 카이제곱 명목데이터(분할계수, 파이 및 Cramer's V, 람다)

셀: 빈도(관측빈도, 기대빈도) 퍼센트(행, 열, 전체)

또는 (crosstabw.sav)에 대해

데이터 / 가중케이스

가중케이스지정 빈도변수(빈도)

분석 / 기술통계량 / 교차분석

행(가족수) 열(통조림) *레이어는 3변수 이상일 때만

통계량: 카이제곱 명목데이터(분할계수, 파이 및 Cramer's V, 람다)

셀: 빈도(관측빈도, 기대빈도) 퍼센트(행, 열, 전체)

SPSS : 교차분석 – 분석결과 요약

가족수 * 통조림 교차표

			통조림			전체
			250g 미만	250-500g	500g 이상	
가족수	1-2명	빈도	5	15	30	50
		기대빈도	12.5	21.3	16.3	50.0
		가족수의 %	10.0%	30.0%	60.0%	100.0%
		통조림의 %	10.0%	17.6%	46.2%	25.0%
		전체 %	2.5%	7.5%	15.0%	25.0%
	3-4명	빈도	20	45	25	90
		기대빈도	22.5	38.5	29.3	90.0
		가족수의 %	22.2%	50.0%	27.8%	100.0%
		통조림의 %	40.0%	52.9%	38.5%	45.0%
		전체 %	10.0%	22.5%	12.5%	45.0%
	5명 이상	빈도	25	25	10	60
		기대빈도	15.0	25.5	19.5	60.0
		가족수의 %	41.7%	41.7%	16.7%	100.0%
		통조림의 %	50.0%	29.4%	15.4%	30.0%
		전체 %	12.5%	12.5%	5.0%	30.0%
전체		빈도	50	85	65	200
		기대빈도	50.0	85.0	65.0	200.0
		가족수의 %	25.0%	42.5%	32.5%	100.0%
		통조림의 %	100.0%	100.0%	100.0%	100.0%
		전체 %	25.0%	42.5%	32.5%	100.0%

카이제곱 검정

	값	자유도	점근 유의확률(양쪽검정)
Pearson 카이제곱	31.364[a]	4	.000
우도비	30.434	4	.000
선형 대 선형결합	26.501	1	.000
유효 케이스 수	200		

a 0 셀 (.0%)은(는) 5보다 작은 기대빈도를 가지는 셀입니다.
최소 기대빈도는 12.50입니다.

3 McNemar Test

McNemar Test는 사전사후 조사(어떤 사건이 있기 전과 후에 측정하여 비교하는 조사)에서 명목척도로 측정한 자료를 분석하는 데 적합하다.

그러나 McNemar Test의 적용은 2×2 교차분석표에 국한되며, 사전사후 조사에서는 동일한 응답자에 대해 사전 관찰치와 사후 관찰치가 비교된다는 점에서 두 표본(사전 관찰치의 표본과 사후 관찰치의 표본)이 대응적(종속적)이다.

예시를 위해 조사자가 가격인하 캠페인이 성공적이었는지를 검증하기 위해 그러한 캠페인 전후의 구매자와 비구매자 수의 변화를 검토한다고 가정하자. 즉 〈도표 16-3〉은 캠페인 전후에 있어서 구매자와 비구매자의 도수를 요약한 것인데, 여기서 변화를 보인 응답자들은 셀B와 셀C에 속하는 사람들이다.

McNemar Test에서 귀무가설은 특별한 증거를 찾기 전까지의 보수적인 입장으로서 **가격인하 캠페인은 효과가 없었다**는 명제인데, 이는 모집단의 구매행동을 변화시키지 않았다는 것이므로 구매에서 비구매로 바뀐 비율이 비구매에서 구매로 바뀐 비율과 동일함을 의미한다.

따라서 귀무가설을 검증하기 위해서는 변화된 응답자, 즉 셀B과 셀C만을 검토하는 것으로 충분하며 McNemar Test를 위한 검증 통계량 χ^2는 다음 식에 의해 계산된다.

$$\chi^2 = \frac{(|C-B|-1)^2}{C+B}$$

예시에서 $\chi^2 = \frac{(|35-3|-1)^2}{35+3} = \frac{31^2}{38} = 25.289$

상기 식은 셀B와 셀C의 도수간의 차이에서 1을 빼는데, 이러한 −1의 부분은 이산적 분포에 대해 연속적인 χ^2-분포를 근사치로 사용하는 데 따른 수정항이며, McNemar Test의 자유도는 항상 1이다.

조사자가 유의수준을 10%($\alpha=.10$)로 정한다면 임계 통계량 χ^2-값(χ^2_C)은 2.71이며 표본자료로부터 계산된 검증 통계량 χ^2-값(χ^2_T)은 25.289로서 $\chi^2_T > \chi^2_C$ 이므로 귀무가설은 기각되고 가격인하 캠페인이 모집단의 구매여부에 영향을 미쳤다는 결론을 내린다.

다시 〈도표 16-3〉을 검토하면 구매자에서 비구매자로 바뀐 비율보다 비구매자에서 구매자로 바뀐 비율이 크므로 '긍정적인' 영향을 미쳤다고 말할 수 있다.

그러나 대응표본이 3개 이상이라면 McNemar Test 대신에 Cochran Q Test에 의존해야 한다.

| 도표 16-3 | McNemar Test를 위한 사전사후 자료($k=2$)

		캠페인 후		계
		구매자	비구매자	
캠페인 전	구매자 비구매자	5(A) 35(C)	3(B) 7(D)	8 42
계		40	10	50

SPSS : McNemar Test(mcnemar.sav) – 마케팅스쿨 홈페이지 참고

분석 / 비모수검증 / 레거시 대화상자 / 대응2표본

변수(캠페인전) 변수2(캠페인후)를 선택하여 검증대응변수로 하고

검정유형(McNemar) 옵션(기술통계)

또는 (mcnemarw.sav)에 대해

데이터 / 가중케이스

가중케이스지정 빈도변수(응답자수)

분석 / 비모수검증 / 레거시 대화상자 / 대응2표본

변수(캠페인전) 변수2(캠페인후)를 선택하여 검증대응변수로 하고

검정유형(McNemar) 옵션(기술통계)

SPSS : McNemar Test – 분석결과 요약

캠페인 전 및 캠페인 후

	캠페인 후	
캠페인 전	1	2
1	5	3
2	35	7

검정 통계량[a]

	캠페인 전 및 캠페인 후
N	50
카이제곱[b]	25.289
근사 유의확률	.000
a McNemar 검정	
b 연속수정	

4 Cochran Q Test

대응적인 표본이 3개 이상이라면 Cochran Q Test를 적용해야 하는데, Cochran Q Test에서 종속변수는 단지 0과 1이라는 두 가지 값만을 취할 수 있다. 즉 동일한 응답자들을 3개 이상의 여건에서 반복적으로 관찰한다면 각 여건에서 측정한 표본들은 서로 관련되는 것이다.

예시를 위해 조사자가 컴퓨터 판매점들이 고객에게 사은품을 제공하는 관행이 가격경쟁 여건에 따라 차이를 보인지 아닌지를 분석하기 위해 10개의 판매점을 무작위로 선정한 후, 가격경쟁이 거의 없는 시기, 가격경쟁이 다소 있는 시기, 가격경쟁이 극심한 시기라는 세 여건에서 사은품 제공여부를 조사한 결과가 〈도표 16-4〉와 같다고 가정하자.

| 도표 16-4 | Cochran Q Test를 위한 반복적인 관찰자료(k=>2)

계	가격경쟁상황			계
	S1	S2	S3	
1	1	1	1	3
2	1	0	1	2
3	1	1	1	3
4	1	1	0	2
5	0	1	1	2
6	0	0	1	1
7	1	0	1	2
8	1	1	0	2
9	1	1	0	2
10	0	0	1	1
계	7	6	7	20

* 1 = 사은품 제공 0 = 사은품 비제공

예시에서 귀무가설은 **세 가지의 가격경쟁 여건에 걸쳐서 사은품의 제공여부는 차이가 없다**는 것이며, Cochran Q Test에 있어서 검증통계량 Q는 다음 식에 의하여 계산한다.

$$Q = \frac{k(k-1)\sum_{j=1}^{k}(C_j - C)^2}{\sum_{i=1}^{n} R_i(k-R_i)} \quad \text{또는} \quad Q = \frac{(k-1)[k\sum_{j=1}^{k} C_j^2 - (\sum_{j=1}^{k} C_j)^2]}{k\sum_{i=1}^{n} R_i - \sum_{i=1}^{n} R_i^2}$$

여기서 C_j = j째 표본의 합계
C = $(C_j)^2$들의 평균
R_i = i째 응답자의 합계
k = 표본의 수
n = 표본의 크기

$$예시에서\ Q = \frac{(3-1)[3(7^2+6^2+7^2)-(7+6+7)^2]}{3(3+2+\cdots+1)-(3^2+2^2+\cdots+1^2)}$$

$$= \frac{2(402-400)}{3(20)-44} = \frac{4}{16} = .25$$

귀무가설(**사은품을 제공할 확률이 k개의 여건에 걸쳐 동일하다**) 하에서 계산된 Q–값의 표본분포는 $(k-1)$의 자유도를 갖는 χ^2–분포에 접근한다.

따라서 예시에서 자유도는 2(v = 3–1)가 되며, 조사자가 유의수준을 10%(α = .10)로 정한다면 임계 통계량 χ^2–값(χ^2_C)은 4.61이며, 검증 통계량 χ^2–값(χ^2_T)에 해당하는 Q–값이 .25로서 $\chi^2_T < \chi^2_C$ 이므로 귀무가설을 기각할 수 없다.

즉 표본조사의 결과만으로는 사은품의 제공여부가 가격경쟁 여건에 따라 차이가 있음을 주장하지 못한다.

SPSS : Cochran Q Test(cochran.sav) – 마케팅스쿨 홈페이지 참고

분석 / 비모수검증 / 레거시 대화상자 / 대응k표본
검정변수(경쟁치열, 경쟁보통, 경쟁완화의 순서대로) 검정유형(Cochran Q)
통계량(기술통계)

SPSS : Cochran Q Test – 분석결과 요약

빈도분석

	값	
	0	1
경쟁치열	3	7
경쟁보통	4	6
경쟁완화	3	7

검정 통계량

N	10
Cochran의 Q	.250[a]
자유도	2
근사 유의확률	.882

a 1은(는) 성공한 것으로 처리됩니다.

제2절 서열자료의 분석

1 Kolmogorov-Smirnov one-sample Test

Kolmogorov-Smirnov one-sample Test는 관찰도수와 이론적인 도수(기대도수)가 일치하는 정도를 다룬다는 점에서 Goodness-of-Fit Test와 유사하지만, 서열자료를 분석하는 경우에는 Kolmogorov-Smirnov Test가 더 강력하다(powerful, robust).

예를 들어, 아파트 관리사무실이 새봄을 맞아 아파트를 청색계통으로 도장하려고 한다면 어두운 청색, 진한 청색, 엷은 청색, 밝은 청색에 대한 주민들의 선호를 분석해야 할 것이다.

응답자들에게 네 가지중 가장 선호하는 색조를 선택하도록 요구할 때 만일 무작위 차이를 제외하고는 각 색조가 거의 대등하게 선택된다면 아무 색조로 도장해도 상관이 없을 것이며, 응답자들이 어느 한 색조에 대해 뚜렷한(유의적인) 선호를 보인다면 그러한 색조로 도장해야 할 것이다.

이러한 조사에서 검토되고 있는 색조는 자연적인 순서(natural ordering)를 나타내므로 주민들의 색조선호가 서열척도로 측정된다고 간주된다.

Kolmogorov-Smirnov Test를 적용하기 위해 조사자는 우선 귀무가설 하에서 기대되는 이론적 누적비율분포를 상술하고, 그것을 표본조사에서 관찰된 누적비율분포와 비교한다. 그 다음 두 분포들 사이의 차이가 우연에 기인한 것인지 또는 진정한 선호차이에 기인한 것인지의 가능성을 판단해 낸다.

예시를 위해 조사자가 50명의 주민을 표본조사한 결과, 〈도표 16-5〉에서 처럼 25명이 밝은 청색을 선택하고, 10명이 엷은 청색을, 13명이 진한 청색을, 2명이 검은 청색을 선택했다면 이러한 조사결과는 특정한 색조에 대한 선호를 암시하는 것인가? 만일 그렇다면 아파트 관리사무실은 그러한 색조를 선택해야 할 것이다.

예시에서 귀무가설은 **자연적인 순서를 내포하고 있는 색조에 대해 주민들의 선호차이가 없다**는 명제이므로 각 색조에 대한 표본구성원의 기대비율은 25%씩이다.

Kolmogorov-Smirnov Test에 있어서 검정통계량 D는 '특정한 서열 이하에 대해' 관찰된 누적비율분포와 귀무가설 하에서 기대되는 이론적 누적비율분포 사이의 극대차이로 한다.

$D = \max|$관찰된 누적비율 − 이론적 누적비율$|$

예시에서 $D = |.50 - .25| = .25$

만일 조사자가 유의수준을 5%($\alpha = .05$)로 정한다면 대표본에서 임계 통계량 D−값은 $1.22/\sqrt{n}$(여기서 n은 표본의 크기이며, 단측검증)으로 계산되므로 .077이다. 검증 통계량 D−값(D_T)이 임계 통계량 D−값(D_C)보다 크므로 **색조에 대해 주민들의 선호차이가 없다**는 귀무가설은 기각된다. 다시 자료를 검토하면 밝은 청색을 선호함을 알 수 있다.

| 도표 16−5 | Kolmogorov−Smirnov Test를 위한 서열자료 (단일표본의 경우)

	밝은 청색	엷은 청색	진한 청색	검은 청색
선택응답자의 수	25	10	13	2
관찰된 누적비율	.50	.70	.96	1.00
이론적 누적비율	.25	.50	.75	1.00
두 누적비율의 차이	.25	.20	.21	.00

SPSS : KS one−sample Test(ksone.sav) − 마케팅스쿨 홈페이지 참고

분석 / 비모수검증 / 레거시 대화상자 / 일표본KS

검정변수(색조) 검정분포(균일) 옵션(기술통계)

또는 (ksonew.sav)에 대해

분석 / 비모수검증 / 레거시 대화상자 / 일표본KS

검정변수(응답자수) 검정분포(균일) 옵션(기술통계)

SPSS : KS one−sample Test − 분석결과 요약

일표본 Kolmogorov−Smirnov 검정

		색상
N		50
균일모수[a,b]	최소값	1
	최대값	4
최대극단차	절대값	.500
	양수	.500
	음수	−.040
Kolmogorov−Smirnov의 Z		3.536
근사 유의확률(양쪽)		.000
a 검정 분포가 균일입니다.		
b 데이터로부터 계산		

2 Kolmogorov-Smirnov two-sample Test

서열척도로 측정된 두 개의 독립적인 표본에 대해서는 Kolmogorov-Smirnov two-sample Test가 적합하다. 단일표본검증에서와 마찬가지로 이러한 검증도 두 개의 누적분포들 사이의 일치여부를 다루는데, 이 경우에서는 양자가 모든 표본 관찰치이다.

만일 두 표본이 동일한 모집단으로부터 추출되었다면 각 표본의 누적비율들은 무작위 오차만을 가지며 매우 유사할 것이므로, 누적비율들 사이의 극대차이가 상당히 크다면 귀무가설을 기각한다. 극대차이를 구하기 위해서는 가능한 한 많은 수의 간격들로 나누는 것이 바람직하다.

두 표본의 경우 Kolmogorov-Smirnov Test의 검증통계량 D는 다음 식에 의하여 계산한다.

$D = \max|$한 표본에서 누적비율 − 다른 표본에서 누적비율$|$

예시에서 $D = |21/40 - 10/40| = 11/40$

이와 같이 검증 통계량 D는 단일표본의 경우와 마찬가지로 계산되지만, 두 표본의 크기가 같고 40보다 작은 경우와 적어도 한 표본이 40을 넘는 경우(이때는 두 표본의 크기가 같을 필요가 없음)에 따라 임계 통계량의 표가 다르다.

예시를 위해 조사자가 흡연의 정도를 서열척도로 측정하여 작업중 사고유발과 관계가 있는지 아닌지를 검토하기 위해 〈도표 16-6〉과 같은 표본자료를 수집했다고 가정하자.

이때의 귀무가설은 **흡연자와 비흡연자 사이에서 작업중 사고유발 빈도에는 차이가 없다**는 명제이며, 대립가설은 **작업중 사고를 유발할 가능성이 큰 흡연자 집단이 존재한다**는 명제이다. 흡연의 정도는 서열자료이므로 Kolmogorov-Smirnov Test를 적용할 것이며, 두 표본의 크기는 40으로 같다.

❙ 도표 16-6 ❙ Kolmogorov-Smirnov Test를 위한 서열자료 (두 독립표본의 경우)

	다량흡연자	평균흡연자	소량흡연자	비흡연자
누적비율1 (사고자)	12/40	21/40	27/40	40/40
누적비율 2 (무사고자)	4/40	10/40	17/40	40/40
누적비율의 차이	8/40	11/40	10/40	0/40

조사자가 유의수준을 5%($\alpha = .05$)로 정하고 단측검증을 한다면, 표본의 크기가 40일 때 임계 통계량 D_C는 10/40이다. 따라서 검증 통계량인 11/40이 임계 통계량보다 크므로 귀무가설을 기각한다(이 경우에 대해 χ^2-검증을 적용하면 $p < .059$로서 통계적 유의성을 발견하지 못하는 데 유의).

이러한 검증은 또한 **두 개의 독립적인 표본이 동일한 모집단 또는 동일한 분포를 가지는 모집단으로부터 추출되었는지 아닌지**를 결정하기 위해서도 사용될 수 있다.

예를 들어, 조사자는 새로운 세제의 여러 가지 규격에 대한 소비자 선호가 이전의 세제의 경우와 동일한지 또는 인천주민과 서울주민의 색채 선호도가 동일한지 검토할 수 있다. 즉 이러한 검증을 적용하기 위해서는 동일한 간격을 사용하여 각 관찰표본에 대한 누적도수분포표를 작성하면 되는데, 검증 통계량은 두 가지의 관찰된 누적비율 사이에서 계산되는 극대의 차이이다.

SPSS : KS two-sample Test(kstwo.sav) – 마케팅스쿨 홈페이지 참고

분석 / 비모수검증 / 레거시 대화상자 / 독립2표본
검증변수(흡연량)　집단변수(사고여부 집단정의: 1. 2)　검정유형(K-S의 Z)　옵션(기술통계)

또는 (kstwow.sav)에 대해
분석 / 비모수검증 / 레거시 대화상자 / 독립2표본
검증변수(흡연량)　집단변수(사고여부 집단정의: 1. 2)　검정유형(K-S의 Z)　옵션(기술통계)

SPSS : KS two-sample Test – 분석결과 요약

빈도분석

	사고여부	N
흡연량	1	40
	2	40
	합계	80

검정 통계량[a]

		흡연량
최대극단차	절대값	.275
	양수	.275
	음수	.000
Kolmogorov–Smirnov의 Z		1.230
근사 유의확률(양쪽)		.097

a 집단변수 : 사고여부

3 Median Test

Median Test는 두 개의 확률표본이 동일한 중위수를 갖는 모집단들로부터 추출되었는지의 여부를 결정하기 위한 검증으로서, 자료가 서열척도로 측정되었고 표본들이 독립적일 때 적합하다. 물론 Median Test에서 귀무가설은 **두 표본이 추출된 모집단들의 중위수가 같다**는 명제이다.

예시를 위해 조사자가 특정 기관의 금융 서비스에 대해 개인고객과 법인고객의 만족도 사이에 차이가 있는지 아닌지를 분석한다고 가정하자. 조사자는 우선 개인고객 표본과 기관고객 표본을 통합하여 서비스 만족도의 통합서열에 관한 〈도표 16-7〉와 같은 자료를 수집할 수 있다. 그 다음 각 응답자의 서열이 전체 서열의 중위수보다 큰지 작은지를 판단하여 〈도표 16-8〉과 같이 정리한다. 물론 전체서열의 중위수는 20번째와 21번째의 중간인 20.5가 된다.

〈도표 16-8〉은 일종의 교차분석표이며, Median Test를 적용하기 위한 검증 통계량은 다음 식에 의해 계산된다.

$$\chi^2 = \frac{n(|ad-bc| - \frac{n}{2})^2}{(a+b)(c+d)(a+c)(b+d)}$$

| 도표 16-7 | Median Test를 위한 서열자료($k=2$)

개인고객의 결합서열 순위	기관고객의 결합서열 순위
10	3
6	30
31	24
17	21
1	7
33	37
5	35
12	18
19	32
28	27
38	36
2	25
20	39
13	8
22	14
4	26
11	15
34	40
9	28
23	16

| 도표 16-8 | 전체 서열중위수에 의한 표본의 분할

	개인고객	기관고객	계
중위수보다 높은 만족	13 (a)	7 (b)	20 (a+b)
중위수보다 낮은 만족	7 (c)	13 (d)	20 (c+d)
계	20 (a+c)	20 (b+d)	40 (a+b+c+d)

여기서 $-n/2$의 부분은 이산적 분포에 대해 연속적인 χ^2-분포를 근사치로 사용하는 데에 따른 수정항이다. 예시에서 χ^2-값을 계산하면 2.5가 된다.

$$\chi^2 = \frac{40[\,|(13)(13)-(7)(7)|-\frac{40}{2})]^2}{(20)(20)(20)(20)} = 2.5$$

중위수 검증에서 자유도는 항상 1인데, 조사자가 유의수준을 5%($\alpha=.05$)로 정한다면 검증 통계량 χ^2-값(χ^2_C)은 3.84가 된다. $\chi^2_T < \chi^2_C$ 이므로 조사자는 귀무가설을 기각할 수 없으며, 현재의 조사결과로는 개인고객과 법인고객의 만족 사이에 차이가 있다고 말할 수 없다.

SPSS : Median Test(median.sav) – 마케팅스쿨 홈페이지 참고

분석 / 비모수검증 / 레거시 대화상자 / 독립k표본 **** 독립2표본엔 중위수 검정이 없음***
검증변수(결합서열) 집단변수(집단 범위지정: 1, 2) 검정유형(중위수)
옵션(기술통계)

SPSS : Median Test – 분석결과 요약

빈도분석

		집단	
		개인고객	기업고객
결합서열	> 중위수	7	13
	< = 중위수	13	7

검정 통계량[a]

		결합서열
N		40
중위수		20.50
카이제곱		3.600
자유도		1
근사 유의확률		.058
Yates의 연속수정	카이제곱	2.500
	자유도	1
	근사 유의확률	.114

a 집단변수: 집단

4 Mann-Whitney *U* Test

Mann-Whitney *U* Test는 **두 개의 확률표본이 동일한 평균을 갖는 모집단들로부터 추출되었는지**의 여부를 결정하기 위한 검증으로서, 자료가 서열척도로 측정되었고 표본이 독립적일 때 적합하다.

이 검증은 물론 Median Test보다는 강력한 통계기법이지만, 전체 중위수보다 큰 관찰과 작은 관찰들을 분류하려는 목적이 있다면 Median Test를 적용해야 할 것이다. 물론 Mann-Whitney *U* Test에서 귀무가설은 **두 표본이 추출된 모집단들의 평균이 같다**는 명제이다.

또한 Mann-Whitney *U* Test는 *t*-검증을 적용하기 위한 요건(두 개의 모집단에서 변수가 정규분포를 이루고 있다는 가정)이 충족되지 않을 때, 간격자료나 비율자료에도 적용할 수 있다.

Mann-Whitney *U* Test는 〈도표 16-7〉의 자료를 그대로 이용하여 예시할 수 있는데, 일단 두 개의 표본을 결합하여 전체표본에 대한 만족도의 서열순위를 부여한 후, 표본별로 구성원들이 부여받은 서열순위를 합계하고 다음중 적은 값을 검증 통계량 *U*로 한다.

$$U_1 = n_1 n_2 + \frac{n_1(n_1+1)}{2} - R_1$$

$$U_2 = n_1 n_2 + \frac{n_2(n_2+1)}{2} - R_2,\ \text{또는}\ n_1 n_2 - U_1$$

여기서 n_1과 n_2는 각 표본의 크기이며, R_1과 R_2는 각 표본의 구성원들이 부여받는 서열순위의 합계이다. 개인고객을 표본1이라고 하고 법인고객을 표본2라고 하면 $n_1=20$, $R_1=338$, $n_2=20$, $R_2=482$가 된다.

따라서 $U_1=272$, $U_2=128$이 되며 Mann-Whitney U Test의 검증 통계량 U는 적은 값인 128이다.

$$U_1 = (20)(20) + \frac{20(21)}{2} - 338 = 272 \qquad U_2 = (20)(20) - 272 = 128$$

여기서 잠시 검증 통계량 U를 구하는 절차를 살펴보면 만족도 상에서 두 표본의 분포가 유사할수록 R_1과 R_2는 비슷해지고 U_1과 U_2의 값들도 비슷해져 결국 검증 통계량의 값이 커진다.

따라서 Mann-Whitney U Test는 만족도 상에서 두 모집단이 동일한 평균을 가질 때 표본조사에서 얻는 만큼의 적은 검증통계량을 얻을 확률(귀무가설이 진실일 확률)을 검토하는 것이며, 결국 **계산된 검증통계량 U-값(U_T)이 표의 임계 통계량 U-값(U_C)보다 적을 때 귀무가설을 기각한다**는 점에 주의해야 한다.

예시에서 조사자가 유의수준을 5%($\alpha=.05$)로 정한다면 양측검증에 대해 임계 통계량 U-값(U_C)은 127이며 검증 통계량 U-값(U_T)은 128이므로 귀무가설을 기각할 수 없다. 따라서 표본조사의 결과만으로는 두 모집단 사이에서 서비스 만족의 차이를 주장할 수 없다.

예시에서는 동점인 경우가 많으나 만일 동점인 경우가 나타날 때에는 그들에 대해 평균적인 서열순위를 부여할 수 있으며, 동점의 경우가 지나치게 많이 나타날 때에는 검증 통계량의 크기를 조정해야 한다.

SPSS : Mann-Whitney U Test(mann.sav) - 마케팅스쿨 홈페이지 참고

분석 / 비모수검증 / 레거시 대화상자 / 독립2표본

검증변수(결합서열) 집단변수(집단 범위정의: 1, 2) 검정유형(Mann-Whitney의 U)

옵션(기술통계)

SPSS : Mann-Whitney U Test - 분석결과 요약

순위

	집단	N	평균순위	순위합
결합서열	개인고객	20	16.90	338.00
	기업고객	20	24.10	482.00
	합계	40		

검정 통계량[a]

	결합서열
Mann–Whitney의 U	128.000
Wilcoxon의 W	338.000
Z	−1.948
근사 유의확률(양쪽)	.051
정확한 유의확률[2*(한쪽 유의확률)]	.052[b]
a 집단변수: 집단	
b 동률에 대해 수정된 사항이 없습니다.	

5 Kruskal-Wallis *H* Test

Kruskal-Wallis *H* Test는 3개 이상의 독립적인 표본을 비교하기 위해 Mann-Whitney *U* Test를 확장시킨 것으로서, 표본들을 결합하여 전체표본에 대해 부여한 서열순위를 바탕으로 검증 통계량을 계산한다는 점이 유사하다.

즉 *k*개의 모집단 각각으로부터 하나씩 추출된 *k*개의 독립적인 확률표본에 대해 **모집단들의 평균이 동일하다**는 귀무가설을 검증하려는 것이다. 따라서 이러한 검증은 조사대상들을 어떤 기준에 따라 3개 이상의 집단으로 나눌 수 있을 때 적합하며, **비모수 자료에 대한 일원분산분석**에 해당한다.

그러나 일원분산분석을 적용하기 위해서는 모집단의 분포가 정규분포이며 분산이 동일하다는 요건(homogeneity of variance)이 충족되어야 하지만, Kruskal-Wallis *H* Test는 단지 확률변수가 연속적인 분포를 보이면 충분하다.

| 도표 16-9 | Kruskal–Wallis *H* Test를 위한 서열자료 ($k>2$)

전업주부의 서열순위	취업주부의 서열순위	미혼여성의 서열순위
27	2	4
30	28	11
6	9	1
14	18	3
24	19	20
29	8	16
25	22	7
15	5	17
21	10	13
26	23	12

Kruskal-Wallis *H* Test를 예시하기 위해, 조사자가 10명씩으로 구성된 전업주부, 취업주부, 미혼여성의 세 표본을 추출하여 새로운 패션의류에 대한 그들의 구매의도를 측정하고, 세 표본을 결합하여 전체표본에 대한 구매의도의 서열순위를 〈도표 16-9〉와 같이 부여했다고 가정하자.

Kruskal-Wallis *H* Test를 적용하기 위한 검증 통계량은 H는 다음 식에 의해 계산된다.

$$H = \frac{12}{n(n+1)}\left(\sum_{j=1}^{k}\frac{R_j^2}{n_j}\right) - 3(n+1)$$

여기서 n = 전체표본의 크기
$n_j = j$째 표본의 크기
$R_j = j$째 표본의 구성원들이 부여받은 서열순위의 합계

예시에서 3개의 표본에 대한 서열합계가 $R_1 = 217$, $R_2 = 144$, $R_3 = 104$이므로 검증통계량 H는 8.47이다.

$$H = \frac{12}{30(30+1)}\left[\frac{(217)^2}{10}\ \frac{(144)^2}{10} + \frac{(104)^2}{10}\right] - 3(30+1) = 8.47$$

만일 표본의 크기 $n_1, n_2, \ldots. n_k$가 모두 5보다 크다면 귀무가설 하에서 H-값들은 $(k-1)$의 자유도를 가지는 χ^2-분포에 접근한다.

예시에서 자유도는 $2(v=3-1)$이며, 조사자가 유의수준을 10%($\alpha = .10$)로 정한다면 임계 통계량 χ^2-값(χ^2_C)은 4.61이 된다. 검증 통계량 χ^2-값(χ^2_T)에 해당하는 H-값이 8.47로서 $\chi^2_C < H$ 이므로 **새로운 패션의류에 대한 구매의도는 전업주부, 취업주부, 미혼여성의 모집단 사이에서 차이가 없다**는 귀무가설은 기각된다.

따라서 새로운 패션의류에 대한 구매의도에 있어서 모집단들은 차이를 보이며, 특히 전업주부가 낮고 미혼여성이 높다고 말할 수 있다.

SPSS : Kruskal-Wallis *H* Test(kruskal.sav) - 마케팅스쿨 홈에이지 참고

분석 / 비모수검증 / 레거시 대화상자 / 독립k표본
검증변수(결합서열) 집단변수(집단 범위지정: 1, 3) 검정유형(Kruskal-Wallis의 H)
옵션(기술통계)

SPSS : Kruskal-Wallis *H* Test – 분석결과 요약

순위

	집단	N	평균순위
결합서열	전업주부	10	21.70
	취업주부	10	14.40
	미혼주부	10	10.40
	합계	30	

검정 통계량[a, b]

	결합서열
카이제곱	8.472
자유도	2
근사 유의확률	.014

a Kruskal-Wallis 검정

b집단변수: 집단

6 Wilcoxon *T* Test (Signed Rank Test)

Wilcoxon *T* Test 또는 Signed Rank Test(부호순위 검증)는 관련된 두 개의 표본(대응표본)이 사전사후의 여건에 걸쳐 유의적인 차이를 보이는지 아닌지를 결정하기 위한 검증으로서, 표본구성원별 변화의 크기가 서열척도로 측정되고 귀무가설이 **사전사후의 여건에 걸쳐 모집단의 특성에 변화가 없다**는 명제일 때 적합하다.

따라서 이 검증은 Mann-Whitney *U* Test(독립적인 두 표본의 경우)에 비교되며, t-검증이나 Z-검증을 적용하기 위한 요건이 충족되지 않을 때 간격자료나 비율자료에도 적용할 수 있다.

예를 들어, 촉진 캠페인을 전후하여 신상품에 대한 소비자들의 선호도에 변화가 있었는지를 알아보기 위해, 캠페인 전후에 걸쳐 동일한 방법으로 소비자 패널의 선호도를 측정했다면 두 개의 대응표본을 얻을 수 있으므로, Wilcoxon *T* Test가 적합하다.

〈도표 16-10〉은 각 응답자별로 신상품에 대한 선호도의 사전과 사후의 점수인데 '사후점수-사전점수'로서 d값을 구한 후, 그 절대값이 적은 순으로(가장 적은 절대값에 1의 서열을 부여함) 서열순위를 부여한 것이다.

Wilcoxon *T* Test에서는 +부호를 갖는 d값에 할당된 서열순위들과 -부호

를 갖는 d값에 할당된 서열순위들을 분리하여 합산하고, 두 서열합계 중에서 작은 값을 검증 통계량 T값으로 한다. 예시에서는 +부호의 d값들에 할당된 서열순위의 합계가 56이며, −부호의 d값들에 할당된 서열순위의 합계가 154이므로 검증통계량 T는 56이 된다.

Wilcoxon T Test에서 검증할 귀무가설은 **캠페인 전후에 걸쳐 신상품에 대한 소비자의 선호도에 변화가 없다**는 명제이다. 만일 귀무가설이 진실이라면 +부호의 d값들에 부여된 서열순위의 합계와 −부호의 d값들에 부여된 서열순위의 합계가 거의 동등해야 한다.

또한 두 표본 사이의 변화가 클수록 − Mann−Whitney U Test에서의 검증통계량 U와 마찬가지로 − 검증 통계량 T값이 적어질 것이다. 따라서 Wilcoxon T Test에서도 **검증 통계량이 임계 통계량보다 적을 경우에만 귀무가설을 기각할 수 있다**는 점에 유의해야 한다.

예시에서 조사자가 유의수준을 1%(α=.01)로 정한다면 표본의 크기가 20일 때 임계 통계량 T값이 37(양측검증)이 되어 $T_T > T_C$ 이므로 귀무가설을 기각할 수 없다.

| 도표 16−10 | Wilcoxon T Test를 위한 사전사후 자료 (k=2)

사전점수	사후점수	d	d 절대값의 서열
5	15	10	18
12	5	−7	15
7	3	−4	7
8	7	−1	1
7	16	9	17
11	6	−5	10.5
8	2	−6	13
12	14	2	2.5
11	8	−3	8
10	14	4	8
12	1	−11	19
13	7	−6	13
12	4	−8	16
11	16	5	10.5
4	2	−2	2.5
13	7	−6	13
12	9	−3	5
14	2	−12	20
11	7	−4	8
12	9	−3	5

즉 현재의 표본조사결과로는 촉진 캠페인이 신상품에 대한 소비자들의 선호도를 개선시켰다고 주장할 수 없다. 만일 대립가설을 **촉진 캠페인에 기인하여 신상품에 대한 선호도가 개선되었다**는 명제로 한다면 차이의 방향을 예측하는 것이므로 단측검증이 적합할 것이다(단측검증의 경우 $T_T=43$).

SPSS : Wilcoxon *T* Test(wilcoxon.sav) – 마케팅스쿨 홈페이지 참고

분석 / 비모수검증 / 레거시 대화상자 / 대응2표본

변수1(사전선호) 변수2(사후선호)를 선택하여 검정쌍으로 하고

검정유형(Wilcoxon) 옵션(기술통계)

SPSS : Wilcoxon *T* Test – 분석결과 요약

순위

		N	평균순위	순위합
사후선호–사전선호	음위 순위	15[a]	10.27	154.000
	양위 순위	5[b]	11.20	56.00
	동률	0[c]		
	합계	20		

a 사후선호 < 사전선호

b 사후선호 > 사전선호

c 사전선호 = 사후선호

검정 통계량[a]

	사후선호–사전선호
Z	−1.832[b]
근사 유의확률(양쪽)	.067

a Wilcoxon 부호순위 검정

b 양의 순위를 기준으로

7 Friedman Analysis-of-Variance by Ranks Test

Friedman ANOVA by Ranks Test란 관련된 3개 이상의 대응표본들이 각 조사여건(조사시점)에 걸쳐 유의적으로 변화했는지 아닌지를 결정하기 위해 Wilcoxon *T* Test를 확장시킨 검증으로서, Kruskal-Wallis Test(3개 이상의 독립표본들)에 비교된다.

즉 이러한 검증은 동일한 대상에 대한 반복적인 관찰표본에서 표본 구성원

별 특성이 서열척도로 측정되고, 귀무가설이 **3개 이상의 조사여건에 걸쳐 모집단 특성에 변화가 없다**는 명제일 때 적합하다.

예를 들어, 조사자가 환경보호 캠페인에 따른 시민들의 환경의식의 변화를 검증하기 위해 1년에 한 번씩 3회에 걸쳐 조사를 실시했을 때, 각 조사시점에서 표본 구성원별 환경의식 점수의 서열순위가 〈도표 16-11〉과 같다고 가정하자.

| 도표 16-11 | Friedman ANOVA를 위한 서열자료 (k>2)

연도별 환경의식 점수의 서열		
01년	02년	03년
3	1	2
2	1	3
3	2	1
1	2	3
3	2	1
3	2	1
3	2	1
3	2	1
3	2	1
3	2	1
2	3	1
3	2	1
3	1	2
3	2	1
1	2	3
3	2	1
3	2	1
2	3	1
3	2	1
2	3	1
52	40	28

〈도표 16-11〉에는 20명의 응답자가 행에 표시되고 k개의 여건이 열에 표시되는데, 표본 구성원별로(행의 방향으로) 환경의식 점수의 서열순위가 부여된다는 점이 Wilcoxon T Test에서의 서열순위 부여와 다르다.

예시에서 귀무가설은 **3개 연도에 걸쳐 시민들의 환경의식에는 변화가 없다**는 명제인데, 만일 귀무가설이 진실이라면 각 연도별 서열순위의 합계들이 거의 동등할 것이며, 진실이 아니라면 각 연도별 서열순위의 합계들이 크게 다를 것이다. Friedman ANOVA에서 사용할 검증 통계량 F_r는 다음 식에 의해 계산된다.

$$F_r = \frac{12}{nk(k+1)} \sum_{j=1}^{k} (R_j)^2 - 3n(k+1)$$

여기서 n = 표본의 크기
k = 표본의 수(조사시점의 수)
R_j = j째 표본의 구성원들에게 부여한 서열순위의 합계

예시에서 검증통계량을 계산하면 14.40이 된다.

$$F_r = \frac{12}{20(3)(4)} [(52)^2 + (40)^2 (28)^2] - 3(20)(4) = 14.40$$

만일 표본의 크기 n과 표본의 수 k가 크다면 귀무가설 하에서 F_r-값들은 $(k-1)$의 자유도를 갖는 χ^2-분포에 접근한다. 예시에서 자유도는 $2(v=3-1)$이며 조사자가 유의수준을 $5\%(\alpha=.05)$로 정한다면 임계 통계량 χ^2-값(χ^2_C)은 5.99가 된다.

즉 검증 통계량 χ^2-값(χ^2_T)에 해당하는 F_r-값이 14.40으로서 $\chi^2_T > \chi^2_C$ 이므로 **3개 연도에 걸쳐 시민들의 환경의식에는 변화가 없다**는 귀무가설은 기각된다. 이에 따라 시민들의 환경의식에는 변화가 있으며, 자료를 다시 검토할 때 해가 갈수록 보다 더 환경의식적으로 변화하고 있음을 주장할 수 있다.

SPSS : Friedman ANOVA Ranks Test(friedman.sav) – 마케팅스쿨 홈페이지 참고

분석 / 비모수검증 / 레거시 대화상자 / 대응k표본
검정변수(연도01, 연도02, 연도03의 순서대로)　　검정유형(Friedman)
통계량(기술통계)

SPSS : Friedman ANOVA Ranks Test – 분석결과 요약

순위

	평균순위
연도 01	2.60
연도 02	2.00
연도 03	1.40

검정 통계량[a]

N	20
카이제곱	14.400
자유도	2
근사 유의확률	.001
a Friedman 검정	

제 17 장

비계량 자료의 연관성 분석

제 1 절 | 명목자료의 분석

제 2 절 | 서열자료의 분석

이미 제16장에서 언급한 바와 같이 비모수통계란 변수의 분포특성에 대하여 엄밀한 가정을 두지 않는 경우로서, 대체로 명목자료와 서열자료의 분석을 일컫는다. 본장에서는 명목변수 또는 서열변수들 사이에서 연관성(relationship between variables)을 평가하기 위해 적용할 수 있는 통계적 기법들을 살펴볼 것인데, 이러한 기법들은 제16장 차이 분석에서와 마찬가지로 계량적 자료의 측정수준을 낮춰 적용할 수도 있다.

제 1 절 명목자료의 분석

1 Contingency Coefficient (분할계수, 유관계수)

Contingency Coefficient는 명목척도로 측정된 두 변수 사이에 존재하는 연관성의 정도를 나타내는 지수이다.

이미 설명한 Contingency Table Chi-square Test는 $r \times c$ 교차분석표에서 명목척도로 측정된 변수들의 독립성을 검증하기 위해 적용되는데, 일단 두 변수가 독립적이라는 귀무가설이 기각되고 나면 연관성의 정도를 측정하기 위해 다음 식에 따라 Contingency Coefficient를 계산해야 한다.

$$CC = \sqrt{\frac{\chi^2}{n+\chi^2}}$$

여기서 n = 표본의 크기

χ^2 = 계산된 χ^2-값

가족수와 통조림 소비량 사이의 독립성에 대한 검증 〈도표 16-1〉에서는 이미 귀무가설이 기각되어 가족수와 통조림 소비량 사이에 유의적인 연관성이 존재함을 알았다. 그렇다면 이러한 두 변수 사이에 존재하는 연관성은 어느 정도인가?

Contingency Coefficient가 바로 이러한 질문에 대한 한 가지의 해답이 될 수 있으며, 예시에서는 연관성의 정도가 .368임을 알 수 있다.

$$CC = \sqrt{\frac{\chi^2}{n+\chi^2}} = \sqrt{\frac{31.36}{200+31.36}} = .368$$

그러나 .368과 같은 수치가 어느 정도로 강한 연관성을 나타내주는지는 그러한 지수들의 한계값을 검토함으로써 알 수 있는데, Contingency Coefficient는 연관성이 전혀 없을 때 0의 값을 가지며, 행과 열의 수가 같을 경우($r=c$)에서 완전한 연관성은 $\sqrt{(r-1)/r}$ 의 값을 가진다.

예시에서는 완전한 연관성을 나타내주는 Contingency Coefficient가 .816($=\sqrt{(3-1)/3}$) 이므로 계산된 Contingency Coefficient .368은 0과 .816이라는 한계값에 비추어 볼 때 중도의 연관성을 반영하는 지수라고 판단할 수 있다.

2 phi 와 Cramer's V

Contingency Coefficient는 불행하게도 연관성의 상한값이 1이 아니고 범주의 수에 따라 달라지므로 수치만 보고 직관적으로 연관성의 강도를 평가하기가 어렵다. 따라서 연관성의 정도를 0과 1 사이의 값으로 나타내 주는 지수가 필요하게 되는데, 2×2 교차분석표에 있어서는 phi를 사용하고 그밖의 교차분석표에서는 Cramer's V를 사용할 수 있다.

$$\varnothing = \sqrt{\frac{\chi^2}{n}}$$

$$V = \sqrt{\frac{\varnothing^2}{L}}, \text{ 여기서 } L = (r-1)\text{과 } (c-1)\text{중 작은 값}$$

$$\text{예시에서 } V = \sqrt{\frac{31.36/200}{2}} = .280$$

3 Lambda (Index of Predictive Association)

Contingency Coefficient의 문제점은 계산된 값만을 가지고는 – 한계값들을 별도로 계산하여 비교할지라도 – phi나 Cramer's V를 계산하지 않고는 두 변수 사이의 연관성의 정도를 정확하게 해석하기가 곤란하다는 것이다.

즉 앞의 예에서 두 변수 사이에 중도의 연관성이 있다고는 말할 수 있으나, 피어슨 상관계수(r)가 계산되는 경우만큼 해석이 명확하지 못하다. 피어슨 상관계수의 제곱은 한 변수 내의 분산중 다른 변수의 공분산에 의해 설명될 수 있는 비율을 나타내는 결정계수이므로 두 변수 사이에 연관성의 정도를 정확하게 나타내 준다.

이러한 점에서 Lambda는 명목척도로 측정된 변수에 적합하면서도 보다 직접적으로 해석될 수 있는 연관성의 지수이다. 예를 들어, 종속변수(선호하는 스포츠)의 세 범주와 독립변수(연령)의 세 범주로 구성된 〈도표 17–1〉과 같이 100명의 응답자가 분포되었다고 가정하자. 이때 무작위로 선정한 조사대상이 선호하는 스포츠를 정확하게 추측할 가능성은 얼마나 되는가?

우선 연령에 관해 어떠한 정보도 갖고 있지 않다면 무작위로 선정한 조사대상이 선호하는 스포츠가 수영이라고 추측하는 것이 가장 유리한데, 그것은 전체표본의 50%가 수영을 선호하기 때문이다.

▌도표 17-1▐ $\lambda_{스포츠,\ 연령}$ = .40의 관계

	수 영	테니스	골 프	계
20대	5	10	0	15
30대	35	10	5	50
40대	10	0	25	35
계	50	20	30	100

따라서 무작위로 추출된 조사대상이 수영을 선호하다고 추측함으로써 50%는 맞출 수 있다. 이제 무작위로 선정한 조사대상의 연령을 안다고 가정하자. 만일 그가 20대라면 테니스를 선호한다고 추측하는 것이 유리할 것인데, 그것은 20대에 속하는 응답자중 2/3가 테니스를 선호하기 때문이다. 마찬가지로 무작위로 선정한 조사대상이 30대라면 수영을, 40대라면 골프를 선호한다고 추측하는 것이 유리할 것이다.

이처럼 선호하는 스포츠를 추측함에 있어서 연령범주를 모를 때에 비해 연령범주를 알 때 추측의 오차는 감소할 것인데, **상대적으로 감소되는 오차의 비율**을 Lambda(λ)라고 하며, 예시의 경우에는 '$\lambda_{스포츠,\ 연령}$'이라고 나타낸다.

예시에서는 연령범주를 전혀 고려하지 않을 때 50%의 추측오차가 있었으나 연령범주를 고려함으로써 조사대상이 선호하는 스포츠를 70%[=(10+35+25)/100]나 정확히 추측할 수 있으므로 추측오차는 50%에서 30%로 20%나 감소하게 된 것이다. 따라서 연령범주를 고려함으로써 선호하는 스포츠를 추측하는 데의 오차는 40%(20/50) 감소하였으며 '$\lambda_{스포츠,\ 연령}$' = .40이 된다.

이러한 Lambda는 0부터 1 사이의 값을 취하는데, 연령범주가 선호하는 스포츠를 추측하는 데 전혀 도움이 되지 않는 경우에는 0이 된다. 예를 들어, 〈도표 17-2〉에서는 연령범주를 모를 경우 선호하는 스포츠에 대한 추측은 수영이며, 또한 무작위로 선정된 표본의 연령이 어느 범주에 속하든 역시 수영

▌도표 17-2▐ $\lambda_{스포츠,\ 연령}$ = .00의 관계

	수 영	테니스	골 프	계
20대	10	5	0	15
30대	20	15	15	50
40대	20	0	15	35
계	50	20	30	100

으로 추측할 것이므로 연령범주에 관한 지식은 선호하는 스포츠를 추측하는데 전혀 도움이 되지 않는다.

한편 〈도표 17-3〉은 연령범주를 앎으로써 조사대상이 선호하는 스포츠를 완전히 정확하게 추측할 수 있는 경우로서 '$\lambda_{스포츠,\ 연령}$'=1.0이 되는 경우이다.

❙ 도표 17-3 ❙ $\lambda_{스포츠,\ 연령}$ = 1.00의 관계

	수 영	테니스	골 프	계
20대	0	20	0	15
30대	50	0	0	50
40대	0	0	30	35
계	50	20	30	100

연령범주로부터 선호하는 스포츠를 추측한다고 할 때 두 범주변수간에 존재하는 연관성의 지수는 '$\lambda_{스포츠,\ 연령}$' 으로 표시하며 다음 식에 의해 계산된다.

$$\lambda_{A,\,B} = \frac{\sum_{1}^{b} n_{bm} - n_{.m}}{n - n_{.m}}$$

여기서 $n_{.m}$ = A의 범주중 가장 큰 범주도수의 값
n_{bm} = b째 행에 있어서 가장 큰 도수의 값
n = 표본의 크기

〈도표 16-1〉의 가족수와 통조림 소비량의 예에 있어서 가족수로부터 통조림 소비량을 추측한다고 가정하면 $n_{.m}$은 250~500g의 소비량 범주에 해당하는 85명이며, n_{1m}(가족수가 1~2명의 범주에서 최대빈도)는 30, n_{2m}은 45, n_{3m}은 25명이 되어 두 범주변수 사이에 존재하는 연관성의 지수 '$\lambda_{소비량,\ 가족수}$'는 .130이 된다.

$$\lambda_{소비량,\ 가족수} = \frac{(30+45+25)-85}{200-85} = .130$$

또한 마찬가지의 원리에 따라 통조림 소비량으로부터 가족수를 추측한다면 '$\lambda_{가족수,\ 소비량}$'이 .091이 된다.

$$\lambda_{가족수,\ 소비량} = \frac{(25+45+30)-90}{200-90} = .091$$

이러한 결과에 따르면 〈도표 16-1〉의 예에서 두 범주변수간의 독립성에 관한 귀무가설은 기각되었지만, 그러한 관계가 대단히 미약함을 알 수 있다.

따라서 조사자는 연관성을 분석하는 데에 있어서 우선 두 변수 사이에 연관성이 있는가 또는 독립적인가를 검증해야 하며, 그 다음 연관성을 가진다면 독립변수를 고려함으로써 종속변수에 대한 추측이 얼마나 개선될 수 있는지를 검토해야 한다.

SPSS : Contingency Coefficient(crosstab.sav) – 마케팅스쿨 홈페이지 참고

분석 / 기술통계량 / 교차분석

행(가족수) 열(통조림) * 레이어는 3변수 이상일 때만

통계량: 카이제곱명목데이터(분할계수, 파이 및 Cramer's V, 람다)

셀: 빈도(관측빈도, 기대빈도) 퍼센트(행, 열, 전체)

SPSS : Contingency Coefficient – 분석결과 요약

대칭적 속도

		값	근사 유의확률
명목척도 대 명목척도	파이	.396	.000
	Cramer의 V	.280	.000
	분할계수	.386	.000
유효 케이스 수		.200	

방향성 측도

			값	근접 표준오차[a]	근사 T 값[b]	근사 유의확률
명목척도 대 명목척도	람다	대칭적	.111	.074	1.439	.150
		가족수 종속	.091	.087	1.003	.316
		통조림 종속	.130	.079	1.548	.122
	Goodman과 Kruskal 타우	가족수 종속	.068	.025		.000[c]
		통조림 종속	.074	.027		.000[c]
유효 케이스 수						

a 영가설을 가정하지 않음

b 영가설을 가정하는 점근 표준오차 사용

c 카이제곱 근사법을 기준으로

제2절 서열자료의 분석

1 Spearman's Rank Correlation Coefficient (ρ_S)

Spearman's Rank Correlation Coefficient는 서열척도로 측정된 두 변수 사이에 존재하는 연관성의 정도를 나타내는 지수이다.

예를 들어, 조사자는 화장품의 구매량과 자아성취 욕구 사이에 존재하는 연관성을 검토할 수 있는데, 자아성취 욕구는 리커트 척도로서 측정하고 화장품 구매량은 금액으로 측정하여 각 변수별로 표본 구성원에게 부여한 서열순위가 〈도표 17-4〉와 같다고 가정하자.

Spearman's Rank Correlation Coefficient를 계산하기 위해서는 개인별 두 변수 상의 서열순위 차이를 계산하여 다음 식에 대입한다.

$$r_S = 1 - \frac{6\Sigma D^2}{n(n^2-1)}$$

예시에서 Spearman's Rank Correlation Coefficient를 구하면 .697이 되어 화장품의 구매량과 자아성취 욕구 사이에는 중간 정도의 연관성이 존재한다고 말할 수 있다.

$$r_S = 1 - \frac{6(50)}{10(10^2-1)} = .697$$

| 도표 17-4 | 화장품의 구매량과 자아성취 욕구점수의 서열자료

표본구성원	구매량 서열	욕구점수 서열	D^2
1	6	5	1
2	2	4	4
3	1	2	1
4	7	10	9
5	4	3	1
6	3	1	4
7	9	6	9
8	5	9	16
9	8	7	1
10	10	8	4
			50

그러나 조사자가 이러한 연관성의 정도를 모집단에까지 일반화할 수 있는지 아닌지를 판단하기 위해서는 추가적으로 표본자료로부터 구한 서열상관계수의 유의성을 검증해야 한다.

이때의 귀무가설은 **모집단에서 두 변수들이 연관되어 있지 않으며, 표본조사에서 관찰된 r_S의 값은 단지 우연오차에 의해서 0이 아닌 다른 값을 갖게 되었다**는 명제이다. 따라서 조사자가 귀무가설을 기각할 수 있을 경우에 한하여 앞에서 구한 서열상관계수는 의미를 갖는다.

이러한 귀무가설(표본자료로부터 구한 r_S의 통계적 유의성)의 검증은 r_S의 임계 통계량을 보여주는 표를 참조할 수 있는데, 표본의 크기가 10, 유의수준이 10%인 양측검증이라면 임계 통계량이 .564이므로 귀무가설은 기각된다.

또한 표본의 크기가 10 이상이라면 t–분포를 이용하여 검증할 수 있으며 이때 검증 통계량 t–값은 다음 식에 의해 계산한다.

$$t = r_S\sqrt{\frac{n-2}{1-r_S^2}} \quad \text{예시에서} \quad t = .697\sqrt{\frac{10-2}{1-(.697)^2}} = 2.749$$

예시에서 검증 통계량 t–값은 2.749가 되는데, 조사자가 유의수준을 10%(α =.10)로 정한다면 양측검증에서 자유도가 8($n-2$)인 t–값의 임계 통계량은 1.860이다.

즉 $t_T > t_C$ 이므로 **화장품의 구매량과 자아성취 욕구 사이에 연관성이 존재하지 않는다**는 귀무가설을 기각하고 **표본이 추출된 모집단 내에서 화장품의 구매량과 자아성취 욕구 사이에 연관성이 있다**는 결론을 내린다. 더욱이 r_S는 0과 1 사이의 값을 취하므로 이러한 변수간의 연관성이 유의적이면서 중간수준의 강도라고 말할 수 있다.

SPSS : Spearman's and Kendall's Rank Correlation(spearman.sav) – 마케팅스쿨 홈페이지 참고

분석 / 상관분석 / 이변량 상관계수

변수(구매서열, 욕구서열)　상관계수(Spearman, Kendall τ-b)

유의성 검정(양쪽)　유의한 상관관계 별표시(체크)　옵션(통계량 선택불가)

SPSS : Spearman's and Kendall's Rank Correlation – 분석결과 요약

상관계수

			구매서열	욕구서열
Kendall tau_b	구매서열	상관계수	1.000	.511(*)
		유의확률(양쪽)	.	.040
		N	.10	10
	욕구서열	상관계수	.511(*)	1.000
		유의확률(양쪽)	.040	.
		N	10	10
Spearman의 rho	구매서열	상관계수	1.000	.697(*)
		유의확률(양쪽)	.	.025
		N	10	10
	욕구서열	상관계수	.697(*)	1.000
		유의확률(양쪽)	.025	.
		N	10	10

* 상관계수는 .05 수준에서 유의합니다(양쪽)

2 Kendall's Rank Correlation Coefficient (Tau)

서열척도로 측정된 두 변수 사이에 존재하는 연관성의 정도를 나타내주는 다른 지수는 Tau(τ)인데, r_S와 동일한 자료를 이용하여 예시할 수 있으므로 〈도표 17–4〉의 자료로부터 Kendall's Rank Correlation Coefficient를 계산해 보자.

Tau는 한 변수의 서열순위 집합과 다른 변수의 서열순위 집합이 일치하는 경우의 수를 바탕으로 계산되므로, 우선 〈도표 17–5〉와 같이 한 서열순위의 집합을 자연순위(natural order)대로 배치한 후, 다른 서열순위의 집합이 자연순위로 배열되어 있는지의 여부를 검토하여 자연순위로 배열되어 있으면 +1을, 그렇지 않으면 –1을 부여하여 합산한다.

예를 들어, 화장품 구매량에서 첫 번째 서열순위를 차지한 응답자의 경우에는 (2와 4), (2와 1), (2와 3), (2와 9), (2와 5), (2와 10), (2와 7), (2와 6), (2와 8)을 비교하게 되므로 비교짝의 수는 9개이며 자연순위 점수는 7이다.

$$+1-1+1+1+1+1+1+1+1=7$$

그 다음 화장품 구매량에 있어서 두 번째 서열순위를 차지한 응답자의 경

| 도표 17-5 | Tau를 계산하기 위한 서열자료

표본구성원	구매량 서열	욕구점수 서열	자연순위 점수
3	1	2	7
2	2	4	4
6	3	1	7
5	4	3	6
8	5	9	−3
1	6	5	4
4	7	10	−3
9	8	7	0
7	9	6	1
10	10	8	−
			23

우에는 (4와 1), (4와 3), (4와 9), (4와 5), (4와 10), (4와 7), (4와 6), (4와 8)을 비교하게 되므로 비교짝의 수는 8개이며 자연순위 점수는 4이다.

$$-1-1+1+1+1+1+1+1=4$$

마찬가지 방법으로 화장품 구매량에서 마지막 서열순위를 차지한 응답자를 제외하고 각 응답자의 자연순위 점수를 구하면 〈도표 17-5〉의 마지막 열(자연순위 점수)과 같다.

한편 화장품 구매량의 서열순위 집합이 자아성취 욕구의 서열순위 집합과 완전히 일치할 때 각 응답자별 자연순위 점수는 최대가 될 것인데, 그러한 최대 자연순위 점수들의 합계는 다음 식에 의하여 계산할 수 있다.

$$\frac{n!}{(n-2)!2!}=\frac{n(n-1)}{2}$$

이러한 최대 자연순위 점수들의 합계는 두 서열순위 집합의 완전한 일치를 나타내므로 그것에 대해 실제 자연순위 점수들의 합계가 차지하는 비율은 결국 두 서열순위 집합의 일치정도를 나타내며, 다음 식에 의해 계산된다.

$$\tau=\frac{\text{표본의 자연순위 점수}(S)}{\text{최대의 자연순위 점수}}=\frac{23}{10(10-1)/2}=.511$$

예시에서는 $\tau=.511$이 되어 화장품의 구매량과 자아성취 욕구 사이에는 약간의 연관성이 존재한다고 말할 수 있다(Spearman's Rank Correlation Coefficient 참고).

그러나 조사자가 이러한 연관성의 정도를 모집단에 일반화할 수 있는지 아닌지를 판단하기 위해서는 표본자료로부터 구한 τ–값의 유의성을 검증해야 한다.

이때의 귀무가설은 **모집단에서 두 변수들이 연관되어 있지 않으며, 표본조사에서 관찰된 τ–값은 단지 우연오차에 의해서 0이 아닌 다른 값을 갖게 되었다**는 명제이다. 즉 조사자가 귀무가설을 기각할 수 있을 경우에 한해서 앞에서 구한 τ–값이 비로소 의미를 가진다.

이러한 귀무가설(표본자료로부터 구한 τ–값의 통계적 유의성)은 표본의 크기가 10보다 작다면 τ–값의 임계 통계량을 보여주는 표를 참조하여 검증하며, 만일 표본의 크기가 10이상이라면 평균(μ_τ)이 0이고 표준편차(σ_τ)가 $\sqrt{2(2n+5)/9n(n-1)}$인 정규분포를 이용하여 검증할 수 있다.

따라서 예시에서는 정규분포를 이용하여 τ–값의 유의성을 검증할 수 있는데, 검증 통계량 Z–값은 다음 식에 의하여 계산한다.

$$Z = \frac{\tau - \mu_\tau}{\sigma_\tau}$$

여기서 $\sigma_\tau = .248$이므로 검증 통계량 Z–값(Z_T)은 $2.060[=(.511-0)\ /\ .248]$이 된다. 조사자가 유의수준을 10%($\alpha = .10$)로 정한다면 양측검증에서 임계 통계량 Z–값은 1.65가 되어 $Z_T > Z_C$ 이므로 **화장품 구매량과 자아성취 욕구 사이에 연관성이 존재하지 않는다**는 귀무가설을 기각하고 표본이 추출된 모집단 내에서 화장품의 구매량과 자아성취 욕구 사이에 연관성이 있다고 주장할 수 있다.

3 Kendall's Coefficient of Concordance *W*

Spearman이나 Kendall의 서열상관계수는 n개의 표본 구성원에 대한 두 집합의 서열순위 사이에 존재하는 연관성의 정도를 나타내는 지수이다. 이에 비해 Kendall's Coefficient of Concordance W는 n개의 표본 구성원에 대한 k개의 서열순위 집합들 사이에 존재하는 연관성의 정도를 나타내는 지수이다.

Kendall's Coefficient of Concordance W는 표본으로 선정된 조사대상에

대한 서열평가(대체로 선호서열평가가 보편적임)가 평가자들 사이에서 어느 정도나 일치하는지를 검토하기 위해 널리 사용된다.

예를 들어, 판매직에 지원하는 응시자 10명을 영업부장, 관리부장, 판매과장이 각각 외모, 친화력, 교육수준, 어학능력 등 여러 가지 기준을 사용하여 평가한다고 가정하자. 〈도표 17-6〉은 단순히 서열순위만으로 정리한 것이다.

| 도표 17-6 | 일치성 계수를 계산하기 위한 자료

응시자	면접관			서열의 합계 (R_i)
	영업부장	관리부장	판매과장	
A	1	1	1	3
B	6	5	4	15
C	8	7	7	22
D	5	6	6	17
E	7	8	8	23
F	4	4	5	13
G	3	2	2	7
H	9	10	10	29
I	10	9	9	28
J	2	3	3	8

만일 3개의 서열순위 집합 사이에 완전한 일치가 있다면 첫 번째 서열순위를 차지한 응시자의 서열순위 합계(R_1)는 $1+1+1=3$이 될 것이며, n번째 서열순위를 차지한 응시자의 서열순위 합계(R_n)는 $n+n+n=3n$이 될 것이다.

따라서 k개의 서열순위 집합들 사이에 완전한 일치가 있다면 서열순위 합계들(k, $2k$, $3k$ ... nk)의 변이는 다음 식에 의해 계산된다.

$$\text{서열합계의 가능한 최대변이} = \frac{1}{12}k^2(n^3-n)$$

또한 실제 표본조사에서 서열순위 합계들의 변이는 다음 식에 의해 계산된다.

$$\text{표본내 서열합계의 변이} = \sum_{i=1}^{n}(R_i-\bar{R})^2$$

여기서 R_i = 표본구성원별 서열순위합계

$\bar{R}$ = R_i의 평균

k = 서열순위집합의 수(평가자의 수)

Kendall's Coefficient of Concordance W는 k개의 서열순위 집합들 사이에 완전한 일치가 있을 경우 서열순위 합계들의 변이를 분모로 하고 실제 서열순위 합계들 (R_i)의 변이를 분자로 하는 비율로 계산하는데, 이러한 비율이 클수록 평가들 사이의 일치가 큰 것이다.

$$W = \frac{\sum_{i}^{n}(R_i - \bar{R})^2}{\frac{1}{12}k^2(n^3 - n)}$$

예시에서 W를 구하면 .970이 되어 매우 높은 일치성이 존재한다고 말할 수 있다.

$$\bar{R} = \frac{3+15+\ldots+28+8}{10} = 16.5$$

$$W = \frac{(3-16.5)^2+(15-16.5)^2+\ldots+(28-16.5)^2+(8-16.5)^2}{\frac{1}{12}(3)^2(10^3-10)} = .970$$

그러나 조사자가 이러한 일치성의 정도를 모집단에 일반화시킬 수 있는지 아닌지를 판단하기 위해서는 표본자료로부터 구한 W–값의 유의성을 검증해야 한다.

이때의 귀무가설은 **모집단에 대한 평가자들의 서열부여가 일치하지 않으며, 표본조사에서 관찰된 W – 값이 단지 우연오차에 의해서 0이 아닌 다른 값을 갖게 되었다**는 명제이다. 즉 조사자가 귀무가설을 기각할 수 있는 경우에 한해 비로소 W–값은 의미를 가진다.

이러한 귀무가설(표본자료로부터 구한 W의 통계적 유의성)은 표본의 크기가 8보다 작다면 W–값의 임계 통계량을 보여주는 표를 참조하여 검증하며, 표본의 크기가 8 이상이라면 χ^2–분포를 이용하여 검증할 수 있다. 검증 통계량 χ^2–값은 다음 식에 의해 계산되며 자유도는 $(n-1)$이다.

$$\chi^2 = k(n-1)W \qquad \text{여기서 } \chi^2 = 3(9)(.970) = 26.2$$

조사자가 유의수준을 5%($\alpha=.05$)로 정한다면 자유도가 9($v=10-1$)이므로 임계 통계량 χ^2–값(χ^2_T)은 16.92가 된다. 즉 $\chi^2_T > \chi^2_C$이므로 **모집단에 대한 평가자들의 서열순위가 일치하지 않는다**는 귀무가설을 기각할 수 있다. 더욱이 W–

값이 보여주듯이 일치성이 매우 높은 편이다.

W-값이 유의적이라면 표본 구성원의 진정한 종합서열을 서열순위 합계 (R_i)의 순서에 따라 결정할 수 있는데, 예시에서는 첫 번째 응시자가 가장 훌륭하고, 그 다음이 7번째 응시자이다. 8번째 응시자는 가장 낮은 종합서열을 차지한다.

SPSS : Kendall's Coefficient of Concordance W(kendallcc.sav) – 마케팅스쿨 홈페이지 참고

분석 / 비모수검증 / 레거시 대화상자 / 대응k표본

검정변수(p1~p10) 검정유형(Kendall의 W) 통계량(기술통계)

SPSS: Kendall's Coefficient of Concordance W – 분석결과 요약

순위

	평균순위
1번대상	1.00
2번대상	5.00
3번대상	7.33
4번대상	5.67
5번대상	7.67
6번대상	4.33
7번대상	2.33
8번대상	9.67
9번대상	9.33
10번대상	2.67

순위

N	3
Kendall의 W[a]	.970
카이제곱	26.20
자유도	9
근사 유의확률	.002

a Kendall의 일치계수

부록 1

SPSS 데이터 및 결과물 다루기

1. SPSS 강의용 데이터 다운받기
2. SPSS의 기동방법
3. SPSS 데이터 파일의 구조
4. 변수의 정의
5. 데이터의 입력
6. 데이터 파일의 저장
7. 예비분석-기초통계량
8. 도움말 기능
9. 도움말 기능
10. 분석결과의 저장과 프린트
11. 데이터의 자동추가
12. 새로운 변수의 계산
13. 코딩변경
14. 그래프의 조작
15. 데이터 편집의 복습
16. 파일합치기 1 – 케이스 추가
17. 파일합치기 2 – 변수 추가
18. 결측값
19. 파일분할
20. 가중값 부여 – 교차분석의 실행
21. 목차구역과 내용구역
22. 다른 형식의 외부 데이터파일 읽기
23. SPSS 피벗표(SPSS결과로 나타난 표)다루기
24. 도표의 생성
25. 도표 다루기
26. 명령어의 batch file 만들기와 실행하기
27. 빈도변수 만들기
28. 순위변수 만들기
29. 케이스 선택
30. 여러 변수에 동일한 변수서술내용을 정의

1. SPSS 강의용 데이터 다운받기

SPSS의 데이터를 다루는 실습을 위해서 필요한 파일들은 마케팅스쿨 홈페이지에서 datahandling.zip을 다운받아 압축을 풀면 얻을 수 있다.

2. SPSS의 기동방법

바탕화면의 내 컴퓨터에서 SPSS 실행프로그램을 찾아서 마우스 오른편 버튼을 눌러 클릭한 채 바탕화면으로 끌어서 '여기에 바로가기 만들기'를 해두면 편리하다. 우선 SPSS는 다음 두 가지 방법으로 손쉽게 기동할 수 있다.

① 방금 바탕화면에 만들어 둔 SPSS 단축아이콘을 더블클릭한다. 그 다음 데이터 입력을 선택하고 확인을 클릭하면 새로운 데이터 파일을 만들 수 있는 창이 나타난다. 이때 메뉴바에서 파일/열기를 선택하면 이미 만들어져 있는 파일을 불러올 수도 있다.

② 바탕화면의 '내 컴퓨터'를 클릭하고 datahandling.zip의 압축을 풀어 저장한 연습용 데이터 파일 중에서 기본데이터.sav를 찾아서 더블클릭해도 SPSS가 기동되는데, 이것은 마치 ***.hwp 파일을 더블클릭할 때 한글프로그램이 기동하는 것과 같은 원리이다.

※ 파일이름에는 .확장자가 붙어 있는데, 확장자의 기능은 그 파일의 성격을 나타낸다. 예를 들어, .hwp는 한글파일, .xls가 엑셀파일인 것처럼 .sav는 SPSS 데이터 파일임을 나타낸다.

3. SPSS 데이터 파일의 구조

기본데이터.sav는 14개의 행과 6개의 열로 구성되어 있으며 이러한 데이터 세트의 크기는 행과 열의 수로써 14×6과 같이 표현한다. 물론 SAS, SYSTAT 등의 다른 데이터 파일에서와 마찬가지로 행은 케이스(cases)를 나타내며, 열은 변수(variables)를 나타낸다는 점을 반드시 기억해야 한다다.

따라서 여기서는 14명의 응답자가 6개 변수에 대한 응답을 제공한 것인데,

5행의 3열은 5번째 응답자가 제공한 세 번째 변수에 대한 응답이다. 현재 각 열이 var00001, var00002, ,... var00006으로 표시되고 7번째 이후의 열은 그저 흐린 색으로 '변수'라고만 표시되어 있는데, 그것은 7번째 이후의 열이 사용되지 않고 있다는 의미이다. 또한 15번째 이후의 행이 흐리게 나타난 것도 현재 사용되지 않는다는 의미이다.

4. 변수의 정의

만일 이러한 상태에서 각 변수에 대해 어떤 분석을 실시한다면(예를 들어, 평균과 표준편차를 구하기) 분석의 결과가 var00001의 평균, var00001의 표준편차, var00002의 평균, var00002의 표준편차 등으로 나타날 것이므로 결과를 이해하는 데 어려움이 크고 매우 혼란스러울 것이다. 따라서 데이터 파일의 관리와 분석결과 이해의 편의를 위해서는 변수의 이름을 정의해 두는 것이 편리하다.

즉 첫 번째 변수인 var00001을 더블클릭하거나 하단의 '변수보기'를 클릭하고 변수이름에 '구매량'이라고 입력한다. 그 다음 var00002부터 차례로 월소득, 교육년수, 연령, 봉사시간, 가족수를 하나씩 입력한다. 그러면 분석결과에서 var00001 대신에 구매량이라고 표시되므로 편리하다. 또한 필요하다면 '유형'으로부터 '측도'에 이르는 항목들을 조정할 수 있다.

※ 분석결과에는 변수설명이 별도로 없다면 변수이름이, 변수이름조차 정의되지 않으면 var?????로 표시될 것이므로 가급적 변수설명과 값(변수값 설명)을 입력해야 한다.

※ 최소한 변수이름과 유형(숫자/문자), 측도(척도/순서/명목)은 선택하는 것이 바람직하다.

5. 데이터의 입력

이제 15번째 응답자의 설문서로부터 각 변수에 대한 응답을 입력해 보자. 커서를 당연히 15번째 행 1번째 열로 옮긴 후(이때 셀의 테두리가 진하게 변함) 아무 수치를 입력하고 엔터키를 치면 커서가 아래 행으로 이동하는데 이 점이 매우 불편하고 여기서 주의해야 한다.

실제 설문서의 응답들을 입력할 때에는 행이 응답자를 나타내고 열이 변수를 나타내므로 엔터키를 치지 말고 방향키 "→"를 눌러야 편리하다.

한글문서를 편집한 경험이 있다면 당연히 알고 있겠지만, 문서의 어느 부분을 삭제하려면 블록잡은 후 delete를 누르고, 어느 부분을 다른 곳으로 옮기려면 블록잡은 후 ctrl+X하고 옮기려는 위치를 커서로 선택한 후 ctrl+V한다. 또한 어느 부분을 살려둔 채 다른 곳에 복사하려면 블록잡은 후 ctrl+C하고 복사할 위치를 커서로 선택한 후 ctrl+V하면 된다.

다행스럽게도 SPSS 데이터 파일(.sav를 확장자로 가짐)에서도 동일한 기능이 통하며 또한 엑셀 프로그램에서와 같이 행편집(케이스 삽입 및 지우기)과 열편집(변수 삽입 및 지우기)도 가능하다.

6. 데이터파일의 저장

이제 데이터 파일을 저장해 보자. 메뉴바에서 **파일/다른 이름으로 저장**을 선택한 후 저장할 위치를 지정하고 **파일이름**(descript)을 입력하면 되는데, 이때 .sav라는 확장자는 제일 아래 파일형식에서 알 수 있듯이 SPSS 프로그램이 자동으로 붙여준다.

즉 한글에서도 파일이름만 입력하면 자동으로 .hwp가 붙여지는 것과 마찬가지이다. 만일 .sav가 아니라 다른 종류의 파일로 저장하고 싶다면 '파일형식'을 원하는 것으로 선택하면 된다.

7. 예비분석-기초통계량

연습 삼아 일단 SPSS를 완전히 빠져나간 후, descript.sav를 더블클릭하면 SPSS가 기동되면서 방금 전에 저장한 파일이 열릴 것이다.

이제 간단한 분석을 실시해 보겠는데, 본 분석에 들어가기 전에 실행해 보는 예비분석 중 하나가 기술통계량을 검토하는 일이므로, 데이터 파일이 열려 있는 상태에서 메뉴바에서 **분석/기술통계량/기술통계**를 선택한다.

왼편 네모에는 현재 데이터 파일에 들어 있는 변수들의 목록이 표시되는데, 그러한 변수들 중에서 기술통계를 적용하여 분석하려는 **변수**(구매량, 월소득, 교육년수, 연령, 봉사시간, 가족수)를 클릭하여 오른편 네모(변수)로 보낸다. 이때 변수를 하나씩 선택하거나 또는 shift키나 ctrl키를 사용하여 여러 변수를 함께 선택할 수 있다.

각 변수값들에 대한 **표준화값**도 보려면 체크하고 나서 **옵션**을 클릭해 원하는 **기술통계:옵션**(평균, 표준편차, 분산, 범위, 첨도, 왜도)을 선택한다.

8. 도움말 기능

시중에는 SPSS 해설서가 아주 많이 나와 있으니 어느 책이든 하나를 구해 최소한 10번 읽고, 하나 하나씩 집어가면서 최소한 20번은 연습하여 숙달시키면 좋은데, 책을 구입할 돈이 없으면 메뉴상단의 도움말을 똑같은 횟수만큼 반복하여 읽어도 좋다.

또한 그것도 하기 싫으면 분석도중 언제라도 대화창에서 나타나는 도움말을 클릭하면 설명을 볼 수 있다.

9. 도움말 기능

앞에서와 같이 이제 원하는 **기술통계:옵션**을 선택했다면 계속·확인을 클릭하고 잠시 기다리면 결과가 나타날 것이다.

이에 덧붙여 이제는 자료를 그래프로 나타내는 방법을 알아보자. 메뉴바에서 **그래프/레거시 대화상자/막대도표**를 선택하고 **막대도표의 종류**(단순), **도표에 표시할 데이터**(케이스 집단들의 요약값)를 선택하고 정의를 클릭한다. **막대표시**(케이스 수), **범주축**(가족수)을 선택하고 **제목**(**제목:**가족수의 원그래프, **부제목:**친구모임, **꼬리말:**마케팅스쿨 제공)을 입력하고 계속·확인을 클릭한다.

이번에는 메뉴바에서 **그래프/레거시 대화상장/원**을 선택하고 **도표에 표시할 데이터**(케이스 집단들의 요약값)를 선택하고 정의를 클릭한다. **조각표시**(케이스 수), **조각기준변수**(봉사시간)를 선택하고 **제목**(**제목:**봉사시간의 원그래프, **부제목:** 친구모임, **꼬리말:** 마케팅스쿨 제공)을 입력하고 계속·확인을 클릭한다.

10. 분석결과의 저장과 프린트

♣ 분석결과의 저장

이제 이러한 결과물들을 저장해 보자. 메뉴바에서 **파일/다른 이름으로 저장**을 선택하는데, 방금 전과는 달리 자동으로 붙여질 확장자가 .spv로 되어 있다. 즉 SPSS 분석결과물임을 나타내는 확장자가 .spv라는 의미이다. 파일이름을 descript1으로 입력하고 저장을 클릭하면 모든 결과물들이 descript1.spv로 함께 저장된다.

♣ 분석결과의 프린트

화면에 남아 있는 모습 그대로, SPSS 출력결과 항해사 화면에서 왼편을 목차영역, 오른편을 내용영역이라고 한다. 이때 메뉴의 **파일/인쇄**를 선택하면 내용영역에 보이는 것들이 모두 인쇄된다.

따라서 내용영력에 나타난 내용들 중에서 일부만 인쇄하려면 인쇄하지 않으려는 부분을 목차영역에서 클릭하여 닫거나(책 모양이 田으로 바뀜) 또는 인쇄하고자 하는 부분들을 목차영역에서 shift/ctrl로 선택한 후, 메뉴의 **파일/인쇄**를 선택할 수 있다.

11. 데이터의 자동추가

그런데 지금 보이는 데이터 파일을 살펴보면 우리가 원했던 표준화값들이 Z구매량, Z월소득, Z교육년수, Z연령, Z봉사시간, Z가족수라는 새로운 변수로 추가되어 본래의 데이터 파일과 달라져 있는 것을 알 수 있다. 그래서 나중에 이 값들을 이용하려면 메뉴바에서 **파일/다른 이름으로 저장**을 선택하고 zdescript.sav 등 다른 이름으로 저장하는 것이 편리하다.

12. 새로운 변수의 계산

SPSS를 기동하여 descript.sav을 열고, 이제 기존변수들을 적절히 조작하여 새로운 변수를 만들어 내는 방법을 알아보려고 하는데, 이는 DOS 버전에서 compute 명령에 해당하는 것이다.

메뉴바에서 변환/변수계산을 선택하고 **대상변수**(구매성향)를 입력하고 **숫자표현식**((구매량/월소득)*100)을 입력해 보자. 물론 키보드에서 입력할 수도 있다. 그 다음 확인을 클릭하면 descript.sav에 7번째 변수로 "구매성향"이 계산되어 새롭게 추가된 것을 알 수 있는데, 메뉴바에서 파일/다른 이름으로 저장을 선택하여 descriptbuy.sav로 저장한다.

13. 코딩변경

다음으로는 기존의 입력값을 범위로 구분하여 새로운 값으로 변경하는 방법을 알아보려고 하는데, 이는 DOS 버전에서 recode 명령에 해당하는 것으로서 명목척도화 및 명목척도의 범주통합이나 이름변경에 유용하다.

descript.sav가 열린 채 메뉴바에서 변환/다른 변수로 코딩변경을 선택하고 코딩변경을 하려는 **변수**(월소득)를 선택하여 네모칸으로 보낸 후, **출력변수**(소득계층)를 입력하고 **바꾸기**를 클릭한다. 이어서 **기존값 및 새로운 값**을 클릭하여 **기존값**(**최저값에서 다음 값까지 범위:**165)을 결정한 후, 만일 새로운 변수가 문자변수이면 **출력변수가 문자열임**을 체크하되, 문자열이 길면 너비를 충분하게(20) 늘린다.

그리고 **새로운 값:기준값**(저소득)을 입력하고 **추가**를 클릭한다. 기존값을 완전히 포괄할 때까지 **기존값**(**범위:**165−175)을 입력하고 **새로운 값:기준값**(중산층)을 입력하고 추가를 클릭하며, 다시 **기존값**(**다음값에서 최고값까지:**175)을 입력하고 **새로운 값:기준값**(고소득)을 입력하고 추가한 후 계속·확인을 클릭한다. 그러면 descript.sav에 마지막 변수로 '소득계층'이 새로운 범주변수로 추가된 것을 알 수 있는데, 메뉴바에서 파일/다른 이름으로 저장을 선택하여 descriptrecode.sav로 저장한다.

※ 처음 메뉴바에서 변환/같은 변수로 코딩변경을 선택하면 코딩변경하려는 변수의 값 또는 값들의 범위를 새로운 값으로 변경해 주는데, 데이터 파일에서 원래 변수를 대체하여 기록된다.

※ 코딩변경에서 코드의 범위는 입력순에 따라서 '부터-미만'이다. 따라서 145−165는 (145부터 165미만), lowest−145는 (최소부터 145미만), 175−highest는 (175이상)을 의미한다.

※ 연속된 기존값이 아닐 경우엔 개별적인 기존값 각각에 대해 새로운 값을 반복적으로 지정할 수 있다.

※ **기존값:기타 모든 값**은 지정순서에 관계없이 마지막으로 적용된다.

※ **새로운 값**이 지정하지 않을 경우, **기존값**은 메뉴바에서 변환/다른 변수로 코딩변경을 선택했을 때 (.)으로 처리되며, 메뉴바에서 변환/같은 변수로 코딩변경을 선택했을 때 기존값이 그대로 남게 된다.

※ 범주변수(명목척도)에 대해서는 데이터 파일에서 해당변수를 더블클릭하거나 '변수보기'를 클릭하고 값(변수값 설명)을 추가해 두면 분석결과에서 범주를 변수값 설명으로 표현해 주어 이해하는 데 유용하다.

14. 그래프의 조작

이제 descriptrecode.sav를 사용하여 빈도분석을 해보자. 메뉴바에서 분석/기술통계량/빈도분석을 선택한 후, **변수**(소득계층), **도표:도표유형**(원도표)을 선택하고 계속·확인을 클릭한다.

그 다음 메뉴바에서 그래프/레거시 대화상자/막대도표를 선택하고 **막대도표의 종류**(단순), **도표에 표시할 데이터**(케이스 집단들의 요약값)를 선택하고 정의를 클릭한다. **막대표시**(케이스 수), **범주축**(소득계층)을 선택하고 **제목**(소득계층의 막대그래프, 친구모임, 마케팅스쿨 제공)을 입력하고 계속·확인을 클릭한다.

※ 빈도분석의 결과표에는 고소득, 저소득, 중산층의 순서로 제시될 것인데, 이는 '빈도'의 **올림차순**을 선택했기 때문이다. 이를 필요에 따라서 고소득, 중산층, 저소득이나 저소득, 중산층, 고소득으로 정렬할 수 있다.

※ 막대도표의 범주축 상의 범주값의 순서를 변경하려면 그래프를 더블클릭하여 '도표편집기'를 열고 메뉴바에서 **편집/X축 선택**을 선택한 후, **특성:범주형/차수**에서 순서를 변경하고 적용을 클릭한다.

※ 원도표에서도 조각값들의 12시 기준의 시계방향 순서를 변경하려면 그래프를 더블클릭하여 '도표편집기'를 열고, 다시 그래프를 더블클릭하여 **특성:범주형/차수**에서 순서를 변경하고 적용을 클릭한다. 또한 시계방향의 12시 기준은 '도표편집기'의 **특성:길이 및 각도**에서 변경할 수 있다.

메뉴바에서 **파일/다른 이름으로 저장**을 선택하여 descript2라고 입력하면 descript2.spv로 저장된다.

15. 데이터 편집의 복습

① descript.sav를 불러 4번째 변수인 '연령' 위에서 마우스 오른편 버튼을 누른 후 '변수삽입'을 선택하면 VAR0000이라는 변수가 추가된다. 이때 이 변수를 더블클릭하거나 '변수보기'를 클릭하여 먼저 **유형**(문자)을 변경하고 이어서 **변수이름**(성명)을 바꾼 다음, '데이터보기'를 클릭하여 친구들의 이름(A~N)을 입력해 보자.

② 5-14번째 케이스의 '봉사시간'을 블록잡아 마우스 오른편 버튼을 누른 후 '잘라내기'를 선택하거나 Del키를 누른 후, 메뉴바에서 **파일/다른 이름으로 저장**을 선택하고 데이터편집.sav를 입력한다. =구매량, 월소득, 교육년수, 성명, 연령, 봉사시간, 가족수

③ 1-3번째 변수(구매량, 월소득, 교육년수)를 블록잡아 마우스 오른편 버튼을 누른 후 '잘라내기'를 선택하거나 Del키를 누른 후, 메뉴바에서 **파일/다른 이름으로 저장**을 선택하고 우.sav를 입력한다. =성명, 연령, 봉사시간, 가족수

④ 데이터편집.sav를 불러 5-7번째 변수(연령, 봉사시간, 가족수)를 불럭잡아 마우스 오른편 비튼을 누른 후 '잘라내기'를 선택하거나 Del키를 누른 후, 다시 11-14번째 케이스를 블록잡아 마우스 오른편 버튼을 누른 후 '잘라내기'를 선택하거나 Del키를 누룬 후, 메뉴바에서 파일/다른 이름으로 저장을 선택하고 좌상.sav를 입력한다. =구매량, 월소득, 교육년수, 성명

⑤ 데이터편집.sav를 불러 1-10번째 케이스를 불럭잡아 마우스 오른편 버튼을 누른 후 '잘라내기'를 선택하거나 Del키를 누룬 후, 2번째 변수(월소득), 5-7번째 변수(연령, 봉사시간, 가족수)를 블록잡아 마우스 오른편 버튼을 누른 후 '잘라내기'를 선택하거나 Del키를 누룬 후, 메뉴바에서 파일/다른 이름으로 저장을 선택하고 좌하.sav를 입력한다. =구매량, 교육년수, 성명

16. 파일합치기 1 – 케이스 추가

좌상.sav(작업데이터파일, working data file)를 연 후, 메뉴바에서 데이터/파일합치기/케이스추가를 선택하고 외부 데이터 파일에서 좌하.sav(외부파일, external file)를 찾아 선택한다.

그 다음 계속을 클릭한 후 **대응되지 않는 변수**(월소득*)를 새로운 작업데이터 파일의 변수로 선택하고 확인을 클릭하면 공통변수와 대응되지 않던 변수가 합쳐진 새로운 파일이 생성되는데, 메뉴바에서 파일/다른 이름으로 저장을 선택하고 좌.sav를 입력한다. =구매량, 월소득, 교육년수, 성명

17. 파일합치기 2 – 변수 추가

♣ 공통변수가 있든 없든 케이스 순서대로 일대일 통합에 의한 변수추가:

먼저 좌.sav를 열고 메뉴바에서 데이터/파일합치기/변수추가를 선택하고 외부 데이터 파일에서 우.sav를 찾아 선택한다. 그 다음 계속·확인을 클릭하고 메뉴바에서 파일/다른 이름으로 저장을 선택하고 변수추가1.sav를 입력한다. =구매량, 월소득, 교육년수, 성명, 연령, 봉사시간, 가족수

♣ 두 파일의 케이스 순서가 달라서 공통변수를 기준으로 하여 변수추가:

우선 두 파일 모두 공통변수의 오름차순으로 케이스를 정렬해야 하므로 두

파일 각각에 대해 메뉴바에서 데이터/케이스 정렬을 선택하여 **정렬기준**(성명)을 결정한 후, **다른 이름으로 저장**한다. 즉 좌.sav를 성명기준으로 오름차순 정렬하여 메뉴바에서 파일/다른 이름으로 저장을 선택하고 좌정렬.sav를 입력하고 마찬가지 방법으로 우.sav는 우정렬.sav로 저장한다. =성명, 구매량, 월소득, 교육년수, 연령, 봉사시간, 가족수

이제 좌정렬.sav(작업데이터파일)를 열고 메뉴바에서 데이터/파일합치기/변수추가를 선택하고 외부 데이터 파일에서우정렬.sav(외부파일)를 찾아 선택하고 계속을 클릭한다. 그 다음 **변수추가위치:제외된 변수**(여기서는 두 파일의 공통변수)중 하나(성명)를 선택하고 **키변수에서 일치하는 사례:양쪽 파일에 기준이 있음**을 선택한 후, **기준변수**(성명)로 삼아 확인을 클릭한다. 마지막으로 메뉴바에서 파일/다른 이름으로 저장을 선택하고 변수추가2.sav로 저장한다.

※ 각 파일의 케이스가 누락없이 동일하게 정리되었다면 기준변수를 선택할 필요가 없으며, 기준변수를 택해야 할 경우엔 반드시 각 파일을 오름차순으로 정렬한 후에 실시해야 한다.

18. 결측값

특정변수에 대한 관찰값이 없는 경우 임시로 9 또는 99 등을 입력해 준 후, 그러한 값을 **'변수보기'**를 클릭하여 **결측값**으로 정의하면(문자도 이산형 결측값으로 정의할 수 있다) SPSS분석에서 제외할 수 있다. 또한 공란 또는 구두점은 별도의 정의절차가 없어도 자동적으로 **결측값**으로 간주된다.

※ 군이 분석에서 고의로 제외하고자 하는 값을 **결측값**으로 정의하는 방법으로 SPSS분석에서 제외할 수도 있다.

19. 파일분할

파일분할이란 분할집단변수에 의해 데이터 파일을 가상적으로 분할하여 SPSS를 집단별로 적용하기 위한 방법이다. 우선 descript.sav를 열고 메뉴바에서 데이터/파일분할을 선택한 후, **집단들 비교**를 지정하고 **분할집단변수**(봉사시간)를 입력·확인을 클릭한다.

그 다음 원하는 분석을 실시한다면 집단변수의 범주별로 결과를 얻을 수 있게 된다.

※ 일단 파일을 분할하여 분석한 후(예, 집단별 평균) 다시 환원하려면(예, 일원배치 요인분석을 적용하려고) 메뉴바에서 **데이터/파일분할**을 선택한 후, **모든 케이스분석, 집단을 만들지 않음**을 지정하고 원하는 분석을 실시한다.

20. 가중값 부여 – 교차분석의 실행

SPSS의 데이터 편집창을 열고

① 첫 번째 변수를 더블클릭하거나 '변수보기'를 클릭하여 **변수이름**(통조림), **유형**(문자), **변수설명**(주간통조림 소비량), **값/변수값 설명**(소량=250g 미만, 중간=250–500g, 대량=500g 이상)을 입력·확인을 클릭하고 두 번째 변수에 대해서는 **변수이름**(가족수), **유형**(문자), **[변수]설명**(가족수), **값/변수값 설명**(소가족=1–2명, 중가족=3–4명, 대가족=5명 이상)을 입력·확인을 클릭한다.

그 다음 세 번째 변수에 대해서 **변수이름**(빈도), **변수설명**(응답자수)을 입력한다. 이제 **'데이터보기'**를 클릭하여 첫 번째 행부터 다음과 같이 입력한 후, 메뉴바에서 **파일/다른 이름으로 저장**을 선택하고 crosstabex.sav로 저장한다.

(1행) 소량 소가족 5(4행) 소량 중가족 20(7행) 소량 대가족 25

(2행) 중간 소가족 15(5행) 중간 중가족 45(8행) 중간 대가족 25

(3행) 대량 소가족 30(6행) 대량 중가족 25(9행) 대량 대가족 10

※ 메뉴의 **보기/변수값 설명**을 선택하면 각 셀에 입력된 변수값의 설명을 볼 수 있다.

② SPSS 출력결과 항해사의 초기화면을 설정하기 위해서는 crosstabex.sav를 열고 메뉴바에서 **편집/옵션**을 선택한 후, '뷰어 탭'에서 **제목글꼴**(궁서, **색상**=red)등을 수정·확인을 클릭한다.

③ 메뉴바에서 **데이터/가중케이스**를 선택한 후, **가중케이스 지정, 빈도변수**(빈도)를 선택 · 확인을 클릭한다.

④ 다시 메뉴바에서 **분석/기술통계량/교차분석**을 선택한 후, **행변수**(가족수), **열변수**(통조림)를 선택하고 **통계량**(카이제곱, 분할계수, 파이 및 크레이머의 V), **셀**(관측빈도, 기대빈도, 행과 열의 퍼센트), **형식**(오름차순)을 지정 · 확인을 클릭한다.

※ **'레이어'**는 **행변수**나 **열변수** 이외의 변수들 중에서 선택할 수 있는데, **레이어**란 교차분석을 적용할 하위집단의 구분변수이다. 따라서 3차원 이상 교차분석의 경우 해당표를 피벗편집상태로 만든 후, 메뉴의 **피벗/피벗 트레이**에서 **레이어**를 변경하면 "...에 따른 별도의 교차분석표들"이 생성될 것이다. 또한 원래의 통합표로 환원하려면 레이어를 변경하면 된다.

⑤ **제목**이 빨간 색의 궁서체임을 확인한 후, **제목**을 더블클릭하고 블록을 잡아 상단 메뉴에서 파란 색으로 바꾸고 그 결과를 메뉴바에서 **파일/다른 이름으로 저장**을 선택하고 crosstabex.spv로 저장한다.

※ ***.sav파일의 내용이 실제 표본의 구성원을 모두 나타내고 있으면 가중하지 않지만, 표본구성원의 집단인원을 나타내면 여기서 설명한 바와 같이 항상 가중값 부여의 절차를 따라야 한다.

21. 목차구역과 내용구역

① 목차구역이나 내용구역의 항목을 선택하면 그 항목의 내용이 화면상단으로 이동한다.

② 日을 클릭하면 하위항목들이 축소되고, 田을 클릭하면 하위항목들이 확장된다.

③ 목차구역에서 항목을 더블클릭하면 **보기**(책펼침 아이콘日)→ **감추기**(책

덮힘 아이콘田)를 교대로 나타내는데(단지 표시상의 변화일 뿐임), 인쇄할 때 감춰진 항목은 인쇄되지 않는다.

④ 항목선택하여 **끌기**(목차구역이나 내용구역 내에서 이동, 항목수준도 변경가능), 항목선택하여 **ctrl+끌기**(목차구역이나 내용구역 내에서 복사) 항목선택하여 **Del키**(목차구역이나 내용구역 내에서 삭제) 등의 작업이 가능하다.

22. 다른 형식의 외부 데이터파일 읽기

♣ 엑셀로 작성된 외부 데이터파일 읽기(스프레드시트 파일이나 Dbase파일도 동일):

메뉴바에서 **파일/열기/데이터**를 선택한 후, 불러올 엑셀파일의 이름(외부엑셀.xls)을 입력한다. 그 다음 (데이터 첫행에서 변수이름 읽어오기)의 선택여부를 결정하고 일부 엑셀데이터만 사용하고 싶은 경우에만 **범위**를 입력·확인을 클릭한 후, 메뉴바에서 **파일/다른 이름으로 저장**을 선택하고 외부엑셀.sav로 저장한다.

♣ 고정형식의 아스키(ASCII)형식의 텍스트파일 읽기:

메뉴바에서 **파일/열기/데이터**를 선택하고 불러올 데이터 파일의 이름 (외부고정.dat)를 입력한다. 그 다음 **텍스트 가져오기 마법사**(**사전 정의된 형식과 일치:** 아니오, **변수의 배열:** 고정너비, **변수의 이름이 있나:** 아니오, **변수이름과 데이터 형식:** V1/성별/문자열, V2/학년/숫자, V3/부업/문자열)를 실시하여 마친 후, 메뉴바에서 **파일/다른 이름으로 저장**을 선택하고 외부고정.sav로 저장한다. 물론 필요하다면 '변수보기'에서 수정작업을 수행한 후 저장할 수도 있다.

23. SPSS 피벗표(SPSS결과로 나타난 표)다루기

우선 외부엑셀.sav를 열고 **'변수보기'**에서 성별 변수에 대해 **변수설명**(남녀구분), **값/변수값설명**(1=남학생, 2=여학생)을 입력한다. 또한 부업 변수에 대해서 **변수설명**(부업형태), **값/변수값설명**(1=A, 2=B, 3=C)을 입력한 후, 일단 메뉴바에서 **파일/다른 이름으로 저장**을 선택하고 외부엑셀1.sav로 저장한다.

그 다음 메뉴바에서 분석/기술통계량/교차분석을 선택하고 **행**(부업), **열**(학년), **레이어**(성별)를 입력·확인을 클릭한다.

① 일단 피벗표 편집상태를 만들기 위해서는 내용구역에서 피벗표를 클릭한 후 마우스 오른편 버튼을 눌러 내용편집/별도의 창에서를 선택한다.

② 피벗표의 행과 열 바꾸려면 메뉴바에서 피벗/행과 열 전치를 선택한다. 실제로 해본다.

③ 레이어 생성, 행 열 레이어간의 교체를 위해서는 메뉴바에서 피벗/피벗트레이를 선택한 후 마우스 끌기로 아이콘 이동한다. 부업형태를 행변수로 가져와 본다.

④ 행이든 열이든 각 변수 내에서 변수값(범주)들의 위치를 바꾸려면 해당 변수값을 클릭한 후, 다시 한번 클릭해서 파란색 블록을 다른 변수값(범주)의 앞이나 뒤로 옮길 수 있다. 부업A를 C 다음으로 옮겨본다.

⑤ 내부열의 설명을 세로형태로 하려면 메뉴바에서 형식/내부열 설명회전을 선택한다. 한번 씩 실제 해보면서 표의 변화를 확인하는 것이 바람직하다. 실제로 해보면 남학생, 여학생, 전체라는 설명이 세로형태로 바뀐 것을 알 수 있다.

⑥ 표밑의 캡션을 삽입하려면 메뉴바에서 삽입/캡션을 선택한 후, 더블클릭하여 입력한다. 예를 들어, 'S대학 통계연구소'를 입력해 본다.

⑦ 캡션 밑에 각주처럼 꼬리말을 삽입하려면 먼저 제목, 셀, 캡션 등 꼬리말 붙일 대상을 클릭한 후 메뉴바에서 삽입/꼬리말을 선택한 후, 더블클릭하여 입력한다. 또한 텍스트 항목을 수정할 때는 항상 해당항목을 더블클릭한 후 수정한다. 남학생이라고 쓰인 셀을 클릭한 후 삽입/꼬리말을 선택하고 '군필자 포함'이라고 입력해 본다.

⑧ 표 모양이나 표 특성을 조정하려면 메뉴바에서 형식/표모양이나 표특성

을 선택하여 실행하고 특정한 행렬 셀(들)의 조정은 블록설정 후 메뉴바에서 **형식/셀특성**에서 조정한다. 우상방 셀을 클릭한 후 형식/셀특성을 선택하고 숫자를 주황색으로 바꿔본다.

※ 막대도표로 표현하려면 '데이터보기'에서 **그래프/레거시 대화상자/막대도표**를 선택한 후, **막대도표**(수평누적), **도표에 표시한 데이터:**케이스 집단들의 요약값을 선택한 후 정의를 클릭하고 **막대표시**(케이스 수), **범주축**(성별), **수평누적 기준변수**(학년), **창기준**(**열:**부업)을 선택 · 확인을 클릭한다. 그러나 만일 **창기준**(**행:**부업)을 선택 · 확인을 클릭한다면 부업을 열로 하여 부업별 막대도표가 나타난다.

⑨ 결과물은 메뉴바에서 **파일/다른 이름으로 저장**을 선택하고 외부엑셀1.spv로 저장한다.

※ 그러나 메뉴바에서 **파일/내보내기**를 선택하여 **문서유형**을 지정하면 .htm/ .pdf/ .ppt/ .doc 등의 파일로 저장할 수 있는데, 여기서는 외부엑셀.ppt로 저장한다. 또한 옵션에서는 출격과 관련된 다양한 선택이 가능하다.

24. 도표의 생성

① descript.sav를 열어 메뉴바에서 **그래프/레거시 대화상자/막대도표**를 선택한 후, **막대도표**(수평누적), **도표에 표시한 데이터:**케이스 집단들의 요약값을 선택하고 정의를 클릭한다. 그 다음 **막대표시**(케이스 수), **범주축**(가족수), **수평누적 기준변수**(교육년수)를 선택하고, **제목**(가족수별 교육년수에 따른 구매량 평균)을 입력하고 계속 · 확인을 클릭한다.

※ **범주축** 상에서 **수평누적 기준변수**는 수평으로 막대집단을 그려준다.

② 메뉴바에서 **그래프/레거시 대화상자/산점도**를 선택한 후, **산점도/점도표**(단순산점도)을 선택하고 정의를 클릭한다. 그 다음 **Y축**(가족수), **X축**(교육년수), **점표시 기준점수**(봉사시간), **케이스설명 기준변수**(연령)를 입력하고 **옵션**(케이스설명과 함께 도표출력 – 산점도에서만 유효함)을 체크

한 후, 계속·확인을 클릭한다. 이제 메뉴바에서 **파일/다른 이름으로 저장**을 선택하고 descript3.spv로 저장한다.

※ **옵션**(케이스설명과 함께 도표출력)을 체크하지 않는다면, 앞에서 **케이스설명 기준변수**(연령)을 입력해도 소용이 없다.

25. 도표 다루기

① 도표편집 상태를 만들기 위해서는 먼저 descriptrecode.sav를 열어 **그래프/레거시 대화상자/막대도표**를 선택한 후, **막대도표**(단순), **도표에 표시한 데이터:** 케이스 집단들의 요약값을 선택하고 정의를 클릭한다. **범주축**(소득계층)을 입력하고 확인을 클릭하여 막대도표를 만든다.

② 내용구역에서 도표를 마우스 오른편 버튼을 클릭하여 **내용편집/별도의 창에서**를 선택한다.

③ 이제 구성요소들은 수정할 것인데, 우선 메뉴바에서 **편집/특성**을 선택하여 **도표의 크기**(원하는 크기로 조정), **채움**(주황) **및 경계** 등을 적절하게 수정한 후 적용을 클릭한다.

④ 메뉴바에서 **옵션**을 선택하여 **제목**(소득계층별 빈도), **꼬리말**(마케팅스쿨 제공) 등을 입력하거나 **격자선 보이기, 유도축 보이기**를 선택하고 특성을 변경할 수 있다

⑤ 이와 같이 적절한 수정을 마친 다음, 메뉴바에서 **파일/다른 이름으로 저장**을 선택하면 .spv로 저장된다. 그러나 메뉴바에서 **파일/내보내기**를 선택하여 **문서유형**을 지정하면 .htm/ .pdf/ .ppt/ .doc 등의 파일로 저장할 수 있는데 여기서는 descriptrecode.ppt로 저장하자.

26. 명령어의 batch file 만들기와 실행하기

♣ 명령어의 batch file 만들기:

descript.sav를 열어 메뉴바에서 **분석/기술통계량/빈도분석**을 선택한 후, **변수**(연령, 가족수), **통계량:중심경향**(평균, 중위수, 최빈값) **통계량:산포도**(표준편차)를 선택하고 계속·붙여넣기를 클릭하면 'SPSS 명령문' 편집상태가 된다. 그 다음 명령문의 내용을 적절하게 편집(봉사기간을 추가)하고 메뉴바에서 **파일/다른 이름으로 저장**을 선택하여 descript.sps로 저장한다. 여기시 .sps는 명령문 파일이라는 의미이다.

♣ 명령어의 batch file 실행하기:

우선 데이터 파일은 열어 놓은 다음, 메뉴바에서 **파일/열기/명령문**을 선택하고 적절한 명령문 파일(.sps)을 고르면 'SPSS 명령문' 편집상태가 된다. 그 다음 메뉴바에서 **실행:모두**를 선택하면 바로 결과를 얻을 수 있다.

27. 빈도변수 만들기 – 응답자별로 수 개 변수에 걸쳐 특정값을 보여준 빈도

외부엑셀.sav를 열고 메뉴바에서 **변환/케이스내의 값 빈도**를 선택한 후, 새로운 빈도변수 이름을 **대상변수**(합산빈도)에 입력하고 숫자변수든 문자변수든 관계없이 어떤 변수들에 걸쳐서 특정한 값의 빈도를 구하려는지에 따라 **변수**(학년, 부업)를 선택하고 **값정의**에서 어떤 값(특정한 값)들을 빈도로 합산할 것인지를 정하거나 추가한 후(1추가, 3추가) 계속·확인을 클릭하고 외부엑셀2.sav로 저장한다. 그러면 원래 데이터 파일에 '합산빈도'라는 새로운 변수가 추가된 것을 알 수 있다.

28. 순위변수 만들기

descript.sav를 열고 메뉴바에서 **변환/순위변수 생성**을 선택한 후, **변수**(구매량, 월소득), 집단구분이 필요한 경우에 한해서 **기준**(봉사시간)이 되는 변수를 선택한다. 그 다음 **순위1을 할당할 값**(가장 큰 값), **순위유형**(순위), **동률**(낮은 순위)를 선택하고 계속·확인을 클릭한다. 그러면 R월소득, R 구매량이라는 이름의 순위변수들이 새롭게 추가된 것을 알 수 있는데, 메뉴바에서 **파일/다**

른 이름으로 저장을 선택하여 descript1.sav로 저장한다.

29. 케이스 선택

descript.sav를 열고 메뉴바에서 데이터/케이스선택을 선택한 후, 다음과 같이 선택내용을 결정한다.

① **조건을 만족하는 케이스**는 해당 케이스는 1, 아니면 0으로 표시하는 filter_$변수가 추가된다.

※ 구매량이 60 이상 80 이하를 선택하려면 ~ (구매량 < 60 | 구매량 > 80) 또는 60 ≤ 구매량 & 구매량 ≤ 80으로 하는데, 만일 조건을 60 ≤ 구매량 ≤ 80으로 하면 심지어 56을 포함하여 모든 대상이 선택된다.

② **케이스의 무작위 추출**은 '모든 케이스의 일정비율' 또는 '처음 몇 케이스 중에서 몇 개'를 무작위로 추출하는데, 실행 결과는 1(선택)과 0(배제)으로 표시하는 filter_$변수를 추가한다.

③ **시간 또는 케이스 범위**는 케이스번호의 범위나 시계열자료에서 시간범위를 기준으로 케이스를 추출한다.

④ **필터변수의 사용**은 해당변수가 0 또는 결측값이 아니면 모두 추출

30. 여러 변수에 동일한 변수서술내용을 정의

'변수보기'에서 **변수이름**을 제외하고 나머지 변수 서술내용(**변수유형, 값/변수값 설명, 결측값, 열형식, 측도**)을 여러 변수에 대해 동일하게 정의할 경우가 있다. 이때에는 이미 내용이 정의된 변수에서 특정한 서술내용을 선택하여 마우스 오른편 버튼을 눌러 복사한 후, 동일한 내용을 적용하려는 위치를 선택하여 마우스 오른편 버튼을 눌러 붙여넣기를 한다. 이러한 방법은 특히 변수값 설명에 적용하며 매우 편리하다.

부록 2

난수표와 통계표

- 난수표
- 통계표 A : 표준 정규분포표
- 통계표 B : t − 분포표
- 통계표 C : F − 분포표
- 통계표 D : χ^2− 분포표
- 통계표 E : *Spearman* 서열상관계수

난수표

6063	2353	8531	8892	4109	5782	2283	1385	0699	5927
6305	1326	4551	2815	8937	2908	0698	5509	4303	9911
0143	**0187**	8127	2026	8313	8341	2479	4722	6602	2236
1031	0754	7989	4948	1804	3025	3025	9562	3674	7876
2022	3227	2147	5613	2857	8859	4941	7274	9412	0620
9149	0806	9751	8870	9677	9676	1854	8094	7658	7912
5863	0513	1402	3866	8696	9142	6063	2252	7818	2477
8724	0806	9644	8284	7010	0868	9076	4915	5751	9214
6783	4207	2958	5295	3175	3396	8117	5918	1037	4319
0862	1620	4690	0036	9654	4078	1918	8721	8454	7671
9394	2466	6427	5395	9393	0520	7074	0634	5578	4023
3220	3058	7787	7706	4094	5603	3303	8300	6185	8705
1491	3503	0584	7221	6176	0116	0309	1975	0910	3535
4668	5705	8579	5790	7244	6547	8495	7973	1805	7251
2325	4026	2919	8327	0267	2616	6527	8620	8245	6257
0591	1775	5134	8709	7373	3332	0507	5525	7640	2840
3471	1461	1149	6798	6070	9930	1862	3672	6718	3849
2600	9885	6219	3668	1005	5418	5822	0416	4220	4692
9572	7874	6034	4515	2628	1693	0628	2200	9006	3795
0822	2790	9386	5783	2689	2565	1565	0349	3410	5216
4329	3028	2549	2529	9434	3083	6800	8569	9290	8298
9289	5212	2355	9367	1297	1638	9282	3720	7178	2695
3932	9960	3399	1700	8253	1375	4594	6024	1223	5383
2282	0648	7561	7528	5870	7907	0713	8608	9682	8576
9933	3416	5957	2574	5553	5534	4707	3206	0963	2459
9015	6416	6603	2967	7591	5013	2878	8424	5452	4659
1539	0719	2637	9969	8450	4489	3528	3364	1459	9708
6849	5595	7969	2582	5627	1920	9772	8560	0892	6500
2523	7769	3536	9611	1079	1694	1254	4195	5799	5928
0701	7355	0587	8878	3446	1137	7690	0647	1407	6362
2163	8543	4594	6022	0496	8648	2999	1262	6702	0811
0327	5727	1070	5996	8660	9024	2135	9799	8414	9136
2169	3160	8707	6361	6339	4054	3251	7397	3480	5805
8393	8147	5360	4150	2990	3380	1789	7436	4781	0337
9726	9151	2064	0609	5878	9095	9737	2897	6510	8891
0515	2296	2636	9756	5313	7754	0916	6066	3905	1298
0649	8398	5614	0140	3155	2211	4988	3674	7663	0620
0026	9426	8005	8579	5774	7962	5092	5856	1626	0980
3422	0092	1626	1298	2475	1997	9796	7076	1541	1731
8191	1983	9164	1885	5468	8213	4327	8109	5880	9804
7408	0486	7654	4829	2711	6592	4785	5901	7147	9314
8261	9440	8118	6338	8157	9052	9093	8449	4066	4894
9247	8838	8342	3114	0455	6212	8862	6701	0099	0501
2699	0383	1400	3484	1492	4683	5369	3851	5870	0903
8740	0349	3502	3971	9960	6325	6727	4725	2945	9938
0247	2372	0424	0578	0036	1619	4479	7108	8520	1487
5136	9444	8343	1152	3615	1420	8923	7307	3978	574
4844	8931	0964	2878	8212	9328	2656	1965	4805	0634
0205	8457	4333	2555	5353	9201	1606	2715	4014	1877
2517	5061	7642	3891	7713	7066	5435	1200	7455	5562

난수표

2271	2572	8665	3272	9033	8256	2822	3636	7599	0270
3025	0788	5311	7792	1837	4739	4552	3234	5572	9885
3382	1651	1011	3778	9951	7709	8060	2258	8536	2290
7870	5799	6032	9043	4526	8100	1957	9539	5370	0046
1697	0002	2340	6959	1915	1626	1297	1533	6572	3835
3395	3381	1862	3250	8614	5683	6757	5628	2551	6971
6081	6526	3028	2338	5702	8819	3679	4829	9909	4712
3470	9870	2935	1141	6398	6387	5634	9589	3212	7963
0432	8641	5020	6612	1038	1547	0948	4278	0020	6509
4995	5596	8286	8377	8567	8237	3520	8244	5694	3326
8246	6718	3851	5870	1216	2107	1387	1621	5509	5772
7825	8727	2849	3501	3551	1001	0123	7873	5926	6078
6258	2450	2962	1183	3666	4156	4454	8239	4551	2920
3235	5783	2701	2378	7460	3398	1223	4688	3674	7872
2525	9008	6997	0885	1053	2340	7066	5328	6412	5054
5852	9739	1457	8999	2789	9068	9829	1336	3148	7875
0440	3769	7864	4029	4494	9829	1339	4910	1303	9161
0820	4641	2375	2542	4093	5364	1145	2848	2792	0431
7114	2842	8554	6881	6377	9427	8216	1193	8042	8449
6558	9301	9096	0577	8520	5923	4717	0188	8545	8745
0345	9937	5569	0279	8951	6183	7787	7808	5149	2185
7430	2074	9427	8422	4082	5629	2971	9456	0649	7981
8030	7345	3389	4739	5911	1022	9189	2565	1982	8577
6272	6718	3849	4715	3156	2823	4174	8733	5600	7702
4894	9847	5611	4763	8755	3388	5114	3274	6681	2657
2676	5984	6806	2692	4012	0934	2436	0869	9557	2490
9305	2074	9378	7670	8284	7431	7361	2912	2251	7395
5138	2461	7213	1905	7775	9881	8782	6272	0632	4418
2452	4200	8674	9202	0812	3986	1143	7343	2264	9072
8882	3033	8746	7390	8609	1144	2531	6944	8869	1570
1087	9336	8020	9166	4472	8293	2904	7949	3165	7400
5666	2841	8134	9588	2915	4115	2802	6917	3993	8764
9790	2228	9702	1690	7170	7511	1937	0723	4505	7155
3250	8860	3294	2684	6572	3415	5750	8726	2647	6596
5450	3922	0950	0890	6434	2306	2781	1066	3681	2404
5765	0765	7311	5270	5910	7009	0240	7435	4568	6484
8408	1939	0599	5347	2160	7376	4696	6969	0787	3838
8460	7658	6906	9177	1492	4680	3719	3456	8681	6736
4198	7244	3849	4819	1008	6781	3388	5253	7041	6712
9872	4441	6712	9614	2736	5533	9062	2534	0855	7946
6485	0487	0004	5563	1481	1546	8245	6116	6920	0990
2064	0512	9509	0341	8131	7778	8609	9417	1216	4189
9927	8987	5321	3125	9992	9449	5951	5872	2057	5731
4918	9690	6121	8770	6053	6931	7252	5409	1869	4229
8099	5821	3899	2685	6781	3178	0096	2986	8878	8991
1901	4974	1262	6810	4673	8772	6619	2632	7891	9970
8273	6675	4925	3924	2274	3860	1662	7480	8674	4503
2878	8213	3170	5126	0434	9481	7029	8688	4027	3340
6088	1182	3242	0835	1765	8819	3462	9520	5759	4189
5773	6600	5306	0354	8295	0148	6608	9064	3421	8570

【통계표 A】 표준 정규분포표

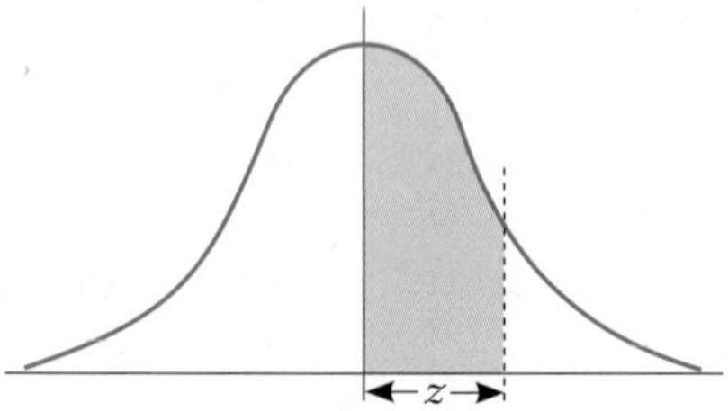

zor $\frac{X-\mu}{\sigma}$	.00	.01	.02	.03	.04	.05	.06	.07	.08	.09
0.0	.00000	.00399	.00798	.01197	.01595	.01994	.02392	.02790	.03188	.03586
0.1	.03983	.04380	.04776	.05172	.05567	.05962	.06356	.06749	.07142	.07535
0.2	.07926	.08317	.08706	.09095	.09483	.09871	.10257	.10642	.11026	.11409
0.3	.11791	.12172	.12552	.12930	.13307	.13683	.14058	.14431	.14803	.15173
0.4	.15542	.15910	.16276	.16640	.17003	.17364	.17724	.18082	.18439	.18793
0.5	.19146	.19497	.19847	.20194	.20540	.20884	.21226	.21566	.21904	.22240
0.6	.22575	.22907	.23237	.23565	.23891	.24215	.24537	.24857	.25175	.25490
0.7	.25804	.26115	.26424	.26730	.27035	.27337	.27637	.27935	.28230	.28524
0.8	.28814	.29103	.29389	.29673	.29955	.30234	.30511	.30785	.31057	.31327
0.9	.31594	.31859	.32121	.32381	.32639	.32894	.33147	.33398	.33646	.33891
1.0	.34134	.34375	.34614	.34850	.35083	.35314	.35543	.35769	.35993	.36214
1.1	.36433	.36650	.36864	.37076	.37286	.37493	.37698	.37900	.38100	.38298
1.2	.38493	.38686	.38877	.39065	.39251	.39435	.39617	.39796	.39973	.40147
1.3	.40320	.40490	.40658	.40824	.40988	.41149	.41309	.41466	.41621	.41774
1.4	.41924	.42073	.42220	.42364	.42507	.42647	.42786	.42922	.43056	.43189
1.5	.43319	.43448	.43574	.43699	.43822	.43943	.44062	.44179	44295	.44408
1.6	.44520	.44630	.44738	.44845	.44950	**.45053**	.45154	.45254	.45352	.45449
1.7	.45543	.45637	.45728	.45818	.45907	.45994	.46080	.46164	.46246	.46327
1.8	.46407	.46485	.46562	.46638	.46712	.46784	.46856	.46926	.46995	.47062
1.9	.47128	.47193	.47257	.47320	.47381	.47441	**.47500**	.47558	.47615	.47670
2.0	.47725	.47778	.47831	.47882	.47932	.47982	.48030	.48077	.48124	.48169
2.1	.48214	.48257	.48300	.48341	.48382	.48422	.48461	.48500	.48537	.48574
2.2	.48610	.48645	.48679	.48713	.48745	.48778	.48809	.48840	.48870	.48899
2.3	.48928	.48956	.48983	**.49010**	.49036	.49061	.49086	.49111	.49134	.49158
2.4	.49180	.49202	.49224	.49245	.49266	.49286	.49305	.49324	.49343	.49361
2.5	.49379	.49396	.49413	.49430	.49446	.49461	.49477	.49492	**.49506**	.49520
2.6	.49534	.49547	.49560	.49573	.49585	.49598	.49609	.49621	.49632	.49643
2.7	.49653	.49664	.49674	.49683	.49693	.49702	.49711	.49720	.49728	.49736
2.8	.49744	.49752	.49760	.49767	.49774	.49781	.49788	.49795	.49801	.49807
2.9	.49813	.49819	.49825	.49831	.49836	.49841	.49846	.49851	.49856	.49861
3.0	.49865	.49869	.49874	.49878	.49882	.49886	.49889	.49893	.49897	.49900
3.1	.49903	.49906	.49910	.49913	.49916	.49918	.49921	.49924	.49926	.49929
3.2	.49931	.49934	.49936	.49938	.49940	.49942	.49944	.49946	.49948	.49950
3.3	.49952	.49953	.49955	.49957	.49958	.49960	.49961	.49962	.49964	.49965
3.4	.49966	.49969	.49969	.49970	.49971	.49972	.49973	.49974	.49975	.49976
3.5	.49977									
3.6	.49984									
3.7	.49989									
3.8	.49993									
3.9	.49995									
4.0	.49997									

【통계표 B】 t − 분포표

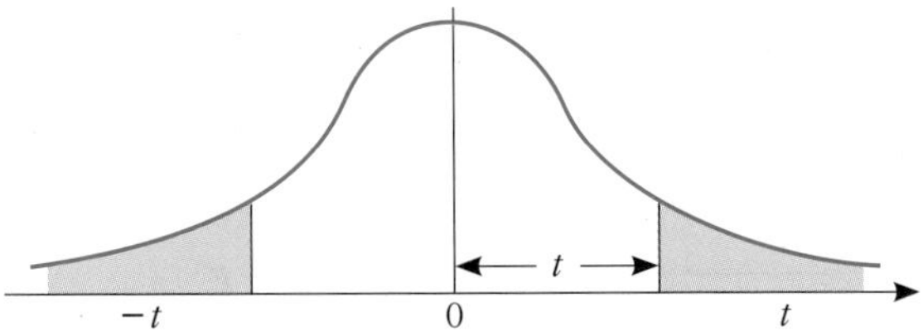

자유도	P=0.005 P=0.010	0.01 0.02	0.025 0.050	0.05 0.10	0.10 0.20	0.15단측검정 0.30양측검증
1	63.657	31.821	12.706	6.314	3.078	1.963
2	9.925	6.965	4.303	2.920	1.886	1.386
3	5.841	4.541	3.182	2.353	1.638	1.250
4	4.604	3.747	**2.776**	2.132	1.533	1.190
5	4.032	3.365	2.571	2.015	1.476	1.156
6	3.707	3.143	**2.447**	1.943	1.440	1.134
7	3.499	2.998	2.365	1.895	1.415	1.119
8	3.355	2.896	2.306	1.860	1.397	1.108
9	3.250	2.821	2.262	**1.833**	1.383	1.100
10	3.169	2.764	**2.228**	1.812	1.372	1.093
11	3.106	2.718	2.201	1.796	1.363	1.088
12	3.055	2.681	2.179	1.782	1.356	1.083
13	3.012	2.650	2.160	1.771	1.350	1.079
14	2.977	2.624	2.145	1.761	1.345	1.076
15	2.947	2.602	2.131	1.753	1.341	1.074
16	2.921	2.583	2.120	1.746	1.337	1.071
17	2.898	2.567	2.110	1.740	1.333	1.069
18	2.878	2.552	**2.101**	1.734	1.330	1.067
19	2.861	2.539	2.093	1.729	1.328	1.066
20	2.845	2.528	2.086	1.725	1.325	1.064
21	2.831	2.518	2.080	1.721	1.323	1.063
22	2.819	2.508	2.074	1.717	1.321	1.061
23	2.807	2.500	2.069	1.714	1.319	1.060
24	2.797	2.492	2.064	1.711	1.318	1.059
25	2.787	2.485	2.060	1.708	1.316	1.058
26	2.779	2.479	2.056	1.706	1.315	1.058
27	2.771	2.473	2.052	1.703	1.314	1.057
28	2.763	2.467	2.048	1.701	1.313	1.056
29	2.756	2.462	2.045	1.699	1.311	1.055
30	2.750	2.457	2.042	1.697	1.310	1.054
∞	2.576	2.326	1.960	1.645	1.282	1.036

* P는 귀무가설이 진실일 때 계산된 t-값이 표의 값보다 클 확률임

【통계표 C】 F - 분포표

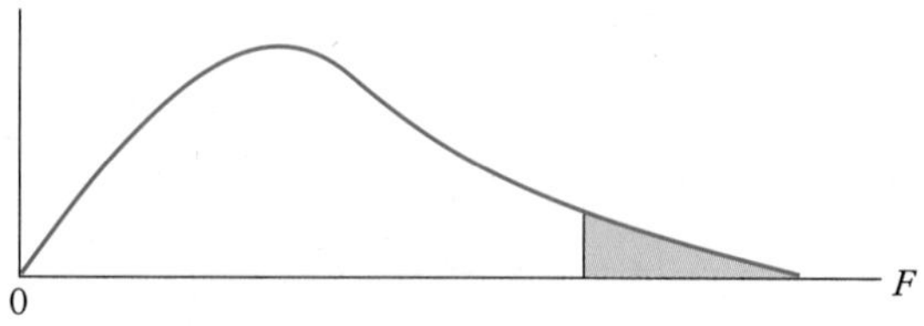

v_1 = 분자의 자유도
v_2 = 분모의 자유도

v_2 \ v_1	P	1	2	3	4	5	6	7	8	9
1	.100	39.86	49.50	53.59	55.83	57.24	58.20	58.91	59.44	59.86
	.050	161.4	199.5	215.7	224.6	230.2	234.0	236.8	238.9	240.5
	.010	4062	4999	5403	5625	5764	5859	5928	5982	6022
2	.100	8.53	**9.00**	9.16	9.24	9.29	9.33	9.35	9.37	9.38
	.050	15.51	19.00	19.16	19.25	19.30	19.33	19.35	19.37	19.38
	.010	98.50	99.00	99.17	99.25	99.30	99.33	99.36	99.37	99.39
3	.100	5.54	5.46	5.39	5.34	5.31	5.28	5.27	5.25	5.24
	.050	10.13	9.55	9.28	9.12	9.01	8.94	8.89	8.85	8.81
	.010	34.12	30.82	29.46	28.71	28.24	27.91	27.67	27.49	27.35
4	.100	4.54	4.32	4.19	4.11	4.05	4.01	3.98	3.95	3.94
	.050	7.71	6.94	6.59	6.39	6.26	6.16	6.09	6.04	6.00
	.010	21.20	18.00	16.69	15.98	15.52	15.21	14.98	14.80	14.66
5	.100	4.06	3.78	3.62	3.52	3.45	3.40	3.37	3.34	3.32
	.050	6.61	5.79	5.41	5.19	5.05	4.95	4.88	4.82	4.77
	.010	16.26	13.27	12.06	11.39	10.97	10.67	10.46	10.29	10.16
6	.100	3.78	3.46	3.29	3.18	3.11	3.05	3.01	2.98	2.96
	.050	**5.99**	**5.14**	4.76	4.53	4.39	4.28	4.21	4.15	4.10
	.010	13.75	10.92	9.78	9.15	8.75	8.47	8.26	8.10	7.98
7	.100	3.59	3.26	3.07	2.96	2.88	2.83	2.78	2.75	2.72
	.050	5.59	4.74	4.35	4.12	3.97	3.87	3.79	3.73	3.68
	.010	12.25	9.55	8.45	7.85	7.46	7.19	6.99	6.84	6.72
8	.100	3.46	3.11	2.92	2.81	2.73	2.67	2.26	2.59	2.56
	.050	5.32	4.46	4.07	3.84	3.69	3.58	3.50	3.44	3.39
	.010	11.26	8.65	7.59	7.01	6.63	6.37	6.18	6.03	5.91
9	.100	3.36	**3.01**	2.81	2.69	2.61	2.55	2.51	2.47	2.44
	.050	5.12	4.26	3.86	3.63	3.48	3.37	3.29	3.23	3.18
	.010	10.56	8.02	6.99	6.42	6.06	5.80	5.61	5.47	5.35
10	.100	3.29	2.92	2.73	2.61	2.52	2.46	2.41	2.38	2.35
	.050	4.96	4.10	3.71	3.48	3.33	3.22	3.14	3.07	3.02
	.010	10.04	7.56	6.55	5.99	5.64	5.39	5.20	5.06	4.94
11	.100	3.23	2.86	2.66	2.54	2.45	2.39	2.34	2.30	2.27
	.050	4.84	3.98	3.59	3.36	3.20	3.09	3.01	2.95	2.90
	.010	9.65	7.21	6.22	5.67	5.32	5.07	4.89	4.74	4.63
12	.100	3.18	2.81	2.61	2.48	2.39	2.33	2.28	2.27	2.21
	.050	4.75	3.89	3.49	3.26	3.11	3.00	2.91	2.85	2.80
	.010	9.33	6.39	5.95	5.41	5.06	4.82	4.64	4.50	4.39

【통계표 D】 χ^2– 분포표

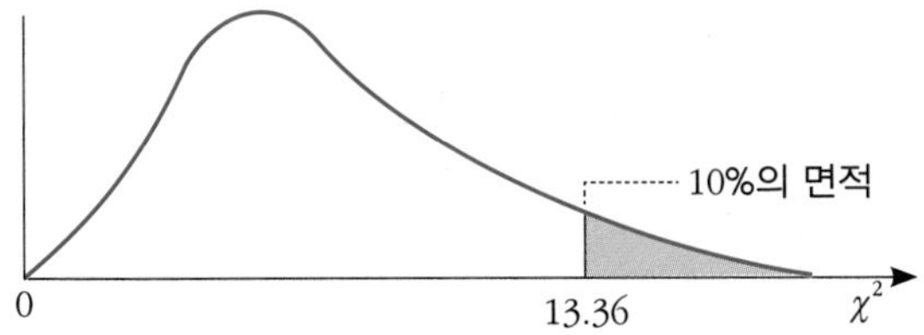

(예)
자유도 ø = 8에 대하여
$P[\chi^2 > 13.36] = .10$

ø	P								
	.25	.20	.15	.10	.05	.025	.02	.01	.005
1	1.32	1.64	2.07	**2.71**	3.84	5.02	5.41	6.63	7.88
2	2.77	3.22	3.79	4.61	**5.99**	7.38	7.82	9.21	10.60
3	4.11	4.64	5.32	6.25	7.81	9.35	9.84	11.34	12.84
4	5.39	5.99	6.74	**7.78**	9.49	11.14	11.67	13.28	14.86
5	6.63	7.29	8.12	9.24	11.07	12.83	13.39	15.09	16.75
6	7.84	8.56	9.45	10.64	12.59	14.45	15.03	16.81	18.55
7	9.04	9.80	10.75	12.02	14.07	16.01	16.62	18.84	20.28
8	10.22	11.03	12.03	13.36	15.51	17.53	18.17	20.09	21.95
9	11.39	12.24	13.29	14.68	16.92	19.02	19.68	21.67	23.59
10	12.55	13.44	14.53	15.99	18.31	20.48	21.16	23.21	25.19
11	13.70	14.63	15.77	17.28	19.68	21.92	22.63	24.72	26.76
12	14.85	15.81	16.99	18.55	21.03	23.34	24.05	26.22	28.30
13	15.98	16.98	18.20	19.81	22.36	24.74	25.47	27.69	29.82
14	17.12	18.15	19.41	21.06	23.68	26.12	26.87	29.14	31.32
15	18.25	19.31	20.60	22.31	25.00	27.49	28.26	30.58	32.80
16	19.37	20.47	21.79	23.54	26.30	28.85	29.63	32.00	34.27
17	20.49	21.61	22.98	24.77	27.59	30.19	31.00	33.41	35.72
18	21.60	22.76	24.16	25.99	28.87	31.53	32.35	34.81	37.16
19	22.72	23.90	25.33	27.20	30.14	32.85	33.69	36.19	38.58
20	23.83	25.04	26.50	28.41	31.41	34.17	35.02	37.57	40.00
21	24.93	26.17	27.66	29.62	32.67	35.48	36.34	38.93	41.40
22	26.04	27.30	28.82	30.81	33.92	36.78	37.66	40.29	42.80
23	27.14	28.43	29.98	32.01	35.17	38.08	38.97	41.64	44.18
24	28.24	29.55	31.13	33.20	36.42	39.36	40.27	42.98	15.56
25	29.34	30.68	32.28	34.38	37.65	40.65	41.57	44.31	16.93
26	30.43	31.79	33.43	35.56	38.89	41.92	42.86	45.64	18.29
27	31.53	32.91	34.57	36.74	40.11	43.19	44.14	46.96	19.64
28	32.62	34.03	35.71	37.92	41.34	44.46	45.42	42.28	50.99
29	33.71	35.14	36.85	39.09	42.56	45.72	46.96	45.59	52.34
30	34.80	36.25	37.99	40.26	43.77	46.98	47.96	50.89	53.67
40	45.62	47.27	49.24	51.81	55.76	59.34	60.44	63.69	66.77
50	56.33	58.16	60.35	63.17	67.50	71.42	72.61	76.15	79.49
60	66.98	68.97	71.34	74.40	79.05	83.30	84.58	88.38	91.95
80	88.13	90.41	93.11	96.58	101.9	106.6	108.1	112.3	116.3
100	109.1	111.7	114.7	118.5	124.3	129.6	131.1	135.8	140.2

【통계표 E】Spearman 서열상관계수의 검증통계량(r_S)

(양측검승) (단측검증) n	P=0.50 P=0.25	0.20 0.10	0.10 0.50	0.05 0.025	0.02 0.01	0.01 0.005	0.005 0.0025	0.002 0.001	0.001 0.0005
4	0.600	1.000	1.000						
5	0.500	0.800	0.900	1.000	1.000				
6	0.371	0.657	0.829	0.886	0.943	1.000	1.000		
7	0.321	0.571	0.714	0.786	0.893	0.929	0.964	1.000	1.000
8	0.310	0.524	0.643	0.738	0.833	0.881	0.905	0.952	0.976
9	0.267	0.483	0.600	0.700	0.783	0.833	0.867	0.917	0.933
10	0.248	0.455	**0.564**	0.648	0.745	0.794	0.830	0.879	0.903
11	0.236	0.427	0.536	0.618	0.709	0.755	0.800	0.845	0.873
12	0.217	0.406	0.503	0.587	0.678	0.727	0.769	0.818	0.846
13	0.209	0.385	0.484	0.560	0.648	0.703	0.747	0.791	0.824
14	0.200	0.367	0.464	0.538	0.626	0.679	0.723	0.771	0.802
15	0.189	0.354	0.446	0.521	0.604	0.654	0.700	0.750	0.779
16	0.182	0.341	0.429	0.503	0.582	0.635	0.679	0.729	0.762
17	0.176	0.328	0.414	0.485	0.566	0.615	0.662	0.713	0.748
18	0.170	0.317	0.401	0.472	0.550	0.600	0.643	0.695	0.728
19	0.165	0.309	0.391	0.460	0.535	0.584	0.628	0.677	0.712
20	0.161	0.299	0.380	0.447	0.520	0.570	0.612	0.662	0.696
21	0.156	0.292	0.370	0.435	0.508	0.556	0.599	0.648	0.681
22	0.152	0.284	0.361	0.425	0.496	0.544	0.586	0.634	0.667
23	0.148	0.278	0.353	0.415	0.486	0.532	0.573	0.622	0.654
24	0.144	0.271	0.344	0.406	0.476	0.521	0.562	0.610	0.642
25	0.142	0.265	0.337	0.398	0.466	0.511	0.551	0.598	0.630
26	0.138	0.259	0.331	0.390	0.457	0.501	0.541	0.587	0.619
27	0.136	0.255	0.324	0.382	0.448	0.491	0.531	0.577	0.608
28	0.133	0.250	0.317	0.375	0.440	0.483	0.522	0.567	0.598
29	0.130	0.245	0.312	0.368	0.433	0.475	0.513	0.558	0.589
30	0.128	0.240	0.306	0.362	0.425	0.467	0.504	0.549	0.580
31	0.126	0.236	0.301	0.356	0.418	0.459	0.496	0.541	0.571
32	0.124	0.232	0.296	0.350	0.412	0.452	0.489	0.533	0.563
33	0.121	0.229	0.291	0.345	0.405	0.446	0.482	0.525	0.554
34	0.120	0.225	0.287	0.340	0.399	0.439	0.475	0.517	0.547
35	0.118	0.222	0.283	0.335	0.394	0.433	0.468	0.510	0.539
36	0.116	0.219	0.279	0.330	0.388	0.427	0.462	0.504	0.533
37	0.114	0.216	0.275	0.325	0.383	0.421	0.456	0.497	0.526
38	0.113	0.212	0.271	0.321	0.378	0.415	0.450	0.491	0.519
39	0.111	0.210	0.267	0.317	0.373	0.410	0.444	0.485	0.513
40	0.110	0.207	0.264	0.313	0.368	0.405	0.439	0.479	0.507
41	0.108	0.204	0.261	0.309	0.364	0.400	0.433	0.473	0.501
42	0.107	0.202	0.257	0.305	0.359	0.395	0.428	0.468	0.495
43	0.105	0.199	0.254	0.301	0.355	0.391	0.423	0.463	0.490
44	0.104	0.197	0.251	0.298	0.351	0.386	0.419	0.458	0.484
45	0.103	0.194	0.248	0.294	0.347	0.382	0.414	0.453	0.479
46	0.102	0.192	0.246	0.291	0.343	0.378	0.410	0.448	0.474
47	0.101	0.190	0.243	0.288	0.340	0.374	0.405	0.443	0.469
48	0.100	0.188	0.240	0.285	0.336	0.370	0.401	0.439	0.465
49	0.098	0.186	0.238	0.282	0.333	0.366	0.397	0.434	0.460
50	0.097	0.184	0.235	0.279	0.329	0.363	0.393	0.430	0.456

(계속)

(양측검증) (단측검증) n	$P=0.50$ $P=0.25$	0.20 0.10	0.10 0.50	0.05 0.025	0.02 0.01	0.01 0.005	0.005 0.0025	0.002 0.001	0.001 0.0005
51	0.096	0.182	0.233	0.276	0.326	0.359	0.390	0.426	0.451
52	0.095	0.180	0.231	0.274	0.323	0.356	0.386	0.422	0.447
53	0.095	0.179	0.228	0.271	0.320	0.352	0.382	0.418	0.443
54	0.094	0.177	0.226	0.268	0.317	0.349	0.379	0.414	0.439
55	0.093	0.175	0.224	0.266	0.314	0.346	0.375	0.411	0.435
56	0.092	0.174	0.222	0.264	0.311	0.343	0.372	0.407	0.432
57	0.091	0.172	0.220	0.261	0.308	0.340	0.369	0.404	0.428
58	0.090	0.171	0.218	0.259	0.306	0.337	0.366	0.400	0.424
59	0.089	0.169	0.216	0.257	0.303	0.334	0.363	0.397	0.421
60	0.089	0.168	0.214	0.255	0.300	0.331	0.360	0.394	0.418
61	0.088	0.166	0.213	0.252	0.298	0.329	0.357	0.391	0.414
62	0.087	0.165	0.211	0.250	0.296	0.326	0.354	0.388	0.411
63	0.086	0.163	0.209	0.248	0.293	0.323	0.351	0.385	0.408
64	0.086	0.162	0.207	0.246	0.291	0.321	0.348	0.382	0.405
65	0.085	0.161	0.206	0.244	0.289	0.318	0.346	0.379	0.402
66	0.084	0.160	0.204	0.243	0.287	0.316	0.343	0.376	0.399
67	0.084	0.158	0.203	0.241	0.284	0.314	0.341	0.373	0.396
68	0.083	0.157	0.201	0.239	0.282	0.311	0.338	0.370	0.393
69	0.082	0.156	0.200	0.237	0.280	0.309	0.336	0.368	0.390
70	0.082	0.155	0.198	0.235	0.278	0.307	0.333	0.365	0.388
71	0.081	0.154	0.197	0.234	0.276	0.305	0.331	0.363	0.385
72	0.081	0.153	0.195	0.232	0.274	0.303	0.329	0.360	0.382
73	0.080	0.152	0.194	0.230	0.272	0.301	0.327	0.358	0.380
74	0.080	0.151	0.193	0.229	0.271	0.299	0.324	0.355	0.377
75	0.079	0.150	0.191	0.227	0.269	0.297	0.322	0.353	0.375
76	0.078	0.149	0.190	0.226	0.267	0.295	0.320	0.351	0.372
77	0.078	0.148	0.189	0.224	0.265	0.293	0.318	0.349	0.370
78	0.077	0.147	0.188	0.223	0.264	0.291	0.316	0.346	0.368
79	0.077	0.146	0.186	0.221	0.262	0.289	0.314	0.344	0.365
80	0.076	0.145	0.185	0.220	0.260	0.287	0.312	0.342	0.363
81	0.076	0.144	0.184	0.219	0.259	0.285	0.310	0.340	0.361
82	0.075	0.143	0.183	0.217	0.257	0.284	0.308	0.338	0.359
83	0.075	0.142	0.182	0.216	0.255	0.282	0.306	0.336	0.357
84	0.074	0.141	0.181	0.215	0.254	0.280	0.305	0.334	0.355
85	0.074	0.140	0.180	0.213	0.252	0.279	0.303	0.332	0.353
86	0.074	0.139	0.179	0.212	0.251	0.277	0.301	0.330	0.351
87	0.073	0.139	0.178	0.211	0.250	0.276	0.299	0.328	0.349
88	0.073	0.138	0.177	0.210	0.248	0.274	0.298	0.327	0.347
89	0.072	0.137	0.176	0.209	0.247	0.272	0.296	0.325	0.345
90	0.072	0.136	0.175	0.207	0.245	0.271	0.294	0.323	0.343
91	0.072	0.135	0.174	0.206	0.244	0.269	0.293	0.321	0.341
92	0.071	0.135	0.173	0.205	0.243	0.268	0.291	0.319	0.339
93	0.071	0.134	0.172	0.204	0.241	0.267	0.290	0.318	0.338
94	0.070	0.133	0.171	0.203	0.240	0.265	0.288	0.316	0.336
95	0.070	0.133	0.170	0.202	0.239	0.264	0.287	0.314	0.334
96	0.070	0.132	0.169	0.201	0.238	0.262	0.285	0.313	0.332
97	0.069	0.131	0.168	0.200	0.236	0.261	0.284	0.311	0.331
98	0.069	0.130	0.167	0.199	0.235	0.260	0.282	0.310	0.329
99	0.068	0.130	0.166	0.198	0.234	0.258	0.281	0.308	0.327
100	0.068	0.129	0.165	0.197	0.233	0.257	0.279	0.307	0.326

* P 는 귀무가설이 진실일 때 계산된 r_S-값이 표의 값보다 클 확률임.

국문색인

[ㄱ]
가변성 91
가변수 255, 301
가장 가까운 항목 기준 329
가장 먼 항목 기준 331
간격자료 36
간격척도 35
개방형 질문 75
검증 통계량 162, 165
검증표본 267
결정계수 249
결합분포 287, 290
경험적 체계 31
계량자료 37
계량척도 37
계산된 통계량 162
계통 표본추출 96
고유값 306
고정 표본추출 90
곡선형 모델 258
공통성 305
관찰법 24, 70
교차요약표 114
교차층화 99
구매자의 주장 157
구성개념 타당성 42
구성원 85
구조 상관계수 행렬 278
구조적 기법 131
군집통합 방법 329
귀무가설 20, 155
귀무가설의 채택 157
기각역 162
기대도수 367
기준관련 타당성 40
기준변수 23

[ㄴ]
난수 표본추출 95
난수표 95
내부적 2차 자료 62
내용 타당성 41
내적 일관성 43, 44
내적 타당성 191
눈덩이 표본추출 93

[ㄷ]
다단계 표본추출 86
다변량 분석 131
다수응답 111
다중 판별분석 260
다중 회귀분석 239
다중공선성 241
다차원 척도 47

다항목 척도 47
단계적 방법 242, 264
단변량 분석 130
단순 무작위 표본추출 93
단순 판별분석 260
단순가설 157
단순통합 기준 329
단일단계 표본추출 86, 93
단일표본 130
단일항목 척도 47
대립가설 19, 156
대안항목 신뢰성 45
대응규칙 31
대응표본 130, 389
대조군 183
대표본 169
덴드로그램 332, 336
독립표본 130
동시 타당성 41
동시적 방법 242, 264
등간 표본추출 96
등급척도 48

[ㄹ]
라틴방격 설계 205, 225
리커트 등격 척도 49
리커트 척도 49

[ㅁ]
마케팅 실험 23
면접원 오차 103
명목자료 34
명목척도 33, 48
명제 155
모수 25, 88, 137
모집단 85
모집단 비율 147
모집단의 크기 85
목적표본 92
무작위 오차 38, 141
무작위층화 설계 222
문의법 24, 65
미각시험 91, 197

[ㅂ]
반복측정 신뢰성 45
방향적 가설 163
범위 116, 151
범위 타당성 41
법칙 타당성 42
베타 246
변이 215
변항적 편의 38
복제 184
복합가설 157
본래 변수 300
부호순위 검증 389
분산 116, 216
분산분석 213
분석설계 20, 72, 74
분석표본 267
분할계수 397
불편추정치 144
블라인드 테스트 197
비계량자료 37
비계량척도 37
비계층적 군집분석 337
비모수 통계검증 133
비방향적 가설 163
비율척도 37
비정규모집단 139
비표본 오차 100, 141
비표준화 계수 246
비확률 표본추출 90

[ㅅ]
사교요인 해법 308
사전사후 조사 375
사후 범위검증 220
산술평균 115
산포도 116, 119, 299
삼자비교 347
상관분석 119
상대적 연관성 256
상수합계 척도 50
상수항 250
상항적 편의 38
상호의존적 기법 131
상호작용 207, 232, 242
상황적 징후 17
서열순위 척도 50
서열자료 35
서열척도 34
선택 편의 196
선호벡터 357
선호자료 350
설문항목 73
성분 299
성분점수 315
성분행렬 314
소표본 169
수정된 R 제곱 247
수준 206
수직 고드름 도표 332, 336
수체계 31
순서효과 77
스크리 검증 307
스테이펠 척도 52
스트레스 지수 353
시계열 자료 23
시험단위 183
시험시장 183
신뢰구간 143, 200
실용 타당성 40
실제적 유의성 120
실험단위 183
실험실 실험 197
실험오차 184
실험집단 183, 199
실험처치 183, 206, 213

[ㅇ]
양측검증 164
연구가설 19, 156
열비율 114, 372
예측 타당성 40
예측변수 23
예측정확도 274, 276
오차제곱의 합 123, 124
완전무작위 설계 203, 218
완전통합 기준 331
외부적 2차 자료 62
외부적 층화기준 227
외생변수 23
외생요인 184, 190, 192
외적 타당성 191
요인 206, 299
요인 적재량 309, 313
요인배치 설계 206, 231
요인효과 206
우연오차 100, 141
우연표본 91
우측검증 164
우편설문 69
유관계수 397
유사성 자료 347
유의성 수준 159, 217
유의수준 159, 165
유의확률 159

유클리디안 거리 제곱 328
유한모집단의 수정계수 139
6분의 1의 법칙 151
응답누락 108
응답자 오차 100
의미차별화 척도 51
이론적 모집단 86
이변량 분석 130
이상점 343
이원 도수분포표 114
이원분산분석 233
2차 자료 24, 59
인과적 가설 188
인과적 관계 22
인과적 조사 23, 186
1:1 심층면접 21
일원 도수분포표 113
일원 분산분석 218, 269
1차 자료 24, 63
임계 통계량 162, 166
임의선정 표본추출 94

[ㅈ]
자연의 상태 159
자유도 216, 371
전수조사 25, 87
전체변이 215
전통적 가설검증 162, 217
전화면접 68
정규모집단 138
정확성 40
제1종 과오 159, 185
제2종 과오 159, 185
조사 모집단 86
조사가설 19, 156
조사과제 19
조사목적 128
종단적 조사 23
종속적 기법 131
좌측검증 164
주성분 분석법 300
주효과 207
중심경향치 115
중심극한의 정리 139
중위수 115
지각공간 342
지각지도 342
지각차원 343
지역 표본추출 96
직교설계 289
직교요인 해법 308
직접면접 66
집단 간 분산 214
집단 내 분산 214
집단평균 263
집락 95
집락 표본추출 95
집중 타당성 42

[ㅊ]
채택역 162
처치집단 215
체계적 오차 38
초기 성분행렬 309
초기변수 264
초기윤곽 352
최빈수 115
최소자승의 기준 244
최소한의 차원수 344
최적 경계점수 272
추론통계학 88, 137
축차 표본추출 90, 150
측정수준 33
측정오차 38

측정의 신뢰성 40, 43
측정척도 73, 128
층 98
층화모수 98

[ㅋ]
커뮤니케이션 방법 65
코딩 25, 109
코딩체계 109
크론바크 알파 계수 44

[ㅌ]
태도 척도화 46
통계량 25, 137
통계적 실험설계 202
통계적 편의 142
통계적 회귀 195
통제단위 183
통제집단 183, 199

[ㅍ]
판단 표본추출 92
판단표본 92
판매자의 주장 157
판별 적재량 278
판별 타당성 43
판별점수 261, 271
판별함수 261, 271
패널 23
편의 표본추출 91
편의표본 91
편집 25, 107
편차 116
편차제곱의 합 215
평균벡타 285
폐쇄형 질문 76
표본분산 216
표본분포 138
표본비율 138, 140, 147
표본설계 89
표본오차 100, 140
표본오차의 범위 143, 147
표본의 대표성 90, 199
표본의 분포 138
표본의 수 129
표본조사 25
표본조사의 신뢰성 142
표본조사의 타당성 85, 142
표본추출 단위 86
표본추출 목록 86
표본추출 오차 100
표본통계량 138
표본평균 138
표의 값 166
표의 통계량 162
표준오차 117, 139, 246
표준정규분포표 143
표준편차 116
표준화 계수 246, 252
표준화 판별계수 277
프로파일 분석 51
피어슨 적률 상관계수 119

[ㅎ]
할당 표본추출 93
함수적 기법 131
행비율 114, 372
현대적 가설검증 163, 217
현장 실험 198
현장실사 24
현장편집 107
확률 표본추출 90
확률변수 240
회귀계수 124

회귀모델 243
회귀분석 119
회귀식의 결정계수 R^2 125
회화해석 시험 69
횡단적 조사 23

[기타]
Beta계수 252
Box의 M 270, 291
F-값 214
F-검증 248
Levene 통계량 220
partial F-값 278
p-값 159, 166
R 제곱 247
t-검증 250
t-분포표 143
Wilks 람다 269
Z-분포표 143

영문색인

[A]
absolute zero 37
accept 157
accidental sample 91
alternative hyposthesis 19
alternative hypothesis 156
analysis design 20, 72, 74
analysis of variance 213
arbitrary selection sampling 94
arbitrary zero 36
area sampling 96
arithmatic mean 115
attitude scaling 46

[B]
bivariate analysis 130
blind test 91

[C]
causal research 23
cause-and-effect relationship 22
central limit theorem 139
central location test 197
central tendency 115
centroid 263
ceteris paribus 239
chance error 100, 141
classical hypothesis test 162
closed-ended question 76
cluster sampling 95
clusters 95
coding 25, 109
coding scheme 109
coefficient of determination 249
collinearity 241
column percentage 114
communality 305
communication method 65
complete linkage 331
completely randomized designs 203
composite hypothesis 157
confidence interval 143
constant bias 38
constant-sum scale 50
construct validy 42
content validity 41
Contingency Coefficicnt 397
control group 183
control units 183
convenience sampling 91
convergent validity 42
Cramer's V 398
criterion 23
criterion-related validity 40

critical D value 272
critical statistics 162
cross-sectional research 23
cross-stratification 99
cross-table 114

[D]
degree of dispersion 116
degree of freedom 216
dependence methods 131
deterministic causation 188
deviation 116
direct method 264
directional hypothesis 163, 189
discriminant loadings 278
discriminant validity 43
distribution-free statistical test 133
dummy variable 255

[E]
editing 25, 107
eigenvalue 306
element 85
empirical system 31
equal interval sampling 96
experimental error 184
experimental group 183
experimental treatment 183
experimental units 183
external secondary data 62
external validity 191
extraneous forces 184

[F]
face sheet 80
factor 206, 299
factor effect 206
factor loadings 309
factorial design 206
FGD, focus group discussion 21
FGI, focus group interview 21
field editing 107
field experiment 198
field survey 24
fixed sample 23
fixed sampling 90
functional methods 131

[H]
hit-ratio 274
home usage test 198

[I]
in-depth interview 21
inferential statistics 137
initial configuration 352
initial unrotated factor matrix 309
initial variable 264
inquiry method 24, 65
interaction 207
interactive testing effect 194
interdependent methods 131
internal secondary data 62
internal validity 191
interviewer errors 103

[J]
joint distribution 287, 290
judgment sampling 92

[L]
laboratory experiment 197
Lambda 398
latin square designs 205

law-like validity 42
level 206
Likert interval scale 49
Likert scale 49
logitudinal research 23

[M]
mail questionnaires 69
main effect 207
main testing effect 194
marketing experiment 23
mean of squares 216
mean squared deviation 216
mean vector 285
measurement error 38
median 115
member 85
metric data 37
metric scale 37
minimum dimensionality 344
missing data 108
mode 115
modern hypothesis test 163
multidimensional scale 47
multi-item scale 47
multiple discriminant analysis 260
multiple range test 220
multiple regression analysis 239
multiple responses 111
mutli-stage sampling 86

[N]
nomological validity 42
nonconstant bias 38
nondirectional hypothesis 163, 189
nonmetric data 37
nonmetric scale 37
nonprobability sampling 90
nonsampling error 100, 141
normal population 138
null hypothesis 20, 155
number system 31

[O]
oblique factor solution 308
observation method 24, 70
office editing 107
one-sixth rule 151
one-stage sampling 86
one-way ANOVA 218
one-way frequency table 113
open-ended question 75
order effect 77
original variables 300
orthogonal design 289
orthogonal factor solution 308

[P]
panel 23
parameters 25, 88, 137
Pearson r 119
perceptual map 342
perceptual space 342
personal interviews 66
phi 398
population 85
population size 85
postcoding 110
precoding 109
predictor 23
preference vector 357
primary data 24
principal components analysis 300
probabilistic causation 188

probability sampling 90
purposive sample 92
p-value 159

[Q]
quota sampling 93

[R]
random error 38, 141
random number sampling 95
random number table 95
random variable 240
randomized block designs 203
range 116, 151
rank-order scale 50
rating scales 48
recode 38
regression coefficient 124
replication 184
representativeness 90
research hypothesis 19, 156
research tasks 19
respondent errors 100
row percentage 114

[S]
sample distribution 138
sample proportion 140
sample variance 216
sampling distribution 138
sampling error 100, 140
sampling frame 86
sampling units 86
scatter diagram 119, 299
scree test 307
screening question 79
secondary data 24, 59
selection bias 196
semantic differential scale 51
sequential sampling 90, 150
show card 77
significance level 159, 165
similarities data 347
simple hypothesis 157
simple linkage 329
simple random sampling 93
single item scale 47
single-stage sampling 93
situational symptoms 17
snowball sampling 93
squared Euclidian distance 328
standard deviation 116
standard error 139
stapel scale 52
state of nature 159
statistical bias 142
statistical regression 195
statistics 25, 137
stepwise method 242, 264
strata 98
stratifying parameter 98
structural methods 131
structure correlations 278
study hypothesis 19, 156
study population 86
sum of squared errors 123
sum of squares 215
systematic error 38
systematic sampling 96

[T]
tabular value 166
TAT, thematic-apperception test 69
Tau 404

telephone interviews 68
test market 183
test statistics 162
test units 183
time series data 23
treatment 206
treatment combination 206
two-way ANOVA 233
two-way frequency table 114

[U]
univariate analysis 130
universe 85

[V]
variability 91
variance 116
variation 215

[X]
X-causes-Y hypothesis 188

[**저 자 약 력**]

유동근(yoodk@sejong.ac.kr)

유동근 교수는 81년부터 세종대학교 경영학과에 재직하면서 우리 사회의 다양한 분야에 마케팅 복음을 전파하기 위해 연구 및 저술 활동 이외에도 산업체에 출강하며, 1996년부터 최초의 사이버 학습사이트인 마케팅스쿨(marketingschool.com)을 운영 중이다.

〈연구 및 교육 관심 분야〉

- 고객 서비스, 고객만족
- 마케팅 조사의 교육 및 조사 컨설팅
- CRM과 고객관리 도입전략
- 서비스 마케팅의 이론 및 사례연구
- 유통대학 및 산업대학의 프로그램 개발
- 인터넷 마케팅의 수익모델 개발

〈주요 저술 활동〉

통합 마케팅, 마케팅 계량분석, 마케팅 조사실무, SPSS/MDS/CONJOINT,
마케팅 수요예측, 산업마케팅, 서비스 품질관리, 소비자 행동, 촉진전략론,
관계지향적 영업관리, 판매촉진의 이론과 실제 사례, 이벤트/전시회, VOC 벤치마킹,
네! 해드리겠습니다 등 32권

이필수(lps33@korea.com)

이필수 박사(경영학 마케팅과 벤처 및 기술경영학)는 30여 년간 은행에서 마케팅 및 온라인 채널 담당자로 재직하여 실무 지식에 능통하며, 기업지점장을 역임한 다양한 마케팅 현장 경력자이다. 최근에는 통계학에 대한 관심과 열정으로 통계학을 전공하는 세 번째 학위에 도전하면서 통계학을 산업 현장에 적용하기 위한 실무 통계학에 관심을 쏟고 있다.

순천향대, 호서대 등에서 강의를 하였으며, 현재 세종대학교 경영학과 겸임교수 및 클라우드 전문회사인 인프라닉스 전무이사로 재직 중이다.

〈주요 저술 활동〉

프랜차이즈 경영론, EndNote X7

마케팅 조사

2016년 9월 1일 초판 인쇄
2016년 9월 5일 초판 1쇄 발행

저 자 유 동 근 · 이 필 수
발행인 배 효 선
발행처 도서출판 法 文 社

주 소 10881 경기도 파주시 회동길 37-29
등 록 1957년 12월 12일 제2-76호(윤)
TEL (031)955-6500~6 FAX (031)955-6525
e-mail (영업) bms@bobmunsa.co.kr
(편집) edit66@bobmunsa.co.kr
홈페이지 http://www.bobmunsa.co.kr
조 판 (주) 성 지 이 디 피

정가 27,000원 ISBN 978-89-18-12289-2